Jens Jacobsen, Matthias Gidda

Webseiten erstellen für Einsteiger

Liebe Leserin, lieber Leser,

Sie möchten einen ansprechenden Webauftritt für Ihr privates oder berufliches Projekt erstellen, besitzen jedoch keinerlei Vorkenntnisse? Gut, dass Sie dieses Buch von Jens Jacobsen und Matthias Gidda entdeckt haben. Denn die beiden Autoren führen Sie Schritt für Schritt zu einer erfolgreichen Website. Von einem schnellen Einstieg mit einer ersten Visitenkarte im Internet, Ihrem ersten Blog mit individueller Gestaltung bis zur selbst geplanten Website, die Sie von Grund auf mit HTML, CSS und nützlichen JavaScript-Funktionen erstellen, bietet Ihnen dieses Buch alles, was Sie wissen müssen. Sie lernen auch, was Sie tun müssen, damit Ihre Site auf den unterschiedlichen Bildschirmen und mobilen Geräten gut aussieht.

Das Besondere an diesem Buch ist, dass Sie direkt an praktischen und hilfreichen Beispielen den Weg zu Ihrer professionellen Website schreiten. Alles wird verständlich und gut bebildert erklärt. So können Sie schnell einen Webshop, Fotos, Videos, Karten, Kontaktformulare und soziale Netzwerke einbinden. Zudem erhalten Sie nützliche Tipps zur Suchmaschinenoptimierung, Benutzerfreundlichkeit, Barrierefreiheit sowie zum Marketing.

Dieses Buch wurde mit großer Sorgfalt lektoriert und produziert. Sollten Sie dennoch Fehler finden oder inhaltliche Anregungen haben, scheuen Sie sich nicht, mit mir Kontakt aufzunehmen. Ihre Fragen und Änderungswünsche sind jederzeit willkommen.

Ich wünsche Ihnen viel Spaß und Erfolg bei Ihrem Webprojekt!

Ihr Stephan Mattescheck
Lektorat Rheinwerk Computing

stephan.mattescheck@rheinwerk-verlag.de
www.rheinwerk-verlag.de
Rheinwerk Verlag · Rheinwerkallee 4 · 53227 Bonn

Auf einen Blick

1	Ein eigener Webauftritt in drei Minuten	17
2	Wer braucht was – die eigene Website planen	29
3	Ein besserer Webauftritt in drei Stunden	41
4	Die ersten Schritte mit HTML und CSS	87
5	Die eigene Website erstellen	125
6	Die eigene Website im Internet	199
7	Ein Kontaktformular anlegen	259
8	Mehr Interaktivität mit JavaScript	275
9	Die Site spielend finden und benutzen – Suchmaschinenoptimierung, Usability, Accessibility	311
10	Noch mehr Inhalt – Videos, Fotos, Karten und soziale Netze einbinden	341
11	Marketing und Werbung – Gutes tun und darüber reden	357
12	Mit der eigenen Website Geld verdienen	381
13	Starke Werkzeuge – so nutzen Sie Ihr neues Wissen für noch bessere Websites	393

Impressum

Wir hoffen, dass Sie Freude an diesem Buch haben und sich Ihre Erwartungen erfüllen. Bitte teilen Sie uns doch Ihre Meinung mit. Eine E-Mail mit Ihrem Lob oder Tadel senden Sie direkt an den Lektor des Buches: *stephan.mattescheck@rheinwerk-verlag.de*. Im Falle einer Reklamation steht Ihnen gerne unser Leserservice zur Verfügung: *service@rheinwerk-verlag.de*. Informationen über Rezensions- und Schulungsexemplare erhalten Sie von: *britta.behrens@rheinwerk-verlag.de*.

Informationen zum Verlag und weitere Kontaktmöglichkeiten finden Sie auf unserer Verlagswebsite *www.rheinwerk-verlag.de*. Dort können Sie sich auch umfassend und aus erster Hand über unser aktuelles Verlagsprogramm informieren und alle unsere Bücher versandkostenfrei bestellen.

An diesem Buch haben viele mitgewirkt, insbesondere:

Lektorat Stephan Mattescheck, Erik Lipperts
Korrektorat Friedericke Daenecke, Zülpich
Herstellung Martin Pätzold
Einbandgestaltung Nils Schlösser, Lohmar
Coverbild iStockphoto: 11814203 © JamesGdesign, 11754496 © JamesGdesign, 5451894 © maystra, 16093005 © tarras79
Typografie und Layout Vera Brauner
Satz SatzPro, Krefeld
Druck und Bindung C.H. Beck, Nördlingen

Dieses Buch wurde gesetzt aus der TheAntiquaB (9,35/13,25 pt) in FrameMaker.
Gedruckt wurde es auf chlorfrei gebleichtem Offsetpapier (90 g/m²).

Bibliografische Information der Deutschen Nationalbibliothek:
Die Deutsche Nationalbibliothek verzeichnet diese Publikation in der Deutschen Nationalbibliografie; detaillierte bibliografische Daten sind im Internet über *http://dnb.d-nb.de* abrufbar.

ISBN 978-3-8362-2808-4
1. Auflage 2014, 1. korrigierter Nachdruck 2015
© Rheinwerk Verlag GmbH, Bonn 2015

Das vorliegende Werk ist in all seinen Teilen urheberrechtlich geschützt. Alle Rechte vorbehalten, insbesondere das Recht der Übersetzung, des Vortrags, der Reproduktion, der Vervielfältigung auf fotomechanischem oder anderen Wegen und der Speicherung in elektronischen Medien.

Ungeachtet der Sorgfalt, die auf die Erstellung von Text, Abbildungen und Programmen verwendet wurde, können weder Verlag noch Autor, Herausgeber oder Übersetzer für mögliche Fehler und deren Folgen eine juristische Verantwortung oder irgendeine Haftung übernehmen.

Die in diesem Werk wiedergegebenen Gebrauchsnamen, Handelsnamen, Warenbezeichnungen usw. können auch ohne besondere Kennzeichnung Marken sein und als solche den gesetzlichen Bestimmungen unterliegen.

Inhalt

Für wen ist dieses Buch? ... 13

1 Ein eigener Webauftritt in drei Minuten ... 17

1.1 Die Visitenkarte des Zauberers ... 17
- 1.1.1 Auswahl des Anbieters ... 18
- 1.1.2 Anmeldung ... 19

1.2 Welche Technik lässt das Web ticken? ... 24
- 1.2.1 Seite oder Site? ... 26
- 1.2.2 Domain ... 27

1.3 Fazit ... 27

2 Wer braucht was – die eigene Website planen ... 29

2.1 Wie sieht eine gute Website aus? ... 29
2.2 Warum wollen Sie eine Website? ... 31
2.3 Was? Wen? Wie? Womit? ... 32
- 2.3.1 Was wollen Sie erreichen? ... 32
- 2.3.2 Wen wollen Sie ansprechen? ... 33
- 2.3.3 Wie wollen Sie Ihr Ziel erreichen? ... 33
- 2.3.4 Womit wollen Sie arbeiten? ... 33
- 2.3.5 Beispiel: Tangoschule »Aro Argentino« ... 34

2.4 Umsetzung planen ... 36
- 2.4.1 Sitemap – Seitenübersicht ... 36
- 2.4.2 Zeitplan ... 37

2.5 Fazit ... 39

3 Ein besserer Webauftritt in drei Stunden — 41

3.1	Für den Dienst anmelden und das Blog einrichten	42
	3.1.1 Ein Google-Nutzerkonto anlegen	43
	3.1.2 Ein neues Blog anlegen	49
3.2	Den Inhalt erstellen und das Layout anpassen	52
	3.2.1 Der erste Blogeintrag	53
	3.2.2 Das Layout ändern	57
	3.2.3 Die Unterseiten erstellen	62
3.3	Die Gestaltung und wichtige Einstellungen ändern	72
	3.3.1 Die Gestaltungsvorlage ändern und anpassen	73
	3.3.2 Wichtige Einstellungen anpassen	81
3.4	Fazit	85

4 Die ersten Schritte mit HTML und CSS — 87

4.1	Die Vorteile einer eigenen Website	87
4.2	Alle Webseiten bestehen aus HTML	88
4.3	Sie schreiben selbst HTML	92
4.4	Woher kommt die Gestaltung?	101
	4.4.1 Das style-Attribut	101
	4.4.2 Das style-Element	103
	4.4.3 Die externe CSS-Datei	106
4.5	Das richtige Werkzeug – der HTML-Editor	110
	4.5.1 Was ein HTML-Editor für Einsteiger können sollte	111
	4.5.2 Empfehlenswerte HTML-Editoren	112
4.6	Besser lesbares HTML für Browser und Mensch	116
	4.6.1 Woher kommen HTML und CSS?	117
	4.6.2 HTML5 – was bedeutet das?	118
	4.6.3 Der doctype	119
	4.6.4 Das charset	119
	4.6.5 Schaffen Sie Platz für mehr Übersicht	121

	4.6.6	Notizen für Sie selbst: Kommentare	122
	4.6.7	Validieren Sie Ihre Seiten	123
4.7	Fazit		124

5 Die eigene Website erstellen — 125

5.1	Das Konzept		126
	5.1.1	Die Ziele formulieren	126
	5.1.2	Den Inhalt konzipieren	127
	5.1.3	Die Gestaltung konzipieren	127
5.2	Den Inhalt mit HTML5 anlegen		129
	5.2.1	Die Startseite	131
	5.2.2	Die Praxisseite	138
	5.2.3	Die Teamseite	142
	5.2.4	Die Kontaktseite	143
5.3	Die Gestaltung mit CSS3		145
	5.3.1	Die Layoutelemente und ihre Darstellung im Browser	146
	5.3.2	Feste oder flexible Abmessungen?	153
	5.3.3	Die Abmessungen der Layoutelemente	154
	5.3.4	Die Position der Layoutelemente	157
	5.3.5	Die Gestaltung verfeinern	173
5.4	Fazit		196

6 Die eigene Website im Internet — 199

6.1	Die Website ins Internet bringen		199
	6.1.1	Speicherplatz auf einem Webserver	199
	6.1.2	FTP – Dateien auf den Webserver kopieren	202
	6.1.3	Berechtigungen und die .htaccess-Datei – so konfigurieren Sie, was Besucher sehen können	205
	6.1.4	Eine eigene Domain – Ihre Adresse im Web	207
	6.1.5	Das Favicon	208
6.2	Browser ist nicht gleich Browser		210
	6.2.1	Die Unterschiede in der Darstellung herausfinden	210

	6.2.2	Die Unterschiede in der Darstellung ausgleichen	216
6.3		**Bildschirm ist nicht gleich Bildschirm**	**224**
	6.3.1	Was passiert bei veränderter Fenstergröße?	225
	6.3.2	Relative Angaben statt pixelgenauer Werte	227
	6.3.3	Mehrere Layouts mit festen Werten oder ein Layout mit flexiblen Werten?	231
	6.3.4	Ein separates Stylesheet für schmale Bildschirme	234
6.4		**Gerät ist nicht gleich Gerät**	**248**
	6.4.1	Was muss man bei Touchbedienung beachten?	249
	6.4.2	Ein separates Stylesheet für Drucker	251
6.5		**Mit Neugier zu immer besseren Websites**	**255**
6.6		**Fazit**	**257**

7 Ein Kontaktformular anlegen 259

7.1	Kontaktformular oder E-Mail-Adresse?	259
7.2	Pflichtangaben zum Kontakt	260
7.3	Die Standardlösung	260
7.4	Ein einfaches Kontaktformular	261
7.5	**Planung und Gestaltung**	**265**
	7.5.1 Planung	265
	7.5.2 Gestaltung	265
7.6	Der HTML-Code für unsere Arzt-Beispielsite	266
7.7	Das Script auf dem Server	269
7.8	Fazit	273

8 Mehr Interaktivität mit JavaScript 275

8.1	**Das erste JavaScript**	**276**
	8.1.1 Was tun, wenn JavaScript nicht aktiv ist?	278
8.2	JavaScript und HTML trennen	278

8.3	Funktionen	280
8.4	Variablen	284
8.5	Arrays	287
	8.5.1 Mehrdimensionale Arrays	288
8.6	Ereignisse	288
8.7	Beispiel: Ein schlaues Formular	289
	8.7.1 Den Cursor versetzen	289
	8.7.2 Kommentarfeld prüfen	291
	8.7.3 Alternative zum Prüfen des Kommentarfelds	294
	8.7.4 E-Mail-Adresse prüfen	295
8.8	Text auf der Seite einfügen	298
8.9	Text auf der Seite elegant ändern	300
8.10	Auf Fehlersuche – Debugging	304
	8.10.1 Debuggen mit Firebug	304
	8.10.2 Debuggen mit Safari	309
8.11	Fazit	309

9   Die Site spielend finden und benutzen – Suchmaschinenoptimierung, Usability, Accessibility   311

9.1	Suchmaschinenoptimierung	312
	9.1.1 Wie sucht eine Suchmaschine?	313
	9.1.2 PageRank	314
	9.1.3 Suchmaschinen wollen auch nur Menschen sein	316
	9.1.4 Schwarze Magie hilft nicht	318
	9.1.5 Bezahlte Suchergebnisse?	318
	9.1.6 SEO für die eigene Website	319
9.2	Usability – Benutzerfreundlichkeit	335
	9.2.1 Der wichtigste Grundsatz: Nachdenken	336
	9.2.2 Usability von Anfang an	336
	9.2.3 Die häufigsten Fehler vermeiden	337
9.3	Accessibility – Barrierefreiheit	338
9.4	Fazit	339

10 Noch mehr Inhalt – Videos, Fotos, Karten und soziale Netze einbinden — 341

- 10.1 Google Maps — 341
- 10.2 YouTube — 344
  - 10.2.1 Ein Video einbinden — 345
  - 10.2.2 Ein Video hochladen — 346
  - 10.2.3 Alternativen zu YouTube — 347
- 10.3 Fotodienste – Flickr und Picasa — 347
- 10.4 Slideshare — 350
- 10.5 Soziale Netzwerke – Facebook und Twitter — 351
  - 10.5.1 Facebook-Buttons — 351
  - 10.5.2 Datenschutz bei Facebook — 353
  - 10.5.3 Twitter — 354
- 10.6 Fazit — 356

11 Marketing und Werbung – Gutes tun und darüber reden — 357

- 11.1 Klassische Werbung — 358
- 11.2 Werbung im Internet — 359
  - 11.2.1 Google AdWords — 360
  - 11.2.2 Facebook-Anzeigen — 367
- 11.3 Marketing im Internet — 368
  - 11.3.1 Organische Links — 368
  - 11.3.2 Linktausch — 369
  - 11.3.3 Verzeichnisse — 369
  - 11.3.4 Facebook — 370
  - 11.3.5 Twitter — 372
  - 11.3.6 Zeitungen, Zeitschriften, Blogs — 373
  - 11.3.7 Kommentare in Blogs und Foren — 374
  - 11.3.8 XING — 375
  - 11.3.9 Podcasts — 375
  - 11.3.10 Google Places, Facebook-Angebote und Foursquare — 377

	11.3.11 Wikipedia	378
	11.3.12 PR-Portale	378
11.4	**Fazit**	379

12 Mit der eigenen Website Geld verdienen — 381

12.1	**Welche Möglichkeiten gibt es?**	381
	12.1.1 Der Webshop	382
	12.1.2 Produktunabhängige Zahlsysteme	383
	12.1.3 Direkte Spenden und Abrechnung über Flattr	384
12.2	**Ein Beispielwebshop – Aro Argentinos DVD-Verkauf**	386
	12.2.1 Die Situation	386
	12.2.2 Die Lösung	386
	12.2.3 Die Umsetzung	387
12.3	**Fazit**	392

13 Starke Werkzeuge – so nutzen Sie Ihr neues Wissen für noch bessere Websites — 393

13.1	**Was Ihnen Ihr neues Wissen ermöglicht**	393
13.2	**Werkzeuge für Einsteiger**	395
	13.2.1 Can I use…	395
	13.2.2 HTML5 Please	396
	13.2.3 HTML Color Codes	397
	13.2.4 ColorZilla Farbpipette	398
	13.2.5 Adobe Kuler	399
	13.2.6 ColorZilla Gradient Generator	400
	13.2.7 CSSmatic	401
	13.2.8 CSS3, please!	403
13.3	**Werkzeuge für Fortgeschrittene**	404
	13.3.1 normalize.css	404
	13.3.2 Individuelle Schriftarten mit @font-face	405
	13.3.3 Glyphicons FREE	407
	13.3.4 Font Awesome	408

	13.3.5	Adobe Topcoat	409
	13.3.6	JSLint	410
	13.3.7	HTML5Shiv	411

13.4 Werkzeuge für Profis ... 412

	13.4.1	HTML5 Boilerplate	412
	13.4.2	CSS3 PIE	414
	13.4.3	Modernizr	415
	13.4.4	jQuery	417
	13.4.5	FitText	418
	13.4.6	Nivo Slider	419
	13.4.7	jQuery UI	420
	13.4.8	jQuery Mobile	422
	13.4.9	Bootstrap	425

13.5 Fazit ... 427

A Übersicht der wichtigsten HTML5-Elemente, CSS3-Eigenschaften und -Selektoren ... 429

A.1 HTML5-Elemente ... 429

A.2 CSS3-Eigenschaften ... 434

A.3 CSS3-Selektoren ... 438

Glossar ... 441
Index ... 447

Für wen ist dieses Buch?

Eine eigene Website zu erstellen ist kein Hexenwerk. Sogenannte Homepage-Baukästen machen es Ihnen leicht, in wenigen Stunden eine eigene Site online zu stellen. Aber so wie eine gute Kamera allein noch kein gutes Foto macht, so wird aus einer schnell zusammengeklickten Site noch kein erfolgreicher Internetauftritt.

Dieses Buch zeigt Ihnen, wie Sie praktisch ohne Vorwissen immer bessere Ergebnisse erreichen. Dazu brauchen Sie nur:

- einen Computer (Windows, Mac oder Linux)
- Grundwissen im Umgang mit Ihrem Betriebssystem
- einen Internetzugang
- Neugier darauf, wie gute Websites funktionieren

Dieses Buch ist für Menschen geschrieben, die zwar mit Websites problemlos umgehen, aber noch keinerlei Erfahrung mit dem Erstellen von Websites haben. Sie wollen beispielsweise für ein (frei-)berufliches oder privates Projekt einen Webauftritt, den Sie selbst frei gestalten können, ohne durch eine bestimmte Plattform (z. B. einen Bloganbieter) eingeschränkt zu sein.

Spezielle Vorkenntnisse setzen wir nicht voraus, vielmehr erklären wir Ihnen im **ersten Teil** an einem praktischen Beispiel, was sich aus technischer Sicht hinter den Begriffen *Browser*, *Website* und Co. verbirgt. Gemeinsam legen wir gleich einen simplen Webauftritt an – das dauert nur wenige Minuten. Sie sehen genau, was mit den kostenlosen Diensten möglich ist, mit denen Sie schnell eine eigene Site online bringen.

Im **zweiten Teil** des Buches tauchen wir tief in HTML und CSS ein und sehen, wie man eine Website von Grund auf selbst programmiert.

Im **dritten Teil** fügen wir weitere nützliche Funktionen und Inhalte hinzu – wie etwa Formulare, Videos oder Verknüpfungen zu Facebook.

Der **vierte Teil** zeigt Ihnen schließlich, wie Sie noch mehr aus Ihren Websites machen.

Nach der Lektüre des Buches haben Sie sich nicht nur neue kreative Fertigkeiten angeeignet – durch den Blick hinter die Kulissen des Webs können Sie Ihre von Websites, sozialen Netzwerken, Apps etc. immer mehr beeinflusste Umgebung auch besser verstehen, hinterfragen und nutzen.

Wie ist das Buch aufgebaut?

In den ersten drei Kapiteln zeigen wir Ihnen, wie Sie so schnell wie möglich online kommen. Sind Sie gerade dabei, ein Geschäft zu eröffnen, oder macht Ihr Chef Druck und es muss schnell gehen, dann helfen Ihnen diese Kapitel bei den ersten Schritten zum ersten Webauftritt.

Sie sehen, wie Sie Ihre Site am besten planen, um eine Struktur anzulegen, die Ihre Besucher verstehen. Denn letztlich kommt es vor allem darauf an, dass die Site bei Ihren Besuchern gut ankommt – nur dann ist sie erfolgreich.

Ganz gleich, ob Sie einen Laden haben, eine Praxis, eine Kanzlei oder ob Sie eine Website für Ihren Verein oder Ihre Familie betreuen – die Beispiele und die vermittelten Kenntnisse in diesem Buch können Sie für alle erdenklichen Fälle anwenden.

Schritt für Schritt bauen wir zusammen mit Ihnen eine Site auf, die von Kapitel zu Kapitel professioneller wird. Sie lernen in **Kapitel 4** bis **Kapitel 6** die Grundsätze von HTML und CSS kennen und erfahren, wie Sie damit Seiten so gestalten, dass sie genau Ihren Vorstellungen entsprechen. Dabei sehen Sie auch, mit welchen einfachen Tricks Sie dafür sorgen, dass Ihre Site sowohl auf Smartphones als auch auf riesigen Desktop-Monitoren eine gleichermaßen gute Figur macht – Sie lernen die Grundlagen des *Responsive Design*.

In **Kapitel 7** bauen wir dann gemeinsam ein Formular zur Kontaktaufnahme ein und sehen uns in **Kapitel 8** die Grundlagen von *JavaScript* an, mit dessen Hilfe Sie z. B. die Eingaben der Benutzer überprüfen können.

In **Kapitel 9** geht es um Suchmaschinenoptimierung. Sie sehen, wie Sie dafür sorgen, dass Ihre Site im Internet auch gefunden wird. Gleichzeitig erfahren Sie, wie Sie Ihre Site benutzerfreundlich und für möglichst viele Nutzer problemlos zugänglich machen. Mit wenig Aufwand erreichen Sie hier nämlich gleich mehrere Ziele auf einmal. In **Kapitel 10** zeigen wir Ihnen dann, wie Sie Karten, Bilder, Videos und soziale Netzwerke in Ihre Seiten einbinden.

In **Kapitel 11**, das von Werbung handelt, geht es darum, wie Sie mit Marketing und mit Anzeigen auf Google, Bing oder Facebook Ihre Site einem noch breiteren Publikum bekannt machen.

Wie Sie einen einfachen Webshop erstellen und mit Ihrer Website verknüpfen, und welche Möglichkeiten es noch zum Geldverdienen auf Ihrer Site gibt, das sehen Sie in **Kapitel 12**.

Damit haben Sie alles abgedeckt, was Sie selbstständig mit einer eigenen Website erreichen können. In **Kapitel 13** schließlich zeigen wir, wie Sie mithilfe der Werkzeuge, die andere für Sie online kostenlos bereitstellen, eine noch höhere Qualität Ihrer Sites erreichen.

Dank Ihrem Grundwissen in HTML, CSS und JavaScript wissen Sie nun alles, was Sie für den Einsatz dieser Werkzeuge brauchen. Wir führen Sie in die Thematik ein und zeigen Ihnen einige der besten Hilfsmittel: von Websites für hübsche CSS-Formate bis hin zu kompletten Paketen, mit denen Sie in kürzester Zeit eine sehr professionelle und wartungsfreundliche Website bauen.

Alle Kapitel können Sie in beliebiger Reihenfolge lesen. Lediglich die Kapitel 4 bis Kapitel 8 bauen stärker aufeinander auf, da sie Sie von den Grundlagen von HTML und CSS zu den Feinheiten der Webseitenprogrammierung führen.

Im Buch finden Sie Schritt-für-Schritt-Anleitungen. An einem Quadrat (∎) erkennen Sie, dass die aktuelle Anleitung abgeschlossen ist.

Im Anhang hilft Ihnen ein kleines Glossar, wenn Sie die Erklärung eines bestimmten Begriffs nachschlagen wollen. Dort finden Sie auch eine Übersicht der wichtigsten HTML- und CSS-Elemente, die bei der praktischen Arbeit sehr nützlich sind.

Die Website zum Buch

Wir haben für Sie begleitend zum Buch eine Website eingerichtet:

http://webseiten.benutzerfreun.de

Dort haben wir alle Tipps für Internetseiten gesammelt, die Ihnen auf Ihrem Weg zum erfahrenen Website-Ersteller helfen. Es geht uns darum, aus der unübersehbaren Flut von Hilfe-Seiten und Anwendungen jeweils diejenigen herauszusuchen, die am nützlichsten sind.

Auf der Website finden Sie außerdem alle Beispiele aus dem Buch zum Herunterladen – den Code können Sie für alle Ihre Projekte gerne benutzen.

Wenn Sie Anregungen haben, dann schreiben Sie den Autoren unter *webseiten@ benutzerfreun.de*. Wir freuen uns, von Ihnen zu hören, und wünschen Ihnen viel Spaß und Erfolg mit der eigenen Website!

Jens Jacobsen und **Matthias Gidda**

Kapitel 1
Ein eigener Webauftritt in drei Minuten

Wenn Sie so schnell wie möglich eine Website online haben möchten, gibt es heute kostenlose Dienste, die Ihnen das ermöglichen. Und gut aussehen kann eine solche Site auch.

Sie haben ein Thema, das Sie im Web präsentieren wollen – sei es Ihr Geschäft, Ihre Dienstleistung, Ihr Verein oder Ihre eigene Person oder Familie. Wir wollen Sie nicht mit langatmigen Erklärungen aufhalten, sondern Sie ermuntern, gleich einmal etwas auszuprobieren. Wir zeigen Ihnen, wie man mit einem einfachen und kostenlosen Dienst schnell eine sogenannte Web-Visitenkarte erstellt. Brennt es Ihnen unter den Nägeln, bringen Sie so in drei Minuten Ihre erste einfache Präsenz ins Internet.

Keine Platzhaltertexte

Verzichten Sie auf die typischen Platzhalter- oder Baustellenseiten, auf denen steht: »Hier entsteht der Internetauftritt von XY. Schauen Sie doch später wieder vorbei!« Das wirkt sehr unprofessionell – und warum sollte man irgendwann später wieder unter dieser Adresse im Internet »vorbeischauen«? Man weiß weder, wann die Website fertig sein soll, noch, was man dann dort finden wird.

Es macht nicht viel Arbeit, zumindest seine Kontaktdaten auf der Seite zu hinterlegen. Und dass sich Internet-Auftritte verändern, ist selbstverständlich, darauf brauchen Sie nicht extra hinzuweisen.

1.1 Die Visitenkarte des Zauberers

Im ersten Beispielprojekt dieses Buchs erstellen wir eine Web-Visitenkarte eines Zauberkünstlers. Auf dieser sollen sein Name, seine Kontaktdaten und ein Foto aus einer seiner Shows zu sehen sein. Mit der Visitenkarte will er dafür sorgen, dass Interessenten, die von ihm gehört haben, ihn im Internet finden und kontaktieren können.

Abbildung 1.1 Solche nichtssagenden Seiten zeigen viele Internet-Provider, wenn Sie dort eine Internet-Adresse registrieren, aber noch keine Inhalte eingestellt haben. So eine Seite sollten Sie so schnell wie möglich loswerden.

> **Ein-Seiten-Sites**
>
> *Web-Visitenkarte* nennt man ganz einfache Internet-Auftritte, die nur aus einer einzigen Seite bestehen. Der Begriff ist nicht klar definiert, und manche Anbieter nennen auch kleinere Websites mit weiteren Unterseiten so. Unser Beispiel besteht aber nur aus einer Seite.

1.1.1 Auswahl des Anbieters

Es gibt etliche Anbieter, bei denen Sie kostenlos eine Web-Visitenkarte erstellen können. Meist wird dafür Werbung auf Ihren Seiten eingeblendet. Wenn Sie dort ein kostenpflichtiges Angebot buchen oder wenn Sie zu einem Webhoster gehen (siehe Kapitel 4, »Die ersten Schritte mit HTML und CSS«), dann haben Sie keine Werbung und langfristig viel mehr Möglichkeiten. Aber zum ersten Testen reichen die kostenlosen Pakete auf jeden Fall aus.

Um eine Entscheidung zu treffen, sehen Sie sich am besten ein paar Beispielsites an, die mit dem jeweiligen Dienst umgesetzt sind. Achten Sie vor allem auf die Werbung – bei manchen kostenlosen Diensten ist sie sehr aufdringlich.

Für unser Beispiel benutzen wir *about.me* (*bnfr.de/ql101*), das Projekt lässt sich aber mit anderen Anbietern ebenfalls umsetzen. Die Oberfläche von about.me ist zwar englisch, aber die Bedienung ist so viel einfacher als bei der deutschen Konkurrenz, die wir getestet haben, dass Sie selbst mit minimalen Englischkenntnissen hier schneller zum Ziel kommen als bei den deutschen Angeboten. Probieren Sie es aus! Falls Sie dennoch auf eine deutsche Benutzerführung bestehen, sehen Sie sich unsere aktuelle Empfehlung unter *bnfr.de/ql102* an, wo wir eine Übersicht über die verschiedenen Anbieter zusammengestellt haben.

> **Quicklinks bnfr.de**
>
> Im Verlauf dieses Buches nennen wir Ihnen oft Internetadressen, etwa damit Sie den beschriebenen HTML-Code von unserer Website herunterladen und für Ihr Beispielprojekt verwenden können oder weil eine Website Dritter nützliche Tipps bietet.
>
> Damit Sie erstens nicht so lange Adressen abtippen müssen und zweitens auch dann zum Ziel gelangen, wenn sich die Adresse einer Website nach dem Druck dieses Buchs ändert, verwenden wir ein Quicklink-System. Das sieht im Buch zum Beispiel so aus:
>
> »unsere aktuelle Empfehlung unter *bnfr.de/ql102*«
>
> Sie müssen nur noch die Adresse *bnfr.de/ql102* in die Adressleiste Ihres Browsers eingeben und werden dann automatisch auf die jeweils aktuelle Seite weitergeleitet.

1.1.2 Anmeldung

Legen wir also los:

Schritt 1 | Gehen Sie auf *about.me*, tragen Sie Ihren Namen und Ihre E-Mail-Adresse ein, und klicken Sie auf den Button JOIN FOR FREE.

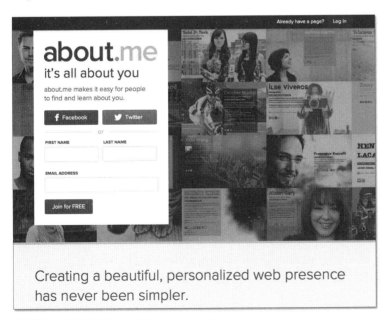

Abbildung 1.2 Die Startseite von »about.me«

Schritt 2 | Vergeben Sie ein Passwort, legen Sie einen Namen fest, unter dem Ihre Site gefunden werden soll, und klicken Sie auf den Button SIGN UP.

> **Aber sicher – Passwortsicherheit**
>
> Vergeben Sie für jeden Dienst ein eigenes Passwort. Immer wieder kommt es vor, dass selbst von renommierten Unternehmen Tausende, manchmal Millionen von Zugangsdaten gestohlen werden. Sind Ihre Zugangsdaten einmal darunter und haben Sie sich mit dem gleichen Passwort noch auf anderen Sites angemeldet, dann haben Sie ein Problem. Verbrecher probieren automatisiert solche Zugangsdaten bei bekannten Diensten wie Google oder Facebook aus, aber auch bei Bank-Websites. So bekommen sie leicht Zugang zu vielen Kundenzugängen.
>
> Damit Sie sich nicht so viele Passwörter merken müssen, können Sie einen Passwortmanager nutzen, also ein Programm, das Ihre Passwörter speichert und mit einem einzigen Passwort sichert.
>
> Alternativ überlegen Sie sich einen Standardsatz, den Sie sich leicht merken können, zum Beispiel *Mein Passwort ist wirklich sicher, vor allem im März*. Von dem nehmen Sie die Anfangsbuchstaben und das Satzzeichen: *MPiws,vaiM*. Dann hängen Sie mit einem Sonderzeichen noch einen Teil für den jeweiligen Webdienst an, für *about.me* also etwa *am*. Jetzt haben Sie *MPiws,vaiM#am*. Und schließlich fügen Sie noch zwei Zahlen an, die auch wieder immer gleich sein können: *MPiws,vaiM#am66*.
>
> Damit haben Sie zwar kein perfektes Passwort (näher daran wäre eine rein zufällige Zahlen-Buchstaben-Zeichen-Kette mit 18 Stellen), aber einen guten Kompromiss zwischen leichter Merkbarkeit und Sicherheit. Und Ihren Online-Bankzugang können Sie ja immer noch mit einem besseren Passwort sichern.

Schritt 3 | Schließen Sie das Infofenster (siehe Abbildung 1.3) mit einem Klick auf das hellgraue Kreuz rechts oben – diese Infos brauchen Sie eigentlich nicht.

Schritt 4 | Im Folgenden erscheinen viermal kleine blaue Boxen auf der Seite, die Ihnen helfen, die wichtigsten Anpassungen an Ihrer neuen Seite durchzuführen. Mit einem Klick auf NEXT bringen Sie die jeweils nächste Box zum Vorschein. Folgen Sie den Tipps, und klicken Sie also viermal auf NEXT.

Schritt 5 | Klicken Sie auf den Reiter BIOGRAPHY. Das ist der Bereich mit den wichtigsten Informationen über Sie. Sie können auch alle Felder hier leer lassen, die einzige Pflichtangabe ist der Name, und den haben Sie schon bei der Anmeldung angegeben. Schreiben Sie aber jetzt am besten einen kurzen Text über sich in das Feld BIOGRAPHY.

Abbildung 1.3 Dieses Infofenster sehen Sie, nachdem Sie sich erfolgreich bei »about.me« angemeldet haben. Das Hintergrundbild wird zufällig ausgewählt, Sie können es aber natürlich ändern.

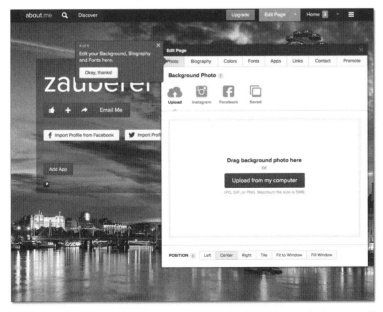

Abbildung 1.4 Nun können Sie loslegen und Ihre eigenen Inhalte einstellen.

Schritt 6 | Wenn Sie Ihre Kontakt-E-Mail-Adresse angeben möchten, schreiben Sie sie mit in den Text. Dann markieren Sie diese und klicken auf das kleine Link-Symbol mit den zwei flachen Ringen in der Leiste direkt über dem Textfeld. In dem neuen Pop-up-Fenster wählen Sie links aus dem Menü MAILTO: aus (siehe Abbildung 1.5). Damit öffnet sich beim Benutzer sein Mailprogramm mit dieser Adresse, sobald er auf den Link klickt.

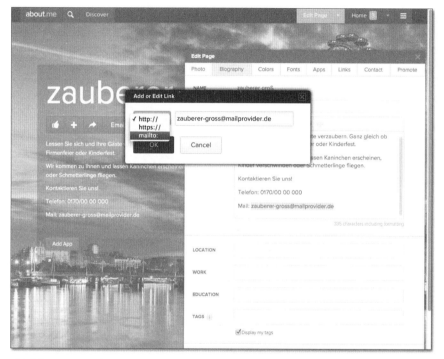

Abbildung 1.5 Wählen Sie »mailto:« aus, um einen Link als E-Mail-Link zu kennzeichnen.

Hinter dem Bereich, in dem Sie den Text bearbeiten, sehen Sie gleich alles, was Sie ändern. Einen Speichern-Button gibt es nicht, alle Inhalte werden automatisch gesichert.

Schritt 7 | Es kann sein, dass die Farben für Texte und Links nicht mit dem Hintergrundbild zusammenpassen. In unserem Beispiel waren die Links blau – vor dem blauen Hintergrundbild konnte man sie kaum erkennen. Auf der Registerkarte COLORS können Sie das Problem beheben.

Schritt 8 | Wenn Sie das Hintergrundbild ändern wollen, wählen Sie den Reiter PHOTO, klicken auf SAVED und wählen dort ein passendes Foto aus. Oder Sie laden mit UPLOAD ein eigenes Bild hoch.

Schritt 9 | Wählen Sie unten bei POSITION am besten FILL WINDOW – oder probieren Sie die anderen Einstellungen aus. Vielleicht gefallen sie Ihnen noch besser.

Falls Sie das Fenster zum Bearbeiten versehentlich geschlossen haben, können Sie es mit einem Klick auf EDIT PAGE rechts oben wieder öffnen. Wenn Sie auf das Dreieck daneben klicken, kommen Sie dagegen zu anderen Optionen – das ist leider etwas verwirrend.

Spielen Sie ein bisschen weiter mit den Optionen – es macht Spaß und ist ganz einfach.

Und das Beste: Ihre Site ist schon im Internet! Gehen Sie auf *about.me/ihrseitenname*, wobei *ihrseitenname* natürlich für den Namen steht, den Sie sich bei der Anmeldung ausgesucht haben.

Unser Beispiel finden Sie unter: *about.me/zauberer_gross*

Abbildung 1.6 So sieht unsere Beispielsite aus, die nur aus einer einzigen Seite besteht.

Dieses Beispiel von der Zauberer-Visitenkarte lässt sich praktisch auf jeden anderen Fall übertragen. Egal ob Sie ein Rechtsanwalt sind oder ein Arzt, ob Sie einen Friseursalon haben oder ein Musik-Geschäft, ein Restaurant oder eine Buchhandlung – mithilfe der Visitenkarte können interessierte Nutzer Kontakt mit Ihnen aufnehmen. ∎

1.2 Welche Technik lässt das Web ticken?

Sehen wir uns einmal an, was technisch genau passiert ist, als Sie Ihre Web-Visitenkarte erstellt haben.

Sie haben über Ihren Browser Daten eingegeben, die via Internet an *about.me*, den sogenannten *(Web-)Hoster* übertragen wurden. Diese Daten sind dort in einer Datenbank gelandet. Ihnen wurde eine *URL* zugewiesen, unter der die Daten nun abrufbar sind. URL steht für **U**niform **R**esource **L**ocator (das ist auf Deutsch nur mit dem Wortungetüm »einheitlicher Quellenanzeiger« zu übersetzen). Meist sagt man einfach *Internetadresse* zu einer URL. Wenn nun ein Nutzer diese URL in die Adresszeile seines Browsers eingibt, geht die Anfrage über das Internet an den *(Web-)Server* von *about.me*. Der Webserver ruft aus der Datenbank das ab, was Sie beim Erstellen der Visitenkarte eingegeben haben, und setzt daraus eine HTML-Seite zusammen. Die HTML-Seite schickt er zurück an den Browser des Nutzers, der die Seite dann auf dem Bildschirm darstellt.

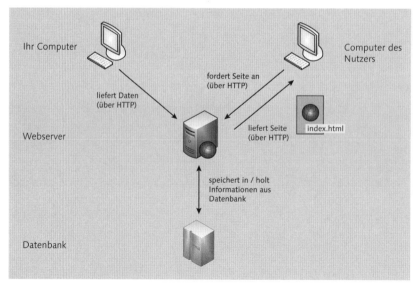

Abbildung 1.7 Bei einem Dienst wie »about.me« liegen die Informationen in einer Datenbank. Der Server stellt aus diesen Daten bei jeder Anfrage eine HTML-Seite zusammen, die er dann an den anfragenden Computer liefert.

1.2 Welche Technik lässt das Web ticken?

Sie sind damit zum *Betreiber* einer Website geworden. Der *Webhoster* ist bei unserem Beispiel *about.me*. Der Webhoster ist also das Unternehmen, das Ihnen Speicherplatz auf seinem *Webserver* zur Verfügung stellt und die Daten an Ihre Nutzer liefert.

> **Protokolle im Internet**
>
> Immer wieder begegnet Ihnen das Kürzel *HTTP*. Es steht für **H**yper**T**ext **T**ransfer **P**rotocol, also »Protokoll zum Übertragen von Hyper-Text«. Das »Protokoll« ist eine Vereinbarung, in welcher Form die Geräte im Netzwerk Daten austauschen.
>
> Zu jeder URL gehört eigentlich das Protokoll, mit dem Sie auf sie zugreifen wollen. Korrekt ist also eigentlich *http://www.ihresite.de*. Da man aber im Browser fast ausschließlich mit HTTP arbeitet, kann man diese Angabe auch weglassen und einfach *www.ihresite.de* eingeben.
>
> Ein weiteres wichtiges Protokoll ist *FTP*, das **F**ile **T**ransfer **P**rotocol. Wie der Name schon sagt, überträgt man damit Dateien (englisch »files«). FTP benutzen Sie später, wenn Sie Ihre fertigen HTML-Seiten zum Server schicken.

Wenn Sie ein sogenanntes *Content-Management-System* oder eine *Blog*-Software verwenden, dann kommen Ihre Seiten ebenfalls aus einer Datenbank (siehe Abbildung 1.7). Bei fast allen kleineren Websites dagegen liegen die fertigen HTML-Dateien auf dem Server; sie sind als einzelne Dokumente abgespeichert (siehe Abbildung 1.8).

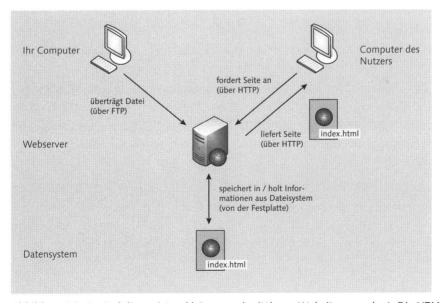

Abbildung 1.8 So sind die meisten kleinen und mittleren Websites angelegt: Die HTML-Dateien liegen auf der Festplatte des Webservers.

Ob der Server die HTML-Seiten aus dem Dateisystem holt oder aus einer Datenbank zusammensetzt, ist für die Besucher Ihrer Seiten vollkommen gleichgültig. Wir betonen es hier nur deshalb, weil wir später in diesem Buch ja mit einzelnen HTML-Dateien arbeiten werden. Diese können auch auf Ihrem eigenen Computer liegen. Das tun sie normalerweise auch, solange Sie an Ihrer Website arbeiten. Sie testen sie also erst lokal auf Ihrem eigenen Computer, bevor Sie die Seiten auf den Server hochladen und so für alle Internet-Nutzer zugänglich machen.

1.2.1 Seite oder Site?

Oft gibt es Verwirrung, ob es nun *Website* oder *Webseite* heißt. Die beiden Begriffe klingen fast gleich, bezeichnen aber unterschiedliche Dinge. Eine *(Web-)Seite* ist wie eine ausgedruckte Seite Papier ein einzelnes Dokument, auf dem Text, Bilder, Videos etc. stehen können. Jede Seite hat eine eigene URL (z. B. *www.ihresite.de/index.html*).

Eine *Website* dagegen ist die Gesamtheit aller Seiten eines Internet-Auftritts. Das englische Wort »Site« klingt zwar ähnlich wie die deutsche »Seite«, bedeutet auf Deutsch aber »Ort«. Der Begriff *Website* bezeichnet also alle Seiten, die an einem Ort im Internet abgelegt sind. Eine Website hat üblicherweise eine eigene *Domain* wie *www.ihresite.de*.

Sie erkennen also an der URL, ob eine Site oder eine Seite gemeint ist: Eine einzelne Seite hat immer eine Dateiendung wie ».html«, eine Site dagegen nicht.

> **Seite ≠ Site**
> Der richtige Gebrauch der Wörter *Seite* und *Site* unterscheidet die Profis von den Laien.

Die Begriffe *Internetauftritt* oder *Webauftritt* bedeuten das Gleiche wie *Website*. Der Begriff *Homepage* wird auch oft in diesem Sinne verwendet. Doch eigentlich ist die Homepage die *Startseite*, also nur die erste Seite einer Site. Allerdings waren bei unserer Web-Visitenkarte Homepage und Website identisch, weil wir ja nur eine einzige Seite erstellt haben.

Es ist etwas unpraktisch, dass für die Website ausschließlich der englische Begriff üblich ist, für die Webseite ausschließlich der deutsche. Klarer wäre es, von »Website« und »Webpage« zu sprechen oder von »Webort« und »Webseite«. Aber das macht kein Mensch. Daher bleiben wir auch in diesem Buch bei den etablierten Begriffen.

1.2.2 Domain

Domains (korrekter eigentlich *domain names*, auf Deutsch *Domänennamen*) nennt man die Teile des DNS, des *Domain Name Systems*. Vereinfacht gesagt dienen Domains dazu, Webserver mit Namen auffindbar zu machen. Denn intern arbeiten Computer mit nur in Zahlen codierten IP-Adressen.

.de, *.com* und *.info* sind sogenannte *Top-Level-Domains*. Spricht man von der »Domain« einer Website, dann ist die *Second-Level-Domain* (wie *ihresite.de*) gemeint, die fast immer auf den gleichen Server verweist wie *www.ihresite.de*.

Eine solche eigene Domain besorgen Sie sich am einfachsten, indem Sie bei einem Webhoster Speicherplatz auf dessen Webserver buchen (siehe Kapitel 3, »Ein besserer Webauftritt in drei Stunden«). Fast immer bekommen Sie dann kostenlos eine oder sogar mehrere Domains dazu.

Sie können aber auch zu einem Anbieter gehen, der Ihnen nur eine Domain vermittelt. Diese können Sie dann auf Ihre Web-Visitenkarte verweisen lassen, die bei einem anderen Anbieter liegt.

1.3 Fazit

Es ist ganz leicht, eine erste eigene Website zu erstellen. Wenn Sie mit den Einschränkungen der kostenlosen Anbieter zurechtkommen, haben Sie in wenigen Minuten die ersten Inhalte online. HTML und CSS brauchen Sie dafür noch gar nicht. Aber mit der Zeit werden Ihre Ansprüche wachsen, und dann sehen Sie sich sicher nach mächtigeren Werkzeugen um.

Kapitel 2
Wer braucht was – die eigene Website planen

Irgendeine Website ist schnell erstellt. Eine erfolgreiche Site setzt aber etwas Planung voraus.

Im vorigen Kapitel haben Sie gesehen, wie man schon in wenigen Minuten eine ganz simple Website anlegt. Für die Visitenkarte sind wir einfach online gegangen und haben das in die Eingabefelder des Browsers getippt, was uns gerade in den Sinn gekommen ist. Bei sehr kleinen Sites ist das auch in Ordnung so. Wenn Sie allerdings etwas mehr wollen als eine Online-Visitenkarte, dann sollten Sie etwas Zeit für ein Konzept einplanen, bevor Sie loslegen.

Bei einer Reise kommen Sie zwar meist auch ans Ziel, wenn Sie einfach losfahren. Wesentlich effizienter wird Ihre Reise aber, wenn Sie zuvor einen Blick auf die Karte werfen oder gar ein Navigationsgerät verwenden. Genauso vermeiden Sie unnötige Umwege und erreichen Ihr Ziel effizienter, wenn Sie den Aufbau Ihrer Website planen.

2.1 Wie sieht eine gute Website aus?

Denken Sie einmal an die Websites, die Sie selbst besuchen. Welche von ihnen gefallen Ihnen, welche nicht? Und *warum* finden Sie manche gut, andere schlecht? In fast allen Fällen sind gute Sites so aufgebaut, dass sie Ihren Erwartungen als Benutzer entsprechen. Wenn Sie nach Schuhen suchen, dann erwarten Sie keine Informationen über Jacken. Und wenn Sie auf die Website eines Online-Ladens kommen, auf der Sie vor lauter Sonderangeboten nicht den Weg zu den Schuhen finden, dann fühlen Sie sich nicht gut geführt.

Um bei dem Beispiel zu bleiben: Wenn Sie bei der Übersicht zu den Schuhen gelandet sind, ist Ihre nächste Wahl meist die zwischen Damen- und Herren-Schuhen. Dann grenzen Sie weiter ein nach Stiefeln, Halbschuhen, Sportschuhen oder Pumps. Aus Ihrer Sicht als Benutzer ist das alles ganz einfach.

2 Wer braucht was – die eigene Website planen

Abbildung 2.1 Der Anbieter dieses Online-Shops hat überlegt, was die Besucher wollen. Im waagerechten Menü ❶ finden Sie die wichtigsten Produktgruppen. In der Mitte sind Sonderangebote und Neuigkeiten platziert ❷. Ganz unten geht es direkt zu häufig besuchten Kategorien ❸.

Nun sind Sie jetzt aber nicht mehr der Benutzer einer Website, sondern deren Betreiber. Sie müssen sich also Gedanken machen, welche Dinge Ihre Besucher wohl suchen werden. Und nicht alles ist immer leicht vorherzusehen. Besucher eines Schuh-Shops interessiert sicher, wie hoch die Versandkosten sind und welche Rücknahmebedingungen es gibt, wenn ihnen die bestellten Biker-Boots nicht passen oder der Partner diese unakzeptabel findet. Diese Informationen sollten Sie also auch anbieten. Wenn Sie anfangen, darüber nachzudenken, was die Besucher so alles wollen, bekommen Sie schnell eine lange Liste. Dann müssen Sie die Punkte auf dieser Liste gewichten. Am besten konzentrieren Sie sich dann auf die Dinge, die ganz oben stehen. Denn je mehr Informationen Sie unterbringen, desto schwieriger wird es für die Nutzer, jede einzelne Information zu finden.

Eine Website, die nur aus einer einzigen Seite besteht, ist ganz leicht zu benutzen. Man muss keine Links zu anderen Seiten anklicken, sondern einfach nur den Inhalt dieser einen Seite aufnehmen. Irgendwann wird die eine Seite aber so lang, dass sie auch wieder unübersichtlich wird. Dann sind mehrere Seiten sicher die bessere, weil übersichtlichere Lösung. Sie sehen schon: Man muss in jedem Einzelfall entscheiden, wie man vorgeht.

2.2 Warum wollen Sie eine Website?

Neben den Erwartungen Ihrer Besucher ist auch die Frage ganz wichtig: Was wollen *Sie selbst* mit Ihrer Website erreichen? Sie machen sich die ganze Mühe ja nicht nur zum Spaß – auch wenn das hoffentlich ein Teil Ihrer Motivation ist.

Ziele Ihrer Website können sein:

- Freunden und Verwandten Informationen zur Verfügung stellen
- potenzielle Kunden/Auftraggeber über Ihre Angebote informieren
- Kontaktdaten mitteilen
- Produkte verkaufen bzw. Dienstleistungen buchen lassen
- bestehende Kunden über Neuigkeiten informieren

Das sind aber alles nur Beispiele für mögliche Ziele. Wichtig ist vor allem: Beginnen Sie *nicht* damit, aufzuschreiben, was alles auf Ihre Website soll. Denn dabei fallen Ihnen sicher einige Dinge ein, die eigentlich gar nicht nötig sind, um Ihre Ziele zu erreichen. Orientieren Sie sich von Anfang an streng an Ihren Zielen, und arbeiten Sie nach dem Prinzip »Perfektion bedeutet nicht, dass man nichts mehr hinzufügen kann, sondern dass man nichts mehr wegnehmen kann«.

So sparen Sie sich die Arbeit, Unnötiges auf der Website unterzubringen. Und vor allem machen Sie die Site für die Benutzer übersichtlicher, weil sie nur zwischen den Informationen auswählen müssen, die für sie tatsächlich relevant sind.

> **Weniger ist mehr**
>
> Je weniger Sie auf Ihrer Website haben, desto weniger Mühe haben Sie mit der Erstellung und Pflege der Site. Und je weniger Sie den Benutzern anbieten, desto leichter finden diese sich auf Ihrer Website zurecht.

2.3 Was? Wen? Wie? Womit?

Egal ob Sie eine neue Website planen oder eine bestehende überarbeiten – beantworten Sie auf jeden Fall die »vier W«, bevor Sie einen einzigen Buchstaben Text tippen. Damit sparen Sie sich jede Menge Arbeit und haben am Ende eine Site, die erfolgreich ist, weil sie Ihre Ziele erreichen hilft und den Besuchern nutzt.

Die »vier W« sind: Was? Wen? Wie? Womit?

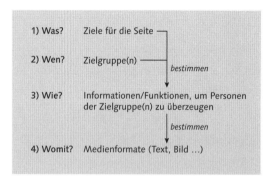

Abbildung 2.2 Die »vier W« der Website-Konzeption

Im Detail geht es bei den vier W um diese Fragen:

- Was wollen Sie erreichen?
- Wen wollen Sie ansprechen?
- Wie wollen Sie Ihr Ziel erreichen?
- Womit wollen Sie arbeiten?

Sehen wir uns diese Fragen einmal im Detail an.

2.3.1 Was wollen Sie erreichen?

Formulieren Sie Ihre Ziele. Wichtig ist, dass diese konkret sind. Notieren Sie also nicht nur etwas wie:

»Ich will eine schöne Website haben, die meinen Kunden gefällt.«

Sondern eher:

»Meine Website soll neue Kunden ansprechen und sie dazu bringen, XY zu kaufen.«

Ziele, die sich objektiv messen lassen, sind also besser als solche, die nur subjektiv bewertbar sind.

2.3.2 Wen wollen Sie ansprechen?

Überlegen Sie, welche Personen Sie ansprechen wollen. Man spricht von der *Zielgruppe* der Site. Neue Kunden müssen Sie dabei anders ansprechen als bestehende, ältere Menschen anders als jüngere und Menschen, die täglich im Web unterwegs sind, anders als Gelegenheits-Surfer.

Manchmal haben Sie auch mehrere Zielgruppen – dann müssen Sie möglichst dafür sorgen, dass alle unterschiedlichen Bedürfnisse erfüllt werden.

2.3.3 Wie wollen Sie Ihr Ziel erreichen?

Wie bringen Sie die Besucher dazu, das zu tun, wofür Sie die Site erstellen? Wie überzeugen Sie die Besucher, die Site zu nutzen, Sie zu kontaktieren, etwas zu spenden oder bei Ihnen zu kaufen?

Machen Sie sich in diesem Schritt Gedanken zu den Funktionen, die Ihre Site bieten muss. Meist ist das Wesentliche, dass die Site den Mitgliedern der Zielgruppe diejenigen Informationen bereitstellen muss, die sie suchen. Ein paar Beispiele:

- Bei einer Familien-Site müssen Sie Ihren Verwandten zum Beispiel erklären, warum diese ihre Fotos hochladen sollen und wie sie das tun.
- Sind Sie ein Arzt, müssen Sie den neuen Patienten erklären, was Ihr Fachgebiet ist, bei welchen Krankheiten Sie helfen können und wie Patienten einen Termin vereinbaren können.
- Bei einem gemeinnützigen Verein müssen die Besucher erfahren, wofür Sie sich engagieren, warum das wichtig ist und wie Sie arbeiten. Außerdem brauchen die Besucher Informationen, wie sie spenden können.
- Haben Sie einen Internet-Shop, dann müssen Sie Ihre Produkte optimal darstellen, alle notwendigen Hintergrundinformationen zu diesen geben und zeigen, wie man sie kaufen kann.

2.3.4 Womit wollen Sie arbeiten?

Mit dieser Frage sind nicht die Programme gemeint, die Sie nutzen (um die geht es in den nächsten Kapiteln), sondern die Inhalte, mit denen Sie die notwendigen Informationen vermitteln. Bei kleinen Websites beschränken sich die Inhalte meist auf Texte und Fotos. Manchmal können auch Videos sinnvoll sein, oder es kommen Zeichnungen zum Einsatz (etwa schematische Darstellungen von Produkten, Lageskizzen o. Ä.).

> **Das Wichtigste zuerst**
>
> Beschränken Sie sich zunächst auf die Inhalte, die zwingend nötig sind, um Ihre Ziele zu erreichen. Nicht selten kommt es vor, dass eine Website monatelang nicht online geht, nur weil die geplanten Videos doch mehr Arbeit machen als gedacht.
>
> Haben Sie einen mehrstufigen Plan, dann können Sie mit den ersten Inhalten schnell online gehen und dann Weiteres nachliefern, sobald es fertig ist.

2.3.5 Beispiel: Tangoschule »Aro Argentino«

In unserem nächsten Beispiel spielen wir die Planung einer Website für eine Tangoschule durch – *Aro Argentino*. Das Prinzip der Planung bleibt aber das gleiche, egal ob Sie eine Tanzschule, eine Anwaltskanzlei, einen Verein oder ein Restaurant ins Internet bringen wollen.

Was? – Ziele der Site

Die Ziele der Website sind:

- neue Tänzer gewinnen, die eine Probestunde ausmachen sollen
- Mitglieder informieren; diese sollen sich zu neuen Kursen anmelden
- Mitarbeiter bei der Beantwortung von Standardanfragen entlasten (Termine, Kosten)

Wen? – Zielgruppe

Die Site soll alle ansprechen, die sich für Tango interessieren. Das sind vor allem Männer und Frauen zwischen Mitte Zwanzig und Ende Fünfzig. Sie können meist wenigstens ein paar Standardtänze wie Walzer, Foxtrott oder Jive. Von der gesellschaftlichen Schicht her sind sie eher mittel bis gehoben, ebenso von ihrem Einkommen her.

Die Internet-Erfahrung ist unterschiedlich, manche potenzielle Tänzer sind täglich im Netz, andere nur gelegentlich.

Die Site soll sowohl Paare ansprechen als auch Tänzer, die keinen Partner mitbringen.

Auch Tänzer, die schon bei *Aro Argentino* waren, sollen auf der Website angeregt werden, weitere Kurse zu besuchen und an weiteren Veranstaltungen teilzunehmen.

Wie? Informationen/Funktionen

Wer die Tanzschule noch nicht kennt, will zunächst wissen, mit wem er es zu tun hat. Die Site braucht also:

- Vorstellung der Tanzschule
- Vorstellung der Tanzlehrer
- Präsentation der Räume

Um Interessenten dazu zu bringen, eine Probestunde auszumachen und um weniger Standardfragen per Telefon oder Mail beantworten zu müssen, muss die Site vor allem die wichtigsten Infos zu den Kursen bieten:

- Titel und Themen der Kurse
- Termine der Kurse
- Kosten

Um vor allem bestehende Kunden zu informieren, aber auch, um zu zeigen, dass immer wieder besondere Veranstaltungen angeboten werden, sollen regelmäßig neue Nachrichten auf der Website erscheinen (mindestens einmal pro Woche).

Und schließlich will man noch wissen, wo die Tanzschule ist, wie man dorthin kommt und wie man Kontakt aufnimmt:

- Lage/Anfahrt
- Kontakt

Zu Ihren Kontaktdaten zählt auch das Web-*Impressum*. Sie geben also an, wer die Website betreibt, wer der verantwortliche Ansprechpartner ist und wie man diesen per Mail und Telefon erreichen kann. Damit es keinen juristischen Ärger gibt, informieren Sie sich am besten zu den rechtlichen Details unter: *bnfr.de/ql201*

> **Impressumspflicht**
>
> Nach dem deutschen *Telemediengesetz* (TMG) muss jede »geschäftsmäßige« Website ein Impressum haben. Geschäftsmäßig ist jede Site eines Unternehmens oder eines Freiberuflers. Aber auch wenn Sie etwa nur Fan-Artikel verkaufen oder Werbung auf Ihrer privaten Site schalten, gilt sie als geschäftsmäßig.
>
> Für Österreich gilt im Wesentlichen das Gleiche (§5 Abs. 1 E-Commerce-Gesetz – ECG). In der Schweiz ist die Situation anders, die Vorschriften sind hier weniger streng. Angebote, die sich aber (auch) an Personen in Österreich oder in Deutschland richten, müssen deren Anforderungen erfüllen.
>
> Um auf Nummer sicher zu gehen, sehen Sie also am besten immer ein Web-Impressum vor.

Womit? Medienformate

Die meisten Informationen lassen sich als Text vermitteln. Kursübersichten findet man auf manchen Websites als PDF-Dateien zum Herunterladen, allerdings ist das wenig komfortabel. Es kann nämlich sein, dass die notwendige Software zum Anzeigen beim Benutzer nicht installiert ist, und man weiß nie so genau, ob das PDF in einem eigenen Fenster geöffnet oder gleich heruntergeladen wird. Außerdem macht die Anzeige von PDF-Dateien auf mobilen Geräten immer noch gelegentlich Probleme.

Dank CSS kann man heute auch HTML-Seiten so anzeigen, dass sie sich sehr gut ausdrucken lassen, wenn man das will (siehe Kapitel 5, »Die eigene Website erstellen«).

Die Räumlichkeiten und die Tanzlehrer zeigt man am besten als Foto.

Für die Anfahrt wäre eine Skizze denkbar, die auch als Bilddatei eingebunden wird.

Später könnte man noch Videos einbinden, die bei einer Veranstaltung gedreht wurden, um den Besuchern einen noch besseren Eindruck von der Atmosphäre zu geben.

2.4 Umsetzung planen

Haben Sie die vier W geklärt, können Sie die Umsetzung planen. Das wichtigste Hilfsmittel dabei ist die Sitemap.

2.4.1 Sitemap – Seitenübersicht

Die *Sitemap* oder *Seitenübersicht* ist die Darstellung aller Seiten einer Website als Diagramm. Sie hilft dabei, die notwendigen Inhalte zu ordnen. Außerdem gibt sie bei größeren Projekten einen guten Überblick, wie weit man mit der Arbeit schon ist.

Wenn Sie kein Feinkonzept erstellen, in dem alle Inhalte genau aufgeführt sind, sollten Sie zumindest die geplanten Funktionen und Inhalte den einzelnen Seiten zuordnen. So stellen Sie sicher, dass Sie nichts vergessen und alles seinen Platz hat.

Für unser Beispiel sieht das so aus:

- Startseite – Über uns
  - Vorstellung der Tanzschule
  - Vorstellung der Tanzlehrer
  - Präsentation der Räume
- Bilder
  - Eindrücke von den Räumlichkeiten und Veranstaltungen

2.4 Umsetzung planen

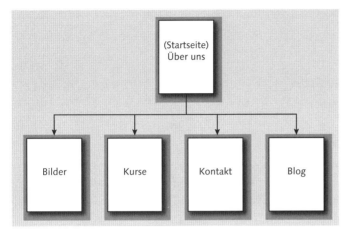

Abbildung 2.3 Die Sitemap der Tanzschule. Auf diesen fünf Seiten bringen wir alle Inhalte unter, nach denen die Benutzer suchen.

- Kurse
  - Titel und Themen der Kurse
  - Termine der Kurse
  - Kosten
- Kontakt
  - Lage/Anfahrt
  - Kontaktmöglichkeiten per Post, Mail und Telefon bzw. Web-Impressum
- Blog
  Hier erscheinen Neuigkeiten aus der Tanzschule, es werden Veranstaltungen und neue Kurse angekündigt. Auch Berichte von Partys oder gemeinsamen Reisen finden hier ihren Platz. Von Zeit zu Zeit kann auch über Themen geschrieben werden, die nur im weiteren Sinn mit der Tanzschule zu tun haben. Ein Beispiel wäre ein Essay über die Entwicklung der Tangoszene in den letzten Jahren. Mit solchen Inhalten soll die Tanzschule persönlicher werden. Die Besucher sollen ein Gefühl für die Menschen bekommen, die hier lehren und tanzen.

2.4.2 Zeitplan

Nun wissen Sie recht genau, was Sie alles brauchen, um Ihre Site umzusetzen. Sie können also einen Zeitplan machen, wann was fertig sein soll. Das ist sogar dann sinnvoll, wenn Sie allein an der Website arbeiten. Denn damit können Sie sich leichter motivieren und sehen rechtzeitig, ob Sie den selbst gesetzten Termin schaffen (oder nicht).

Die wichtigsten Aufgaben bzw. Etappen, für die Sie einen Termin setzen sollten, sind:

- Inhaltskonzept
- Gestaltungskonzept
- Umsetzung in Grafik, HTML/CSS
- Bekannt machen und werben

Inhalts- und Gestaltungskonzept

Das inhaltliche Konzept enthält die Sitemap und idealerweise auch die gesamten Texte und eine Liste mit allen Fotos, Videos und anderen Elementen, die die Website enthalten soll. Machen Sie sowieso alles allein, können Sie die Texte auch direkt in die HTML-Seiten schreiben, wenn Sie sie erstellen.

Wenn die Sitemap steht und Sie ungefähr wissen, was alles auf Ihre Site soll, können Sie ein Konzept für die Gestaltung entwerfen. Haben Sie ein Logo, ist das die Grundlage für das Design der Website. Verwenden Sie bestimmte Farben, sind diese ein nächster Fixpunkt. Haben Sie das alles noch nicht, wäre jetzt ein guter Zeitpunkt, um das einmal festzulegen.

Sie können aber natürlich auch einfach drauflos arbeiten und das Aussehen der Seiten erst beim Erstellen festlegen – am Ende ist das aber meist doch mehr Arbeit, weil man ja meistens mehrere Ideen wieder verwirft, bis man die richtige hat. Und das ist mit Skizzen einfach effizienter, als wenn man eine Idee schon in HTML umgesetzt hat und dann doch alles wieder löscht und von vorn beginnt.

Umsetzung in Grafik, HTML/CSS

Wie lange die Umsetzung dauert, können Sie schwer abschätzen, wenn Sie zuvor noch keine Erfahrungen mit HTML haben. Gehen Sie aber realistischerweise davon aus, dass Sie für die erste Seite einen knappen Tag brauchen. Die Folgeseiten schaffen Sie dann in jeweils etwa einer Stunde.

Diese Werte können extrem variieren, je nachdem, wie schnell Sie mit Ihrem Ergebnis zufrieden sind und wie aufwendig Ihre Site wird. Manchmal können auch mehrere Tage vergehen, bis einem die Startseite gefällt.

Bekannt machen und werben

Wenn Ihre Site fertig ist, müssen Sie der Welt noch verraten, dass es sie gibt. Das kann mit einer Rundmail an die Verwandtschaft oder Vereinsmitglieder getan sein. Wenn Sie möchten, können Sie auch Ihr Auto mit der URL Ihrer neuen Site verzieren, die URL auf Ihr Briefpapier und Ihre Visitenkarten drucken und Werbung in Zeitungen oder im Web machen.

2.5 Fazit

Der Drang, einfach mal loszulegen, ist natürlich und spricht für Ihre Begeisterung für Ihre neue Site. Sie sparen sich aber einiges an Arbeit und vermeiden so manchen Stolperstein, wenn Sie ein bisschen Zeit in die Planung investieren.

Wollen Sie eine Site für eine Firma mit mehreren Mitarbeitern umsetzen oder haben Sie vor, mit Ihrer Site Geld zu verdienen, dann sollten Sie sich noch mehr Mühe mit der Planung geben. Eine Hilfe dabei kann z. B. das Buch »Website-Konzeption« sein, den einer der Autoren dieses Buchs veröffentlicht hat (mehr unter *bnfr.de/ql202*).

Kapitel 3
Ein besserer Webauftritt in drei Stunden

Mithilfe eines kostenlosen Blog-Anbieters setzen wir in wenigen Stunden unser Beispielkonzept in eine rundum funktionale und optisch ansprechende Website um.

In Kapitel 1, »Ein eigener Webauftritt in drei Minuten«, haben Sie bereits Ihre erste kleine Website in Form einer Visitenkarte erstellt. Sie haben auch gelernt, was genau es technisch bedeutet, eine Website zu erstellen: dass Sie Dateien auf einem Server abgelegt haben, der ans Internet angeschlossen ist. Andere Menschen greifen mithilfe ihrer webfähigen Geräte auf diesen Server zu und betrachten im Browser die von Ihnen gespeicherten Dateien.

Eine Website kann aber sehr viel mehr bieten als die Visitenkarte, und für die meisten Projekte ist zusätzliche Funktionalität notwendig – so auch für das Beispielkonzept, das wir in Kapitel 2, »Wer braucht was – die eigene Website planen«, erstellt haben. Mithilfe der »vier W« haben Sie dort gelernt, wie Sie eine umfangreichere Website planen: Welche Ziele will ich erreichen? Was ist meine Zielgruppe? Welche Inhalte will ich deshalb mit welchen Techniken erstellen?

Hier im dritten Kapitel werden wir das Konzept für eine Website der Tanzschule *Aro Argentino* nun umsetzen und in rund drei Stunden eine Website erstellen, die die von uns definierten Anforderungen erfüllt. Für die Technik wählen wir ein kostenloses *Blog*, das sich mit wenigen Arbeitsschritten zu einer umfangreicheren Website mit Unterseiten etc. ausbauen lässt.

> **Was ist ein Blog?**
> Ein *Weblog* (kurz *Blog*) ist ein Web-Tagebuch. Ursprünglich waren Weblogs auch genau das: eine Liste meist kurzer Einträge, die nach Datum sortiert nacheinander auf einer Webseite standen – die neuesten Einträge oben.

> Heute werden Weblogs für viele unterschiedliche Einsatzzwecke genutzt, geblieben ist lediglich die Sortierung der Blogeinträge nach Datum. Mit ein Grund dafür, dass Weblogs so beliebt sind, ist die Tatsache, dass sie sehr einfach einzurichten sind.

Das Beispielprojekt für die Tanzschule ist natürlich nur eine Anregung für Sie. Die in diesem Kapitel vermittelten Techniken und Tipps eignen sich genauso für eine große Bandbreite an möglichen Projekten, egal ob Sie eine Website für die eigene Familie, einen Verein oder ein kleines Unternehmen erstellen.

> **Der oder das Blog?**
> Im deutschen Sprachgebrauch finden sich sowohl »der Blog« als auch »das Blog«. Der Duden ist der Meinung, beides sei korrekt. Wir haben uns für dieses Buch auf »das Blog« festgelegt.

3.1 Für den Dienst anmelden und das Blog einrichten

Selbst HTML und CSS schreiben müssen Sie auch für dieses Projekt noch nicht. Stattdessen werden Sie erst einmal lernen, wie man eine Website systematisch mit Inhalten befüllt, um so die eigenen Ziele zu erreichen.

> **Was Sie brauchen:**
> ▸ Browser
> ▸ Telefonnummer (Mobil oder Festnetz)

Die unterschiedlichsten Bloganbieter stellen Dienste bereit, mit denen Sie ganz einfach eigene Websites erstellen können. Die Auswahl ist groß, und nicht alle Angebote sind zu empfehlen. Wir wählen für unser Beispielprojekt die komplett deutschsprachige Version des kostenlosen *Blogger*-Dienstes von *Google*, der leicht zu bedienen ist und solide Gestaltungsvorlagen bietet.

Um mit *Blogger* arbeiten zu können, brauchen Sie ein kostenloses Nutzerkonto bei Google, das Ihnen neben dem Blogdienst auch die Nutzung des sozialen Netzwerks *Google+*, des E-Mail-Dienstes *GMail*, der Videoplattform *YouTube* und vieler weiterer Angebote ermöglicht. Zumindest das Beispielprojekt sollten Sie mit Blogger erstellen, damit Sie unseren Erklärungen besser folgen können. Wenn Sie danach für private Projekte lieber nicht auf den Servern des Suchmaschinengiganten arbeiten möchten, können Sie mit den gewonnenen Erfahrungen leicht ein Blog bei einem anderen Anbieter einrichten – die Bedienung ist bei allen Anbietern relativ ähnlich. Unter *bnfr.de/ql301* finden Sie eine aktuelle Übersicht empfehlenswerter Alternativen.

Für *Blogger* – wie auch für die anderen hier erwähnten Dienste – brauchen Sie keinen eigenen Server. Wie auch die Web-Visitenkarte wird das Blog auf dem Server des Dienstleisters gespeichert.

> **Verwechslungsgefahr**
>
> Weil die Dienste so ähnlich klingen, droht Verwechslungsgefahr. *Blogger.com* von Google hat nichts mit *Blogger.de* zu tun.
>
> Auch gibt es von *WordPress* neben dem so wie *Blogger.com* funktionierenden Blogdienst unter *wordpress.com* außerdem noch eine gleichnamige Software zum Verwalten von Website-Inhalten unter *wordpress.org*, für die man aber eigenen Webspace braucht.

Beginnen wir also mit dem neuen Beispielprojekt, einer Website für die fiktive Tanzschule *Aro Argentino*.

3.1.1 Ein Google-Nutzerkonto anlegen

Zuerst legen wir das notwendige Nutzerkonto bei Google an:

Schritt 1 | Rufen Sie mit dem Browser die Website von Blogger (*bnfr.de/ql302*) auf. Sie sehen sie in Abbildung 3.1.

Schritt 2 | Wenn Sie bereits ein Google-Konto haben, geben Sie Ihre Zugangsdaten in das Formular ❶ ein und fahren bei Abbildung 3.6 bzw. Schritt 15 fort. Wenn Sie noch kein Konto haben, klicken Sie auf den Link KONTO ERSTELLEN ❷.

Damit werden Sie zur Seite mit dem Registrierungsprozess weitergeleitet (siehe Abbildung 3.2).

Schritt 3 | Geben Sie bei NAME Ihren Vor- und Nachnamen sowie einen NUTZERNAMEN ein.

Der Nutzername darf noch nicht belegt sein. Sie bekommen automatisch ein auf diesen Namen lautendes E-Mail-Konto bei *GMail*, dem ebenfalls kostenlosen E-Mail-Dienst von Google.

Bedenken Sie, dass der Nutzername auf Ihrer Website unter Ihren Blogeinträgen erscheinen wird, also öffentlich sichtbar sein wird.

Abbildung 3.1 Auf der Anmelde-Seite von Google findet man sich schnell zurecht, denn sie enthält keine überflüssigen Elemente. Die kleinen Symbole ❸ stehen für einige der Google-Dienste, die Sie mit dem Nutzerkonto verwenden können.

Abbildung 3.2 Auch die Seite mit dem Registrierungsformular ist übersichtlich gehalten.

Schritt 4 | Geben Sie ein PASSWORT an.

Wie man ein sicheres, aber leicht zu merkendes Passwort auswählt, erklären wir in Kapitel 1, »Ein eigener Webauftritt in drei Minuten«.

Schritt 5 | Geben Sie ein GEBURTSDATUM ein.

Schritt 6 | Die Angabe eines GESCHLECHTS ist optional.

Schritt 7 | Geben Sie im Feld MOBILTELEFON die Nummer eines Mobilfunk- oder Festnetztelefons an.

Sie müssen Zugriff auf das zur Nummer gehörende Gerät haben, denn Google schickt Ihnen per SMS oder automatischem Anruf einen Code, mit dem Sie Ihr Nutzerkonto aktivieren müssen.

Schritt 8 | Das Feld für die AKTUELLE E-MAIL-ADRESSE können Sie leer lassen.

Schritt 9 | Beweisen Sie beim Punkt KÖNNEN SIE DAS LESEN? durch die Eingabe der auf den Bildern sichtbaren Zeichen, dass Sie kein Roboter sind.

Schritt 10 | Geben Sie einen STANDORT an, und bestätigen Sie mit einem Klick auf das Kästchen, dass Sie die Nutzungsbedingungen für das Google-Konto akzeptieren.

Schritt 11 | Klicken Sie rechts unten auf den Button NÄCHSTER SCHRITT.

Spätestens nach wenigen Minuten erhalten Sie auf dem Gerät, dessen Telefonnummer Sie in Schritt 7 angegeben haben, einen Code. Mit der Eingabe des Codes auf der nächsten Seite wird die Registrierung abgeschlossen.

Schritt 12 | Geben Sie im entsprechenden Feld den Bestätigungscode an, den Google Ihnen geschickt hat, und klicken Sie auf den Button WEITER.

Damit gelangen Sie zur nächsten Seite (siehe Abbildung 3.4).

Hier können Sie das Standard-Profilbild Ihres neuen Nutzerkontos gegen ein passenderes austauschen. Wenn Sie später ein richtiges Projekt umsetzen, empfehlen wir das auch – Ihre Besucher wissen gerne, mit wem sie es zu tun haben.

Schritt 13 | Klicken Sie entweder auf den Link FOTO HINZUFÜGEN oder auf den Button NÄCHSTER SCHRITT.

Nach der Auswahl eines Bildes oder nach dem Klick auf NÄCHSTER SCHRITT bestätigt Google Ihnen auf der nächsten Seite (siehe Abbildung 3.5) die Einrichtung Ihres Nutzerkontos.

Schritt 14 | Klicken Sie auf den Button ZURÜCK ZU BLOGGER.

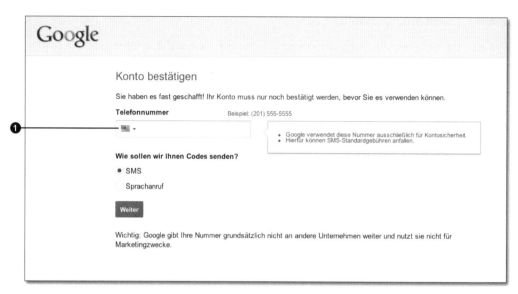

Abbildung 3.3 Falls Sie im Registrierungsformular keine Telefonnummer angegeben haben, werden Sie auf einer zusätzlichen Seite aufgefordert, dies nachzuholen. Da Sie vermutlich keine Nummer eines US-Anbieters haben, wählen Sie mit einem Klick auf die Flagge ❶ das richtige Land.

Abbildung 3.4 Für das Beispielprojekt verzichten wir auf ein Profilfoto.

3.1 Für den Dienst anmelden und das Blog einrichten

Abbildung 3.5 Google nutzt die Gelegenheit, Sie auf die weiteren Dienste hinzuweisen, die Sie mit Ihrem neuen Zugang benutzen können.

Die nächste Seite ist die Willkommensnachricht für den *Blogger*-Dienst (siehe Abbildung 3.6).

Abbildung 3.6 Entfernen Sie den Haken bei dem Kästchen ❷ hinter »Funktionsankündigungen«, außer Sie möchten von Blogger E-Mails zu neuen Funktionen etc. erhalten.

47

Hier erklärt Ihnen Blogger noch einmal, unter welchem Namen Ihr zukünftiges Blog erscheinen wird. Das ist standardmäßig Ihr neu angelegtes Google+-Profil.

Wenn Sie unter einem anderen Namen veröffentlichen wollen, klicken Sie auf den Link ZU EINGESCHRÄNKTEM BLOGGER-PROFIL WECHSELN. Wenn Sie das tun, wird Ihre Nutzeroberfläche allerdings nicht mehr genauso aussehen wie auf den im weiteren Verlauf dieses Kapitels gezeigten Abbildungen. Deshalb raten wir zumindest für dieses Beispielprojekt davon ab.

Schritt 15 | Klicken Sie auf den Button WEITER ZU BLOGGER, damit Sie mit der Einrichtung Ihres ersten Blogs beginnen können.

Die Seite, die jetzt angezeigt wird, ist das sogenannte *Dashboard* von Blogger (siehe Abbildung 3.7).

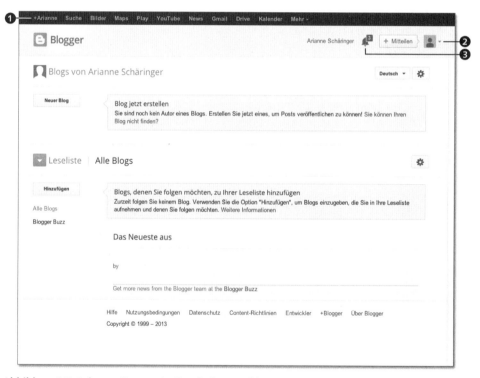

Abbildung 3.7 Solange Sie nur ein Blog haben und keinen anderen Blogs per Abo folgen, brauchen Sie das Blogger-Dashboard nur zum Anlegen neuer Blogs.

Im Dashboard verwalten Sie Ihre gesamten Aktivitäten auf der Blogger-Plattform. Dazu gehören alle Ihre selbst angelegten Blogs sowie die Blogs anderer Nutzer, deren Beiträge Sie abonniert haben.

Da zwei prominent platzierte Elemente sich auf den nächsten Seiten wiederholen werden, wollen wir sie hier kurz erklären, auch wenn sie für das Beispielprojekt unwichtig sind:

- In der schwarzen Leiste ganz oben ❶ haben Sie Zugriff auf alle mit Ihrem Google-Konto nutzbaren Dienste: *Google+*, den *Play-Store* für *Android*-Apps, *YouTube*, *GMail*, *Google Drive* und vieles mehr.
- Die zweitoberste, hellgraue Leiste hat rechts einen Bereich ❸, in dem Sie über Neuigkeiten bei Google+ benachrichtigt werden. Und wenn Sie auf das Mini-Profilbild ganz rechts ❷ klicken, öffnet sich ein kleines Menü, in dem Sie Ihr Google-Konto verwalten oder sich abmelden können. ∎

Nun aber zurück zu unserem Beispielprojekt.

3.1.2 Ein neues Blog anlegen

Schritt 1 | Mit einem Klick auf den Button NEUER BLOG im Blogger-Dashboard beginnen wir die Einrichtung des *Aro Argentino*-Blogs.

Daraufhin öffnet sich ein zweites, kleineres Fenster, in dem wir die wichtigsten Angaben über das neue Blog machen (siehe Abbildung 3.8).

Abbildung 3.8 Im Gegensatz zu uns benutzt Google offensichtlich die Version »der Blog«, sonst würde der orangene Text »Neues Blog erstellen« lauten.

Schritt 2 | Geben Sie einen TITEL für Ihr Blog und eine URL-ADRESSE an, unter der es nach der Registrierung erreichbar sein wird.

Den Titel dürfen Sie frei wählen, bei der URL-Adresse müssen Sie aber ein paar Dinge beachten:

- Da jede URL aus technischen Gründen nur einmal vergeben werden kann, darf Ihre gewünschte URL nicht schon an einen anderen Nutzer vergeben sein.
  Versuchen Sie, zum Beispiel mit dem Minuszeichen oder mit Abkürzungen leicht abgewandelte Versionen Ihrer Wunsch-URL zu erschaffen.
- Sie dürfen nur Zahlen, Buchstaben (ohne Umlaute) und das Minuszeichen benutzen. Leerzeichen sind wie bei allen URLs ebenfalls nicht erlaubt.
- Großbuchstaben werden ohnehin in Kleinbuchstaben umgewandelt, also verzichten Sie darauf.
- Ihre URL sollte nicht zu lang sein, damit Ihre Nutzer sie bequem in die Adresszeile des Browsers eintippen können.
  Auch Verweise auf Ihre Website etwa in einer E-Mail oder als Verlinkung auf einer anderen Website sind mit einer kurzen URL einfacher.
  Wie Sie in Abbildung 3.8 sehen, können Sie nur einen Teil der Blog-URL selbst wählen. Hinter dem von Ihnen gewählten Teil wird immer *.blogspot.com* angefügt. Um Ihr Blog zu besuchen, müssen die Nutzer also *ihreadresse.blogspot.com* in die Adresszeile ihres Browsers eingeben. Unter der Domain *blogspot.com* fasst *Blogger* alle mit dem Dienst erstellten Blogs zusammen.

Schritt 3 | Wählen Sie bei VORLAGE eine Gestaltungsvorlage, die das Aussehen Ihres Blogs bestimmt.

Die Vorlage lässt sich später noch wechseln und detailliert anpassen, wählen Sie also einfach eine aus, die Ihnen spontan gefällt. Wir haben für unser Beispielprojekt die Vorlage mit dem Namen EINFACH gewählt, weil sie möglichst simpel gehalten ist. Wir wollen zunächst herausfinden, wie *Blogger* unsere Blogeinträge darstellt und aus welchen Seitenelementen das Blog besteht – da lenken übermäßige Farben und verschnörkelte Formen nur ab.

Natürlich hat die simple, weißlastige Gestaltung der EINFACH-Vorlage mit Tanzen und Tango nicht viel zu tun. Deshalb werden wir die Gestaltung später an unser Konzept anpassen.

Schritt 4 | Klicken Sie unten auf den Button BLOG ERSTELLEN!, um die Erstellung des Blogs abzuschließen.

Ihr neues Blog erscheint nun im Blogger-Dashboard (siehe Abbildung 3.9).

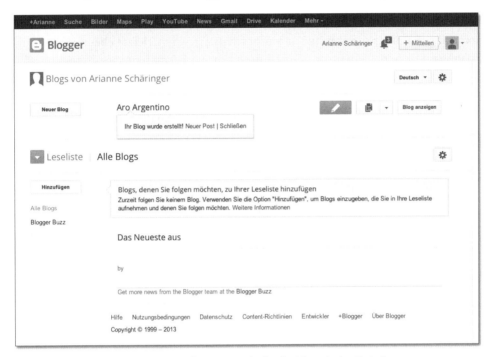

Abbildung 3.9 Ein kleines Pop-up-Element verdeckt direkt nach der Erstellung des Blogs zusätzliche Links, die unter dem Blogtitel angezeigt werden.

Erst Inhalt, dann Gestaltung

Für dieses Projekt weichen wir leicht von der Arbeitsweise ab, die wir in Kapitel 2, »Wer braucht was – die eigene Website planen«, formuliert haben: Die Konzeption des Inhalts haben wir bereits erledigt, jetzt wäre der nächste Schritt eigentlich die Konzeption der Gestaltung. Sie sollen aber wie bei der Web-Visitenkarte so schnell wie möglich Ihre neue Website sehen, weshalb wir für dieses Beispielprojekt auf ein Gestaltungskonzept verzichten und sofort den ersten Blogeintrag erstellen. Wir sind ja ohnehin bei der visuellen Erscheinung an die Vorlagen von *Blogger* gebunden.

Auch macht es unserer Erfahrung nach bei den ersten Webprojekten Sinn, den Schwerpunkt auf den Inhalt zu setzen. Denn gut durchdachter Inhalt bietet dem Nutzer unabhängig von der Gestaltung Nutzen, während Gestaltung ohne Inhalt nutzlos ist. Anders gesagt: Es ist besser, eine Site nachträglich noch schöner zu machen, als die Site nachträglich erst nützlich zu machen.

3.2 Den Inhalt erstellen und das Layout anpassen

Da Sie das *Blogger*-Dashboard wie gesagt selten verwenden, wenn Sie nur ein Blog und keine Abonnements zu verwalten haben, beschäftigen wir uns jetzt lieber mit dem Blog-Dashboard, dessen Elemente für Ihre tägliche Arbeit am Blog sehr wichtig sind.

Schritt 1 | Klicken Sie dazu auf den Namen Ihres Blogs, hier also ARO ARGENTINO.

Damit gelangen Sie zum Dashboard für dieses einzelne Blog (siehe Abbildung 3.10).

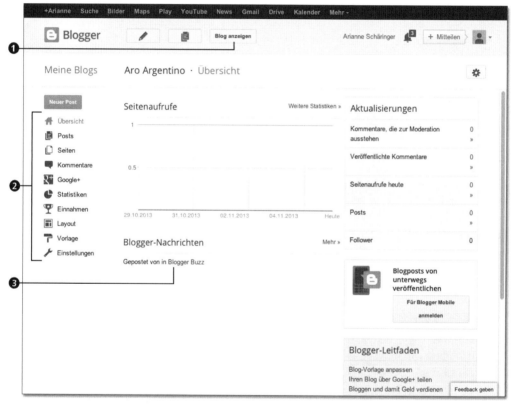

Abbildung 3.10 In der zweitobersten, hellgrauen Leiste haben sich neue Buttons dazugesellt. Der wichtigste ist »Blog anzeigen« ❶.

Oben sehen Sie die bereits erwähnten Leisten für Ihr Google-Konto. In der zweitobersten Leiste finden Sie rechts neben dem *Blogger*-Logo einige wichtige Buttons. Mit dem ersten legen Sie einen neuen Blogeintrag bzw. *Post* an, mit dem zweiten Button zeigen Sie alle bisherigen Posts an. Der dritte Button ist der wichtigste: Ein Klick darauf zeigt Ihr Blog so, wie auch Ihre Nutzer es sehen.

Was ist ein »Post«?

Post ist Englisch, im Deutschen sagt man meist »Blogeintrag«, »Beitrag« oder »Artikel«. Gemeint ist damit ein neuer Eintrag im umgekehrt chronologisch sortierten Blog.

Der Hauptbereich des Blog-Dashboards unterteilt sich in ein Navigationsmenü am linken Rand ❷ und in einen Inhaltsbereich in der Mitte ❸. Im Menü wählen Sie einen Blogbereich, den Sie verwalten wollen. Im Inhaltsbereich werden dann Werkzeuge zur Verwaltung dargestellt. ■

Jetzt können wir aber endlich den ersten Inhalt für unser Blog verfassen.

3.2.1 Der erste Blogeintrag

Schritt 1 | Klicken Sie auf den Button NEUER POST. Sie gelangen zum Editor für die Blogeinträge (siehe Abbildung 3.11).

Abbildung 3.11 Während der Eingabe speichert Blogger Ihren Text regelmäßig automatisch, damit Sie nicht alles mühsam neu eingeben müssen, falls Sie aus Versehen Ihren Browser schließen – einen manuellen »Speichern«-Button gibt es natürlich trotzdem.

Wichtig – Zurück zum Dashboard

Wenn Sie sich im Editor befinden, ist der einzige Weg zurück ins Blog-Dashboard ein Klick auf Ihren Blognamen, hier ARO ARGENTINO in Blau ❺.

Der Editor funktioniert grundsätzlich wie die gängigen Textverarbeitungsprogramme oder Webmail-Oberflächen: In die Felder für den Titel ❹ und den Eintrag selbst ❼ geben Sie ganz normal Text ein. Mithilfe der Buttons in der Formatierungsleiste ❻ formatieren Sie den Text etwa kursiv oder ändern die Schriftart. Weitere Buttons fügen Links oder Multimediainhalte wie Bilder und Videos in den Blogeintrag ein.

Der erste Eintrag in unserem Beispiel soll die Besucher willkommen heißen und erklären, was die Site bietet. Sie teilen also mit, dass es zusätzlich zu den Kontaktinformationen Neuigkeiten geben wird, bieten Informationen über Kurse und Tanzlehrer und zeigen ein paar Bilder von den Räumlichkeiten.

Schritt 2 | Im Texteditor erstellen wir zunächst den Titel des ersten Blogeintrags: »Aro Argentino ist online«.

Schritt 3 | Dann folgt im großen Eingabefeld der eigentliche Blogeintrag – Sie können gerne unseren Beispieltext aus Abbildung 3.11 verwenden oder sich einen eigenen ausdenken.

> **Beispieltexte**
> Alle Texte aus diesem Beispielprojekt finden Sie unter *bnfr.de/ql303* auf der fertigen *Aro Argentino*-Website.

Schritt 4 | Wenn Sie mit Ihrem ersten Blogeintrag zufrieden sind, klicken Sie oberhalb des Editorbereichs auf den Button VERÖFFENTLICHEN.

Blogger fragt Sie daraufhin, ob Sie den neuen Blogeintrag auch als Statusmeldung im sozialen Netzwerk *Google+* veröffentlichen wollen.

Schritt 5 | Das ist nicht sinnvoll, solange es sich um ein Beispielprojekt handelt, also lehnen Sie die Anfrage an dieser Stelle mit einem Klick auf den Button ABBRECHEN ab.

Nachdem Sie die Google+-Anfrage bestätigt oder abgelehnt haben, wechselt *Blogger* zur Posts-Ansicht (siehe Abbildung 3.12).

Hier sehen Sie alle Ihre bisher angelegten Blogeinträge. Im Moment ist das natürlich nur einer. Den wollen wir jetzt aber endlich sehen.

Schritt 6 | Klicken Sie dazu auf BLOG ANZEIGEN in der zweiten oberen Navigationsleiste, oder fahren Sie – wie es in Abbildung 3.12 zu sehen ist – mit der Maus über den Titel Ihres Blogeintrags und klicken dann auf ANSICHT.

Damit öffnet sich ein neues Tab oder ein neues Fenster in Ihrem Browser, das Ihr Blog und den ersten Blogeintrag zeigt (siehe Abbildung 3.13).

3.2 Den Inhalt erstellen und das Layout anpassen

Abbildung 3.12 Ein Klick auf den Titel des Blogeintrags öffnet den Artikel im Editor.

Abbildung 3.13 Nein, wir haben den Eintrag nicht um sieben Uhr morgens veröffentlicht – die Zeitzone ist nur noch nicht korrekt eingestellt.

Jetzt zeigt sich, aus welchen Seitenelementen Ihr Blog besteht:

- Am oberen Bildschirmrand sehen Sie die *Navbar* ❶, eine Navigationsleiste. Sie wird auf allen Blogs von *Blogger* eingeblendet, um Ihnen die Arbeit zu erleichtern. Sie enthält unter anderem Links zur An- und Abmeldung in Ihrem Google-Konto oder eine Suchleiste zum gleichzeitigen Stöbern in allen weltweiten *Blogger*-Blogs.

- Unter der Navbar sehen Sie den *Header* ❷. Das ist ein wichtiges Seitenelement, das immer prominent am oberen Rand einer Seite positioniert wird. Es enthält meist den Namen der Website, Firmenlogos oder andere Erkennungszeichen, ähnlich wie das Schild über der Eingangstür eines Ladengeschäfts. Unser Header zeigt erst einmal nur den Namen der Tanzschule. Übrigens ist er, wie auf den meisten Websites im Internet, anklickbar und führt den Nutzer stets zurück auf die Startseite.

- Unterhalb des Headers sehen Sie schließlich den Inhaltsbereich Ihres Blogs. Hier erscheint der Blogeintrag, den Sie gerade verfasst haben. Der Titel wurde automatisch als Überschrift formatiert, also in blauer Schriftfarbe, höherer Schriftgröße und mit größerem Zeilenabstand.

    Aber *Blogger* hat nicht nur den Text formatiert. Über der Überschrift erscheint auch automatisch das Datum der Veröffentlichung ❸. Und unter dem Blogeintrag sehen Sie in einem Kasten ❹ den Namen des Autors, kleine Symbole für das Teilen des Eintrags in den sozialen Netzwerken der Leser sowie einen Link KEINE KOMMENTARE. Ihre Leser können Ihnen nach einem Klick auf diesen Link Kommentare hinterlassen, die dann unter dem jeweiligen Blogeintrag angezeigt werden.

- Rechts auf der Seite sehen Sie außerdem zwei spezielle Seitenelemente – bei Blogger *Gadgets* genannt: das BLOG-ARCHIV ❺ und einen ÜBER MICH-Bereich ❻. Diese beiden Elemente hat Blogger ebenfalls automatisch für Sie erstellt.

    Das Archiv bietet Zugriff auf ältere Blogeinträge, hier nach Jahren und Monaten sortiert. Da Sie erst einen Eintrag verfasst haben, enthält das Archiv natürlich auch nur diesen einen Eintrag. Der ÜBER MICH-Bereich zeigt Ihren Lesern, wer das Blog betreibt. Der Bereich zeigt Ihren Namen, einen Link zu Ihrem Google+-Profil sowie einen Button zum Abonnement Ihrer Statusmeldungen.

Lassen Sie sich von den Werkzeug- und Stiftsymbolen nicht irritieren, die neben den diversen Seitenelementen erscheinen. Das sind Buttons, mit denen Sie als Blogbetreiber direkt das entsprechende Element bearbeiten können. Für Ihre Nutzer sind die Symbole aber nicht sichtbar.

> **Der Weg zurück ins Dashboard**
>
> Um vom Blog ins Dashboard zu kommen, klicken Sie oben in der Navbar auf den Link Design. Damit gelangen Sie in das Vorlagenmenü. Von dort aus sind über den linken Navigationsbereich (siehe Abbildung 3.10) alle anderen Menüs erreichbar.

Mit diesem ersten Blogeintrag haben Sie gelernt, wie Sie im Editor solche Einträge erstellen und wie sie im Blog erscheinen. Damit ist ein Teil unserer Sitemap fertig. In Zukunft lassen sich jederzeit weitere Blogeinträge hinzufügen. Unser Konzept sieht aber neben dem Blog weitere Unterseiten der Website vor, die nicht aus umgekehrt chronologischen Einträgen bestehen.

Solche Seiten gibt es im aktuellen Layout aber noch gar nicht. Deshalb müssen wir es erst einmal für unsere Zwecke anpassen.

3.2.2 Das Layout ändern

Wenn Sie sich noch einmal Ihr Blog im Browser oder die Abbildung 3.13 im Buch anschauen, sehen Sie das Problem: Es gibt gar keinen Bereich, der verfügbare Unterseiten zeigt. Ihre Nutzer könnten die geplanten Seiten also gar nicht erreichen. Wir brauchen zum Beispiel eine Navigationsleiste, auf der die einzelnen Unterseiten aufgelistet und per Klick anwählbar sind.

Um neue Seitenelemente wie die Navigationsleiste hinzuzufügen oder vorhandene Seitenelemente zu verändern, nutzen Sie das Layoutmenü von Blogger.

> **Was bedeutet Layout?**
>
> *Layout* ist Englisch und bedeutet *Anordnung*, hier also die Anordnung der Seitenelemente.

Schritt 1 | Wenn Sie im Browser nur das Tab oder Fenster geöffnet haben, das Ihr Blog zeigt (wie in Abbildung 3.13), klicken Sie in der Navbar am oberen Bildschirmrand auf den Link Design und dann in der Seitenleiste des Blog-Dashboards auf den Eintrag Layout. Wenn Sie noch ein Tab oder Fenster mit sichtbarem Blog-Dashboard geöffnet haben (wie in Abbildung 3.12), klicken Sie links im Menü auf den Eintrag Layout.

Was Sie nun sehen, ist der Editor für die Seitenelemente, die auf Ihrem Blog erscheinen (siehe Abbildung 3.14).

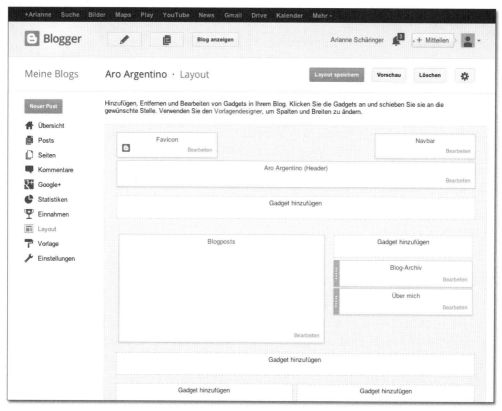

Abbildung 3.14 Denken Sie immer daran, nach dem Bearbeiten der Seitenelemente oben auf »Layout speichern« zu klicken, damit Ihre Änderungen übernommen werden.

Der Editor zeigt eine schematische Darstellung der unterschiedlichen Seitenelemente Ihres Blogs. Jedes Elemente enthält rechts unten einen Link zum BEARBEITEN. Oben rechts ist die NAVBAR, also die Blogger-Navigationsleiste. Darunter erscheint wie bereits erwähnt der HEADER mit dem Titel der Site: »Aro Argentino«. Das können wir so lassen.

Links finden Sie das große Element für die Blogeinträge bzw. BLOGPOSTS, rechts die beiden Gadgets BLOG-ARCHIV und ÜBER MICH. Ganz unten (in Abbildung 3.14 leider nicht zu sehen) gibt es noch ein Element namens ATTRIBUTION. Was heißt das? Wenn Sie noch mal Ihr Blog anschauen, werden Sie sehen, dass das Attributionsfeld den Hinweis »Picture Window-Vorlage. Vorlagenbilder von johnwoodcock. Powered by Blogger.« enthält. Es zeigt Besuchern Ihres Blogs also an, dass Ihre Website mithilfe des Blogger-Dienstes und der Gestaltungsvorlage »Picture Window« erstellt wurde und auf den Servern von Blogger gespeichert ist. Bei einem Klick auf BEARBEITEN werden Sie sehen, dass diese Angaben nicht gelöscht werden können. Sie können bei zukünftigen Projekten hier aber zusätzlich eigene Copyright-Informationen angeben.

Die ARCHIV- und ÜBER MICH-Gadgets kamen in unserem Konzept nicht vor. Wenn Sie sie nützlich finden, können Sie die Gadgets einfach behalten. Wenn nicht, dann löschen Sie sie, indem Sie zuerst auf BEARBEITEN und dann im neuen Fenster auf LÖSCHEN klicken. Natürlich sieht Ihr Blog dann nicht mehr so aus wie auf den folgenden Abbildungen unseres Beispielprojekts.

Wir finden die Gadgets jedenfalls ganz nützlich. Und da in dem entsprechenden Seitenbereich rechts noch Platz ist, fügen wir gleich noch ein Suchfeld hinzu. Das ist ohnehin für jede Website sinnvoll, denn viele neue Besucher wollen nicht lange die verschiedenen Menüs und Seiten durchklicken, sondern einfach einen Begriff eingeben, nach dem sie suchen.

Schritt 2 | Um die Suchfunktion anzulegen, klicken Sie oberhalb des BLOG-ARCHIVS auf den Link GADGET HINZUFÜGEN.

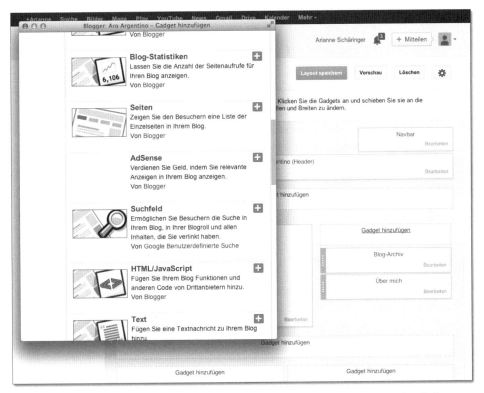

Abbildung 3.15 Blogger bietet Dutzende vorgefertigte Gadgets für die unterschiedlichsten Zwecke an. Stöbern lohnt sich.

Schritt 3 | Wählen Sie aus der Liste mit möglichen Seitenelementen, die in einem kleinen Fenster (siehe Abbildung 3.15) erscheint, mit einem Klick auf das blau-weiße Pluszeichen das SUCHFELD aus.

Schritt 4 | Entfernen Sie bei den nach dem Klick sichtbaren Einstellungen die beiden Haken bei VERLINKT VON HIER und DAS INTERNET, damit sich die Suchergebnisse auf den Inhalt Ihrer Site beschränken.

Schritt 5 | Mit einem Klick auf den Button SPEICHERN legen Sie die Suchfunktion an.

Um das Layout weiter zu verfeinern, ändern wir noch die Reihenfolge der Gadgets. Elemente, von denen wir glauben, dass die Nutzer sie häufiger brauchen, kommen nach oben: Für das Beispielprojekt haben wir uns entschieden, ÜBER MICH an erster Stelle zu haben, dann das Suchfeld und zum Schluss das Archiv.

Schritt 6 | Verschieben Sie die einzelnen Gadgets per Drag & Drop, indem Sie sie mit der Maus anfassen und an die gewünschte Stelle bewegen.

Schritt 7 | Klicken Sie am besten schon einmal auf den Button LAYOUT SPEICHERN, damit die Änderungen übernommen werden.

Mit der Anzahl und Reihenfolge der Gadgets sind wir jetzt zufrieden. Für unser Beispielprojekt fehlt aber noch das entscheidende Seitenelement – die Navigationsleiste, in der die Titel der vier Unterseiten angezeigt und verlinkt werden sollen.

Schritt 8 | Um diese Leiste anzulegen, klicken Sie im Editor für die Seitenelemente unterhalb des HEADER-Elements auf den Link GADGET HINZUFÜGEN und wählen aus der Liste das SEITEN-Gadget.

Schritt 9 | In den Einstellungen sollten Sie den TITEL löschen und den Namen der »Startseite« in »Blog« ändern. Klicken Sie dann im kleinen Fenster auf SPEICHERN.

Die Einstellungen sollten jetzt so aussehen wie in Abbildung 3.16.

Schritt 10 | Nun klicken Sie im Editor für die Seitenelemente rechts oben nochmals auf LAYOUT SPEICHERN.

Schritt 11 | Mit einem Klick auf den Button BLOG ANZEIGEN in der grauen Leiste oben können wir das neue Layout bewundern (siehe Abbildung 3.17).

Zwischen dem Header und dem Blogeintrag erscheint nun eine Navigationsleiste, die natürlich erst mal nur den Eintrag BLOG für die aktuell sichtbare Seite mit den Blogeinträgen enthält. Die weiteren Seiten, die wir jetzt erstellen, werden automatisch in der Leiste eingetragen. Rechts sehen Sie außerdem die neu angeordneten Gadgets samt neu hinzugefügter Suchfunktion. ∎

3.2 Den Inhalt erstellen und das Layout anpassen

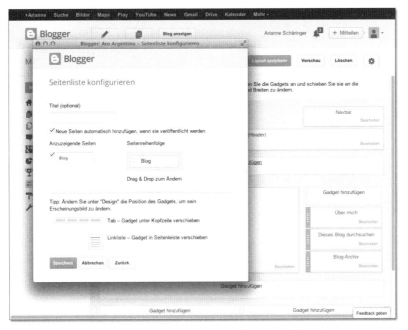

Abbildung 3.16 Die Reihenfolge der Seiten in der Seitenleiste ändert man ganz einfach per Drag & Drop.

Abbildung 3.17 Der Link »Startseite« wird übrigens automatisch unter Ihrem ältesten angezeigten Blogeintrag und unter Ihren Seiten positioniert.

3.2.3 Die Unterseiten erstellen

Jetzt können wir die restlichen Seiten der Sitemap erstellen.

> **Was Sie brauchen:**
> ▸ Einige ausdrucksstarke Bilder, die Sie selbst, Ihre Räume, Mitarbeiter und/oder Projekte zeigen
>
> Wollen Sie auf keinen Fall eigene Bilder nutzen bzw. erstellen, dann verzichten Sie lieber ganz auf Bilder. Nur im Notfall sollten Sie Bilder von Agenturen kaufen, denn die wirken meist wenig persönlich und sind unter Umständen auf Hunderten von anderen Sites zu sehen. Internetnutzer haben sich an den typischen Stil solcher Agenturfotos gewöhnt und sehen sofort, dass hier jemand keine Idee für ein eigenes Foto hatte.
>
> Achten Sie immer darauf, dass Sie auch die Rechte an den Bildern haben, die Sie verwenden. Wenn Sie ein Bild aus der Google-Bildersuche verwenden, ohne die Rechte daran erworben zu haben, rufen Sie Anwälte auf den Plan, und zwar schneller, als Sie vermutlich erwarten.

Jetzt ist ein guter Zeitpunkt, um sich noch einmal die Sitemap anzuschauen, die wir in Kapitel 2, »Wer braucht was – die eigene Website planen«, erstellt haben (siehe Abbildung 3.18).

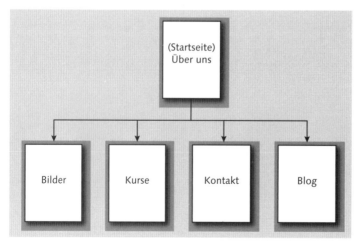

Abbildung 3.18 Die Sitemap skizziert den Aufbau der geplanten Site und ihre Unterseiten.

Das in der Sitemap veranschaulichte Konzept sieht vor, dass die »Über uns«-Seite die Startseite ist. Sie wird als Erstes angezeigt, wenn Nutzer auf Ihre Website kommen. Leider ist bei *Blogger* fest vorgegeben, dass die Nutzer zuerst die Seite mit dem Blog sehen.

Man kann bei den Einstellungen für die Navigationsleiste (siehe Abbildung 3.16) zwar die Reihenfolge der Links in der Leiste ändern, ein Besucher sieht aber unabhängig von der Reihenfolge immer zuerst das Blog. Deshalb müssen wir die Sitemap etwas umgestalten (siehe Abbildung 3.19).

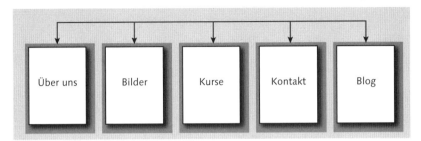

Abbildung 3.19 Die Einschränkungen von »Blogger« zwingen uns dazu, eine neue Sitemap zu erstellen und nun das Blog als erste Seite anzeigen zu lassen.

Die Seite mit dem Blog hat Blogger automatisch angelegt, und wir haben sie durch unseren ersten Blogeintrag bereits mit Inhalt befüllt. Nun werden wir die vier noch fehlenden Seiten der neuen Sitemap anlegen:

Schritt 1 | Wählen Sie im Dashboard im Menü auf der linken Seite den Eintrag SEITEN.

Schritt 2 | Klicken Sie, wie in Abbildung 3.20 zu sehen ist, zunächst auf NEUE SEITE und im dann aufklappenden Menü auf LEERE SEITE.

Der nun erscheinende Editor (siehe Abbildung 3.21) funktioniert genauso wie der Editor für Blogeinträge.

Die erste Seite wird die »Über uns«-Seite. Diese soll laut unserem Konzept den Besuchern zeigen, wer wir sind und was wir machen.

Schritt 3 | Geben Sie als Titel der Seite »Über uns« ein.

Schritt 4 | Schreiben Sie einen einleitenden Absatz über die Tanzschule. Darauf folgt ein Abschnitt über die Tanzlehrer sowie zum Schluss ein Abschnitt über die Funktionen der Website.

> **Beispieltexte**
>
> Sie können gerne den Text von unserer fertigen *Aro Argentino*-Website unter *bnfr.de/ql303* benutzen.

Wie in einem Textverarbeitungsprogramm können Sie dem Haupttext Formate zuweisen, indem Sie die Buttons in der Leiste darüber benutzen.

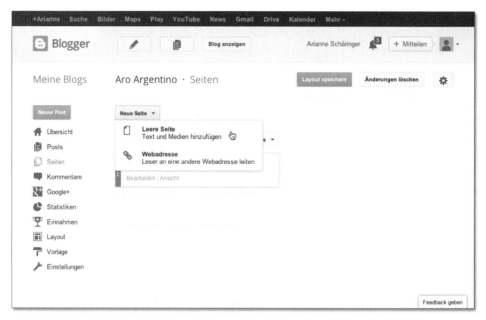

Abbildung 3.20 Im »Seiten«-Menü werden ähnlich wie im »Posts«-Menü alle bisher erstellten Seiten angezeigt. Vorhandene Seiten kann man hier bearbeiten oder löschen.

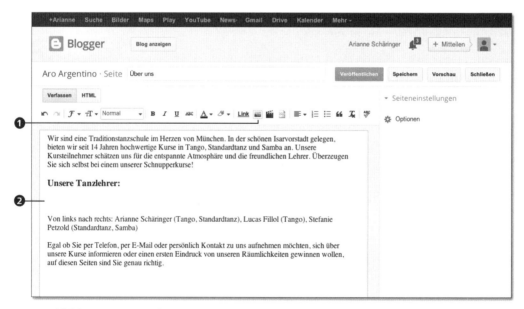

Abbildung 3.21 Sie sollten immer zuerst Ihren Text eingeben, bevor Sie Bilder einfügen, dann klappt die Positionierung besser.

3.2 Den Inhalt erstellen und das Layout anpassen

Schritt 5 | Formatieren Sie eine Zwischenüberschrift vor der Beschreibung der Tanzlehrer.

Für die Vorstellung der Tanzlehrer verwenden Sie die ersten eigenen Bilder auf Ihrer Site.

Schritt 6 | Platzieren Sie den Cursor der Maus an die Stelle im Texteditor, an der die Bilder zu sehen sein sollen – in unserem Fall zwischen der Überschrift und dem beschreibenden Absatz für die Tanzlehrer ❷.

Schritt 7 | Klicken Sie in der Formatierungsleiste auf den Button BILD EINFÜGEN ❶.

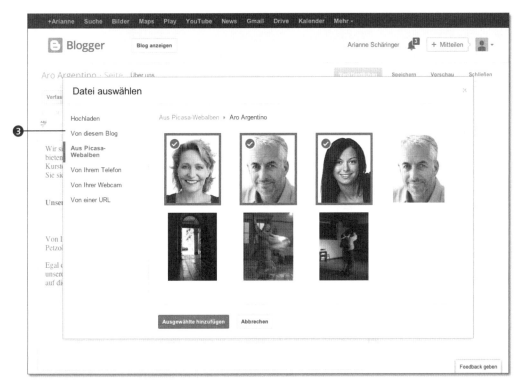

Abbildung 3.22 Wir haben Bilder aus unserem Picasa-Webalbum benutzt, nicht vom eigenen Computer. Über das Menü links ❸ wählen Sie unterschiedliche Quellen für die Bilder aus.

Schritt 8 | In dem kleinen Fenster, das sich daraufhin öffnet (siehe Abbildung 3.22), klicken Sie links auf HOCHLADEN, wählen die auf Ihrem Computer gespeicherten Bilder für das Projekt aus und klicken abschließend auf AUSGEWÄHLTE HINZUFÜGEN.

Sie könnten im kleinen Fenster über das Menü links ❸ auch Bilder für die Seite auswählen, die Sie bereits auf *Blogger* oder in Googles Bilderdienst *Picasa* hochgeladen haben, oder die URL eines Bildes auf einer anderen Website angeben. Da Sie mit Letzterem aber meistens Bildrechte Dritter verletzen, sollten Sie für Ihre Website grundsätzlich selbst gemachte Bilder verwenden bzw. solche, die Sie mit entsprechender Lizenz gekauft haben.

Blogger hat die von Ihnen ausgewählten Bilder nun so im Editor angeordnet, wie der Dienst es je nach Größe der Bilder für sinnvoll erachtet (siehe Abbildung 3.23).

Abbildung 3.23 Wenn Ihre Bilder zu breit sind, um sie nebeneinander auf einer Seite unterzubringen, belassen Sie es bei der vertikalen Anordnung.

In unserem Fall werden die Bilder vertikal untereinander platziert, was wir nicht so passend finden.

Schritt 9 | Um die Platzierung der Bilder zu ändern, ziehen Sie diese per Drag & Drop mit der Maus an die gewünschte Stelle: Für die »Über uns«-Seite ist eine Platzierung nebeneinander besser geeignet (siehe Abbildung 3.24).

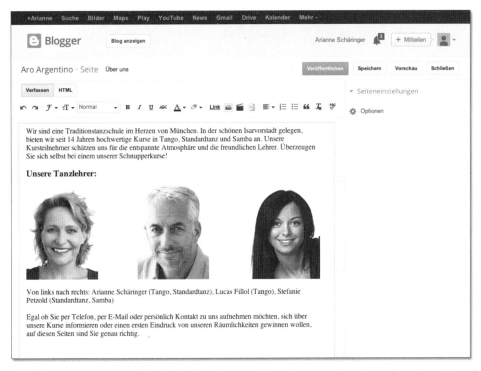

Abbildung 3.24 Unsere Bilder sind schmal genug, dass sie auch nebeneinander mit genügend Abstand zueinander dargestellt werden.

> **Knifflige Platzierung der Bilder**
>
> Es ist nicht immer einfach, die Position der Bilder zu verändern, nachdem sie eingefügt sind. Und manchmal stimmt die Platzierung der Bilder im Editor mit der Platzierung auf der veröffentlichten Seite nicht überein. So ist es uns passiert, dass die Bilder zwar im Editor nebeneinander angezeigt wurden, auf der fertigen Seite dann aber das mittlere Bild unter den beiden anderen positioniert war. Solange Google die Funktion nicht verbessert, müssen Sie es im Zweifelsfall mit einer anderen Ausrichtung probieren.

Wenn die Bilder Ihnen zu groß oder zu klein erscheinen, können Sie mit einem einfachen Klick auf ein Bild im Texteditor ein Kontextmenü öffnen (siehe Abbildung 3.25). Dieses bietet erweiterte Formatierungsmöglichkeiten für die Größe des Bildes und dessen Ausrichtung innerhalb der Seite.

Abbildung 3.25 Wählen Sie die Bilder nicht größer als nötig. Zum einen braucht die Site mit größeren Bildern bei Nutzern länger zum Laden, zum anderen sind die Bilder nicht das entscheidende Element auf dieser Seite.

Schritt 10 | Klicken Sie auf SEITE VERÖFFENTLICHEN, sobald Sie mit dem Text und den Bildern zufrieden sind. Schon steht die »Über uns«-Seite im Netz. Mit einem Klick auf den Button BLOG ANZEIGEN, den Sie in der zweitobersten Leiste der Blogger-Oberfläche finden, können Sie die Seite betrachten (siehe Abbildung 3.26).

Abbildung 3.26 Die Schwarz-Weiß-Bilder passen gut zur Gestaltungsvorlage.

Kommen wir jetzt zur zweiten neuen Seite. Unser Konzept sieht eine kleine Bildergalerie vor, die unsere Tanzschule präsentieren soll. Die Vorgehensweise ist wie bei der ersten Seite:

Schritt 1 | Sie navigieren zum Seiten-Menü im Blog-Dashboard, klicken auf den Button Neue Seite und im dann aufklappenden Menü auf Leere Seite.

Schritt 2 | Der Seitentitel – in unserem Beispiel lautet er einfach »Bilder« – wird wie gewohnt in das entsprechende Feld eingetragen.

Schritt 3 | Geben Sie im Feld für den Haupttext einen kurzen Text ein, der beschreibt, was auf den Bildern zu sehen ist.

Schritt 4 | Binden Sie die Bilder wie bei der »Über uns«-Seite mit dem entsprechenden Button in der Formatierungsleiste ein, aber ordnen Sie sie dieses Mal vertikal an.

Schritt 5 | Klicken Sie auf den Button Veröffentlichen.

Jetzt können Sie die Bilder-Seite auf Ihrer Website betrachten (siehe Abbildung 3.27).

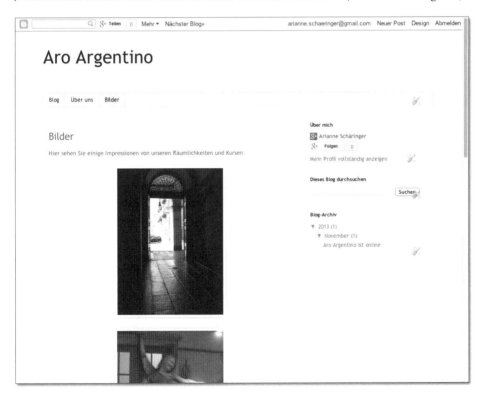

Abbildung 3.27 Um einen ersten Eindruck zu vermitteln, braucht es nicht gleich ein ganzes Fotoalbum. Einige wenige ausdrucksstarke Bilder reichen vollkommen. ∎

Als Nächstes ist die Seite mit den Kursen an der Reihe:

Schritt 1 | Legen Sie wieder eine neue Seite an.

Schritt 2 | Als Titel geben Sie schlicht »Kurse« ein.

Schritt 3 | Den Seiteninhalt erstellen Sie als einfache Auflistung der angebotenen Kurse. Dazu geben Sie pro Zeile einen Kurs mit Namen, dem zugehörigen Tanzlehrer, dem Termin und dem Preis ein.

Wenn Sie alle Kurse eingetragen haben, markieren Sie die entsprechenden Zeilen im Text und klicken in der Formatierungsleiste auf das Symbol für eine Liste ohne Nummerierung (❶, siehe Abbildung 3.28).

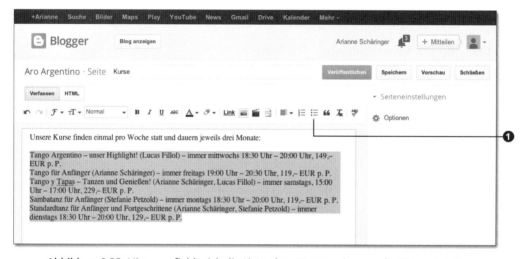

Abbildung 3.28 Hier empfiehlt sich die Liste ohne Nummerierung, die Listeneinträge nur durch einen kleinen Kreis kennzeichnet.

Dadurch werden die Zeilen wie bei der entsprechenden Funktion eines Textverarbeitungsprogramms eingerückt und mit einem Aufzählungszeichen versehen.

Wenn Sie die Seite mit einem Klick auf den entsprechenden Button veröffentlicht haben, sehen Sie auf Ihrer Site das Ergebnis (siehe Abbildung 3.29).

Die letzte neue Seite für *Aro Argentino* wird die Kontaktseite. Die dafür nötigen Informationen und die *Impressumsangaben* bestehen für unser Beispielprojekt nur aus Text, sodass die Erstellung dieser Seite sehr einfach ist. Mittlerweile sollten Sie mit den dafür notwendigen Schritten vertraut sein, andernfalls lesen Sie noch mal bei den vorigen Seiten nach.

3.2 Den Inhalt erstellen und das Layout anpassen

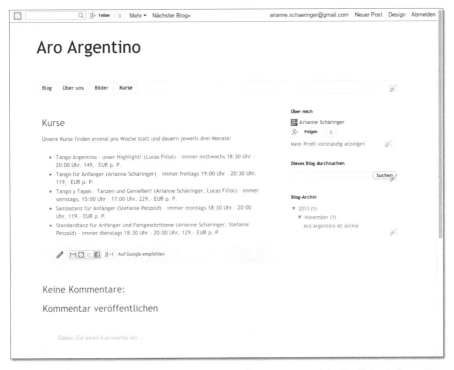

Abbildung 3.29 Listen sind immer dann sinnvoll, wenn man viele ähnliche Informationen übersichtlich geordnet darstellen will.

Auf Kontaktseiten ist neben Textelementen auch eine Anfahrtsskizze sinnvoll. Da es sich bei unserem Projekt aber ohnehin um eine fiktive Tanzschule handelt, verzichten wir an dieser Stelle darauf. Für Ihre Websites kann die Skizze aber wichtig sein. Binden Sie in dem Fall auf der Kontaktseite ein Bild ein, wie Sie es schon für die ersten beiden Unterseiten des Beispielprojekts gemacht haben.

> **Beim Impressum auf der sicheren Seite**
>
> In Abbildung 3.30 sehen Sie das Impressum einer fiktiven GmbH, die die Tanzschule betreibt. Damit Sie auf der sicheren Seite sind, sollten Sie in Ihrem Blog – egal ob Sie es nur für dieses Beispiel nutzen oder nicht – ein echtes Impressum verwenden. Denn das Blog ist bereits seit der Registrierung über die URL online verfügbar. Wie ein rechtlich einwandfreies Impressum aussieht, erfahren Sie auf der Website zum Buch: *bnfr.de/ql304*

Nachdem Sie auch die Kontaktseite veröffentlicht haben, können Sie nun endlich den gesamten Inhalt Ihrer Website betrachten (siehe Abbildung 3.30).

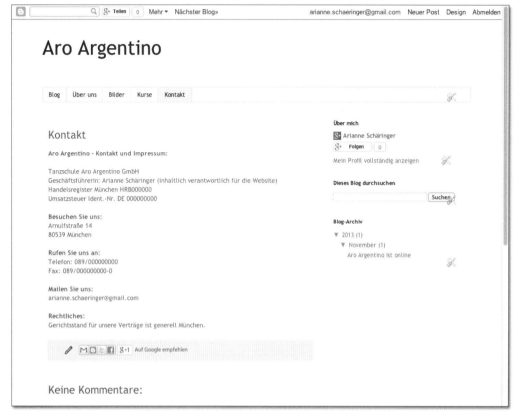

Abbildung 3.30 Wenn Sie bei der Gestaltung der Site fremde Fotos verwenden, können Sie hier darauf hinweisen und die Namen der Fotografen und die Quelle angeben. Die Nutzungsrechte an den Bildern müssen Sie aber natürlich besitzen.

Alle Inhalte, die im neuen, an die Einschränkungen von *Blogger* angepassten Konzept vorgesehen sind, sind nun vorhanden und über die Seitenleiste erreichbar. Damit die Site aber ihren Zweck vollständig erfüllen kann, nämlich die stimmungsvolle Präsentation einer Tanzschule, sollte die Gestaltung noch besser zum Thema »Tanzen und Tango« passen. ∎

3.3 Die Gestaltung und wichtige Einstellungen ändern

Als Erstes suchen wir eine Gestaltungsvorlage, die grafisch etwas aufwendiger ist und farblich besser zu Tango passt als die aktuelle Vorlage.

3.3.1 Die Gestaltungsvorlage ändern und anpassen

Glücklicherweise geht das mit dem *Vorlagendesigner* von *Blogger* sehr leicht:

Schritt 1 | Klicken Sie entweder in der Navbar auf DESIGN oder im Blog-Dashboard im Menü links auf VORLAGE, um ins Vorlage-Menü (siehe Abbildung 3.31) zu gelangen.

Abbildung 3.31 Links sehen Sie eine Miniaturansicht ❶ der aktuellen Gestaltung. Rechts ❷ sehen Sie, wie die Website auf Mobilgeräten mit kleinem, schmalem Bildschirm aussieht – das ist sehr hilfreich.

Schritt 2 | Klicken Sie dort in der Mitte auf den orangefarbenen Button ANPASSEN.

Jetzt öffnet sich der Vorlagendesigner von *Blogger* (siehe Abbildung 3.32), mit dem Sie sowohl neue Vorlagen auswählen als auch die aktuelle Vorlage anpassen können.

Schritt 3 | Um die Gestaltungsvorlage zu ändern, wählen Sie rechts die Vorlage BILD-FENSTER ❶.

Abbildung 3.32 Die Ansicht ist beim Aufruf des Vorlagendesigners zweigeteilt: Oben können Sie das Design anpassen, unten sehen Sie live die Auswirkungen Ihrer Änderungen auf das Blog.

Diese wird im Vorschaubereich des Vorlagendesigners angezeigt (siehe Abbildung 3.33).

Unter der Zeile mit den Vorlagen sehen Sie jetzt die für die ausgewählte Vorlage verfügbaren Stile ❷.

Schritt 4 | Wählen Sie den Stil ganz rechts.

Der Stil hat grundsätzlich dunklere Elemente. Die halbtransparente Fläche zwischen Seiteninhalt und Hintergrundbild sorgt außerdem für etwas Tiefe (siehe Abbildung 3.34). Als Nächstes suchen wir ein besseres Hintergrundbild, das noch mehr an Tango erinnert.

3.3 Die Gestaltung und wichtige Einstellungen ändern

Abbildung 3.33 Wie Ihre Site mit der neuen Vorlage aussieht, sehen Sie sofort. Für Ihre Nutzer werden Änderungen aber erst sichtbar, wenn Sie rechts oben auf den Button »Auf Blog anwenden« klicken. So können Sie in Ruhe herumprobieren.

Abbildung 3.34 Mit einem Klick auf den Link »Zurück zu Blogger« beenden Sie den Vorlagendesigner.

Schritt 5 | Wählen Sie im Menü links oben den Eintrag HINTERGRUND ❸. Wie der Vorlagendesigner dann aussieht, sehen Sie in Abbildung 3.35.

Abbildung 3.35 Mit den bunten Buttons rechts des Miniaturbilds können Sie die Farben des aktuellen Stils verändern. Das lohnt sich aber erst, wenn Sie alle anderen Einstellungen vorgenommen haben, da mit einem neuen Hintergrundbild meistens automatisch neue Farben verwendet werden, die zum Bild passen.

Schritt 6 | Ein Klick auf das Miniaturbild (❶ in Abbildung 3.35) öffnet ein zweites, kleineres Fenster (siehe Abbildung 3.36), in dem Sie die vielen möglichen Hintergrundbilder durchsuchen können.

Stöbern Sie ruhig ein wenig in den unterschiedlichen Kategorien. Wir haben uns für den Hintergrund *johnwoodcock* aus der Kategorie ABSTRAKT entschieden. Das kräftige, vorwiegend dunkle Rot passt gut zur Tango-Atmosphäre.

Schritt 7 | Wenn Sie ein passendes Bild gefunden haben, klicken Sie im Auswahlfenster rechts unten auf den Button FERTIG.

3.3 Die Gestaltung und wichtige Einstellungen ändern

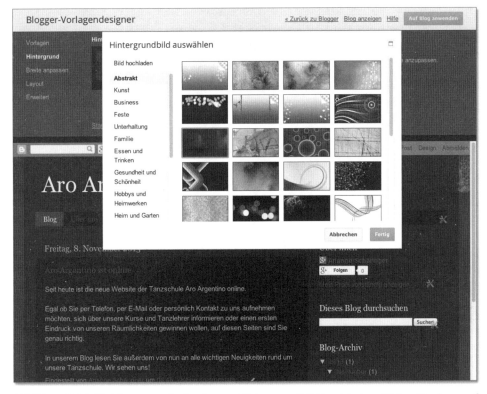

Abbildung 3.36 Sie können auch ein eigenes Hintergrundbild hochladen. Klicken Sie dazu auf den Button »Bild hochladen« über den Kategorien, und folgen Sie den Anweisungen.

Schritt 8 | Klicken Sie im Vorlagendesigner rechts oben auf den Button AUF BLOG ANWENDEN.

Erst damit werden alle Ihre bisherigen Änderungen an der Gestaltung der Site gespeichert und für die Nutzer sichtbar (siehe Abbildung 3.37).

Nur die helle Navbar passt noch nicht zur dunklen Farbgebung des restlichen Blogs. Also ändern wir ihre Farbe im Editor für die Seitenelemente:

Schritt 9 | Navigieren Sie zum Menüeintrag LAYOUT im Blog-Dashboard.

Schritt 10 | Klicken Sie im Editor für die Seitenelemente rechts oben beim Element NAVBAR auf den Link BEARBEITEN.

Schritt 11 | Wählen Sie im dann sichtbaren kleineren Fenster (siehe Abbildung 3.38) die schwarze Gestaltung, und bestätigen Sie mit einem Klick auf den SPEICHERN-Button.

Abbildung 3.37 Auch die Schriftfarbe hat Blogger automatisch an die neue Gestaltung angepasst. Der ursprünglich schwarze Text wäre in dem ebenfalls schwarzen Kasten nicht lesbar gewesen.

Abbildung 3.38 Manchmal wechselt Blogger beim Ändern der Gestaltung auch automatisch die Farbe der Navbar – wir müssen sie manuell anpassen.

Jetzt passt die Navbar optisch zu den restlichen Elementen.

Beim Betrachten des Blogs haben wir aber den Eindruck, dass der rechte Bereich mit den Gadgets noch kompakter gestaltet sein könnte (siehe Abbildung 3.37). Er nimmt Platz ein, der dem Hauptfenster mit dem Seiteninhalt fehlt. Da der Seiteninhalt für Nutzer aber wichtiger sein wird als die Gadgets rechts, ändern wir die Größe des rechten Bereichs:

Schritt 12 | Navigieren Sie im Blog-Dashboard zum Menü VORLAGE, und öffnen Sie mit einem weiteren Klick auf ANPASSEN den Vorlagendesigner.

Schritt 13 | Wählen Sie im Menü links oben dieses Mal den Eintrag BREITE ANPASSEN (siehe Abbildung 3.39).

Abbildung 3.39 Wenn Sie die Breite zu eng oder zu weit gewählt haben, können Sie auch über einen Klick auf den entsprechenden Link zu den Standardeinstellungen der Vorlage zurückkehren.

Schritt 14 | Ziehen Sie den Regler für die RECHTE SIDEBAR so lange nach links, bis er auf dem Wert »220 Pixel« steht, und klicken Sie rechts oben auf den Button AUF BLOG ANWENDEN.

Schon im Vorschaufenster unter dem Vorlagendesigner sehen Sie, dass die Gadgets jetzt weniger Platz einnehmen und stattdessen mehr Platz für das Seitenelement (hier: den Blogeintrag) vorhanden ist.

Falls Ihnen aber die grundsätzliche Anordnung von Hauptfenster und Gadget-Elementen nicht gefällt, können Sie übrigens im Vorlagendesigner im Menüeintrag LAYOUT weitere Anpassungen vornehmen (siehe Abbildung 3.40).

Abbildung 3.40 Wenn Ihnen das besser gefällt, können Sie hier beispielsweise ein Layout verwenden, das die Gadgets auf der linken Seite platziert.

Ein Blick auf die Website zeigt die geänderte Gestaltung (siehe Abbildung 3.41).

Abbildung 3.41 Bilder, Schriftfarben und Hintergrundelemente ergeben ein stimmiges Ganzes.

3.3.2 Wichtige Einstellungen anpassen

Blogger bietet zahllose weitere Einstellungsmöglichkeiten, um die Site an Ihre Vorlieben anzupassen. Die wichtigsten davon sehen wir uns nun näher an, damit Sie sie für Ihre echten Projekte später kennen.

Schritt 1 | Rufen Sie im Blog-Dashboard das Einstellungsmenü von Blogger auf.

Die Eingabe eines Beschreibungstexts empfiehlt sich nur dann, wenn Ihnen ein sehr kurzer, aussagekräftiger Text einfällt. Er wird direkt im Header unter dem Titel der Website angezeigt, sodass er jedem Nutzer schnell ins Auge springt.

Schritt 2 | Wenn Sie einen guten Beschreibungstext haben, klicken Sie beim Punkt Beschreibung auf den Link Bearbeiten, geben dann den Text ein und klicken zum Abschluss auf Änderungen speichern. Wir wählen »Tanzen lernen in München«.

Beim Punkt Datenschutz sollten Sie nach einem Klick auf den Link Bearbeiten bei den beiden Fragen Ihr Blog zu unseren Listen hinzufügen und Sollen Suchmaschinen Ihr Blog finden? die Option Nein wählen, wenn Sie die Site nur als Beispielprojekt benutzen.

Falls Sie dagegen mit Blogger eine richtige Site erstellen, wählen Sie für öffentliche Projekte unbedingt Ja. Für private Sites, die nur einem bestimmten Personenkreis zugänglich sein sollen, wählen Sie dagegen ebenfalls Nein. Damit könnten Fremde aber immer noch Ihr Blog finden, wenn sie die URL kennen.

Dass jemand Ihre Website findet, können Sie also nicht vollständig verhindern. Sie können aber durchaus verhindern, dass unerwünschte Besucher den Inhalt sehen können:

Um nur bestimmten Personen das Betrachten der Seiten zu ermöglichen, wählen Sie beim Punkt Blog-Leser die Option Privat – Nur diese Leser. Dadurch ist der Inhalt Ihres Blogs nur für diejenigen Nutzer online sichtbar, die Sie per E-Mail einladen. Neue Leser laden Sie ein, indem Sie hier den Link Leser hinzufügen anklicken.

Das Untermenü mit den von Ihnen vorgenommenen Einstellungen sollte jetzt so aussehen wie in Abbildung 3.42.

Im nächsten Eintrag des Einstellungsmenüs, Posts und Kommentare (siehe Abbildung 3.43), sollten Sie ähnlich wie bei den Einstellungen für die Suchmaschinen vorgehen: Wenn die Site nur für einen bestimmten Personenkreis bestimmt ist, sollten auch nur diese Personen Kommentare schreiben dürfen. Grundsätzlich sind Sie als Betreiber der Website für die dort veröffentlichten Kommentare mit verantwortlich.

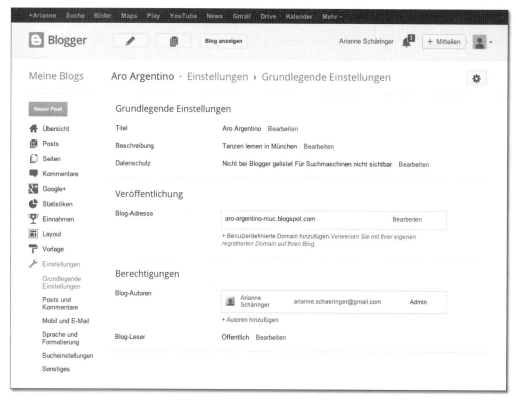

Abbildung 3.42 Geänderte Einstellungen speichern Sie in diesem Menü direkt bei den einzelnen Einstellungen. Einen übergreifenden »Speichern«-Button gibt es nicht.

> **Sie sind für Nutzerinhalte verantwortlich**
>
> Das ist ein wichtiger Unterschied zum ersten Beispielprojekt, der Visitenkarte: Je nach Funktionalität der Website sind Sie nicht nur für das verantwortlich, was Sie selbst schreiben, sondern auch für jeglichen nutzerproduzierten Inhalt, wie Kommentare oder hochgeladene Videos.

Schritt 3 | Setzen Sie in jedem Fall den Punkt SICHERHEITSFRAGE ANZEIGEN auf JA, um Spam zu vermeiden, den automatisierte Programme in Ihren Kommentaren hinterlassen wollen.

Schritt 4 | Damit Kommentare nicht sofort erscheinen, sondern zuerst von Ihnen geprüft werden müssen, stellen Sie die KOMMENTARMODERATION auf IMMER.

So können Sie die Kommentare in Ruhe prüfen und Unerwünschtes aussortieren, bevor die Kommentare auf der Website erscheinen.

Das Menü sollte jetzt so aussehen wie in Abbildung 3.43.

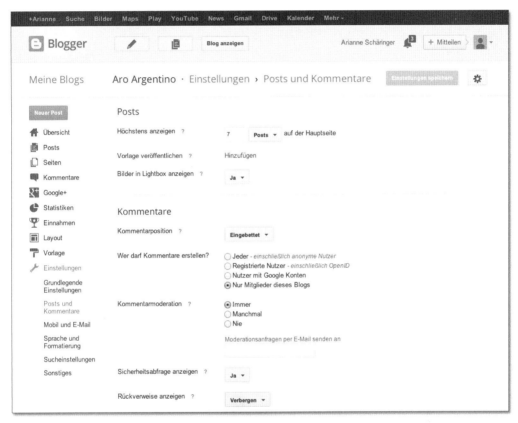

Abbildung 3.43 In diesem Menü gibt es wieder einen übergreifenden Button »Einstellungen speichern«.

Schritt 5 | Im Unterpunkt des Einstellungsmenüs Sprache und Formatierung (siehe Abbildung 3.44) stellen Sie noch die Zeitzone ein, in der Sie sich befinden.

Nach all diesen Änderungen gönnen wir uns noch mal einen letzten Blick auf unsere fertige *Aro Argentino*-Website (siehe Abbildung 3.45), die jetzt auch den in Schritt 2 hinzugefügten Untertitel »Tanzen lernen in München« zeigt.

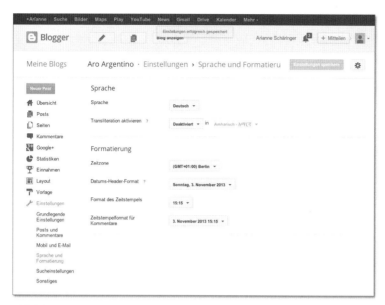

Abbildung 3.44 Eine korrekt eingestellte Zeitzone ist wichtig, wenn Sie Blogeinträge erstellen, die zu einem bestimmten Zeitpunkt veröffentlicht werden sollen – etwa am nächsten Tag um 8 Uhr morgens.

Abbildung 3.45 An den fehlenden Werkzeugsymbolen erkennen Sie, dass wir uns von Blogger abgemeldet haben, um die Site so sehen zu können, wie auch andere Nutzer sie sehen.

Jetzt ist die Website endlich fertig. Die einzelnen Seiten sind erstellt, und im Blog können jederzeit Neuigkeiten rund um *Aro Argentino* veröffentlicht werden – etwa wenn ein neuer Tanzlehrer gesucht wird, eine Reise nach Argentinien geplant ist oder es Fotos von einer Feier gibt. Die umfangreichen Funktionen von *Blogger* erlauben es dem Nutzer außerdem, weiter an der Gestaltung zu feilen und etwa Statistiken über die Nutzer anzusehen. ∎

> **Das fertige Beispielprojekt**
> Unter *bnfr.de/ql303* finden Sie die *Aro Argentino*-Website. Dort können Sie auch gern den Text des Blogeintrags und der Seiten kopieren, um sie für Ihr Beispielprojekt zu benutzen.

3.4 Fazit

Sie haben in diesem Kapitel mit dem Beispielprojekt *Aro Argentino* in wenigen Stunden eine funktionierende Website erstellt, die sich künftig komfortabel aktualisieren und erweitern lässt. Wenn Sie jetzt für Ihr eigenes Projekt die Vorgehensweise wiederholen und bei *Blogger* oder einem anderen Anbieter (unsere Empfehlungen finden Sie unter *bnfr.de/ql301*) eine Website einrichten, schaffen Sie sich damit den notwendigen Freiraum, um in den nächsten Kapiteln in Ruhe mit selbst geschriebenem HTML und CSS zu experimentieren. Sie müssen dann nicht sofort eine von Grund auf selbst geschriebene Website zum Laufen bringen, da Sie bereits die Website aus diesem Kapitel haben. Und das strukturierte Befüllen einer Site mit Inhalten, das Sie an dem Beispielprojekt *Aro Argentino* gelernt haben, wird Ihnen bei zukünftigen Projekten die Arbeit erleichtern.

Kapitel 4
Die ersten Schritte mit HTML und CSS

HTML ist eine Sprache, und wie eine Sprache lernt man es: Man prägt sich die Bedeutung der Wörter ein und lernt den Aufbau aussagekräftiger Sätze, bis man damit auch komplexere Ideen ausdrücken kann.

Dank der kostenlosen Anbieter haben Sie eine funktionierende Website im Netz, mit der Sie Ihre festgelegten Ziele fürs Erste erreichen. Es gibt aber gute Gründe dafür, jetzt nicht die Hände in den Schoß zu legen, sondern jetzt erst so richtig anzufangen.

4.1 Die Vorteile einer eigenen Website

Die Dienste für Web-Visitenkarte und Blog haben natürlich den Vorteil, dass sie unkompliziert zu benutzen sind. Für die Umsetzung der Beispielprojekte und damit Ihrer ersten beiden Webauftritte mussten Sie nicht viel mehr können als für die Arbeit mit einem Textverarbeitungsprogramm.

Diese Einfachheit hat aber ihren Preis: Während die Auswahl und das Aussehen der Vorlagen anfangs beeindruckend sind und man die Gestaltung noch wochenlang weiter verfeinern kann, werden Sie früher oder später doch an die Grenzen des Vorlagensystems stoßen: Sie wollen selbst wählen, welche Seite Ihre Startseite ist, oder Sie wollen die Anordnung der Seitenelemente frei bestimmen.

Zu diesen kreativen Grenzen kommen technische Einschränkungen hinzu. So gehören Ihnen »Ihre« Website und die Inhalte je nach Anbieter nur begrenzt, und auf die Erreichbarkeit der Site im Internet haben Sie keinen Einfluss – wenn die Server des Anbieters ausfallen, können Sie nur warten, bis sie wieder online sind. Sie haben keinen direkten Zugriff auf die Dateien und keine Garantie, dass Ihre Site in ein paar Monaten noch verfügbar sein wird.

Auch entwickelt sich das Internet ständig weiter. Dadurch werden neue Funktionen und Benutzerinteraktionen möglich. So wurde etwa das Einbinden von Videos und Karten oder die Verknüpfung mit sozialen Netzwerken erst im Laufe der Zeit zu festen Bestandteilen vieler Websites. Ein Dienst schränkt Sie hier insofern ein, als dass Sie warten müssen, bis er eine neue beeindruckende Funktion in seine Vorlagen eingebaut hat, bevor Sie sie auf Ihrer Website einsetzen können.

All diese kreativen und technischen Einschränkungen können Sie umgehen, wenn Sie die Grundlagen von HTML und CSS lernen, Ihre Website selbst erstellen und auf einem Webspace veröffentlichen, auf den Sie direkten Zugriff haben.

Aber da ist noch mehr: Wenn Sie die grundlegenden Webtechniken gelernt haben, sind Sie nicht nur dazu in der Lage, eine mit einem Dienst erstellte Website mit eigenen Mitteln nachzubauen. Das Gelernte ermöglicht Ihnen darüber hinaus, Hunderte kostenlose Werkzeuge zu benutzen. Mit diesen werden Ihre Websites noch nützlicher, interaktiver und schöner – Sie können damit an einem Tag Funktionen einbauen, für die Sie ohne fremde Hilfe Wochen oder Monate brauchen würden.

Wenn Sie die Grundlagen beherrschen, können Sie also von der kreativen Energie der gesamten Netzgemeinde profitieren und nicht nur von der Arbeit der 50 oder 100 Angestellten eines Blogdienstes. Wie Sie einige der besten Werkzeuge für Ihre Websites nutzen, zeigen wir Ihnen im letzten Teil des Buches.

4.2 Alle Webseiten bestehen aus HTML

Die Basis für die Entfaltung des ganzen Potenzials des Webs ist HTML, und zwar einfach deshalb, weil jede Webseite die der Browser vom Server bekommt aus HTM besteht.

> **Website oder Webseite?**
> Zum Unterschied zwischen Web*site* und Web*seite* siehe auch Kapitel 1, »Ein eigener Webauftritt in drei Minuten«. Die Website ist der gesamte Internetauftritt, eine Webseite dagegen ist eine einzelne Seite des Auftritts.

Dass auch Ihre mit *about.me* oder *Blogger* oder einem anderen Dienst erstellten Seiten aus HTML bestehen, können Sie mithilfe Ihres Browsers leicht selbst nachprüfen.

> **Dafür benötigen Sie:**
> ▶ Browser (*Firefox*, *Chrome*, *Safari* oder *Internet Explorer*)

Schritt 1 | Öffnen Sie mit Ihrem Browser die Startseite Ihres Blogs aus Kapitel 3, »Ein besserer Webauftritt in drei Stunden«, oder die Startseite unseres Beispielprojekts (unter *bnfr.de/ql303*). Letzteres sehen Sie in Abbildung 4.1.

4.2 Alle Webseiten bestehen aus HTML

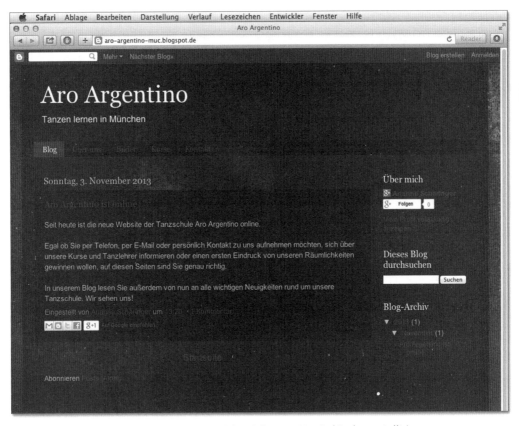

Abbildung 4.1 Die Startseite unseres Beispielprojekts aus Kapitel 3, dargestellt im Safari-Browser.

Was Sie auf Ihrem Bildschirm sehen, ist nicht das HTML der aktuellen Webseite, sondern eine grafische Darstellung, die Ihr Browser für Sie aus dem HTML erstellt hat. Sie können in Ihrem Browser statt der grafischen Darstellung auch das HTML selbst anzeigen – den sogenannten *Quelltext* der Webseite.

Schritt 2 | Lassen Sie sich den Quelltext der aktuellen Webseite anzeigen. Je nach Browser finden Sie die entsprechende Funktion an einer anderen Stelle:

- **Firefox**: Im Menü klicken Sie auf Extras, dort auf Web-Entwickler und schließlich auf Seitenquelltext anzeigen. Wenn Ihr Firefox keine Menüleiste am oberen Bildschirmrand zeigt, finden Sie den Eintrag Web-Entwickler nach einem Klick auf den orangefarbenen FIREFOX-Button links oben.

- **Chrome**: Klicken Sie rechts oben auf den Menübutton mit den drei horizontalen Strichen. Fahren Sie dann mit der Maus im aufgeklappten Menü über den Eintrag TOOLS, und klicken Sie abschließend im Untermenü auf den Eintrag SEITENQUELLTEXT ANZEIGEN.
- **Internet Explorer**: Klicken Sie in der Menüleiste auf SEITE (IE8) bzw. ANSICHT (IE9, IE10, IE11), und wählen Sie dann den Eintrag QUELLCODE ANZEIGEN (IE8) bzw. QUELLCODE (IE9) bzw. QUELLE (IE10, IE11). Wenn die Menüleiste nicht angezeigt wird, halten Sie ⟨Alt⟩ gedrückt um die Leiste temporär anzuzeigen, dann klicken Sie auf ANSICHT, SYMBOLLEISTEN und MENÜLEISTE.
- **Safari**: Klicken Sie in der Menüleiste auf ENTWICKLER, und wählen Sie dann den Eintrag SEITENQUELLTEXT EINBLENDEN (wie in Abbildung 4.2 zu sehen). Wenn der Eintrag ENTWICKLER in der Menüleiste nicht sichtbar ist, klicken Sie zuerst in der Leiste auf SAFARI, dann auf EINSTELLUNGEN. Wählen Sie im kleinen Fenster den Reiter ERWEITERT, und setzen Sie einen Haken beim Kästchen MENÜ »ENTWICKLER« IN DER MENÜLEISTE ANZEIGEN.

Abbildung 4.2 Das »Entwickler«-Menü von Safari. Je nach Browser unterscheidet sich der Menüaufbau etwas, aber praktisch alle Browser können den Quelltext einer Seite anzeigen.

Daraufhin öffnet der Browser ein neues Fenster mit dem Quelltext. In Abbildung 4.3 sehen Sie das Fenster in Safari.

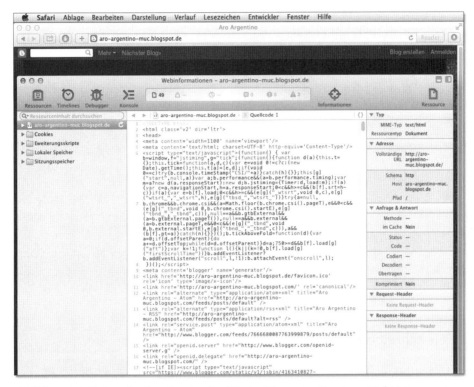

Abbildung 4.3 Neben der Anzeige des Quelltexts (hier in der Fenstermitte) bieten moderne Browser eine Fülle von Werkzeugen zur Untersuchung einer Webseite.

Wenn Sie einen anderen Browser benutzen, sieht die Anzeige des Quelltexts etwas anders aus, aber das Prinzip ist dasselbe.

Der Quelltext – das HTML der angezeigten Webseite – besteht also tatsächlich nur aus *Text*. Bilder, Farben, alles, was die Gestaltung Ihrer Seiten ausmacht, suchen Sie vergebens. Erst Ihr Browser fügt für die grafische Darstellung Formatierungen wie Fettschrift hinzu, bindet verknüpfte Bilder ein, setzt anklickbare Hyperlinks und so weiter.

> **Was bedeutet die Abkürzung HTML?**
>
> *HTML* steht für **H**yper**T**ext **M**arkup **L**anguage. Das bedeutet übersetzt *Sprache zur Auszeichnung von Hypertext*. Hypertext ist Text mit Querverweisen, also (Hyper-)Links. Mit »Auszeichnung« ist gemeint, dass Teile des Textes mit Anmerkungen versehen sind, die dem Browser sagen, wie er den Text darstellen soll.

Lassen Sie sich nicht davon verunsichern, dass der Quelltext Ihrer Seite aus einer Menge unverständlicher Zeichen besteht oder dass diese Zeichen auf den ersten Blick nicht gerade dazu geeignet scheinen, eine stilvolle Tangoseite mit weinrotem Hintergrund zu formen. Mit HTML kann man ziemlich viele, auch ziemlich komplexe Dinge machen. Aber das Schöne daran ist, dass die Grundlagen ganz einfach sind.

In Kapitel 1, »Ein eigener Webauftritt in drei Minuten«, haben wir erklärt, woher das HTML bei Websites kommt, die mithilfe eines Dienstes erstellt wurden: Der Dienst nimmt Ihre geschriebenen Texte, Ihre Formatierungsvorgaben und die gewählte Gestaltungsvorlage und übersetzt das alles in ein HTML-Dokument, das Sie jetzt gerade in Ihrem Browser sehen. ∎

> **HTML: Dokument oder Seite?**
>
> Beim Thema HTML werden die Begriffe *Dokument* und *Seite* oft gleichbedeutend benutzt. Wenn es um die Datei auf Ihrem Computer geht, die angelegt, bearbeitet oder gespeichert wird, spricht man am ehesten von einem *HTML-Dokument*. Wenn der Inhalt des Dokuments dann im Browserfenster grafisch dargestellt wird, spricht man eher von einer *HTML-Seite*.

4.3 Sie schreiben selbst HTML

Für Ihre selbst erstellten Webseiten können Sie nicht mehr auf den oben beschriebenen Übersetzungsdienst zurückgreifen. Deshalb erzeugen wir die fertige HTML-Datei, die an den Browser eines Besuchers übertragen wird, jetzt selbst: Wir schreiben also direkt den Quelltext.

> **Dafür benötigen Sie:**
> - einen kostenlosen Texteditor (Windows: *Editor*, Mac: *TextEdit*)
> - einen Browser (mindestens *Firefox 25*, *Chrome 31*, *Safari 6.1* oder *Internet Explorer 8*). Die Versionsnummer Ihres Browsers erfahren Sie im entsprechenden Menüeintrag (ÜBER oder INFO)

Schritt 1 | Öffnen Sie den einfachsten Texteditor, den Sie auf Ihrem Rechner finden können. Unter Windows ist das z. B. der *Editor*, auf dem Mac das Programm *TextEdit*.

Beide Programme werden mit dem Betriebssystem mitgeliefert und sollten bereits installiert sein.

Schritt 2 | Nur bei TextEdit: Klicken Sie im Programmmenü auf TEXTEDIT und dann auf EINSTELLUNGEN. Wählen Sie im Reiter NEUES DOKUMENT unter FORMAT die Option REINER TEXT (siehe Abbildung 4.4).

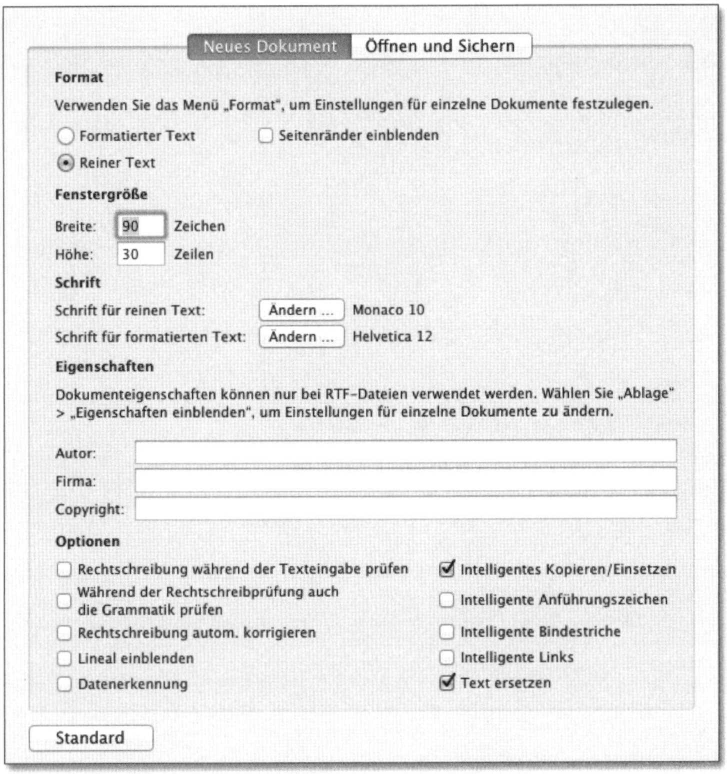

Abbildung 4.4 Selbst bei so etwas Einfachem wie einem simplen Textdokument gibt es unterschiedliche Formatierungsmöglichkeiten.

Schritt 3 | Nur bei TextEdit: Klicken Sie dann auf den Reiter ÖFFNEN UND SICHERN, und wählen Sie dort unter BEIM ÖFFNEN VON DATEIEN die Option FORMATIERUNGSBEFEHLE IN HTML-DATEIEN IGNORIEREN. Entfernen Sie außerdem den Haken bei DAS SUFFIX ».TXT« AN NEUE TEXTDATEIEN ANHÄNGEN (siehe Abbildung 4.5).

Mit diesen Einstellungen stellen Sie sicher, dass TextEdit Ihr Dokument von Anfang an wie Quelltext behandelt und später beim erneuten Öffnen nicht etwa versucht, mit einer grafischen Darstellung selbst den Browser zu spielen.

Die weiteren Arbeitsschritte gelten wieder für alle Texteditoren.

Schritt 4 | Erstellen Sie mit Ihrem Texteditor ein neues Dokument.

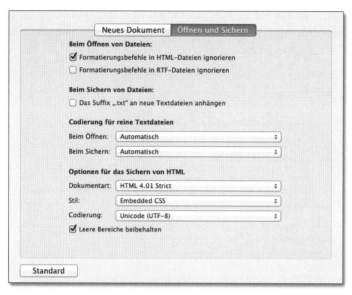

Abbildung 4.5 Wenn Sie unsere Anweisungen befolgen, wird Ihr Dokument korrekt als HTML formatiert.

Schritt 5 | Tippen Sie folgenden Text ein. Am besten fügen Sie unter jeder Zeile eine Leerzeile ein:

<html>
<head>

> **Die richtige Taste**
>
> Die spitzen Klammern < und > finden Sie auf Standardtastaturen mit deutschem Tastenlayout links vom Buchstaben Y.

An den spitzen Klammern erkennt später der Browser, dass es sich um HTML-Bausteine, also *Markup* bzw. *Auszeichnungen* handelt.

Schritt 6 | Der nächste Baustein beinhaltet den Titel der Seite – wir wählen »HTML«:

<title>HTML</title>

Sie können den Titel frei bestimmen, er sollte aber nicht zu lang sein. Drei bis vier Wörter sind genug.

Schritt 7 | Die nächsten beiden HTML-Bausteine, die Sie in das Dokument schreiben, sehen so aus:

```
</head>
<body>
```

Schritt 8 | Dann folgt der eigentliche Inhalt der Seite – eine Überschrift und ein kurzer Text:

```
<h1>Mein erstes HTML</h1>
<p>Das hier ist mein erstes selbst geschriebenes HTML.</p>
```

Schritt 9 | Zum Schluss folgen noch mal zwei HTML-Bausteine:

```
</body>
</html>
```

Wenn Sie nach jeder Zeile eine Leerzeile gelassen haben, sollte Ihr Dokument im Texteditor jetzt ähnlich aussehen wie in Abbildung 4.6.

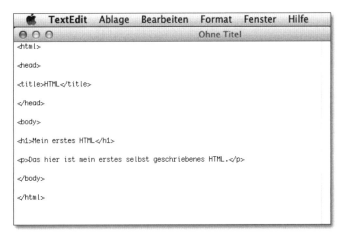

Abbildung 4.6 Wenn Sie TextEdit benutzen und Ihr Text anders aussieht, prüfen Sie bitte, ob Sie unsere Hinweise in den Schritten 2 und 3 befolgt haben, bevor Sie ein neues Dokument erstellt haben.

Schritt 10 | Speichern Sie das Dokument unter dem Namen *index.html*.

Schritt 11 | *Nur beim Windows-Editor*: Dazu müssen Sie im SPEICHERN UNTER-Fenster bei DATEITYP die Option ALLE DATEIEN (*.*) wählen (siehe Abbildung 4.7).

Wenn Sie einen anderen Texteditor nutzen und dieser beim Speichern die Dateiendung *.html* nicht erlaubt, speichern Sie das Dokument stattdessen als *.txt*, schließen den Editor und benennen die Dateiendung im Explorer (Windows) oder im Finder (Mac) von Hand in *.html* um.

4 Die ersten Schritte mit HTML und CSS

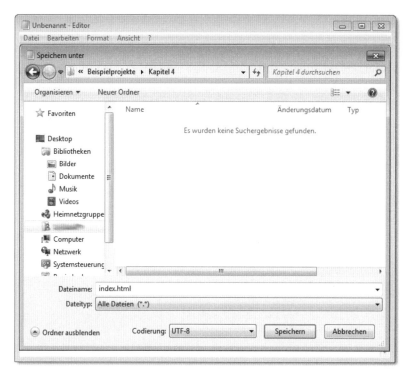

Abbildung 4.7 Auch beim »Editor« muss man ein paar Einstellungen vornehmen, damit das Dokument als HTML formatiert wird.

> **Warum »index.html«?**
>
> Wenn Ihre Website aus nur einer Seite besteht, nennen Sie diese immer *index.html*. Wenn die Site aus mehreren Seiten besteht, nennen Sie immer die Startseite *index.html*. Der Grund dafür ist, dass die allermeisten Webserver einem Besucher standardmäßig diese Datei anzeigen, wenn er nur die Domain der Site (also etwa *www.facebook.com*) eingibt.

Schritt 12 | Öffnen Sie Ihre HTML-Datei mit Ihrem Browser, indem Sie im Explorer (Windows) oder Finder (Mac) darauf doppelklicken.

Ein Browser kann also nicht nur auf Dateien im Internet zugreifen, sondern auch auf Dateien auf Ihrem Rechner. Das Ergebnis sehen Sie in Abbildung 4.8.

Sie können sofort die im Texteditor angelegten Elemente wiedererkennen – den Titel, der in der Kopfleiste des Browserfensters ❶ angezeigt wird, die Überschrift ❷ und den kurzen Textabsatz ❸.

Abbildung 4.8 In der Adressleiste des Browsers ist immer der Speicherort einer Seite zu sehen – bei Ihrer ersten Seite liegt der eben auf der eigenen Festplatte.

Und schon haben Sie Ihre erste selbst geschriebene HTML-Seite erstellt und im Browser betrachtet. Aber natürlich wollen Sie nicht nur eingeben, was wir Ihnen vorsagen, sondern Sie wollen verstehen, was genau Sie da eingegeben haben. Was waren das also für Bausteine, die Sie in das Dokument geschrieben haben? Wie ist HTML im Detail aufgebaut? Betrachten wir den im Editor eingegebenen Text nochmals (siehe Abbildung 4.9).

Abbildung 4.9 Die Leerzeilen haben keinen Einfluss auf die Darstellung im Browser, erhöhen aber die Übersicht.

Die Anordnung des Inhalts in einem HTML-Dokument entspricht zunächst der Logik, die wir von anderen Texten in Büchern usw. auch kennen: Gelesen wird von oben nach unten und von links nach rechts.

Die Grundbausteine für jedes HTML-Dokument sind *Elemente*. Diese werden durch sogenannte *Tags* in das Dokument eingefügt. An den Anfang des Elements kommt dessen *öffnender Tag* oder *Start-Tag*, ans Ende des Elements der *schließende Tag* oder *End-Tag*.

Den grundsätzlichen Aufbau eines Elements sehen Sie in Abbildung 4.10.

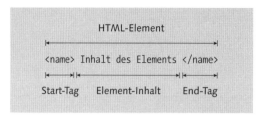

Abbildung 4.10 »Tag« ist hier Englisch und bedeutet »Markierung«.

Der Start-Tag besteht aus zwei spitzen Klammern und dem Namen des Elements. Der End-Tag sieht genauso aus, aber zusätzlich steht ein Schrägstrich zwischen der ersten Klammer und dem Elementnamen. Alles, was zwischen den Tags steht, ist der *Inhalt* des Elements.

Wenn Sie sich Ihr HTML-Dokument noch mal anschauen (siehe Abbildung 4.11), dann können Sie mehrere solcher Elemente mit Tags und Inhalt erkennen, etwa das title-, das h1- und das p-Element.

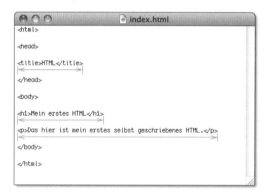

Abbildung 4.11 Die drei im Browser direkt sichtbaren Elemente

Diese drei Elemente bzw. deren Inhalt sehen Sie ja (wie in Abbildung 4.8) direkt im Browser: Der Inhalt des title-Elements ist der Titel der Seite, der in der Kopfleiste des Browsers angezeigt wird. Das h1-Element ist eine Überschrift, was im Browser an der großen Schriftgröße und der Fettschrift zu erkennen ist.

> **Was bedeutet das »h«?**
>
> *h* steht für *heading*, das englische Wort für *Überschrift*. h1 ist eine Überschrift ersten Rangs, also diejenige, die von allen Überschriften auf einer Seite am deutlichsten her-

vorgehoben wird. Von h1 bis h6 kann man auf seinen Webseiten sechs unterschiedlich wichtige Überschriften verwenden, so wie zum Beispiel dieses Buch ebenfalls Überschriften verschiedenen Rangs enthält.

Das p-Element schließlich zeigt Ihr Browser als einen Absatz mit Text (*p* steht für *paragraph*, im Deutschen *Absatz*). Im Vergleich mit der Überschrift hat der Absatz eine kleinere Schriftgröße und keine Fettschrift.

In Ihrem HTML-Dokument, das Sie mit dem Texteditor erstellt haben, finden sich aber nicht nur diese drei Elemente. Sie erkennen weitere Start- und End-Tags, die aber nicht nebeneinander, sondern untereinander platziert sind. Auch diese markieren Elemente – nur besteht ihr Inhalt nicht aus einem zwischen dem Start- und End-Tag geschriebenen Text wie beim title-, h1- oder p-Element, sondern aus anderen Elementen. Auch bei diesen Elementen ist also alles, was zwischen Start- und End-Tag steht, deren Inhalt. Das veranschaulicht Abbildung 4.12.

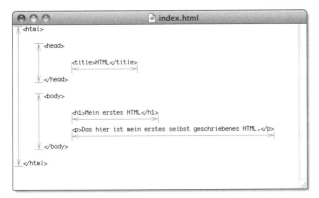

Abbildung 4.12 Wir haben die einzelnen HTML-Elemente hier unterschiedlich weit nach rechts eingerückt, um zu veranschaulichen, woraus ihr Inhalt besteht.

Von oben nach unten und von links nach rechts gelesen, besteht Ihr erstes HTML-Dokument also aus folgenden Elementen:

▶ dem html-Element, das das gesamte Dokument von der ersten bis zur letzten Zeile umfasst

▶ dem head-Element, das Informationen für Ihren Browser enthält. Dazu gehört das title-Element mit dem Titel der Seite.

▶ dem body-Element, das den Großteil der Seitenelemente enthält, die der Nutzer sehen kann. Dazu gehört ein h1-Element (die Überschrift der Seite) sowie ein p-Element mit einem Absatz Text.

Wenn ein Element andere Elemente enthält, wie hier das html-Element, das das head- und das body-Element umschließt, ist es ein *Elternelement*. Die darin enthaltenen Elemente werden als dessen *Kindelemente* bezeichnet. Das head-Element zum Beispiel ist also ein Kindelement des html-Elements, während es gleichzeitig aber auch das Elternelement des title-Elements ist.

> **Element oder Bereich?**
>
> Im Zusammenhang mit HTML hören Sie auch oft den Begriff *Bereich*, der sich auf bestimmte Elemente bezieht. Der *Kopfbereich* einer Seite ist zum Beispiel nichts anderes als das head-Element inklusive Inhalt.

Nun, da Sie mit dem grundsätzlichen Aufbau eines HTML-Dokuments vertraut sind, betrachten Sie noch einmal den Quelltext der Startseite unseres Beispielprojekts, der in Abbildung 4.13 zu sehen ist.

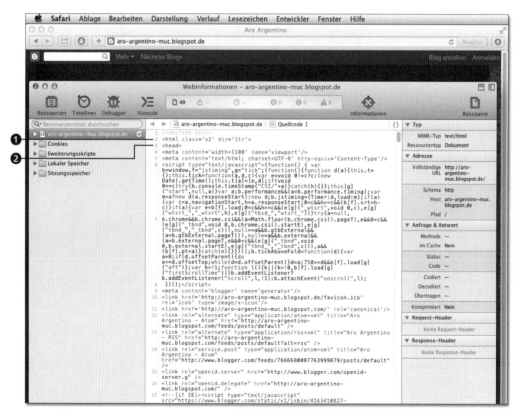

Abbildung 4.13 Im Quelltext der Beispielseite lassen sich Start-Tags bekannter HTML-Elemente ausmachen.

Der Quelltext kommt Ihnen wahrscheinlich immer noch unübersichtlich und etwas kryptisch vor. Aber mit Ihrem neuen Wissen erkennen Sie jetzt, dass es sich bei dem Quelltext um ein HTML-Dokument handelt: Es besteht aus Elementen mit Start-Tags, Elementinhalt und End-Tags. Bereits bekannt sind Ihnen das `html`-Element und das `head`-Element, deren Start-Tags Sie in Zeile 2 ❶ und 3 ❷ des Quelltexts sehen.

HTML dient also dazu, den Aufbau einer Webseite zu strukturieren: Indem Sie definierte Elemente in einer bestimmten Reihenfolge schreiben, teilen Sie dem Browser zum Beispiel mit, dass auf der Seite zuerst eine Überschrift und dann ein Textabsatz oder auch ein Bild angezeigt werden soll.

4.4 Woher kommt die Gestaltung?

Aber woher weiß der Browser, wie genau er diese Elemente grafisch darstellen soll? Woher weiß er, wie viel größer die Schriftgröße einer Überschrift ist oder welche Farbe der Text überhaupt haben soll?

Um Browsern solche Gestaltungsanweisungen zu geben, gibt es drei unterschiedliche Methoden:

- `style`-Attribute
- das `style`-Element
- externe CSS-Dateien

4.4.1 Das style-Attribut

HTML-Elemente können außer ihren Tags und ihrem Inhalt auch *Attribute* besitzen, die dem Browser weitere Informationen über das Element geben. Attribute bestehen aus einem *Namen* und einem *Wert*, wobei dazwischen ein Ist-gleich-Zeichen und um den Wert herum Anführungsstriche geschrieben werden müssen. Attribute werden immer hinter dem Elementnamen in dessen Start-Tag geschrieben. Sie sehen das Prinzip in Abbildung 4.14.

Es gibt viele unterschiedliche Element-Attribute, die unterschiedliche Zwecke erfüllen. Um dem Browser Gestaltungsvorgaben für ein HTML-Element zu geben, verwendet man das *style-Attribut*. Damit legen wir jetzt neue Schriftgrößen für das `h1`- und das `p`-Element auf unserer Seite fest.

Schritt 1 | Fügen Sie Ihrem Überschrift-Element `h1` ein Attribut mit dem Namen `style` und dem Wert `font-size:64px;` hinzu.

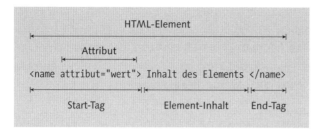

Abbildung 4.14 Der Aufbau eines HTML-Elements mit Attribut

Der Start-Tag des Überschriften-Elements sieht jetzt so aus:

`<h1 style="font-size:64px;">`

Schritt 2 | Fügen Sie auch Ihrem Textabsatz-Element p ein `style`-Attribut hinzu, allerdings mit dem Wert `font-size:32px;`:

`<p style="font-size:32px;">`

Ihr HTML-Dokument sollte im Texteditor jetzt so aussehen wie in Abbildung 4.15.

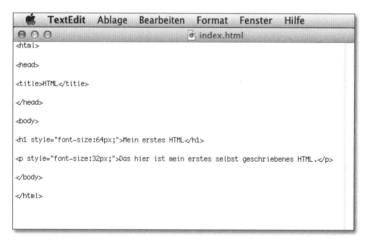

Abbildung 4.15 Mit den »style«-Attributen machen wir für das »h1«- und das »p«-Element eigene Gestaltungsvorgaben.

Damit haben Sie dem h1- und dem p-Element in Ihrem Dokument eine *font-size* (engl. für *Schriftgröße*) von 64 bzw. 32 Pixeln zugewiesen, die der Browser von nun an bei der grafischen Darstellung berücksichtigt. Öffnen Sie Ihre Seite im Browser (oder laden Sie die Seite neu, wenn sie bereits geöffnet ist), um die Auswirkungen des Attributs zu sehen (siehe Abbildung 4.16).

Abbildung 4.16 Dank des »style«-Attributs werden Überschrift und Absatztext jetzt doppelt so groß angezeigt wie vorher.

Der Text wird doppelt so groß dargestellt wie beim ersten Betrachten Ihrer HTML-Seite, als Sie noch kein `style`-Attribut zur Formatierung der Elemente angegeben hatten.

Mithilfe von Attributen können Sie also die Gestaltung eines einzelnen Elements festlegen, die der Browser dann bei der grafischen Darstellung Ihrer Webseite umsetzt. ∎

4.4.2 Das style-Element

Die meisten Webseiten enthalten aber nicht nur zwei sichtbare Elemente wie unser Beispieldokument. Oft enthalten sie so viel Text oder Bilder, dass der Besucher die Seite nach unten scrollen muss, um alles sehen zu können. Entsprechend lang ist bei einer solchen Seite auch das HTML-Dokument in Ihrem Texteditor, und entsprechend weit sind die vielen verschiedenen `style`-Attribute der Seitenelemente verstreut.

Das nervt spätestens dann, wenn man bei einer bereits öffentlich zugänglichen Seite nur noch ab und zu ein Detail der Gestaltung ändern will. Wenn man dann nicht wegen jeder Änderung einer Schriftgröße das ganze HTML-Dokument nach dem richtigen Attribut absuchen will, kann man ein Element verwenden, das alle Gestaltungsanweisungen für den Browser übersichtlich im oberen Dokumentbereich sammelt: das `style`-Element, das wir jetzt ausprobieren.

Wenn man ein `style`-Element in seinem HTML-Dokument nutzt, muss es immer ein Kindelement des `head`-Elements sein.

Schritt 1 | Schreiben Sie also nach dem `title`-Element, das ja ebenfalls ein Kind des `head`-Elements ist:

```
<style type="text/css">
</style>
```

Weil es viele unterschiedliche Arten von Gestaltungsvorgaben gibt, spezifiziert man mit dem Attribut `type` für den Browser, um was für eine Art Gestaltungsvorgabe es sich bei diesem Element handelt.

Bislang haben wir aber nur Start- und End-Tag des `style`-Elements. Der Inhalt besteht aus sogenannten *Formaten*, die HTML-Elementen ihre Gestaltungsvorgaben zuweisen. Ein Format hat eine fest vorgegebene Syntax, also Schreibweise, die Sie in Abbildung 4.17 sehen können.

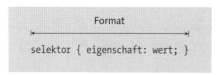

Abbildung 4.17 Die Syntax eines Formats, das Gestaltungsanweisungen für HTML-Elemente enthält

> **Alternative Begriffe**
>
> Statt *Format* wird auch der Begriff *Regel* benutzt, statt *Eigenschaft* auch *Befehl*.

Ein Format besteht also zuerst aus einem *Selektor*. Dieser gibt an, für welches HTML-Element das Format gilt. Denn wenn Gestaltungsvorgaben nicht mehr per Attribut in dem betreffenden HTML-Element selbst enthalten sind, muss der Browser ja irgendwoher wissen, welches Element Sie gestalten wollen.

Auf den Selektor folgen die Gestaltungsvorgaben in Form von Eigenschaft-Wert-Paaren, die von geschweiften Klammern umfasst werden. Innerhalb dieser Klammern können Sie so viele Eigenschaft-Wert-Paare notieren, wie Sie wollen. Wichtig ist hier nur, dass bei jedem Paar nach der Eigenschaft ein Doppelpunkt : und nach dem Wert ein Semikolon ; folgt.

Versehen wir das neue `style`-Element in Ihrem Dokument also mit Formaten für die Überschrift und das Absatz-Element.

Schritt 2 | Legen Sie dazu im `style`-Element ein Format mit dem Selektor `h1` an.

Schritt 3 | Diesem geben Sie die Eigenschaft `font-style` mit dem Wert `italic`.

> **Die richtige Taste**
>
> Auf Windows-Tastaturen geben Sie geschweifte Klammern ein, indem Sie [Alt Gr] + [7] (öffnende Klammer) bzw. [Alt Gr] + [0] (schließende Klammer) drücken. Auf Mac-Tastaturen drücken Sie [Alt] + [8] bzw. [Alt] + [9].

Schritt 4 | Legen Sie ein zweites Format mit dem Selektor p an.

Schritt 5 | Dieses Format bekommt die Eigenschaft font-weight mit dem Wert bold.

Das style-Element in Ihrem HTML-Dokument sollte nun so aussehen wie in Abbildung 4.18.

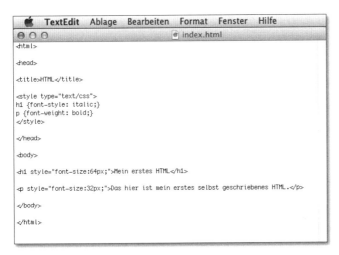

Abbildung 4.18 Ein HTML-Dokument mit einem »style«-Element und zwei Formaten

Schritt 6 | Um das Ergebnis zu testen, speichern Sie Ihr Dokument und öffnen es ein weiteres Mal im Browser (siehe Abbildung 4.19).

Abbildung 4.19 Der Browser befolgt die Gestaltungsanweisungen aus dem »style«-Element.

Die Überschrift wird jetzt in Schrägschrift, der Textabsatz in Fettschrift angezeigt. Die Eigenschaften font-style und font-weight bestimmen also – wie das bereits bekannte font-size – die Gestaltung der Schrift bei Textelementen. ∎

Anhand der Schriftgrößen von Überschrift und Absatztext erkennen Sie auch, dass die Gestaltungsanweisungen aus den Elementattributen immer noch umgesetzt werden. Ein Dokument kann also Anweisungen in Attributen und in einem `style`-Element haben, und der Browser berücksichtigt beide Arten gleichzeitig.

Das `style`-Element macht also besonders das Pflegen einer einzelnen HTML-Seite einfacher, wenn sie bereits veröffentlicht wurde und nur noch ab und zu Details an der Gestaltung geändert werden sollen.

Die meisten Websites bestehen aber aus mehreren Seiten. Wenn die alle gleich gestaltet sein sollen, müssten Sie in das `head`-Element jeder einzelnen Seite ein `style`-Element mit denselben Formaten einfügen. Bei Änderungen müssten Sie die Formate jeder Seite einzeln aktualisieren. Glücklicherweise gibt es auch hier eine Lösung, die Ihnen viel Arbeit erspart.

4.4.3 Die externe CSS-Datei

Sie können einfach die Formate für alle Ihre HTML-Seiten in eine neue Datei auslagern, anstatt sie in jedem Dokument in ein separates `style`-Element zu schreiben. Damit der Browser auch weiß, dass er in dieser Datei nach Gestaltungsvorgaben suchen soll, verweisen Sie einfach in jedem HTML-Dokument darauf.

Die externe Datei für die Formate nennt man *CSS-Datei*, weil Formate für HTML-Elemente in der Sprache CSS geschrieben werden.

> **Was bedeutet die Abkürzung CSS?**
>
> *CSS* steht für *Cascading Style Sheets*, übersetzt etwa *kaskadierende Formatvorlagen*. Formatvorlagen kennen Sie von Programmen wie Word, *kaskadieren* klingt für deutsche Ohren dagegen etwas befremdlich. »Cascading« bedeutet hier sinngemäß so viel wie »abstufend« oder »vererbend«, also »in eine bestimmte Reihenfolge bringend«.
>
> Neben den möglichen Eigenschaften wie etwa `font-size`, die man HTML-Elementen zuweisen kann, und der Syntax der Formate beinhaltet die Sprache CSS zwei wichtige Dinge, ohne die man Struktur und Gestaltung einer Seite nicht trennen kann: das Zuweisen von Formaten zu HTML-Elementen mithilfe von Selektoren und ein Regelwerk zur Bestimmung des richtigen Formats, wenn einem Element mehrere Formate zugewiesen werden. Damit in der CSS-Datei zusätzlicher Platz gespart werden kann, bestimmen die CSS-Regeln außerdem das Vererben von Formaten vom Elternelement an das Kindelement.

Eine CSS-Datei lässt sich mit demselben einfachen Texteditor erstellen wie das HTML-Dokument und enthält nichts außer den bereits aus dem style-Element bekannten Formaten.

Schritt 1 | Löschen Sie zuerst das style-Element und die style-Attribute aus Ihrem HTML-Dokument.

Schritt 2 | Prüfen Sie durch Speichern und erneutes Öffnen im Browser, ob alle Gestaltungsvorgaben gelöscht sind, die Sie bisher gemacht haben. Es darf jetzt keine veränderte Schriftgröße, keine Schräg- und Fettschrift mehr geben.

Schritt 3 | Erstellen Sie mit Ihrem Texteditor eine neue Datei.

Schritt 4 | Fügen Sie ein Format mit dem Selektor h1 ein, das zwei Eigenschaften enthält: font-size mit dem Wert 64px sowie font-style mit dem Wert italic.

Bei mehreren Eigenschaften in einem Format empfiehlt sich die Schreibweise aus Abbildung 4.20.

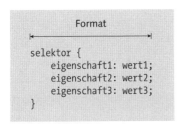

Abbildung 4.20 Die Verwendung einer neuen Zeile je Eigenschaft-Wert-Paar sorgt für Übersicht.

Schritt 5 | Fügen Sie ein Format mit dem Selektor p ein, das ebenfalls zwei Eigenschaften enthält: font-size mit dem Wert 32px sowie font-weight mit dem Wert bold.

Vergessen Sie die Semikola (Strichpunkte) am Ende jedes Eigenschaft-Wert-Paares nicht, sonst ignoriert der Browser Ihre Anweisungen. Das Dokument im Texteditor sollte jetzt so aussehen wie in Abbildung 4.21.

Schritt 6 | Speichern Sie die Datei unter dem Namen *stylesheet.css* ab.

Schritt 7 | *Nur »Editor«*: Beachten Sie dazu dieselben Hinweise wie beim Speichern der HTML-Datei. Wählen Sie also im SPEICHERN UNTER-Fenster bei DATEITYP die Option ALLE DATEIEN (*.*) und dann bei CODIERUNG die Option UTF-8, bevor Sie den Dateinamen und die Dateiendung eingeben.

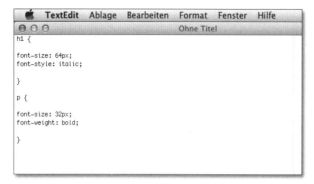

Abbildung 4.21 Zur besseren Übersicht schreiben wir jedes Eigenschaft-Wert-Paar in eine neue Zeile.

Sie können auch einen anderen Namen wählen, müssen diesen dann aber auch verwenden, wenn Sie den Verweis in das HTML-Dokument einbinden (siehe nächster Schritt). Als Speicherort wählen Sie dasselbe Verzeichnis, in dem auch Ihr HTML-Dokument liegt (wie in Abbildung 4.22 zu sehen ist).

Abbildung 4.22 Speichern Sie die CSS-Datei im selben Verzeichnis wie Ihr HTML-Dokument.

Jetzt müssen Sie im HTML-Dokument noch auf die CSS-Datei verweisen, sonst weiß der Browser nicht, woher er die Formate für die Elemente nehmen soll.

Dazu benutzen wir ein neues Element im HTML-Dokument: das `link`-Element. Man verwendet es immer dann, wenn man dem Browser mitteilen möchte, dass er für die Verarbeitung dieses HTML-Dokuments Informationen aus anderen Dateien benötigt.

Ein typisches `link`-Element hat drei Attribute: `rel`, `type` und `href`. Die ersten beiden geben die Art der Informationen an, die in der anderen Datei enthalten sind, und das `href`-Attribut gibt den Speicherort dieser Datei an.

Schritt 8 | Um also auf die CSS-Datei hinzuweisen, fügen Sie Folgendes in das `head`-Element Ihrer HTML-Datei ein:

```
<link rel="stylesheet" type="text/css" href="stylesheet.css">
```

Wenn Sie im letzten Schritt die CSS-Datei unter einem anderen Namen gespeichert haben, verwenden Sie im Wert des `href`-Attributs natürlich Ihren Dateinamen.

Hier stoßen wir auf etwas Neues: ein Element, das keinen gesonderten Start- und End-Tag besitzt. Stattdessen besteht es aus einem einzigen Tag, der vorne mit einer spitzen Klammer geöffnet wird, den Elementnamen und einige Attribute enthält und dann hinten durch eine spitze Klammer geschlossen wird.

Wenn Sie Ihre HTML-Seite das nächste Mal im Browser betrachten, wird dieser die im `link`-Element angegebene CSS-Datei nach Formaten durchsuchen. In unserem Beispiel findet er darin Gestaltungsvorgaben für zwei Elemente: für das `h1`- und das `p`-Element. Also wird er diese Elemente entsprechend darstellen, und zwar genau so, als hätten Sie die beiden Elemente im HTML-Dokument mit einem `style`-Attribut versehen.

Schritt 9 | Um den Effekt der verknüpften CSS-Datei zu testen, speichern Sie das HTML-Dokument und öffnen es erneut im Browser.

Die Seite sollte jetzt wieder so aussehen wie in Abbildung 4.19, mit denselben Schriftgrößen und Schriftstilen. ∎

> **Unsere Beispieldateien zum Download**
>
> Die in diesem Kapitel erstellten HTML- und CSS-Dateien finden Sie unter *bnfr.de/ql401* auf der Website zum Buch.

Dank der externen CSS-Datei haben Sie mehr Übersicht und weniger Arbeit, wenn Sie mit komplexeren Websites und mehreren Unterseiten arbeiten.

Es bleibt aber noch eine Frage: Als Sie Ihre HTML-Seite zum allerersten Mal mit dem Browser betrachtet haben, hatten Sie davor weder ein `style`-Attribut noch ein `style`-

Element noch eine CSS-Datei festgelegt. Warum hat der Browser das `h1`-Element trotzdem in einer größeren Schriftart dargestellt als das `p`-Element?

Die Antwort lautet: Der Hersteller des Browsers hat dem Programm Standard-CSS-Dateien mitgegeben, in denen Gestaltungsanweisungen für die meisten HTML-Elemente enthalten sind. Damit sorgt der Hersteller dafür, dass sein Browser jede Webseite zumindest gut lesbar darstellt, auch wenn der Autor der Webseite keine Gestaltungsvorgaben angegeben hat. Die browsereigenen CSS-Dateien finden Sie teilweise in dessen Programmverzeichnis, wenn Sie neugierig sind.

> **Verwenden Sie immer eine externe CSS-Datei**
>
> Sie haben in diesem Abschnitt drei Möglichkeiten zur Formatierung von HTML kennengelernt: das `style`-Attribut, das `style`-Element und die externe CSS-Datei. Wir raten Ihnen, immer die dritte Möglichkeit zu nutzen. In einer externen Datei haben Sie immer alle Formate für Ihre Site auf einen Blick. Wenn Sie Änderungen an der Gestaltung vornehmen, müssen Sie dann nicht umständlich jede Unterseite einzeln anpassen.
>
> Weil Sie aber auch die anderen beiden Methoden der Gestaltungsvorgabe kennengelernt haben, können Sie den Quelltext von Webseiten verstehen, die `style`-Attribute oder das `style`-Element verwenden.

Damit beherrschen Sie schon die Grundlagen von HTML und CSS und wissen, wie man eine Webseite selbst schreiben kann. Damit Ihnen das noch besser gelingt, zeigen wir Ihnen als Nächstes Programme für Einsteiger, die etwas mehr Komfort bieten als die Standardprogramme Ihres Betriebssystems. In den weiteren Abschnitten des Kapitels geben wir Ihnen außerdem Tipps dazu, wie Sie Ihre Seiten so schreiben, dass sowohl der Browser als auch Sie selbst sie immer verstehen.

Mit diesem Wissen werden Sie dann gut gewappnet sein für das nächste Beispielprojekt in Kapitel 5, »Die eigene Website erstellen«, bei dem Sie eine vollständige Website aus HTML und CSS erstellen. Im Laufe des Beispielprojekts werden wir Sie Schritt für Schritt in die vielen HTML-Elemente und CSS-Eigenschaften einführen, die man für eine richtige Webseite braucht. Bis Ihre Websites genauso aufwendig gestaltet sind wie etwa die Beispielsite *Aro Argentino*, wird es zwar noch eine Weile dauern. Aber in den nächsten Kapiteln eignen Sie sich nach und nach die dafür notwendigen Kenntnisse an.

4.5 Das richtige Werkzeug – der HTML-Editor

Sie könnten alle Seiten des nächsten Beispielprojekts mit dem simplen Texteditor schreiben, den Sie bis hierhin genutzt haben. Es gibt aber spezielle *HTML-Editoren*, die

Ihnen die Arbeit erleichtern. Und weil schon kostenlose Programme Vorteile bieten, empfehlen wir Ihnen auch, einen HTML-Editor zu nutzen.

4.5.1 Was ein HTML-Editor für Einsteiger können sollte

Um sich für einen geeigneten HTML-Editor entscheiden zu können, sollten Sie erst einmal wissen, welche Funktionen in der Praxis den Arbeitskomfort erhöhen. Dabei geht es nicht nur um Bequemlichkeit. Denn wenn der Editor Ihnen die Arbeit erleichtert, machen Sie weniger Fehler und müssen seltener nachbessern.

Eine wichtige Funktion, die das Bearbeiten von HTML-Dokumenten gerade für Anfänger sehr viel übersichtlicher macht, ist die farbliche Markierung einzelner HTML-Bausteine, die Sie in Abbildung 4.23 am Beispiel des Editors *Coda* sehen.

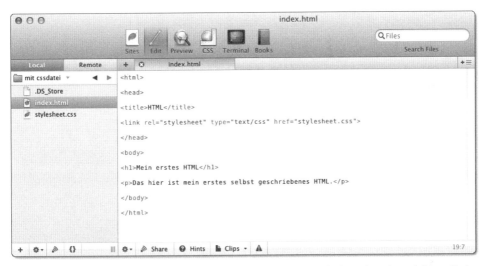

Abbildung 4.23 Die Datei »DS_Store«, die Sie im Dateibrowser links sehen, hat nichts mit der Website zu tun. Sie ist eine Systemdatei von Mac OS X, die Informationen über die in diesem Verzeichnis gespeicherten Dateien enthält.

So werden zum Beispiel alle Start- und End-Tags von HTML-Elementen in Lila angezeigt, alle Attributnamen in Goldgelb, die zugehörigen Werte in Blau und der Inhalt von Textelementen wie h1 oder p in Schwarz.

Diese farbliche Hervorhebung hilft Ihnen besonders bei längeren Dokumenten, den Aufbau schnell zu erkennen und eventuelle Fehler schneller zu finden.

Eine zweite nützliche Eigenschaft eines HTML-Editors ist die sogenannte *Debugging*-Funktion. *Debugging* ist das Aufspüren und Entfernen von Fehlern aus Computersoftware aller Art. (Auf Deutsch hieße *Debugging* »Entwanzen«. Im Englischen werden Fehler im Softwarebereich *bugs* genannt, was auch *Käfer* oder *Wanze* bedeutet.)

Die häufigsten Fehler sind Syntaxfehler, also falsche Schreibweisen. Sie glauben gar nicht, wie lange mancher Webdesigner schon einen Fehler in seiner Seite gesucht hat, nur weil irgendwo ein Komma oder eine spitze Klammer fehlte! Die Debugging-Funktion des HTML-Editors markiert in Ihrem Dokument automatisch solche Fehler, in Abbildung 4.24 beispielsweise einen falsch geschriebenen Attributnamen.

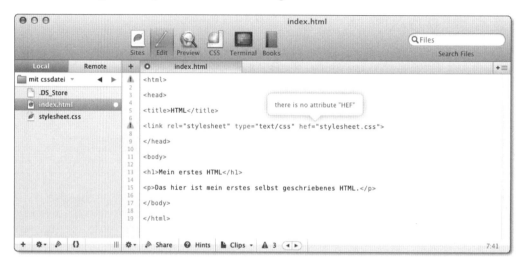

Abbildung 4.24 Ein einfacher Tippfehler kann die gesamte Seite unbrauchbar machen. Die Debugging-Funktion des HTML-Editors hilft, solche Fehler aufzuspüren.

> **Debugging auch ohne Editor**
>
> Die Debugging-Funktion ist etwas aufwendiger zu programmieren und findet sich deshalb nicht in allen kostenlosen Editoren. Wenn ein HTML-Editor keine Debugging-Funktion hat, können Sie Ihr HTML-Dokument aber problemlos mit dem W3C-Validator unter *bnfr.de/ql402* auf Fehler überprüfen. (Siehe dazu auch Abschnitt 4.6.7, »Validieren Sie Ihre Seiten«.)

4.5.2 Empfehlenswerte HTML-Editoren

Es gibt Hunderte HTML-Editoren auf dem Markt. Egal ob für Windows-PC oder Apple-Mac, Sie haben die Wahl zwischen kostenlosen und kostenpflichtigen Programmen mit ganz unterschiedlichem Funktionsumfang. Wir haben bewusst möglichst einfache Programme ausgewählt, die Einsteiger nicht durch unnötige Zusatzfunktionen ablenken.

Wenn Sie mit Ihren ersten Webprojekten ein wenig Übung haben, können Sie später umfangreichere und noch komfortablere Editoren ausprobieren. Aber nun geht es erst einmal darum, zu lernen, wie man alles von Grund auf anlegt. Wenn Sie das können, können Sie sich einen Teil der Routinearbeit abnehmen lassen.

Wir arbeiten in diesem Buch mit *Coda* für Mac, aber welches Programm Sie wählen, ist ganz Ihren persönlichen Vorlieben überlassen. Unsere Beispielprojekte sind mit jedem der hier vorgestellten HTML-Editoren durchführbar.

gedit

- Download unter: *bnfr.de/ql403*
- Betriebssystem: Windows, Mac, Linux
- Sprache: Deutsch (Benutzeroberfläche), Englisch (Download, Installation)
- Preis: Für alle Projekte kostenlos

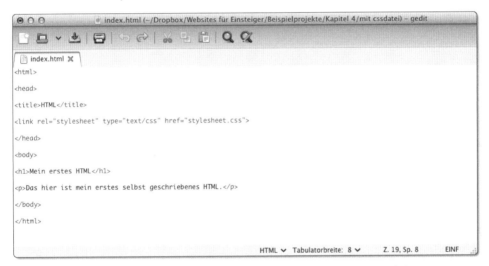

Abbildung 4.25 Nicht mehr als man braucht: »gedit« für Windows, Mac und Linux

- **Funktionen**: Farbige Markierung der HTML-Elemente
- **Wichtige Einstellungen**: Keine
- **Empfehlung**: Wenn die englischsprachige Herstellerwebsite und (trotzdem simple) Installation für Sie keine Hürden sind, ist *gedit* der perfekte Editor für HTML-Anfänger: Er hat nicht einen einzigen überflüssigen Button, der Sie vom Schreiben Ihrer HTML- und CSS-Zeilen ablenken würde.

Notepad++

- Download unter: *bnfr.de/ql404*
- Betriebssystem: Windows
- Sprache: Deutsch (Benutzeroberfläche), Englisch (Download, Installation)
- Preis: Für alle Projekte kostenlos

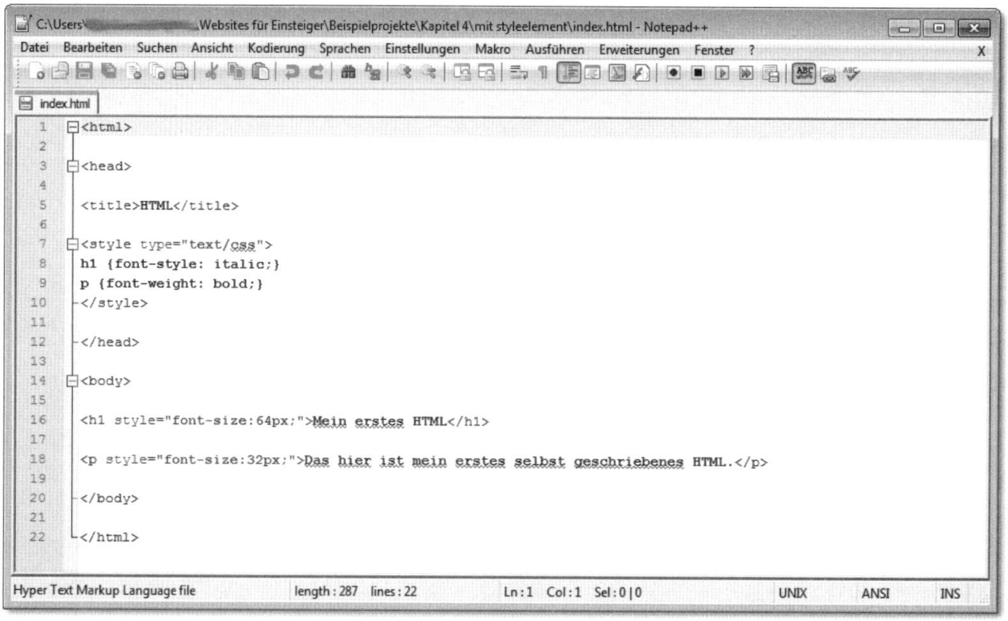

Abbildung 4.26 Etwas mehr Funktionen, etwas weniger Übersicht: »Notepad++« für Windows

- **Funktionen**: Farbige Markierung der HTML-Elemente
- **Wichtige Einstellungen**: Da das Programm neben HTML viele andere Sprachen beherrscht, sollten Sie unter EINSTELLUNGEN, OPTIONEN und NEUE DATEIEN HTML als STANDARDSPRACHE und UTF-8 als KODIERUNG auswählen.
- **Empfehlung**: *Notepad++* ist nicht so stark auf die Arbeit mit HTML zugeschnitten wie *gedit*, sondern eher ein Multitalent für Dutzende Programmiersprachen. Deshalb hat dieser Editor mehr Funktionen, von denen Sie die allermeisten nicht brauchen, die anfangs aber vielleicht ablenken können. Eine gute und für jedes Projekt kostenlose Alternative ist das Programm trotzdem.

Phase 5

- Download unter: *bnfr.de/ql405*
- Betriebssystem: Windows
- Sprache: Deutsch (Download, Installation, Benutzeroberfläche)
- Preis: Für private Sites kostenlos, für kommerzielle Sites ca. 50 EUR

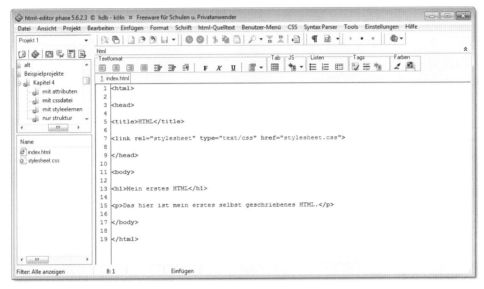

Abbildung 4.27 Viele Funktionen und komplett in Deutsch: Phase 5 für Windows

- **Funktionen**: Farbige Markierung der HTML-Elemente, Debugging
- **Wichtige Einstellungen**: Keine
- **Empfehlung**: Wer von der Herstellerwebsite bis zum letzten Button wirklich alles komplett in Deutsch will und mit Windows arbeitet, ist mit *Phase 5* gut bedient. Das Programm ist aber nur für Privatanwender kostenlos, die nicht-kommerzielle Websites erstellen. Firmen, Selbstständige oder auch Vereine müssen eine Unternehmenslizenz für rund 50 Euro kaufen.

Coda 2

- Download unter: *bnfr.de/ql406*
- Betriebssystem: Mac
- Sprache: Englisch (Download, Installation, Benutzeroberfläche)
- Preis: ca. 100 USD

Abbildung 4.28 Aufgeräumte Oberfläche trotz großem Funktionsumfang: »Coda 2« für den Mac

- **Funktionen**: Farbige Markierung der HTML-Elemente, Debugging
- **Wichtige Einstellungen**: Keine
- **Empfehlung**: Die Autoren dieses Buches verwenden Coda. Gerade im Vergleich zu den Open-Source-Lösungen auf dem Mac empfinden wir die Bedienoberfläche als schöner und das Programm insgesamt als komfortabler. Wenn Sie mit dem Mac arbeiten, Englisch Sie nicht abschreckt und Sie mehr als eine oder zwei Websites im Jahr erstellen, ist das Geld in unseren Augen gut angelegt.

4.6 Besser lesbares HTML für Browser und Mensch

Es gehört mehr zu einem gut geschriebenen HTML-Dokument als fehlerfreie Syntax und übersichtliche Anordnung: Erstens braucht der Browser sogenannte Metainformationen, damit er Ihre Seite so darstellen kann, wie Sie sich das wünschen. Zweitens sollten Sie, wenn Sie das HTML-Dokument nach längerer Zeit betrachten, möglichst schnell wieder verstehen, was Sie da vor sich haben und wie die Seiten funktionieren.

Damit Sie ein besseres Verständnis für das Verhältnis zwischen Ihnen, HTML und dem Browser haben, klären wir erst einmal die Frage, woher HTML und CSS überhaupt kommen. Für Ihre ersten selbst geschriebenen Zeilen war das noch nicht wichtig, aber das jetzt erworbene Hintergrundwissen wird Ihnen bei der Arbeit mit komplexeren Seiten helfen.

4.6.1 Woher kommen HTML und CSS?

Schon vor der Erfindung von HTML gab es Sprachen zur Auszeichnung von Textdokumenten (und auch das Internet, also vernetzte Computer, gab es schon vorher). Aber 1989 machte ein am Forschungszentrum CERN angestellter Physiker, Tim Berners-Lee, den entscheidenden Schritt: Er schlug vor, zum besseren Austausch der Forschungsergebnisse ein System vernetzter Hypertextdokumente zu verwenden. Das CERN war noch nicht interessiert genug, um Berners-Lee mit der Entwicklung zu beauftragen, also begann er eigenständig mit der Umsetzung. Aus Diskussionen mit Gleichgesinnten entstand 1991 der erste Vorschlag für die Sprache HTML und die ersten Elemente. Berners-Lee programmierte nach eigenen Angaben auch den ersten HTML-Browser und den ersten HTML-Webserver.

Die Sprache war für jedermann frei zugänglich, sodass schon bald viele Menschen daran mitarbeiteten. Um die Weiterentwicklung von HTML unter einem Dach koordinieren zu können, gründete Tim Berners-Lee 1994 mit anderen das *World Wide Web Consortium (W3C)*. Die Mitglieder entwerfen nicht nur neue Elemente oder Attribute, sondern legen auch fest, was die korrekte Schreibweise für HTML ist – man spricht auch von *validem HTML*.

In dieser Hinsicht ist das W3C ein bisschen wie die Redaktion des deutschen Dudens: Millionen Menschen benutzen täglich eine Sprache, und das W3C gibt regelmäßig Erklärungen dazu ab, wie man korrekt schreibt.

HTML wurde von immer mehr verschiedenen Personen und Organisationen eingesetzt, und diese hatten natürlich unterschiedliche Vorstellungen davon, wie eine Webseite gestaltet sein sollte – welche Schrift ist schöner, welche Farbe soll ein Link haben usw. Um einerseits diesen Menschen mehr Kontrolle über die Gestaltung Ihrer Seiten zu geben und andererseits HTML unabhängig von der Gestaltung weiterentwickeln zu können, wurde die Verwendung von *Stylesheets* vorgeschlagen, zu Deutsch etwa *Stil-Blätter*. Das sind Dokumente, die ausschließlich Gestaltungsvorgaben für die Darstellung anderer Dokumente enthalten und es damit möglich machen, Struktur und Gestaltung einer Seite voneinander zu trennen. 1996 erklärte das W3C dann die Stylesheet-Sprache CSS zur Standard-Gestaltungssprache seiner HTML-Dokumente.

Bis heute sind sowohl HTML als auch CSS frei zugängliche und lizenzfreie Sprachen, deren Weiterentwicklung öffentlich einsehbar ist. Sie dürfen die Sprachen für alle Web-Projekte benutzen, ohne dafür Lizenzgebühren zu zahlen oder Copyright-Vermerke anzubringen. Ohne die von Anfang an gewollte Offenheit hätte sich das Internet auf der Basis von HTML nie so schnell entwickeln können.

4.6.2 HTML5 – was bedeutet das?

Mit der Zeit kamen neue Seitenelemente, Attribute und CSS-Eigenschaften hinzu, alte wurden gestrichen. Diese Entwicklung wird vom W3C mit Versionsnummern festgehalten, HTML5 und CSS3 sind die aktuellen Versionen.

Aufgrund innovativer Neuerungen in HTML5 wurde dessen Versionsnummer zu einem relativ verbreiteten Schlagwort, aber man sollte das als Anfänger nicht überbewerten: Eine Website »mit HTML5!« ist nicht automatisch gut, und eine Website ohne HTML5-Elemente ist nicht hoffnungslos veraltet.

Im Kern ist nämlich jedes Dokument gleich, egal ob es mit HTML1 oder HTML5 geschrieben wurde: Es besteht aus einem `html`-Element, das die Kindelemente `head` und `body` enthält – also alles so, wie Sie es schon aus Ihrem ersten selbst geschriebenen Dokument kennen. Auch bei den grundlegenden Inhaltselementen wie `p` oder `h1` hat sich seit HTML3 praktisch nichts getan. Neue Versionen der Sprache enthalten in erster Linie Elemente, die das Einbinden von Multimedia-Elementen wie Videos erleichtern. HTML5 hat zwar wirklich auch an anderen Stellen die Arbeit von Webdesignern verändert, aber die Grundlagen, die Sie lernen müssen, bleiben die gleichen.

Hinzu kommt, dass die jeweils aktuelle Browsergeneration nicht immer die neuesten HTML-Elemente darstellen kann – es dauert meistens ein wenig, bis die Hersteller diese unterstützen. Auf der anderen Seite stellen auch die Browser von morgen noch eine Website korrekt dar, die vor drei Jahren veröffentlicht wurde, solange sie sauber geschrieben ist. HTML ist also eine abwärtskompatible Sprache.

Für Ihre HTML-Projekte ist der kleine Geschichts- und Versionsexkurs nur deshalb wichtig, damit Sie folgende Dinge wissen:

▶ Es gibt jemanden, der Rechtschreibung und Grammatik von HTML und CSS festlegt: das W3C.
▶ Weil auch die Browserhersteller sich an den Vorgaben des W3C orientieren, müssen Sie das ebenfalls tun, damit die Browser Ihre Seiten korrekt darstellen.
▶ Es gibt unterschiedliche Versionen von HTML.

Mit diesem Hintergrundwissen gerüstet, können wir mit der Frage fortfahren, welche Informationen über Ihr HTML-Dokument Sie den Browsern mitteilen müssen, damit diese Ihre Seiten so darstellen, wie Sie es möchten. Diese Informationen nennt man *Metainformationen*.

4.6.3 Der doctype

Die erste Metainformation ist der `doctype` (kurz für englisch *document type*, im Deutschen *Dokumenttyp*). Er teilt dem Browser mit, welche Art von Dokument der Browser sich gerade vom Server herunterlädt. Der `doctype` enthält nicht nur die HTML-Versionsnummer des W3C, nach deren Regeln der Browser sich beim Anzeigen der Seite richten soll, sondern auch das Dateiformat des Dokuments. Denn neben HTML gibt es noch weitere Textauszeichnungssprachen, mit denen ein Dokument auf einem Webserver formatiert sein könnte.

Der `doctype` unterscheidet sich von allem, was Sie bisher über den Aufbau eines HTML-Dokuments gelernt haben: Er wird nämlich in keines der in dem HTML-Dokument enthaltenen Elemente geschrieben, nicht einmal in das bisher alles andere umfassende `html`-Element. Stattdessen steht er in der allerersten Zeile des Dokuments:

```
<!DOCTYPE html>
```

Dieser `doctype` gibt dem Browser an, dass es sich hier um ein HTML-Dokument handelt. Und der Browser soll sich beim Anzeigen nach den Bestimmungen von HTML5 richten.

Bei älteren HTML-Versionen ist der `doctype` etwas ausführlicher:

```
<!DOCTYPE HTML PUBLIC "-//W3C//DTD HTML 4.01 Transitional//EN" "http://
www.w3.org/TR/html4/loose.dtd">
```

Dieser `doctype` deklariert ebenfalls ein HTML-Dokument, allerdings soll der Browser sich bei der Anzeige nach den Bestimmungen der HTML-Versionsnummer 4.01 richten. Zusätzlich ist in der zweiten Zeile eine URL angegeben, unter der eine detaillierte Spezifikation dieses `doctype` zu finden ist.

Alle Beispielseiten, die wir in diesem Buch erstellen, richten sich nach HTML-Version 5 und verwenden den entsprechenden `doctype`. Das empfehlen wir Ihnen auch für Ihre Webseiten, denn den HTML5-`doctype` verstehen alle Browser, auch ältere. Nur wenn Sie unbedingt später einmal HTML-Elemente verwenden müssen, die der HTML5-Standard nicht mehr erlaubt, brauchen Sie einen anderen `doctype`. Welche Elemente mit HTML5 weggefallen sind, erfahren Sie unter *bnfr.de/ql407* auf der Website des W3C.

4.6.4 Das charset

Für andere Metainformationen werden `meta`-Elemente verwendet, die Kinder des `head`-Elements sein müssen und am besten vor allen anderen Kindern geschrieben werden.

Unterschiedliche Attribute des `meta`-Elements stehen für unterschiedliche Arten von Informationen, und das wichtigste ist das Attribut `charset`:

```
<meta charset="UTF-8">
```

Dieses Attribut benutzen Sie, um dem Browser die für das Dokument benutzten Schriftzeichen mitzuteilen, die er für die Darstellung beherrschen muss. Da es weltweit ja sehr viel mehr Schriftzeichen gibt als die 26 römischen Buchstaben, ist diese Angabe sehr wichtig. Allein schon die deutschen Umlaute *ä*, *ö* und *ü* machen ohne Angabe der Zeichencodierung meist Probleme. Mit der Codierung `UTF-8` decken Sie alle gängigen Sonderzeichen von Sprachen mit lateinischer Schrift ab, inklusive der Sonderzeichen skandinavischer, osteuropäischer und romanischer Sprachen.

> **Wichtig: Das richtige Dateiformat**
>
> Achten Sie hinsichtlich der Codierung darauf, dass Sie nicht einfach nur das `charset` in einem `meta`-Element spezifizieren. Das HTML-Dokument muss natürlich im Editor auch tatsächlich mit der entsprechenden Codierung gespeichert werden. Überprüfen Sie dazu die Einstellungen in Ihrem Text- oder HTML-Editor. Dort können Sie meistens das Format auswählen, in dem die Dateien gespeichert werden.
>
> Sollte der Browser ein vorhandenes Dokument auch dann noch nicht korrekt darstellen, wenn Sie im Editor das entsprechende Format gewählt und das Dokument erneut gespeichert haben, kopieren Sie den Inhalt des alten Dokuments in ein ganz neues Dokument und speichern dieses ab. Bei manchen Editoren wird dadurch das Problem gelöst.

Wenn Sie von nun an ein neues HTML-Dokument erstellen, benutzen Sie also am besten immer folgendes Grundgerüst, bevor Sie weitere HTML-Elemente einfügen:

```
<!DOCTYPE html>
<html>
   <head>
      <meta charset="UTF-8">
      <title></title>
   </head>
   <body>
   </body>
</html>
```

Auf der Website zum Buch können Sie unter *bnfr.de/ql401* eine außer diesem Grundgerüst leere HTML-Datei herunterladen. Dadurch sparen Sie sich das Abtippen.

Durch die Angabe von Metadaten erleichtern Sie dem Browser das korrekte Lesen Ihres HTML-Dokuments und die grafische Darstellung. Mit den folgenden Tipps machen Sie es sich selbst leichter, Ihre HTML-Dokumente auch dann noch zu verstehen, wenn Sie schon lange nicht mehr daran gearbeitet haben.

4.6.5 Schaffen Sie Platz für mehr Übersicht

Wie Sie mittlerweile wissen, ist die Struktur eines HTML-Dokuments sehr verschachtelt. Das body-Element zum Beispiel enthält mehrere Kindelemente, die ihrerseits wiederum beliebig viele Kindelemente enthalten können. Um dabei nicht den Überblick zu verlieren, sollten Sie Ihr HTML im Editor übersichtlich anordnen, indem Sie die Zeilen mit Umbrüchen und Tabulatoren sinnvoll einrücken und Abstände zwischen den Zeilen lassen (siehe Abbildung 4.29).

Abbildung 4.29 Den Browser stören die Umbrüche und Tabulatoren nicht, er ignoriert sie bei der Darstellung einfach.

So sehen Sie auf einen Blick, über wie viele Zeilen sich ein Element erstreckt und welche anderen Elemente es beinhaltet.

> **Wo ist meine Leerzeile hin?**
> Manche HTML-Editoren löschen Leerzeilen automatisch aus Ihrem HTML-Dokument. Bei manchen können Sie dieses Verhalten deaktivieren. Die Option dafür heißt meist »Original-Formatierung behalten«.

4.6.6 Notizen für Sie selbst: Kommentare

Oft werden HTML- und CSS-Dokumente erst lange Zeit nach ihrer erstmaligen Erstellung wieder geöffnet – zum Beispiel weil Sie einen kleinen Fehler im Text korrigieren wollen oder weil Sie ein Projekt an jemand anderes abgegeben haben, der mit Ihren Dokumenten weiterarbeiten soll. Dank Leerzeilen und Einrückung erkennt man zwar schnell, wie ein Dokument aufgebaut ist und welche Elemente es enthält – man versteht aber manchmal nicht mehr, warum man ein bestimmtes Element oder eine bestimmte CSS-Eigenschaft benutzt hat.

Um den Sinn des Geschriebenen festzuhalten, können Sie zwischen Ihrem HTML oder CSS platzierte *Kommentare* verwenden. Sie werden vom Browser bei der Darstellung ignoriert, wenn sie richtig formatiert sind. So schreiben Sie einen Kommentar in HTML-Dateien:

```
<!--Hier steht Ihr Kommentar-->
```

Versehen Sie Ihr HTML also so, wie in Abbildung 4.30 zu sehen ist, mit Kommentaren, um die Verständlichkeit weiter zu erhöhen.

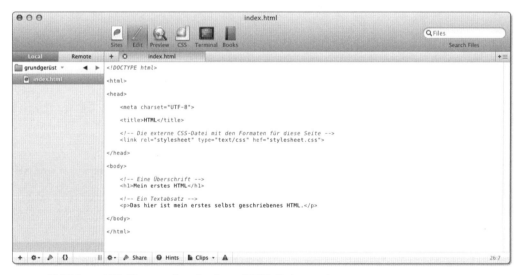

Abbildung 4.30 Kommentare in einem HTML-Dokument

Richtig sinnvoll werden die Kommentare natürlich erst bei komplexeren Dokumenten, etwa an Stellen, für die Sie erst etwas Neues lernen mussten. Gedanken wie »Das `charset` muss immer das erste Kindelement im `head`-Element sein« können Sie ruhig festhalten.

So vergessen Sie das Gelernte nicht und verhindern, dass Sie eine eigentlich sinnvolle Seitenstruktur bei einer späteren Überarbeitung verändern.

In CSS-Dateien haben Kommentare eine andere Syntax:

/*Das ist ein Kommentar innerhalb von CSS*/

> **Kommentare sind nicht völlig unsichtbar**
> Bedenken Sie aber, dass Kommentare im Quelltext Ihrer Seite stehen und von anderen Nutzern gesehen werden können, wenn diese sich den Quelltext anzeigen lassen. Schreiben Sie also nichts in die Kommentare, was Ihnen peinlich wäre, und schon gar nicht sensible Daten wie Passwörter!

4.6.7 Validieren Sie Ihre Seiten

Auch ein HTML-Dokument, das für Sie übersichtlich strukturiert ist und das der Browser so anzeigt, wie Sie es geplant haben, ist nicht unbedingt vollständig korrekt. Nach den Vorgaben des World Wide Web Consortium ist nicht alles, was offenbar funktioniert, auch erlaubt. Die Browser tolerieren viele Fehler – aber darauf können Sie sich nicht verlassen.

Wenn Sie etwa notwendige Attribute vergessen oder Elemente in eine Reihenfolge bringen, die das W3C so nicht vorgesehen hat, korrigiert Ihr Browser im besten Fall die Fehler und versucht, das Dokument trotzdem korrekt darzustellen. Im schlechtesten Fall stellt der Browser die Seite aber doch nicht richtig dar. Auch wenn Sie Ihr Dokument mit der Debugging-Funktion Ihres HTML-Editors kontrolliert haben, ist das leider nicht immer ausreichend, weil der Editor sich vielleicht noch nach älteren HTML-Versionen richtet.

Das W3C bietet unter *bnfr.de/ql408* einen komfortablen und kostenlosen *Validierungsdienst* an. Geben Sie einfach die URL Ihres HTML-Dokuments an oder laden Sie es hoch, klicken Sie auf VALIDIEREN, und Sie bekommen recht detailliert (auf Englisch) Rückmeldung, ob und wo Sie in Ihrem HTML Standards verletzen.

Um noch mal die Parallele zum deutschen Duden aufzugreifen: Sicher verstehen viele Mitmenschen Sie auch, wenn Sie auf korrekte Rechtschreibung und Grammatik verzichten. Aber die größtmögliche Verständlichkeit erreichen Sie, wenn Sie sich an die Regeln halten.

4.7 Fazit

In diesem Kapitel haben Sie eine ganze Menge gelernt:

- dass Sie HTML zur Strukturierung von Webseiten benutzen,
- dass HTML aus Elementen besteht, die wiederum aus Start- und End-Tags sowie Inhalt bestehen, und
- dass Sie CSS zur Gestaltung von HTML-Seiten benutzen, indem Sie den HTML-Elementen mithilfe von Selektoren, Eigenschaften und Werten Formate zuweisen.

Sie wissen jetzt, was HTML und CSS ist, wie man es grundsätzlich benutzt und welche Werkzeuge Sie dafür nutzen können. Nun sind Sie in der Lage, Ihre erste komplett selbst geschriebene Website zu erstellen – was wir im nächsten Kapitel mit einem neuen Beispielprojekt tun werden.

> **Beispieldateien zum Download**
>
> Die in diesem Kapitel erstellten HTML- und CSS-Dateien finden Sie auf der Website zum Buch: *bnfr.de/ql401*

Kapitel 5
Die eigene Website erstellen

Schritt für Schritt schreiben Sie eine komplette Website mit mehreren Seiten. Nebenbei lernen Sie viele weitere Elemente und Eigenschaften von HTML und CSS.

Im vorigen Kapitel haben Sie alle wichtigen Grundlagen rund um HTML und CSS gelernt. Und Sie haben jetzt einen HTML-Editor. Mit den Grundkenntnissen und dem richtigen Werkzeug sind Sie bereit für Ihre erste vollständige, selbst geschriebene Website.

Dazu beginnen wir in diesem Kapitel ein neues Beispielprojekt. Dessen Umsetzung verbindet Ihre neuen HTML-Kenntnisse mit dem, was Sie bereits in Kapitel 3, »Ein besserer Webauftritt in drei Stunden«, geübt haben: eine Website durchdacht mit Inhalt zu befüllen.

Das Beispielprojekt heißt *Arztpraxis Dr. Udo Bloemkamp* und ist die Website einer kleinen, fiktiven Praxis für Allgemeinmedizin. Wie bei den anderen Beispielprojekten gilt auch hier, dass alles, was Sie in diesem Kapitel lernen, für die unterschiedlichsten Websites benutzt werden kann – etwa für die Website eines Anwalts oder für die Site der Handballmannschaft des örtlichen Sportvereins.

Dafür brauchen Sie:
- einen HTML-Editor
- ein Bild des Arztteams
- vier Bilder von der Praxis
- einen Browser in der jeweils aktuellen Version (mindestens *Firefox 25*, *Chrome 31*, *Safari 6.1* oder *Internet Explorer 9* unter Windows Vista und 7 bzw. *Internet Explorer 10* unter Windows 8 und 8.1).

Nur ein moderner Browser zeigt alle CSS-Eigenschaften richtig an, die Sie in diesem Kapitel nutzen.

> Wenn Sie Windows XP nutzen und bislang den Internet Explorer 8 verwendet haben, müssen Sie für unsere Beispielprojekte Firefox oder Chrome installieren, weil neuere Versionen des Internet Explorer nicht auf Ihrem System lauffähig sind.

Eines noch vorweg, bevor wir mit dem neuen Beispielprojekt beginnen: Wir möchten grundsätzlich, dass Sie die Ergebnisse Ihrer Arbeit möglichst sofort sehen können. Bei den ersten beiden Beispielprojekten und bei Ihren ersten Schritten mit HTML und CSS im letzten Kapitel ging es immer schnell voran. Aber wir möchten Ihnen ja nicht nur Zeile für Zeile diktieren, was Sie in Ihrem HTML-Editor schreiben. Wir wollen Ihnen auch verständlich machen, was Sie da tun und warum es funktioniert. Sie sollen lernen, eine Sprache zu benutzen, und nicht nur Vokabeln auswendig lernen.

Deshalb werden wir im Verlauf dieses neuen Beispielprojekts die Grundprinzipien von HTML und CSS erklären, wenn das für das Verständnis des nächsten Schritts wichtig ist. Dadurch geht es bei diesem Beispielprojekt manchmal etwas langsamer voran. Aber je mehr dieser Prinzipien Sie kennen, umso schneller werden Ihnen später Ihre eigenen Projekte gelingen. Und Spaß macht es auch, die Hintergründe zu durchschauen und selbst zu verstehen, wie die Webseiten funktionieren, die wir alle täglich nutzen.

5.1 Das Konzept

Beim Blog aus Kapitel 3, »Ein besserer Webauftritt in drei Stunden«, war die Gestaltung ja noch relativ fest vorgegeben. Aber für das neue Beispielprojekt halten wir uns wieder exakt an die Arbeitsweise, die wir in Kapitel 2, »Wer braucht was – die eigene Website planen«, festgelegt haben: Erst kommt die Konzeption des Inhalts, dann die Konzeption der Gestaltung und dann die Umsetzung mit HTML und CSS.

5.1.1 Die Ziele formulieren

Auch für die Website der Arztpraxis müssen wir die vier W »Was? Wen? Wie? Womit?« beantworten (siehe Abschnitt 2.3).

- Was wollen wir mit der Website erreichen?

  Patienten und potenzielle Mitarbeiter sollen sich über die Arztpraxis und die angebotenen medizinischen Leistungen informieren können.

- Wen wollen wir erreichen?

  In erster Linie Patienten, die Behandlung brauchen.

- Wie wollen wir diese Ziele erreichen?

Bei einer solchen Website ist Seriosität wichtiger als attraktive Aufmachung. Die Seiten sollten sauber und aufgeräumt wirken. Informationen werden vor allem über Text transportiert, lediglich ein paar Fotos der Praxis sollen eine saubere, persönliche und freundliche Atmosphäre vermitteln.

▶ Womit?

Die Technik wird eine selbst mit HTML und CSS umgesetzte Website sein.

5.1.2 Den Inhalt konzipieren

Die Sitemap für das neue Beispielprojekt, die den inhaltlichen Aufbau der Website skizziert, sehen Sie in Abbildung 5.1.

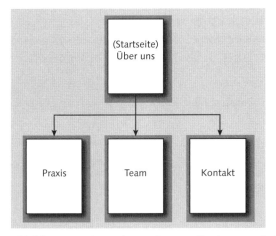

Abbildung 5.1 Die geplante Sitemap für das neue Beispielprojekt

Schon hier sehen Sie die Vorteile einer selbst angelegten Website: Wir können die Startseite selbst bestimmen, während der Blogdienst aus Kapitel 3 die Startseite fest vorgegeben hatte.

5.1.3 Die Gestaltung konzipieren

Das inhaltliche Konzept steht in groben Zügen, also machen wir uns Gedanken über die Gestaltung der Website. Für eine Umsetzung mit HTML und CSS ist die wichtigste Frage, welche Seitenelemente es gibt und wie diese angeordnet sein sollen – das Layout einer Seite. Das zeigt man am besten mit einer groben Skizze (auch *Scribble* genannt). Wenn verschiedene Seiten verschiedene Layouts haben sollen, machen Sie für jedes Layout eine eigene Skizze.

Die Seiten der Arztpraxis sollen aber alle dasselbe Layout haben und nur wenige, grundlegende Elemente enthalten:

- eine Kopfleiste mit dem Namen der Praxis
- ein Navigationsmenü, über das zwischen den einzelnen Unterseiten gewechselt werden kann
- ein großer Inhaltsbereich, in dem die eigentlichen Informationen der Unterseiten dargestellt werden

Die Anordnung der Elemente ergibt sich fast von selbst: Die Kopfleiste wird am oberen Rand positioniert, und der Inhaltsbereich nimmt den größten Platz in der Seitenmitte ein. Nur die Position des Navigationsmenüs ist variabel. Sie könnte zum Beispiel mittig zwischen Kopfleiste und Inhaltsbereich oder auch rechts des Inhaltsbereichs platziert werden. Wir entscheiden uns für eine Positionierung am linken Rand – das entspricht dem Lesefluss und auch der Gewohnheit vieler Nutzer. Denn die Nutzer kennen ein solches Layout schon von vielen anderen Websites, sodass sie sich auch auf den Seiten der Arztpraxis schnell zurechtfinden werden.

Das Layout für die Website von Dr. Bloemkamp stellen wir uns also so vor wie in Abbildung 5.2.

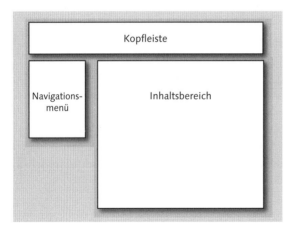

Abbildung 5.2 So stellen wir uns das Seitenlayout vor.

Da wir für das Beispielprojekt keine besonderen Gestaltungselemente mehr brauchen, ist die Konzeption damit abgeschlossen. Bei einer echten Website müssen Sie als Webdesigner aber noch viele andere Aspekte der Gestaltung planen: Farben und Formen sollen sich oft nach bereits vorhandenen Designs richten, Firmen wollen ihre Logos im Layout integriert sehen.

5.2 Den Inhalt mit HTML5 anlegen

Zunächst erstellen wir die nötigen Verzeichnisse bzw. Ordner sowie HTML- und CSS-Dokumente:

Schritt 1 | Legen Sie auf Ihrem Computer einen neuen Ordner mit beliebigem Namen an.

Schritt 2 | Erstellen Sie in diesem Ordner vier HTML-Dokumente mit den Dateinamen *index.html* (die Startseite), *praxis.html*, *team.html* und *kontakt.html*.

Schritt 3 | Erstellen Sie dann im selben Ordner einen weiteren Ordner mit dem Namen *bilder*. Darin legen Sie die vier Bilder für dieses Beispielprojekt ab.

Das Verzeichnis auf Ihrem Computer sollte jetzt so aussehen wie in Abbildung 5.3.

Abbildung 5.3 Achten Sie auf die richtige Verzeichnisstruktur für das Beispielprojekt: Alle HTML-Daten liegen im selben Ordner, die Bilder in einem Unterordner.

Als Nächstes befüllen wir die vier HTML-Dokumente mit dem HTML-Grundgerüst aus Kapitel 4, »Die ersten Schritte mit HTML und CSS«.

Schritt 4 | Fügen Sie in jedes der vier HTML-Dokumente einen doctype sowie folgende Elemente ein: html, head, meta (mit charset-Attribut), title und body:

```
<!DOCTYPE html>
<html>
   <head>
      <meta charset="UTF-8">
      <title></title>
   </head>
   <body>
   </body>
</html>
```

So weit, so bekannt. Jetzt kommt das erste neue Element.

Schritt 5 | Fügen Sie dem body-Element in allen vier HTML-Dokumenten jeweils drei div-Elemente hinzu.

```
<div>
</div>
<div>
</div>
<div>
</div>
```

Das div steht für das englische Wort *divide*, und genau das macht ein solches Element: Es unterteilt HTML-Seiten in unterschiedliche Bereiche, die die restlichen Elemente logisch gruppieren.

> **Tipp**
> Wenn eine größere Seite viele div-Elemente enthält, stehen am Ende des HTML-Dokuments oft mehrere div-End-Tags hintereinander. Damit Sie nicht den Überblick über die Seitenstruktur verlieren, schreiben Sie in solchen Fällen hinter jedes End-Tag einen HTML-Kommentar, in dem Sie angeben, welches div hier geschlossen wird.

Damit wir den einzelnen Bereichen für die Gestaltung CSS-Formate zuweisen können, müssen wir sie voneinander unterscheiden können. Zur eindeutigen Bezeichnung eines Elements verwenden Sie ein neues Attribut, das id-Attribut. Dessen Wert ist ein eindeutiger Name für das Element, und kein anderes Element in diesem HTML-Dokument darf in seinem id-Attribut denselben Wert haben.

Schritt 6 | Geben Sie den div-Elementen id-Attribute mit den Werten kopfleiste, menu und inhalt, natürlich in allen vier HTML-Dokumenten:

```
<div id="kopfleiste">
</div>
<div id="menu">
</div>
<div id="inhalt">
</div>
```

Alle vier HTML-Dokumente sollten jetzt so aussehen:

```
<!DOCTYPE html>
<html>
    <head>
        <meta charset="UTF-8">
```

```
        <title></title>
    </head>
    <body>
        <div id="kopfleiste">
        </div>
        <div id="menu">
        </div>
        <div id="inhalt">
        </div>
    </body>
</html>
```

Nachdem das Grundgerüst in allen Seiten fertig ist, können wir das seitenspezifische HTML erstellen. Wir beginnen mit der Startseite. ∎

5.2.1 Die Startseite

Jede Seite soll ihren eigenen Titel bekommen – so zeigt schon das Browserfenster bzw. das Tab, welche Seite geöffnet ist.

Schritt 1 | Geben Sie dem `title`-Element der Startseite den Inhalt Arztpraxis Dr. Udo Bloemkamp:

```
<title>Arztpraxis Dr. Udo Bloemkamp</title>
```

Kopfleiste

Die Kopfleiste sieht auf allen vier Unterseiten gleich aus. Das entsprechende `div` beinhaltet ein `h1`-Element, also eine Überschrift ersten Rangs. Sie soll den Namen der Praxis enthalten, für unser Beispielprojekt ist das *Arztpraxis Dr. Bloemkamp*.

Schritt 2 | Schreiben Sie Folgendes in das `kopfleiste-div` der Startseite:

```
<h1>Arztpraxis Dr. Bloemkamp</h1>
```

Navigationsmenü

Auch das Navigationsmenü sieht auf allen vier HTML-Seiten grundsätzlich gleich aus: Es besteht aus einer Liste von anklickbaren Links zur Navigation, die auf die anderen Seiten der Website verweisen.

Hier kommen also gleich drei neue HTML-Elemente ins Spiel: Listen, Listeneinträge und Links. *Listen* eignen sich gut für Informationen, die logisch zusammengehören. HTML kennt dafür drei Varianten, die auch in den meisten Textverarbeitungsprogrammen benutzt werden:

- eine **ungeordnete Liste** – das `ul`-Element. Listeneinträge haben hier keine bestimmte Reihenfolge, sondern werden alle mit dem gleichen Aufzählungszeichen dargestellt, normalerweise einem dicken Punkt.
- eine **geordnete Liste** – das `ol`-Element. Die Listeneinträge haben eine Reihenfolge, die durch Aufzählungszeichen ausgedrückt wird, die für jeden Eintrag unterschiedlich sind, etwa aufsteigende Nummern.
- eine **Definitionsliste** – das `dl`-Element. Sie ist zum Beispiel für Wörterbücher gedacht.

Jeder Eintrag einer HTML-Liste besteht aus einem `li`-Element. Für unsere Navigationsleiste brauchen wir eine ungeordnete Liste mit vier Einträgen, also mit einem Eintrag für jede der vier Unterseiten.

Schritt 3 | Schreiben Sie daher folgenden Inhalt in das `menu-div`:

```
<ul>
    <li>ÜBER UNS</li>
    <li>PRAXIS & SPRECHZEITEN</li>
    <li>TEAM</li>
    <li>KONTAKT & IMPRESSUM</li>
</ul>
```

Großbuchstaben sind Geschmackssache. Wir wollen damit mehr Abwechslung in die Gestaltung der Textelemente auf den Seiten bringen und das Menü mehr vom Text im Inhaltsbereich abheben. Sie können die Wörter genauso gut auch normal schreiben, wenn Ihnen das besser gefällt.

Jetzt haben wir ein Menü, das den Namen der Unterseiten anzeigt, aber die Namen sind noch nicht anklickbar. Dafür brauchen wir das dritte neue Element, das `a`-Element – einen Link.

> **Achtung, Verwechslungsgefahr!**
> Ein Element mit dem Namen `link` haben Sie bereits kennengelernt, als es um die Verknüpfung mit einer externen CSS-Datei ging. Das hat aber mit dem `a`-Element, das einen Hyperlink definiert, nichts zu tun.

Links, also Querverweise (auch *Hyperlinks* genannt), sind eines der wichtigsten Elemente in einem HTML-Dokument. Denn erst sie machen aus einem Text einen *Hyper-*

5.2 Den Inhalt mit HTML5 anlegen

Text, der mit anderen Inhalten und Textdokumenten verknüpft ist. a-Elemente benötigen das Attribut href, das bestimmt, wohin der Link verweist. Die Syntax des Elements sieht so aus:

```
<a href="">Inhalt</a>
```

Der Inhalt des a-Elements besteht hier aus Text. Es ist der sichtbare Text, den man mit der Maus anklicken kann, um zum Ziel eines Links zu gelangen. Ein Link kann aber statt Text zum Beispiel auch ein img-Element als Inhalt haben, dann führt ein Klick auf das Bild zum Ziel des Links. Der Wert des Attributs href wiederum ist das Ziel, auf das der Nutzer nach dem Klick geführt wird. Je nach Art des Ziels unterscheidet sich die Schreibweise:

- Auf ein bestimmtes HTML-Element verlinken Sie, indem Sie den Wert seines id-Attributs sowie ein vorangestelltes Doppelkreuz als Wert des href-Attributs benutzen:

    ```
    href="#kopfleiste"
    ```

- Wenn Sie auf ein ganzes HTML-Dokument verweisen wollen, ist der Wert des Attributs der Dateiname des Dokuments:

    ```
    href="dateiname.html"
    ```

Genauso verlinken Sie auf eine andere Datei, etwa ein Bild oder ein Audio:

```
href="bildname.jpg"
href="musikstück.mp3"
```

Sie müssen darauf achten, wo genau der Speicherort des verlinkten Ziels liegt:

- Wenn das Ziel auf einem anderen Webserver liegt, geben Sie die komplette URL der Datei an:

    ```
    href="http://www.dieseite.de/verzeichnis/dateiname.html"
    ```

- Und wenn Sie innerhalb dieser HTML-Datei auf ein bestimmtes Element verweisen wollen, machen Sie das so:

    ```
    href="http://www.dieseite.de/verzeichnis/dateiname.html#kopfleiste"
    ```

Der URL-Teil nach dem Doppelkreuz # ist der Wert des id-Attributs des Elements, auf das Sie verweisen wollen.

Wenn das Ziel des Links auf demselben Server liegt wie das HTML-Dokument, gibt es drei Möglichkeiten:

- Das Ziel ist im selben Verzeichnis wie das HTML-Dokument. Dann genügt die einfache Angabe des Dateinamens.
- Das Ziel liegt in einem Unterverzeichnis (wie etwa in Abbildung 5.4).

Abbildung 5.4 Hier liegt die Datei, die den Link enthält, eine Verzeichnisebene höher als das Ziel des Links.

Dann schreiben Sie zuerst den Namen des Unterverzeichnisses, gefolgt von einem Schrägstrich und dem Namen der Zieldatei:

href="verzeichnisname/dateiname.html"

Wenn zwischen dem Verzeichnis mit dem HTML-Dokument und dem Zielverzeichnis noch mehr Ebenen liegen, geht es logisch weiter:

href="verzeichnisname/unterordner/nocheinordner/dateiname.html"

- Das Ziel liegt in einem Verzeichnis auf demselben Server, aber oberhalb des Verzeichnisses mit dem HTML-Dokument (siehe Abbildung 5.5).

Abbildung 5.5 In diesem Fall liegt die Datei mit dem Link eine Verzeichnisebene unter dem Ziel des Links.

Dann schreiben Sie:

href="../dateiname.html"

Mit der Zeichenfolge ../ springen Sie ein Verzeichnis in der Verzeichnishierarchie nach oben. Sie können das auch kombinieren: ../../ springt zwei Verzeichnisse nach oben usw.

Ein wichtiges Attribut möchten wir noch vorstellen, bevor wir mit der Arbeit an der Seite von Dr. Bloemkamp fortfahren: Mit dem Attribut target geben Sie dem Browser an, wie er die verlinkte Datei öffnen soll. Mit dem Wert `_blank` bestimmen Sie, dass der Browser dazu ein neues Fenster oder Tab öffnen soll. Wenn Sie das Attribut nicht angeben oder den Standardwert `_self` setzen, öffnet der Browser die verlinkte Datei im aktuellen Fenster. Das ist das gleiche Fenster oder Tab, in dem auch die Seite mit dem angeklickten Link angezeigt wird.

Für Links auf Ihre eigenen Unterseiten ist die Standardeinstellung üblich. Aber wenn man auf andere Websites verlinkt, wird oft mit dem Wert `_blank` gearbeitet. So verschwindet die aktuelle Seite nicht einfach, und der Nutzer kann seinen Besuch später fortsetzen.

Jetzt aber zurück zu unserem Navigationsmenü. Die Links darin sollen auf HTML-Dokumente im selben Verzeichnis verweisen, und deren Dateinamen kennen wir auch schon. Auch der Inhalt der a-Elemente ist bereits vorhanden, nämlich die Namen der verlinkten Seiten. Es fehlen nur noch Start- und End-Tags mit korrekten `href`-Attributswerten.

Schritt 4 | Ändern Sie den Inhalt des `menu-div` also wie folgt:

```
<ul>
   <li>ÜBER UNS</li>
   <li><a href="praxis.html">PRAXIS & SPRECHZEITEN</a></li>
   <li><a href="team.html">TEAM</a></li>
   <li><a href="kontakt.html">KONTAKT & IMPRESSUM</a></li>
</ul>
```

Beachten Sie, dass der Listeneintrag für die aktuelle Seite keinen Link enthält, weil man sich auf der Seite ja bereits befindet. Auch ergibt sich eine noch tiefere Verschachtelung: Jedes a-Element ist Kind eines `li`-Elements, und alle `li`-Elemente wiederum sind Kinder des `ul`-Elements.

Inhaltsbereich

Auf allen vier Unterseiten beginnt der Inhaltsbereich mit einem `h2`-Element als Überschrift, um visuelle Kontinuität herzustellen. Der weitere Inhalt unterscheidet sich dann von Seite zu Seite: Je nach Zweck werden Texte, Bilder und Tabellen verwendet.

Beginnen wir also für den Inhaltsbereich der Startseite mit der Überschrift.

Schritt 5 | Schreiben Sie in das `inhalt-div` ein `h2`-Element mit zur Startseite passendem Inhalt:

```
<h2>Über uns</h2>
```

Diese Überschrift ist weniger wichtig wie die Überschrift in der Kopfleiste und soll dem Nutzer auch entsprechend dargestellt werden. Deshalb benutzen wir kein h1-Element, sondern eine Überschrift zweiten Rangs.

Nach der Überschrift wollen wir im Inhaltsbereich der Startseite ein paar Bilder zeigen. Sie werden so prominent platziert, also noch vor dem Text, damit Nutzer sie so schnell wie möglich wahrnehmen. Denn die Bilder transportieren wie schon bei der *Aro Argentino*-Website in hohem Maße das Gefühl, dass mit dem präsentierten Objekt assoziiert werden soll: hier also Sauberkeit, Aufgeräumtheit, Professionalität.

Die Einbindung von Bildern mithilfe von selbst geschriebenen HTML-Elementen ist neu. Das dafür zuständige Element hat den Namen img und besitzt mindestens zwei Attribute: src für den Speicherort des Bildes sowie alt mit einem beschreibenden Text:

```
<img src="bilder/vogel.png" alt="Ein Vogel">
```

Wie Sie sehen, besteht das img-Element, wie zum Beispiel das link- Element, nur aus einem einzigen Tag. Dieser enthält nur den Elementnamen und die Attribute.

Der Wert des src-Attributs wird genauso geschrieben wie bei einem Link, also mit Eigenheiten je nach Speicherort der Bilddatei. Der beschreibende Text alt wird anstelle des Bildes angezeigt, wenn der Browser das Bild nicht finden kann – etwa weil es versehentlich gelöscht wurde. Dank des Texts hat der Nutzer in dem Fall trotzdem eine Idee davon, was Sie ihm an dieser Stelle zeigen möchten.

Wenn Sie nur die beiden Pflichtattribute src und alt angeben, wird das Bild automatisch in voller Größe auf der Seite dargestellt: Sie haben ein Bild mit den Abmessungen 300 Pixel mal 300 Pixel, also wird es auf Ihrer Seite 300 Pixel mal 300 Pixel einnehmen. Wenn Sie für die Darstellung lieber eine andere Größe bestimmen wollen, legen Sie die Breite (Englisch *width*) und die Höhe (Englisch *height*) mit Attributen fest:

```
<img src="bilder/vogel.png" alt="Ein Vogel" width="200" height="200">
```

Der Wert der Attribute ist die jeweilige Anzahl an Pixeln.

> **Geben Sie Breite und Höhe immer an**
>
> Die Attribute width und height sind nach W3C-Standard optional. Wir empfehlen Ihnen aber, diese immer mit anzugeben. Denn so weiß der Browser schon früher, wie viel Platz er für das zu ladende Bild reservieren muss. Der Seitenaufbau wirkt für den Benutzer dadurch flüssiger.

Mit diesen Informationen können wir jetzt also weiter am Inhaltsbereich der Startseite arbeiten. Nach der Überschrift wollen wir wie gesagt vier Bilder einbauen.

Schritt 6 | Legen Sie nach dem `h2`-Element vier `img`-Elemente mit ihren Attributen an:

```
<img src="bilder/wartezimmer.png" alt="Wartezimmer" width="150" height="150">
<img src="bilder/ueberweisung.png" alt="Überweisung" width="150" height="150">
<img src="bilder/zimmer.png" alt="Zimmer Praxis" width="150" height="150">
<img src="bilder/stethoskop.png" alt="Stethoskop" width="150" height="150">
```

Achten Sie darauf, dass der angegebene Dateiname genau dem Dateinamen Ihrer vorbereiteten Bilder entspricht und dass alle Bilder im Ordner *bilder* liegen, den Sie zu Beginn des Kapitels angelegt haben. Die Größe der Bilder ist hier so bemessen, dass alle vier nebeneinander dargestellt noch genügend Platz auf der Seite haben. Ihre eigenen Bilder müssen Sie eventuell erst zuschneiden.

Jetzt fehlt dem Inhaltsbereich der Startseite nur noch ein wenig Text, der einem Besucher einen Überblick darüber gibt, was für eine Website er aufgerufen hat.

Schritt 7 | Schreiben Sie nach den vier Bildern in das `inhalt-div`:

```
<p>Ob Sie eine hartnäckige Erkältung plagt oder Sie eine schwere Krankheit
haben - wir kümmern uns um Sie. Dr. Bloemkamp und sein Praxisteam sorgen dafür,
dass Sie so schnell wie möglich wieder genesen. Dabei steht das persönliche
Gespräch im Vordergrund, nicht das Verschreiben von Medikamenten oder die Nut-
zung von Geräten.</p>
<p>Bei uns bekommen Sie die medizinisch notwendige Behandlung, nichts Überflüs-
siges.<br>
Auch bei Impfungen und Vorsorgeuntersuchungen sind wir für Sie da.</p>
<p><a href="kontakt.html">Rufen Sie an</a> oder <a href="kontakt.html">Schrei-
ben Sie uns eine Mail</a>.</p>
```

Der dritte Absatz enthält zwei Links, die den Nutzer direkt auf die Kontaktseite bringen, wenn er die Arztpraxis kontaktieren will. Im zweiten Absatz sehen Sie außerdem ein neues HTML-Element: `<br>`. Mit diesem Element erzeugen Sie einen Zeilenumbruch. Wie beispielsweise das `img`-Element besteht ein `<br>` nur aus einem einzigen Tag. Allerdings enthält es nicht einmal Attribute, sondern lediglich den Elementnamen.

Damit ist das HTML für die Startseite der Website von Dr. Bloemkamp fertig. Als Nächstes erstellen wir die Seite mit den Informationen zur Praxis. ∎

> **Beispielprojekt im Web**
>
> Die in diesem Abschnitt erstellte Startseite finden Sie unter *bnfr.de/ql501* auf der Website zum Buch. Dort können Sie zum Beispiel überprüfen, ob Sie die Elemente in der richtigen Reihenfolge angelegt haben. Das HTML und die Texte können Sie gerne verwenden.

5.2.2 Die Praxisseite

Da alle Seiten ja einen ähnlichen Aufbau haben, sind Ihnen die ersten Schritte bei der Arbeit mit dem Dokument *praxis.html* bereits vertraut. Beginnen Sie auch auf dieser Seite mit einem individuellen Seitentitel.

Schritt 1 | Geben Sie dem `title`-Element einen Inhalt, der die Funktion dieser Seite in wenigen Worten beschreibt:

```
<title>Arztpraxis Dr. Udo Bloemkamp - Unsere Praxis</title>
```

Kopfleiste

Auch auf der Praxisseite besteht die Kopfleiste aus einer Überschrift.

Schritt 2 | Fügen Sie das bereits bekannte h1-Element in das `kopfleiste`-div der Praxisseite ein:

```
<h1>Arztpraxis Dr. Bloemkamp</h1>
```

Die Kopfleiste dient zwar hauptsächlich zur Präsentation des Projekt- oder Firmennamens. Auf den meisten Websites hat sie aber noch eine weitere, nicht so offensichtliche Funktion: Ein Klick darauf führt die Besucher stets zur Startseite. Weil die Nutzer das so gewohnt sind, wollen wir ihnen ebenfalls diese Funktionalität bieten. Also geben wir dem h1-Element auf allen Seiten außer auf der Startseite einen entsprechenden Link als Kindelement.

Schritt 3 | Fügen Sie der Überschrift auf der Praxisseite Start- und End-Tags eines a-Elements hinzu sowie das `href`-Attribut mit Verweis auf die Startseite:

```
<h1><a href="index.html">Arztpraxis Dr. Bloemkamp</a></h1>
```

> **Achtung**
>
> Wenn Sie stattdessen das h1-Element als Kind des a-Elements schreiben, ändert sich für den Nutzer zwar bei den meisten Browsern nichts – die Kopfleiste sieht gleich aus und

> der Link funktioniert genauso –, aber die Seite wäre dann nicht mehr valides HTML im Sinne der W3C-Normen. Die richtige Verschachtelung kann also wichtig sein.

Navigationsmenü

Das Navigationsmenü sieht auf allen Seiten gleich aus. Es ändert sich nur derjenige Menüeintrag, der keinen Link bekommt. Auf der Praxisseite ist das logischerweise der Menüeintrag *Praxis & Sprechzeiten*.

Schritt 4 | Schreiben Sie also folgenden Inhalt in das menu-div der Praxisseite:

```
<ul>
   <li><a href="index.html">ÜBER UNS</a></li>
   <li>PRAXIS & SPRECHZEITEN</li>
   <li><a href="team.html">TEAM</a></li>
   <li><a href="kontakt.html">KONTAKT & IMPRESSUM</a></li>
</ul>
```

Inhaltsbereich

Auf allen Seiten sollen die Inhaltsbereiche mit einem Überschriftselement beginnen, so auch der Bereich auf der Praxisseite.

Schritt 5 | Geben Sie dem inhalt-div der Seite ein h2-Element mit einem Inhaltstext, der den Zweck dieser Seite zusammenfasst:

```
<h2>Praxis & Sprechzeiten</h2>
```

Auf die Überschrift folgen zwei Textabsätze. Der erste stellt die Praxis vor, der zweite leitet den Besucher zum nächsten Element, den Sprechzeiten.

Schritt 6 | Schreiben Sie zwei p-Elemente mit folgendem Inhalt:

```
<p>Bei uns in der Praxis sollen Sie sich wohlfühlen, auch wenn Sie sich einmal gerade nicht besonders wohlfühlen. Und unser Ziel ist, dass Sie die angenehme Atmosphäre in unserem Wartezimmer nur kurz genießen können.</p>
<p>Sie helfen uns dabei, indem Sie einen Termin mit uns ausmachen. Unsere Sprechzeiten:</p>
```

Um die Sprechzeiten möglichst übersichtlich darzustellen, benutzen wir ein neues HTML-Element: die Tabelle.

Eine *Tabelle* besteht wie eine Liste aus mehreren Einzelelementen. Das Hauptelement ist das `table`-Element. Dieses umschließt je nach Größe der Tabelle mehrere Zeilen- und Zellenelemente: `tr` und `td`.

Eine simple Tabelle mit einer Zeile und zwei Spalten würde demnach so aussehen:

```
<table>
   <tr>
     <td>Inhalt der ersten Spalte</td>
     <td>Inhalt der zweiten Spalte</td>
   </tr>
</table>
```

Mit jedem `tr`-Start-Tag beginnt eine neue Zeile der Tabelle. In diese können Sie dann beliebig viele `td`-Elemente eintragen, bevor Sie die Zeile mit dem `tr`-End-Tag beenden.

Um die Tabelle und ihre Zellen besser erkennen zu können, kann man ähnlich wie bei *Excel* und Co. einen Rahmen um die Zellen zeichnen lassen. Für HTML-Tabellen wird der Rahmen mit dem Attibut `border` angegeben, das im Start-Tag des `table`-Elements stehen muss. Der Wert des Attributs gibt die Dicke des Rahmens in Pixeln an. Um die simple Tabelle mit zwei Zellen in einer Zeile jetzt mit einem 1 Pixel dicken Rahmen darzustellen, würden Sie also schreiben:

```
<table border="1">
   <tr>
     <td>Inhalt der ersten Spalte</td>
     <td>Inhalt der zweiten Spalte</td>
   </tr>
</table>
```

Diese Tabelle würde im Browser so aussehen wie in Abbildung 5.6.

Abbildung 5.6 Eine kleine Tabelle im Browser, mit Rahmen um Zellen und Tabelle.

Der Rahmen wird also standardmäßig sowohl um einzelne Zellen als auch um die gesamte Tabelle herum gezeichnet. Für die Arztseite wollen wir aber keine Rahmen anzeigen, deshalb lassen wir hier das `border`-Attribut weg.

Schritt 7 | Schreiben Sie in das `inhalt`-div der Praxisseite ein `table`-Element mit fünf Zeilen und jeweils drei Zellen pro Zeile. In jede Zeile kommt einer der fünf Wochentage, an denen die Praxis geöffnet hat. In die erste Zelle jeder Zeile kommt der Name des Tages, in die zweite Zelle die Öffnungszeiten vormittags, und in die dritte Zelle die Öffnungszeiten am Nachmittag:

```
<table>
   <tr>
      <td>Montag</td>
      <td>8:30 Uhr - 12:30 Uhr</td>
      <td>14:00 Uhr - 18:00 Uhr</td>
   </tr>
   <tr>
      <td>Dienstag</td>
      <td>8:30 Uhr - 12:30 Uhr</td>
      <td>14:00 Uhr - 18:00 Uhr</td>
   </tr>
   <tr>
      <td>Mittwoch</td>
      <td>8:30 Uhr - 12:30 Uhr</td>
      <td>nachmittags geschlossen</td>
   </tr>
   <tr>
      <td>Donnerstag</td>
      <td>8:30 Uhr - 12:30 Uhr</td>
      <td>14:00 Uhr - 18:00 Uhr</td>
   </tr>
   <tr>
      <td>Freitag</td>
      <td>8:30 Uhr - 12:30 Uhr</td>
      <td>14:00 Uhr - 16:00 Uhr</td>
   </tr>
</table>
```

Mit HTML5 sind für komplexere Tabellen noch weitere Elemente hinzugekommen, etwa spezielle Zellen für Spaltenüberschriften und Fußzeilen. Eine Übersicht über diese Elemente erhalten Sie (englischsprachig) unter *bnfr.de/ql502* beim W3C.

Mit den Öffnungszeiten ist der Inhaltsbereich und damit das gesamte HTML der Praxisseite fertig. ∎

> **Beispielprojekt im Web**
> Die in diesem Abschnitt erstellte Seite finden Sie unter *bnfr.de/ql503* auf der Website zum Buch. Das HTML und die Texte können Sie gerne kopieren.

5.2.3 Die Teamseite

So wie auf der Startseite die Praxisräume vorgestellt werden, sollen auf der Teamseite Dr. Bloemkamp und seine Mitarbeiterinnen vorgestellt werden.

Für das HTML der Seite brauchen wir keine neuen Elemente. Wie auf der Startseite werden im Inhaltsbereich Bilder und Text zur Informationsvermittlung verwendet. Aufpassen müssen Sie nur wie bei allen Seiten, dass Sie im menu-div den richtigen Listeneintrag ohne Link schreiben.

Als Erstes bekommt auch die Teamseite einen individuellen Seitentitel:

Schritt 1 | Geben Sie dem title-Element im Dokument *team.html* einen Inhalt:

```
<title>Arztpraxis Dr. Udo Bloemkamp - Unser Team</title>
```

Als Nächstes kommt die Kopfleiste, inklusive Link zur Startseite.

Schritt 2 | Schreiben Sie in das kopfleiste-div:

```
<h1><a href="index.html">Arztpraxis Dr. Bloemkamp</a></h1>
```

Dann kommt die Navigationsleiste. Der Eintrag für die Teamseite bleibt ohne Link.

Schritt 3 | Schreiben Sie folgendes ul-Element in das menu-div der Teamseite:

```
<ul>
    <li><a href="index.html">ÜBER UNS</a></li>
    <li><a href="praxis.html">PRAXIS & SPRECHZEITEN</a></li>
    <li>TEAM</li>
    <li><a href="kontakt.html">KONTAKT & IMPRESSUM</a></li>
</ul>
```

Jetzt kommt der Inhaltsbereich.

Schritt 4 | Schreiben Sie ein h2-Element in das inhalt-div der Teamseite:

```
<h2>Unser Team</h2>
```

Als Nächstes kommt ein Bild, das das Team zeigt.

Schritt 5 | Schreiben Sie nach der Überschrift ein `img`-Element mit den bekannten Attributen für den Speicherort, den Alternativtext, die Breite und die Höhe:

```
<img src="bilder/team.png" alt="Team" width="340" height="350">
```

Nach dem Bild kommt noch Text, der erklärt, wer die Mitarbeiter sind, die man auf dem Bild sieht.

Schritt 6 | Schreiben Sie nach dem Bildelement ein `p`-Element mit folgendem Inhalt:

```
<p>Unser Team (von links nach rechts):<br>
Frau Anke Wilhelm, Medizinische Fachangestellte<br>
Dr. med. Udo Bloemkamp, Allgemeinmediziner und Inhaber der Praxis<br>
Frau Dr. med. Ursula Conradi, Allgemeinmedizinerin</p>
```

Die `br`-Elemente, die innerhalb von Textelementen Zeilenumbrüche erzeugen, kennen Sie bereits von der Startseite.

Damit ist das HTML für die Teamseite fertig. ∎

> **HTML zum Download**
>
> Die in diesem Abschnitt erstellte Version der Teamseite finden Sie unter *bnfr.de/ql504* auf der Website zum Buch. Den Quelltext können Sie einfach kopieren und in Ihren HTML-Editor einsetzen.

5.2.4 Die Kontaktseite

Die Kontaktseite schließlich soll Patienten alle Kontaktmöglichkeiten von Anschrift über Telefonnummer bis zur E-Mail-Adresse bieten. Außerdem muss hier der Betreiber der Website von Dr. Bloemkamp identifiziert werden, weil es sich um eine kommerzielle Website im Sinne des Telemediengesetzes handelt und somit Impressumspflicht gilt. Das Impressum unterscheidet sich von dem Impressum für die Tangoschule aus Kapitel 3, »Ein besserer Webauftritt in drei Stunden«. Das liegt daran, dass das deutsche Telemediengesetz von Arzt-Websites besondere Angaben verlangt, zum Beispiel Verweise auf die zuständige Ärztekammer.

Zur Umsetzung der Kontaktseite brauchen wir aber keine neuen HTML-Elemente. Die Kopfleiste entspricht den anderen Seiten (außer der Startseite), im Navigationsmenü hat nun eben der Eintrag KONTAKT & IMPRESSUM keinen Link. Der Inhaltsbereich besteht lediglich aus Textabsätzen und einigen Links zur anderen Websites, die für das Impressum relevant sind.

Beginnen wir wie bei jeder Seite mit einem individuellen Titel.

Schritt 1 | Geben Sie dem bislang leeren `title`-Element im Dokument *kontakt.html* einen Inhalt:

```
<title>Arztpraxis Dr. Udo Bloemkamp - Kontakt</title>
```

Als Nächstes kommt die Überschrift für die Kopfleiste, mit einem Link zur Startseite.

Schritt 2 | Schreiben Sie in das `kopfleiste-div` ein `h1`- sowie ein `a`-Element inklusive Attribut für das Ziel des Links:

```
<h1><a href="index.html">Arztpraxis Dr. Bloemkamp</a></h1>
```

Jetzt ist die Menüleiste an der Reihe. Der Listeneintrag für die Kontaktseite braucht keinen Link.

Schritt 3 | Schreiben Sie in das `menu-div` folgendes `ul`-Element:

```
<ul>
   <li><a href="index.html">ÜBER UNS</a></li>
   <li><a href="praxis.html">PRAXIS & SPRECHZEITEN</a></li>
   <li><a href="team.html">TEAM</a></li>
   <li>KONTAKT & IMPRESSUM</li>
</ul>
```

Kommen wir nun zum Inhaltsbereich. Zuerst steht auch hier eine Überschrift.

Schritt 4 | Schreiben Sie in das `inhalt-div` ein `h2`-Element:

```
<h2>Kontakt & Impressum</h2>
```

Zum Schluss folgt der Hauptteil auf dieser Seite: einige Textabsätze und Links, die Kontaktmöglichkeiten und das Impressum enthalten:

```
<p>Dr. med. Udo Bloemkamp<br>
Allgemeinmediziner (Deutschland)<br>
Felgerplatz 12<br>
D-80000 München</p>
<p>Telefon: +49 (0)89 / 000000-00<br>
Telefax: +49 (0)89 / 000000-00<br>
E-Mail: bloemkamp@beispielsite.de<br></p>
<p>Inhaltliche Verantwortung<br>
Dr. med. Udo Bloemkamp<br>
Kontaktdaten wie oben</p>
```

```
<p>Zuständige Ärztekammer<br>
Bayerische Landesärztekammer<br>
Internet: <a href="http://www.blaek.de" target="_blank">http://www.blaek.de
</a></p>
<p>Zuständige Aufsichtsbehörde<br>
Kassenärztliche Vereinigung Bayerns<br>
Internet: <a href="http://www.kvb.de" target="_blank">http://www.kvb.de</a></p>
<p>Berufsrechtliche Regelungen<br>
Berufsordnung für die Ärzte Bayerns und Heilberufe-Kammergesetz,<br>
verfügbar auf der <a href="http://www.blaek.de" target="_blank">Website der
Bayerischen Landesärztekammer</a></p>
```

Beachten Sie, dass die Links alle mit dem Attribut target und dem Wert _blank versehen sind, damit sie sich in einem neuen Fenster öffnen. So ist die Seite der Praxis noch im Browser sichtbar, auch wenn ein Nutzer auf den Link zur Website des Krankenkassenverbands klickt.

Damit ist auch die Kontaktseite fertig. Alle Seiten der Website von Dr. Bloemkamp sind jetzt in HTML erstellt, und wir können mit der Gestaltung beginnen. ∎

> **Beispielseite im Web**
>
> Die in diesem Abschnitt erstellte Version der Kontaktseite finden Sie unter *bnfr.de/ql505* auf der Website zum Buch. Das HTML und den Text können Sie gerne kopieren.

5.3 Die Gestaltung mit CSS3

Schauen wir uns erst einmal an, wie die HTML-Dokumente im Browser dargestellt werden, wenn wir keine eigenen Gestaltungsanweisungen geben.

Öffnen Sie die Startseite (*index.html*) im Browser (siehe Abbildung 5.7).

> **Unterschiede zwischen den Browsern**
>
> Wenn die Seite in Ihrem Browser etwas anders aussieht, besonders was die Schriftart und den Abstand zwischen dem Bildschirmrand und den Elementen angeht, keine Bange – wir behandeln diese Unterschiede detailliert im weiteren Verlauf des Kapitels sowie in Kapitel 6, »Die eigene Website im Internet«.

Die HTML-Elemente werden also standardmäßig einfach vertikal nacheinander positioniert, und der Text wird ganz simpel mit schwarzer Schrift auf weißem Grund dargestellt. Lediglich die Links haben je nach Browser eine spezielle Gestaltung mit blauer oder lila Schriftfarbe und unterstrichenem Text.

Abbildung 5.7 Die Startseite, wie Safari sie zeigt, wenn wir keine eigene Gestaltung festlegen.

Es wird Zeit, dass wir den Seiten der Arztpraxis mit eigenem CSS eine sinnvolle Gestaltung geben.

5.3.1 Die Layoutelemente und ihre Darstellung im Browser

Unser erstes Ziel ist es, die drei Layoutelemente, also die Kopfleiste, das Navigationsmenü und den Inhaltsbereich, so anzuordnen wie wir es während der Konzeption der Gestaltung skizziert haben (siehe Abbildung 5.8).

Um zu wissen, wie wir diese Anordnung erreichen können, müssen wir aber erst einmal wissen, welche Bereiche der Darstellung überhaupt welchem HTML-Element entsprechen: Wie genau sind die drei div-Elemente mit der id kopfleiste, menu und inhalt positioniert? Wie weit erstrecken sie sich nach oben und unten, nach links und nach rechts? Das lässt sich bislang nur abschätzen. Um das zu ändern, geben wir den drei Elementen jetzt erst einmal Hintergrundfarben.

Wie Sie in Kapitel 4, »Die ersten Schritte mit HTML und CSS«, gelernt haben, weisen Sie HTML-Elementen mithilfe von CSS-Formaten eine Gestaltung zu. Damit wir alle Formate für alle Seiten an zentraler Stelle verwalten können, benutzen wir eine externe CSS-Datei.

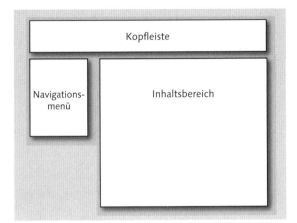

Abbildung 5.8 So stellen wir uns das Seitenlayout vor.

Schritt 1 | Erstellen Sie mit Ihrem HTML-Editor eine neue Datei, und speichern Sie sie unter dem Namen *stylesheet.css* in demselben Verzeichnis, in dem auch die vier HTML-Dokumente dieses Projekts liegen.

Damit die in der CSS-Datei enthaltenen Formate bei der Darstellung auch berücksichtigt werden, erstellen wir in allen vier HTML-Dokumenten den nötigen Verweis:

Schritt 2 | Schreiben Sie in alle vier HTML-Dateien unterhalb des title-Elements ein link-Element mit den notwendigen Attributen:

```
<link rel="stylesheet" type="text/css" href="stylesheet.css">
```

Jetzt können wir die nötigen Formate für die Hintergrundfarbe der drei Layoutelemente schreiben.

Schritt 3 | Erstellen Sie in der CSS-Datei drei Formate: eines mit dem Selektor #kopfleiste, eines mit dem Selektor #menu und ein Format mit dem Selektor #inhalt:

```
#kopfleiste {
}
#menu {
}
#inhalt {
}
```

Die Syntax dieser Selektoren unterscheidet sich von jenen, die Sie bereits in Kapitel 4, »Die ersten Schritte mit HTML und CSS«, verwendet haben. Dort haben Sie Elementnamen als Selektor benutzt, und die Eigenschaften der Formate wurden für alle Elemente dieses Typs angewendet. Das Format mit dem Selektor p galt für alle p-Elemente in allen mit der CSS-Datei verknüpften HTML-Dokumenten.

Für die Gestaltung der Layoutelemente würde diese Art von Selektoren nichts nützen. Es sind ja div-Elemente, und wenn wir jetzt ein Format mit dem Selektor div erstellen würden, würden die darin enthaltenen Eigenschaften auf alle div-Elemente angewendet – alle Layoutelemente wären also genau gleich gestaltet. Sie sollen sich ja aber mindestens in Größe und Position unterscheiden, deshalb braucht jedes Layoutelement ein eigenes Format.

Die Selektoren der drei Formate, die wir im letzten Schritt erstellt haben, erfüllen genau diesen Zweck: Sie bestehen aus einem Doppelkreuz # und der id eines Elements und gelten damit nur für das Element auf jeder Seite, das diese id hat.

Nun legen wir die Hintergrundfarben für die drei Layoutelemente fest. Die CSS-Eigenschaft dafür heißt background-color. Ihr Wert wird über einen Code aus Nummern und Buchstaben angegeben, dem ein Doppelkreuz vorangestellt wird. Das ist ein sogenannter Hexcode, und wir werden gleich erklären, warum dieser benutzt wird und wie Sie den richtigen Code für eine bestimmte Farbe herausfinden.

Schritt 4 | Schreiben Sie in jedes der drei Formate:

```
background-color: #366BF4;
```

Merke: Nach der Eigenschaft kommt ein Doppelpunkt, nach dem Wert ein Semikolon. Ihre CSS-Datei sollte jetzt so aussehen:

```
#kopfleiste {
    background-color: #366BF4;
}
#menu {
    background-color: #366BF4;
}
#inhalt {
    background-color: #366BF4;
}
```

Schauen wir doch mal, wie diese Hintergrundfarben im Browser aussehen.

Schritt 5 | Öffnen Sie die Startseite *index.html* in Ihrem Browser, oder laden Sie die Seite neu, wenn sie bereits geöffnet ist (siehe Abbildung 5.9).

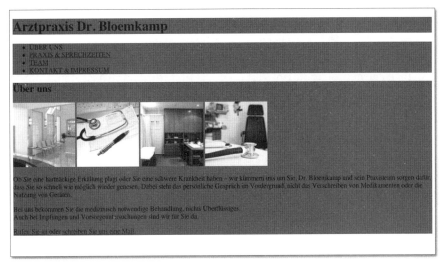

Abbildung 5.9 Um die verschiedenen sichtbaren Elemente und ihre Abmessungen eindeutig zu erkennen, haben wir ihnen zeitweise eine unübersehbare Hintergrundfarbe gegeben.

Erschrecken Sie nicht wegen dem vielen Blau. Wir ändern die Hintergrundfarben gleich in etwas Dezenteres, aber mit starken Farben erkennen Sie auf einen Blick, welchen Platz die drei `div`-Elemente auf dem Bildschirm wirklich einnehmen.

So sehen Sie jetzt, dass alle Elemente auch auf der rechten Seite fast bis ganz zum Bildschirmrand reichen – obwohl ja der Inhalt von Kopfleiste und Navigationsmenü gar nicht so viel Platz braucht.

Jetzt aber zur versprochenen Erklärung, wie aus der Angabe `#366BF4` die Farbe Blau wird: Da es Millionen von Farbtönen gibt, von denen sich jeder nur minimal vom nächsten unterscheidet, ist es unmöglich, alle Farbtöne in Worten auszudrücken: »Grundsätzlich-blau-aber-nicht-so-blau-wie-das-andere-Blau-aber-schon-etwas-heller-als-ein-dunkleres-Blau« wäre eine nicht gerade praktikable Bezeichnung. Deshalb gibt es unterschiedliche Methoden zur Codierung von Farbtönen. Die im Webbereich am weitesten verbreitete Methode ist die Codierung mit sogenanntem *Hexadezimalcode* oder *Hexcode*.

> **Alternativen zu Farb-Hexcodes**
>
> CSS-Eigenschaften für Farben kennen neben dem Hexcode-System noch zwei weitere Arten von Werten: Namen wie `red` oder `black` und sogenannte RGB-Werte wie `rgb(255,0,0)`. Die Namen decken aber nur wenige Farbtöne ab und sind browserabhängig, sie sind also eigentlich nur für schnelle Tests sinnvoll.

> RGB-Werte werden von einigen älteren Browsern nicht unterstützt. Mit Hexcodes sind Sie also auf der sicheren Seite, weil jeder Browser sie versteht.

Die sechsstellige Zeichenfolge, die im Wert für die Hintergrundfarbe nach dem Doppelkreuz # steht, ist so ein Hexcode und steht für das Blau, das Sie auf Ihrem Bildschirm sehen.

Zum Glück ist es sehr einfach, herauszufinden, welcher Code zu welcher Farbe gehört und anders herum: Im Internet finden Sie viele Websites, mit denen die Übersetzung ein Kinderspiel ist. Unser Tipp: die Seite *HTML Color Codes* unter *bnfr.de/ql506*, die Sie in Abbildung 5.10 sehen.

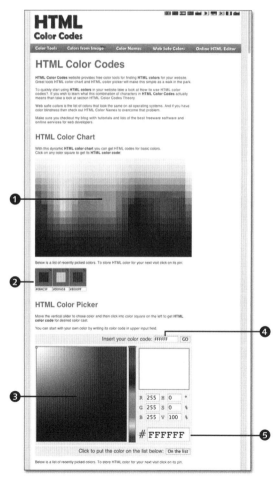

Abbildung 5.10 Dank hilfreicher Websites ist das Finden der richtigen Farbcodes einfach.

Im oberen Teil ❶ der Seite können Sie einige häufig benutzte Farbtöne anklicken, um deren Hexcode zu sehen ❷. Im unteren Teil können Sie eine präzisere Auswahl des Farbtons treffen ❸ und bekommen dann rechts den Hexcode angezeigt ❺. Auch die Übersetzung in die andere Richtung ist möglich: Geben Sie einen Hexcode in das kleine Feld oben ❹ ein, und die Seite markiert im Farbspektrum ❸ den entsprechenden Ton.

> **Sie sehen geringfügig andere Farben?**
>
> Ein und derselbe Farbcode kann je nach verwendetem Bildschirm und Betriebssystem leicht unterschiedlich angezeigt werden. Überprüfen Sie Einstellungen für Helligkeit, Farbsättigung und Farbtemperatur Ihres Monitors. Wenn die von uns verwendeten Farben auf Ihrem System trotzdem für Ihren Geschmack zu hell oder zu dunkel ausgegeben werden, wählen Sie eine Farbe aus, die Ihnen besser gefällt.

Zurück zur Website von Dr. Bloemkamp. Die drei `div`-Elemente heben sich mit ihrem Blau deutlich von einem weißen Hintergrund ab. Da ja alle sichtbaren Bereiche im Browserfenster nur die grafische Darstellung eines HTML-Elements sind, stellt sich die Frage: Welches Element wird denn hier mit weißem Hintergrund dargestellt? Die Antwort: Es ist das `body`-Element, das Elternelement der drei `div`-Elemente. Es nimmt die gesamte Breite und Höhe des Browserfensters ein, natürlich abgesehen von Symbolleisten und Scrollbalken.

Dank des vielen Blaus wissen Sie jetzt drei Dinge:

- HTML-Elemente werden als Rechtecke dargestellt.
- Das `body`-Element, das bislang eigentlich nur dazu da war, die eigentlichen Inhaltselemente wie die `h1`-Überschrift oder den `p`-Textabsatz zu beinhalten, wird auch grafisch dargestellt.
- Das `body`-Element erstreckt sich standardmäßig über die gesamte Breite des Browserfensters, und die drei `div`-Elemente und ihr Inhalt erstrecken sich standardmäßig über die gesamte Breite des `body`-Elements.

Damit können wir jetzt wieder etwas für Ihre Augen tun und dezentere Hintergrundfarben verwenden. Die blaue Kopfleiste lassen wir so, wie sie ist, aber die Navigationsleiste und der Inhaltsbereich bekommen einen hellgrauen Hintergrund.

Schritt 6 | Ersetzen Sie bei den Formaten mit den Selektoren `#menu` sowie `#inhalt` den Wert der Eigenschaft `background-color` wie folgt:

```
background-color: #FAF9F8;
```

Das helle Grau bietet genügend Kontrast zur schwarzen Schrift, sodass sie problemlos lesbar bleibt. Gleichzeitig empfinden manche Benutzer das Hellgrau für die Augen als weniger anstrengend als das Weiß, das die ursprüngliche Standard-Hintergrundfarbe für die beiden Elemente war.

Das `body`-Element ist mit seinem weißen Hintergrund aber immer noch sehr hell. Wir geben ihm ein mittleres Grau als Hintergrund, damit die Seite noch einmal ein Stück angenehmer erscheint. Es muss aber gleichzeitig dunkel genug sein, dass sich das Navigationsmenü und der Inhaltsbereich davon abheben.

Schritt 7 | Schreiben Sie in die CSS-Datei ein neues Format mit dem Selektor `body`.

Da jedes HTML-Dokument nur ein `body`-Element hat, müssen wir hier keine individuellere Lösung (etwa über `id`-Attribute) finden. Wir benutzen also einfach wieder einen Selektor, der für alle entsprechenden Elemente gilt.

Schritt 8 | Geben Sie dem neuen Format die Eigenschaft für einen Hintergrund in mittelgrauer Farbe:

```
background-color: #f2f1f0;
```

Schritt 9 | Platzieren Sie das Format für das `body`-Element ganz oben in Ihrem CSS-Dokument, also noch vor den Formaten für die Elemente `kopfleiste`, `menu` und `inhalt`.

Der letzte Schritt hat keine Auswirkungen auf die Gestaltung Ihrer Seiten, aber er macht das CSS-Dokument für Sie etwas übersichtlicher: Sie wissen ja bereits, dass die anderen Elemente Kinder des `body`-Elements sind, also zu dessen Inhalt gehören. Diese Verschachtelung hat jetzt wichtige Auswirkungen auf die Gestaltung mit CSS. Denn viele CSS-Eigenschaften werden vom Elternelement an die Kindelemente vererbt.

Wenn Sie dann auf einer Seite herausfinden wollen, woher ein bestimmtes Element eine bestimmte CSS-Eigenschaft hat, und überprüfen wollen, ob die Eigenschaft vielleicht von einem Elternelement geerbt wurde, hilft Ihnen eine sinnvoll strukturierte CSS-Datei. In dem Fall bedeutet das: Die ersten Elemente in der Vererbungskette stehen oben. Deshalb haben wir das Format für das Elternelement `body` über den Formaten seiner Kindelemente platziert.

Genug der Theorie – sehen wir uns die neuen Hintergrundfarben an:

Schritt 10 | Speichern Sie die Datei *stylesheet.css*, und öffnen Sie die Startseite in Ihrem Browser (siehe Abbildung 5.11).

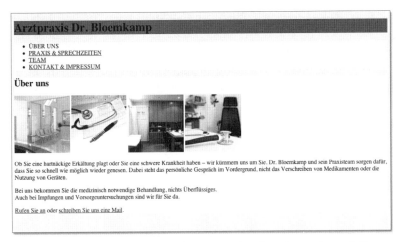

Abbildung 5.11 Nachdem wir die Elemente sehen konnten, geben wir ihnen angenehmere Hintergrundfarben.

Das sieht schon viel angenehmer aus. Das verbliebene Blau der Kopfleiste ist jetzt ein willkommener Farbakzent auf einer ansonsten zurückhaltend gestalteten Seite. Völlig weiße Flächen gibt es auch nicht mehr; der Hintergrund ist in Graustufen gehalten. Das Navigationsmenü und der Inhaltsbereich heben sich vom body-Element ab, und der Kontrast zwischen der Schrift und ihrer jeweiligen Hintergrundfarbe ist hoch genug. ■

HTML und CSS zum Download

Auf der Website zum Buch finden Sie die in diesem Abschnitt erstellte Version des Beispielprojekts unter *bnfr.de/ql507* zum Download. Den Code können Sie gerne kopieren.

5.3.2 Feste oder flexible Abmessungen?

Dank der Hintergrundfarben konnten Sie mit eigenen Augen sehen, welche Größe die drei div-Elemente standardmäßig haben und wie sie standardmäßig positioniert werden. Der zweite Schritt zu unserem Ziel, die drei Layoutelemente so anzuordnen wie in unserem Gestaltungskonzept, ist die Festlegung ihrer Abmessungen. Denn solange sich das Navigationsmenü und der Inhaltsbereich über die gesamte Bildschirmbreite erstrecken, können wir sie schlecht nebeneinander platzieren.

Bei der Frage der Abmessungen der HTML-Elemente stoßen wir aber auf eine grundsätzliche Entscheidung, die sich bei der Gestaltung von Websites mithilfe von CSS irgendwann zwangsläufig ergibt: Sollen die Breite und die Höhe der Elemente fest vorgegeben werden, oder sollen sie flexibel sein?

Feste Abmessungen bedeuten, dass wir für die Darstellung jedes Elements genau bestimmen, wie viele Pixel es breit und wie viele Pixel es hoch ist. Flexible Abmessungen dagegen bedeuten, dass wir so weit es geht nur relative Angaben machen – ein Element soll sich am Elternelement oder am eigenen Inhalt orientieren. Beide Vorgehensweisen haben ihre Vor- und Nachteile:

Feste Abmessungen	Flexible Abmessungen
+ Mehr Kontrolle über Details der Darstellung im Browser, auf den Pixel genau	+ Feste Angaben nur für die nötigsten Elemente
+ Elemente mit fester Größe (z. B. Bilder oder Videos) lassen sich leichter integrieren.	+ Nur größere Änderungen am Inhalt (Textlänge, ...) müssen Rücksicht auf das Layout nehmen.
- Die Größe muss für viele Elemente fest angegeben werden, damit ein Layout umgesetzt werden kann.	+ Das Standard-Stylesheet des Browsers ist eher Ihr Freund, weil es Ihre Gestaltungsvorgaben oft sinnvoll ergänzt.
- Schon kleinere Änderungen am Inhalt (Textlänge, ...) müssen sich danach richten, wie viel Platz das feste Layout vorsieht.	- Sie haben weniger Kontrolle über Details der Darstellung. Elemente werden je nach Browser mal ein paar Pixel größer oder kleiner angezeigt.
- Das Standard-Stylesheet des Browsers ist eher Ihr Feind, weil es viele Angaben enthält, die Ihrem Layout widersprechen.	- Elemente mit fester Größe (z. B. Bilder oder Videos) erfordern manchmal mehr Arbeit bei der Integration.

Tabelle 5.1 Die Vor- und Nachteile fester bzw. flexibler Layout-Angaben

Wir entscheiden uns bei der Website der Arztpraxis von Dr. Bloemkamp für möglichst flexible Angaben, um später nicht bei jeder kleinen Textänderung an das Layout denken zu müssen. Nur ein paar Werte werden wir pixelgenau angeben. Wir werden aber auch erklären, wie man Layouts mit festen Angaben grundsätzlich umsetzt, falls Sie zum Beispiel bei einer Website für einen Auftraggeber unbedingt feste Pixelangaben einhalten müssen.

5.3.3 Die Abmessungen der Layoutelemente

Die Abmessungen eines HTML-Elements werden mit zwei Werten angegeben, die Sie bei den img-Elementen schon kennengelernt haben: `width` für die Breite und `height` für die Höhe. Allerdings wurden die Abmessungen bei Bildern als eigene Attribute angegeben, während sie bei allen anderen HTML-Elementen über CSS-Eigenschaften festgelegt werden.

Für ein festes Layout würden Sie Breite und Höhe eines Elements mit einem absoluten Wert angeben, etwa 200px für eine Breite oder Höhe von genau 200 Pixeln. Für ein flexibles Layout gibt es mehrere Optionen: Sie können eine relative Größenangabe machen, zum Beispiel 50 %. Das bezieht sich dann immer auf die Abmessungen des Elternelements. Hier wäre das Element also genau halb so breit oder hoch wie das Elternelement. Die zweite Option ist der Wert inherit, mit dem ein Element die Abmessungen seines *Elternelements* erbt. Und schließlich gibt es den Wert auto. Er gibt an, dass der Browser je nach Art des Elements verschiedene Faktoren bei der Berechnung der Breite oder Höhe berücksichtigen soll. Wenn das Element zum Beispiel ein Bild oder Textelemente (wie h1, p oder li) enthält, ist die Breite oder Höhe des Bilds oder des Texts einer dieser Faktoren. Die Breite eines Elements richtet sich in diesem Fall also danach, welche Abmessungen der *Inhalt des betreffenden Elements* hat: Wenn etwa das div-Element X ein Bildelement mit 300 Pixeln Breite enthält und wir dem Element X eine CSS-Eigenschaft width mit dem Wert auto zuweisen, hat Element X, so wie das darin enthaltene Bild, eine Breite von 300 Pixeln.

Wir legen jetzt die Abmessungen aller drei div-Elemente fest, auch wenn die Kopfleiste bereits so positioniert ist wie in unserer Gestaltungskonzeption. Denn die aktuelle Positionierung ergibt sich derzeit aus den Standardgestaltungsvorgaben Ihres Browsers, und die könnten sich ändern.

Die Kopfleiste soll sich grundsätzlich über die gesamte Breite der Seite erstrecken. Da das body-Element dies bereits standardmäßig tut, können wir für das kopfleiste-div einfach angeben, dass es die Breite seines Elternelements erben soll – also des body-Elements.

Schritt 1 | Fügen Sie dem Format für das kopfleiste-div die Eigenschaft width mit dem Wert inherit hinzu, sodass es jetzt so aussieht:

```
#kopfleiste {
   width: inherit;
   background-color: #366BF4;
}
```

Übrigens ist für den Browser die Reihenfolge der Eigenschaft-Wert-Paare innerhalb eines Formats egal, solange keine Eigenschaft doppelt vorkommt – wir empfehlen aber, die grundlegenden Eigenschaften zuerst zu schreiben und dann die Eigenschaften für die gestalterischen Feinheiten.

Zurück zur Kopfleiste: Deren Höhe legen wir als eine der wenigen Layoutangaben mit einem absoluten Wert fest, 80 Pixel. Da die Leiste mit dem Namen der Praxis eine wichtige Information enthält, darf sie ruhig deutlich höher sein als die Schrift selbst.

Schritt 2 | Fügen Sie dem Format für die Kopfleiste die Eigenschaft `height` mit dem Wert `80px` hinzu:

```
height: 80px;
```

Damit haben wir die Abmessungen der Kopfleiste festgelegt. Als Nächstes ist das Navigationsmenü an der Reihe. Dieses bekommt `auto`-Werte für die Breite und die Höhe, sodass sich die Abmessungen des Elements nach seinem Inhalt richten – also nach der Liste mit anklickbaren Links.

Schritt 3 | Fügen Sie dem Format für das `menu-div` die Eigenschaften `width` und `height` mit dem Wert `auto` hinzu:

```
width: auto;
height: auto;
```

So müssen wir die Angaben nicht verändern, wenn wir später einen Eintrag so umbenennen wollen, dass der neue Text länger oder kürzer ist als der alte. Und wenn wir später eine neue Seite einbauen und im Menü verlinken wollen, müssen wir für das Menü keine neue Höhe angeben.

Jetzt fehlen noch die Abmessungen des Inhaltsbereichs. Auch hier wollen wir flexible Angaben verwenden. Der Bereich soll einfach die restliche Breite einnehmen, die die Navigationsleiste übrig lässt. Die Höhe wiederum soll sich nicht nach anderen Elementen, sondern nach dem Inhalt richten.

Schritt 4 | Fügen Sie dem Format für das `inhalt-div` die Eigenschaften `width` und `height` mit dem Wert `auto` hinzu:

```
width: auto;
height: auto;
```

Schritt 5 | Speichern Sie die CSS-Datei ab, und öffnen Sie erneut die Startseite *index.html* in Ihrem Browser (siehe Abbildung 5.12).

Im Vergleich zum letzten Öffnen sehen wir nur einen Unterschied: Die Kopfleiste ist jetzt höher als der darin enthaltene Text. Die Abmessungen von Navigationsleiste und Inhaltsbereich haben sich dagegen noch nicht geändert. Den beiden Elementen Eigenschaften für Breite und Höhe zu geben war aber die Voraussetzung dafür, im nächsten Abschnitt die Positionierung festlegen zu können. ■

Abbildung 5.12 Wir haben die Kopfleiste höher gemacht, weil sie ein wichtiges Gestaltungselement ist.

> **Beispieldateien zum Download**
>
> Auf der Website zum Buch finden Sie die in diesem Abschnitt erstellte Version des Beispielprojekts unter *bnfr.de/ql508* zum Download. Die HTML- und CSS-Dateien können Sie gerne kopieren.

5.3.4 Die Position der Layoutelemente

Sie haben ja schon gesehen, dass HTML-Elemente standardmäßig vertikal untereinander dargestellt werden. Um zu verstehen, welches Prinzip dahinter steckt und wie man die Positionierung ändern kann, ist noch etwas Hintergrundwissen nötig.

Wie Sie ebenfalls bereits sehen konnten, verhalten sich nicht alle HTML-Elemente in der vertikalen Anordnung gleich: Es gibt Elemente wie `div` und `p`, die einfach innerhalb ihres Elternelements nacheinander von oben nach unten dargestellt werden und die gesamte Breite des Elternelements einnehmen: Das nächste `div` oder `p` steht nicht neben dem vorigen, sondern darunter.

Und dann gibt es Elemente wie die `img`-Bilderelemente, die standardmäßig nicht nacheinander, sondern nebeneinander dargestellt werden. Das ist gut auf der Startseite der Arztpraxis zu sehen, auf der die vier Bilder nebeneinander stehen, zumindest wenn sie nicht zu breit für den Bildschirm sind. Auch die a-Elemente gehören zu diesem Typ, die Links stehen einfach innerhalb des Textes der p-Elemente, ohne eine neue Zeile zu beanspruchen.

Wie sich ein Element in dieser Frage verhält, bestimmt die CSS-Eigenschaft display. Wenn Sie einem Element hier den Wert block zuweisen, akzeptiert es wie div oder p innerhalb des Elternelements keine anderen Elemente neben sich – es beginnt unterhalb eines vorigen Elements, nicht daneben.

Wenn Sie einem Element dagegen den Wert inline zuweisen, verhält es sich wie die Bilder auf unserer Startseite: Wenn das vorherige Element ebenfalls den Wert inline hat, beginnt das neue Element daneben. Sie müssen aber beachten, dass ein Element mit dem Wert inline nicht immer so individuell gestaltet werden kann wie ein Element mit dem Wert block – zum Beispiel funktioniert padding nach oben oder unten nicht immer.

Mit dem Wert inline-block verbinden Sie die Vorteile von inline- und block-Werten. Gegenüber anderen Elementen verhält sich ein Element mit dem Wert inline-block wie inline, sein Inhalt ist dagegen ein block-Element. Ein solches Element lässt sich neben anderen inline-Elementen platzieren und behält die volle Gestaltbarkeit eines block-Elements.

> **Vertikale Positionierung mit »vertical-align«**
>
> Elemente mit den Werten inline und inline-block werden standardmäßig so angeordnet, dass alle nebeneinander dargestellten Elemente am unteren Rand bündig sind. Um das zu beeinflussen, verwenden Sie die Eigenschaft vertical-align. Soll ein Element am oberen Rand bündig sein, geben Sie ihm den Wert top. Die weiteren Werte sind middle und bottom für eine Darstellung in der Mitte der Elementreihe oder eben am unteren Rand.

Ein manchmal ebenfalls nützlicher Wert für display ist none: Damit können Sie die Darstellung eines HTML-Elements ganz unterdrücken – es steht dann zwar im Quelltext, der Browser ignoriert es aber einfach bei der Darstellung.

Auf den ersten Blick scheint sich nun dank der Eigenschaft display eine Möglichkeit zu ergeben, die Navigationsleiste und den Inhaltsbereich nebeneinander zu positionieren: Man könnte beiden div-Elementen die Eigenschaft mit dem Wert inline-block geben, damit sie nebeneinander dargestellt werden und voll gestaltbar bleiben.

Wenn Sie das ausprobieren, werden Sie aber sehen, dass die Elemente zunächst weiterhin untereinander dargestellt werden. Der Grund dafür ist, dass das div für den Inhaltsbereich immer noch die gesamte Breite der Seite einnimmt, es also nicht neben das Navigationsmenü passt. Sie müssten dem inhalt-div eine Breite zuweisen, die höchstens so groß ist wie der Bereich, den das Navigationsmenü übrig lässt. Bei fest angegebenen Abmessungen der Elemente wäre das kein Problem, mit den von uns verwendeten relativen Angaben ist es aber unpraktisch. Wir können zwar zum Beispiel dem menu-div eine Breite von 30 % des Elternelements geben und dem inhalt-div eine Breite von 70 % – aber dann sind beide Elemente je nach Breite der gesamten Seite zu klein oder zu groß für ihren Inhalt.

Um zu erreichen, dass wir mit flexiblen Abmessungen arbeiten können und der Inhaltsbereich trotzdem immer genau so viel Platz einnimmt, wie das Navigationsmenü ihm lässt, müssen wir uns nach anderen Lösungen und CSS-Eigenschaften umschauen.

Mit der Eigenschaft display kann man also für einzelne Elemente bestimmen, wie sie im Verhältnis *zu ihrem Elternelement* positioniert werden sollen. Um festzulegen, wie ein HTML-Element im Verhältnis *zur gesamten Seite* positioniert wird, benutzt man die CSS-Eigenschaft position.

Deren Standardwert ist laut W3C static. Wenn alle Elemente einer Seite diesen Wert haben, werden sie einfach nacheinander und nebeneinander dargestellt, je nachdem, ob sie zusätzlich die Eigenschaft display mit ihren Werten block oder inline haben – also so, wie auch die Beispielseite aktuell dargestellt wird. Diese Reihenfolge der Darstellung nennt man auch den *Standard-Dokumentfluss* (siehe Abbildung 5.13).

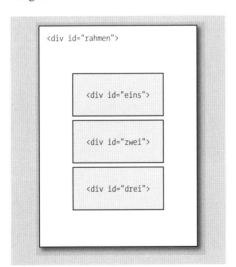

Abbildung 5.13 Der Standard-Dokumentfluss einer HTML-Seite, bei der alle Elemente mit »position: static« formatiert sind.

Wenn ein Element von dieser linearen Anordnung abweichend dargestellt werden soll, gibt es mehrere Möglichkeiten.

Möglichkeit 1

Ein Element soll aus dem Dokumentfluss genommen werden, aber alle anderen Elemente sollen unverändert bleiben – sie sollen sich so verhalten, als wäre das Element nie anders positioniert worden. Um das zu erreichen, weist man dem Element die Eigenschaft position mit dem Wert relative zu:

position: relative;

Um dann zu bestimmen, in welche Richtungen das Element verschoben werden soll, benutzt man die CSS-Eigenschaften top, bottom, left und right für eine Verschiebung weg vom oberen Rand, vom unteren, vom linken oder rechten Rand. Um also ein Element aus dem Dokumentfluss zu nehmen, ohne dass die restlichen Elemente verändert werden, und es 20 Pixel nach rechts zu verschieben, schreibt man im für das Element zuständigen Format:

position: relative;
left: 20px;

Zur Wiederholung, weil diese Syntax etwas unintuitiv ist: Mit dieser CSS-Anweisung wird das Element *vom linken Rand wegbewegt*, also *nach rechts*, und zwar um 20 Pixel (wie etwa das div mit der id zwei in Abbildung 5.14).

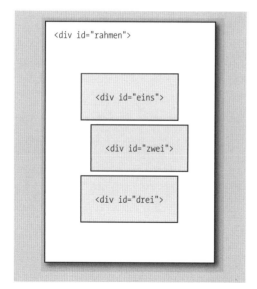

Abbildung 5.14 So verändert sich der Dokumentfluss, wenn das »div« mit der »id="zwei"« mit »position: relative« formatiert wurde.

Möglichkeit 2

Ein Element soll aus dem Dokumentfluss genommen werden, aber die anderen Elemente sollen so angeordnet werden, als wäre das Element nie im Dokumentfluss gewesen – das nächste Element rückt also an seine Stelle. Dazu weist man dem Element die Eigenschaft position mit dem Wert absolute zu und gibt über die Eigenschaften top, bottom, left und right wieder die Position an:

```
position: absolute;
top: 0px;
right: 0px;
```

Die Richtungsangaben sind hier aber nicht relativ zum ursprünglichen Platz im Dokumentfluss zu sehen wie bei position: relative, sondern relativ zum ersten Elternelement in der Vorfahrenkette nach oben, das nicht mit static positioniert wurde. Wenn kein Element gesondert positioniert wurde, ist das das body-Element. Die Angaben sind dann also relativ zu den Rändern der gesamten Seite bzw. zum Browserfenster.

In Abbildung 5.15 zum Beispiel hat das div mit der id rahmen die Eigenschaft position: relative, und das div mit der id zwei hat die Eigenschaft position: absolute. An seine Stelle im Dokumentfluss rückt das div mit der id drei.

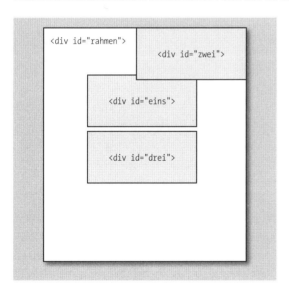

Abbildung 5.15 Der Dokumentfluss, wenn das »div« mit der »id="rahmen"« mit »position: relative« formatiert wurde und das »div« mit der »id="zwei"« mit »position: absolute«.

Möglichkeit 3

Ein Element soll aus dem Dokumentfluss genommen werden, und das nächste Element soll seinen Platz einnehmen, aber das Element soll sich beim Scrollen nicht wie die anderen Elemente verhalten, sondern fest an der angegebenen Stelle stehen bleiben. Dazu weist man dem Element die Eigenschaft position mit dem Wert fixed zu, und gibt über top, bottom, left und right die Positionierung in Relation zu den Seitenrändern an:

```
position: fixed;
top: 0px;
right: 0px;
```

Dieser Fall wird in Abbildung 5.16 dargestellt, in der das div mit der id zwei die Eigenschaft position: fixed hat. Es bleibt beim Herunterscrollen der Seite an seinem Platz auf dem Bildschirm stehen, während die anderen Elemente sich nach oben bewegen.

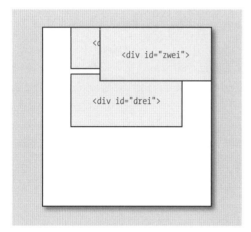

Abbildung 5.16 Jetzt wurde das »div« mit der »id="zwei"« mit »position: fixed« formatiert. Beim Scrollen behält es seine Position in Relation zum Browserfenster bei, während der Rest der Seite sich bewegt.

Jetzt sollte man eigentlich meinen, dass wir genügend Methoden zur Verfügung haben, um unser Seitenlayout umzusetzen und den Inhaltsbereich rechts vom Navigationsmenü zu positionieren. Zum Beispiel könnten wir ein neues div-Element erstellen, das nach der Kopfleiste kommt und Navigationsmenü und Inhaltsbereich enthält. Die Breite des neuen div würden wir mit auto angeben, damit es sich einfach nach der Breite seines Inhalts richtet. Dann würden wir ihm die Eigenschaft position mit dem Wert relative geben und das Navigationsmenü und den Inhaltsbereich mit dem Wert absolute jeweils links oben bzw. rechts oben in den Ecken des neuen div positionieren.

Damit würde zwar tatsächlich das Navigationsmenü links oben und der Inhaltsbereich rechts oben platziert werden – aber der Inhaltsbereich würde sich bis ganz an den linken Rand erstrecken und damit das Navigationsmenü überdecken.

Das Problem ist hier also dasselbe wie bei dem Gedankenexperiment mit display: inline-block. Es funktioniert nur, wenn für die Elemente eine spezifische Breite angegeben wird, weil sie sonst die gesamte Breite des Elternelements einnehmen. Und auch hier würde eine Angabe von X % des Elternelements wieder dazu führen, dass sich die Breite von Navigationsmenü und Inhaltsbereich nicht mehr nach dem Inhalt richtet – je nach Breite der gesamten Seite würden sie zu schmal oder zu breit werden.

Für Layouts mit festen Abmessungen der Elemente ist die Eigenschaft position aber bestens geeignet.

Für unser flexibles Layout verwenden wir deshalb nun eine weitere Methode zur Positionierung, die eigentlich für andere Zwecke gedacht ist, aber mit einem kleinen Trick unsere Aufgabe optimal löst: Die CSS-Eigenschaft float. Damit bestimmt man für ein Element zum einen, dass es aus dem Dokumentfluss genommen wird und innerhalb seines Elternelements so weit wie möglich links oder rechts platziert wird. Zum anderen sorgt man mit float dafür, dass der Platz des Elements im Dokumentfluss zwar von nachfolgenden Geschwisterelementen (also nur von Elementen, die Kindelemente desselben Elternelements sind) eingenommen wird – aber der Inhalt nachfolgender Geschwisterelemente um das Element herumfließt.

Sie kennen diese Art der Positionierung aus der Zeitung oder von Textverarbeitungsprogrammen: Ein Bild wird innerhalb eines Textbereichs am linken oder rechten Rand platziert, und die Wörter umfließen das Bild.

Als Wert der Eigenschaft float können Sie left oder right angeben, je nachdem, auf welcher Seite des Elternelements das *floatende* oder *schwebende* Element platziert werden soll. Für unser Layout soll das Navigationsmenü auf der linken Seite floaten bzw. schweben, und der Inhaltsbereich soll es rechts umfließen.

Schritt 1 | Fügen Sie dem Format für das menu-div dazu die Eigenschaft float mit dem Wert left hinzu.

```
float: left;
```

5 Die eigene Website erstellen

> **float-Verhalten beenden**
>
> Bei der Arbeit an einer anderen Website könnte es vorkommen, dass Sie nach dem gefloateten Element weitere Elemente haben, die das gefloatete Element nicht mehr umfließen sollen. Stattdessen sollen sie wieder die gesamte Breite ihres Elternelements für sich beanspruchen. Dazu geben Sie dem ersten Element, das wieder die gesamte Breite einnehmen soll, die CSS-Eigenschaft `clear` mit dem Wert `both`.

Schritt 2 | Speichern Sie die CSS-Datei, und öffnen Sie die Startseite im Browser (siehe Abbildung 5.17).

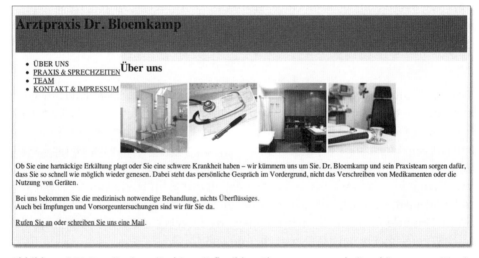

Abbildung 5.17 Damit wir weiterhin mit flexiblen Abmessungen arbeiten können, positionieren wir die Navigationsleiste mit »float: left«. Noch beginnt der Inhaltsbereich aber auch am linken Seitenrand. Das müssen wir ändern.

Wie zu erwarten passiert genau das, was passieren würde, wenn Sie ein Bild in einem Textverarbeitungsprogramm links am Seitenrand platzieren würden: Je nach Höhe des floatenden Elements wird der restliche Inhalt rechts davon platziert; und erst wenn der untere Rand des floatenden Elements erreicht ist, beginnt der Inhalt wieder am linken Rand. In unserem Fall werden die Überschrift und die Bilder rechts vom Navigationsmenü dargestellt, die Textabsätze beginnen dann wieder links. Das `inhalt-div` selbst ignoriert aber das floatende Navigationsmenü und beginnt ebenfalls ganz links am Seitenrand. Es wird eben vom Navigationsmenü überdeckt, deshalb ist das nicht so offensichtlich. Sie können auch als Test dem Navigationsmenü eine andere Hintergrundfarbe geben als dem Inhaltsbereich, dann wird die Positionierung noch deutlicher.

Weil `float` eher dafür gedacht ist, Text um Bilder herumfließen zu lassen, ist dieses Verhalten korrekt, aber für unsere Gestaltung passt es so noch nicht. Erst mit einem Trick sorgen wir dafür, dass nicht nur der Inhalt des `inhalt-div` Abstand zum Navigationsmenü hält, sondern das gesamte Element. Dabei bleibt die Breite beider Elemente völlig dynamisch, im Gegensatz zu Lösungen mit `display: inline-block` oder `position: absolute`.

Schritt 3 | Fügen Sie dem Format für das `inhalt-div` die Eigenschaft `overflow` mit dem Wert `hidden` hinzu, und schreiben Sie dahinter einen CSS-Kommentar, warum Sie die Eigenschaft hier verwendet haben:

```
overflow: hidden; /*Damit das Layout mit float funktioniert*/
```

Schritt 4 | Speichern Sie nochmals die CSS-Datei, und öffnen Sie die Startseite erneut im Browser (siehe Abbildung 5.18).

Jetzt ist das Verhältnis zwischen Navigationsmenü und Inhaltsbereich endlich so, wie wir uns das grundsätzlich vorstellen: Das Menü steht links, rechts davon der gesamte Inhaltsbereich. Der Grund für die Änderung ist, dass ein mit `overflow: hidden;` gestaltetes Element bei seiner Positionierung im Dokumentfluss ein anderes, gefloatetes Element so berücksichtigt, als sei das gefloatete Element noch Teil des Flusses.

Was macht man normalerweise mit »overflow«?

Die Berücksichtigung des floatenden Elements ist aber nur ein Nebeneffekt der Eigenschaft `overflow`. Eigentlich regelt man damit, was passiert, wenn der Inhalt eines Elements größer ist als das Element selbst. Das kann zum Beispiel passieren, wenn ein div-Element eine feste Breite und Höhe hat, aber so viele Textelemente enthält, dass sie (bei fester Schriftgröße) größer dargestellt werden als das Element. Mit dem Wert `hidden` wird überstehender Inhalt einfach nicht dargestellt. Mit dem Wert `visible` wird der Inhalt über die Grenzen des Elements hinaus dargestellt, und mit dem Wert `scroll` bekommt das Element einen eigenen Scrollbalken, mit dem der Inhalt innerhalb des Elements hin- und herbewegt werden kann.

Die Layoutelemente sind jetzt im richtigen Verhältnis zueinander positioniert. Aber sie kleben zu sehr aneinander. Wir wollen lieber ein wenig Abstand dazwischen haben. Um zu verstehen, wie Abstände erzeugt werden, müssen wir noch etwas tiefer in die Regeln hinter HTML einsteigen: Es geht um das räumliche Modell, das HTML-Elementen zugrunde liegt. Es nennt sich *Box-Modell*, weil die Grundform aller HTML-Elemente aus mehreren Kästen, englisch *Boxes*, besteht (siehe Abbildung 5.19).

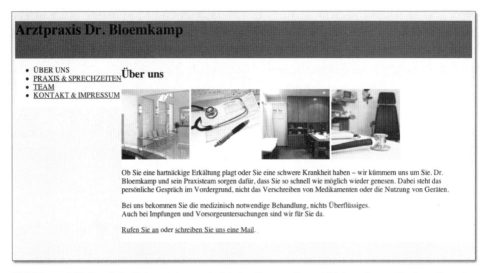

Abbildung 5.18 Der Inhaltsbereich wurde jetzt mit »overflow: hidden« formatiert, sodass der gesamte Bereich rechts vom Navigationsmenü beginnt.

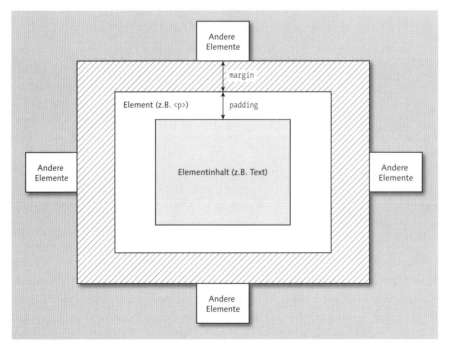

Abbildung 5.19 Das Box-Modell, das den räumlichen Aufbau aller HTML-Elemente skizziert. Elemente bestehen aus bis zu drei Rechtecken, deren Abstand zueinander über »margin« und »padding« festgelegt werden kann.

Ein Element, hier ein p-Element, besteht also räumlich gesehen aus bis zu drei Kästen oder Rechtecken: Der äußere Kasten markiert den Bereich um das Element herum (in der Abbildung schraffiert), den andere Elemente als Abstand einhalten müssen. Der mittlere Kasten markiert das eigentliche Element. Falls zwischen dem Element und seinem Inhalt (im Falle von p wären das die Buchstaben) noch mal Platz gelassen werden soll, kommt der dritte, innere Kasten zum Einsatz.

Ob zwischen diesen drei Kästen ein Abstand eingehalten werden soll und wenn ja, wie viel Abstand, regeln die CSS-Eigenschaften margin und padding: Die margin beschreibt den Abstand zwischen dem Element und anderen Elementen (also zwischen dem äußeren und dem mittleren Kasten), das padding beschreibt den Abstand zwischen Element und Elementinhalt (also zwischen mittlerem und innerem Kasten).

Wir müssen den Elementen auf unserer Seite also nur die richtigen Werte für die Eigenschaft margin geben, damit zwischen ihnen ein wenig Abstand entsteht und das Layout etwas Luft bekommt. Und wenn wir schon dabei sind, bestimmen wir mit der Eigenschaft padding auch gleich, ob der Inhalt der Elemente zusätzlich etwas Abstand nach innen einhalten soll.

Wir beginnen mit dem body-Element. Dessen margin müssten wir eigentlich nicht beachten, weil es neben (oder über bzw. unter) dem body-Element ja keine anderen sichtbaren Elemente mehr geben kann, die sich an einen Abstand halten sollen. Wir wollen aber ausschließen, dass irgendwelche Browser wegen eines fehlerhaften Standard-Stylesheets trotzdem für das body-Element eine margin verwenden, und setzen sie deshalb vorsichtshalber explizit auf 0.

Laut der Skizze zum Layout unserer Seite soll außen am Bildschirmrand auf jeder Seite etwas leerer Platz bleiben. Und das erreichen wir durch 8 Pixel padding in jede Richtung für das body-Element.

Es gibt drei Schreibweisen, um richtungsrelevante CSS-Eigenschaften wie margin und padding in einem Format anzugeben.

Eine eigene Eigenschaft für jede Richtung:

```
margin-top: 0px;
margin-right: 0px;
margin-bottom: 0px;
margin-left: 0px;
```

Nur eine einzige Eigenschaft, die aber vier Werte auf einmal bekommt:

```
margin: 0px 0px 0px 0px;
```

Bei dieser Schreibweise muss eine feste Reihenfolge der vier Richtungen beachtet werden, damit alle Browser sie verstehen: Zuerst erfolgt die Angabe für oben (top), dann für rechts (right), unten (bottom) und links (left). Leicht zu merken ist die Reihenfolge, wenn man die Anfangsbuchstaben der englischen Richtungen nimmt: TRBL spricht sich wie *trouble*, und *Probleme* bekommt man eben, wenn man sich nicht an diese Reihenfolge hält. Alternativ richtet man sich einfach nach dem Uhrzeigersinn und beginnt bei 12 Uhr.

Die dritte Schreibweise können Sie nur verwenden, wenn die Werte für alle vier Richtungen gleich sind. Dann hat die Eigenschaft nur noch einen Wert:

```
margin: 0px;
```

Die Abstände für das body-Element wollen wir ja in alle Richtungen gleich festlegen, also können wir die kürzeste Schreibweise benutzen.

Schritt 5 | Fügen Sie dem Format für das body-Element folgende Eigenschaften hinzu:

```
margin: 0px;
padding: 8px;
```

Je nach Browser ändert sich dadurch auf der Seite aber nichts oder nur wenig – einfach deshalb, weil viele Standard-Stylesheets für das body-Element ohnehin ein padding vorgeben. Lediglich die Größe des Abstands hat sich mit Ihrer Angabe vielleicht um ein paar Pixel verändert. Damit die Seiten in allen Browsern einheitlich dargestellt werden und auch in älteren Browsern der Abstand berücksichtigt wird, ist die manuelle Festlegung des padding für das body-Element trotzdem sinnvoll.

Der Abstand der Seitenelemente zum Rand des Browserfensters passt jetzt. Uns stören aber nach wie vor die nicht vorhandenen Abstände zwischen den einzelnen Elementen, und um die kümmern wir uns als Nächstes.

Zuerst ist die Kopfleiste dran. Die darauffolgenden Elemente, also das Navigationsmenü und der Inhaltsbereich, sollen etwas Abstand halten. Das erledigen wir mit einer margin nach unten. Aber auch der Inhalt der Kopfleiste selbst, die Überschrift, soll etwas Abstand zum linken Rand des Elements bekommen. Dafür brauchen wir padding.

Es könnte schon reichen, das mit margin-bottom und padding-left festzulegen. Aber dann könnte es sein, dass sich jeweils die Angaben für die anderen drei Richtungen nach dem Standard-Stylesheet eines Browsers richten. Deshalb geben wir alle vier Richtungen an, auch wenn diese Werte 0 betragen.

Schritt 6 | Fügen Sie dem Format für das kopfleiste-div zwei Eigenschaften hinzu:

```
margin: 0px 0px 15px 0px;
padding: 0px 0px 0px 15px;
```

Die erste Eigenschaft gibt also an, dass der Abstand zwischen dem mittleren Kasten des Box-Modells zum äußeren Kasten nur nach unten 15 Pixel betragen soll, in die anderen Richtungen soll es keinen Abstand geben. Und die zweite Eigenschaft gibt an, dass der Abstand zwischen dem mittleren und dem inneren Kasten nur auf der linken Seite ebenfalls 15 Pixel betragen soll, auf den anderen Seiten 0 Pixel.

Das nächste Element, das wir angehen, ist das h1-Element, das innerhalb der Kopfleiste steht. Auch hier wollen wir margin und padding explizit angeben, damit die Darstellung in allen Browsern einheitlich ist. In Safari zum Beispiel bewirkt eine margin nach oben, dass unser gesamtes kopfleiste-div zum oberen Rand des body-Elements Abstand hält, obwohl wir für das div die margin ja bereits auf 0 gesetzt haben.

Schritt 7 | Erstellen Sie in der CSS-Datei ein neues Format mit dem Selektor h1.

Schritt 8 | Fügen Sie dem Format diese Eigenschaften hinzu:

```
margin: 0px;
padding: 0px;
```

Als Nächstes kümmern wir uns um das Navigationsmenü. Zwischen diesem und dem rechts davon platzierten Inhaltsbereich soll ja ebenfalls ein kleiner Abstand sein. Wir geben wieder die Werte für alle vier Richtungen an, damit kein Browser seine eigene Standardgestaltung anwendet.

Schritt 9 | Ergänzen Sie beim Format für das menu-div:

```
margin: 0px 15px 0px 0px;
```

Damit der Inhalt des Elements, also die Liste mit den Links, nicht so eng am Rand klebt, bekommt auch das menu-div außerdem etwas padding.

Schritt 10 | Fügen Sie dem Format zusätzlich die Eigenschaft padding mit dem Wert 10px hinzu, da der Abstand in alle vier Richtungen gleich sein soll:

```
padding: 10px;
```

Schließlich ist der Inhaltsbereich an der Reihe. Dessen Abstand zu den anderen Elementen stimmt mittlerweile, allerdings fehlt noch etwas padding, damit der darin enthaltene Text und das Bild nicht so am Rand des Elements kleben.

Schritt 11 | Definieren Sie die folgende Eigenschaft für das `inhalt-div`:

`padding: 10px 15px 10px 15px;`

Speichern Sie die CSS-Datei, und öffnen Sie die Startseite erneut im Browser (siehe Abbildung 5.20).

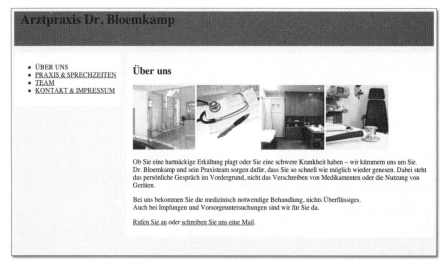

Abbildung 5.20 Dank »margin« und »padding« haben die Layoutelemente jetzt etwas Abstand zueinander, und auch ihr Inhalt klebt nicht mehr direkt am Elementrand.

Wie Sie sehen, haben die drei Hauptelemente der Seite jetzt jeweils einen Abstand zueinander, und ihre Inhalte kleben nicht mehr am Elementrand.

Damit haben wir ein Seitenlayout erreicht, das unserem Konzept entspricht: oben eine Kopfleiste, links ein Navigationsmenü und rechts davon ein Inhaltsbereich. Aber gerade auf breiten Bildschirmen wird es zum Problem, dass sich die Elemente über die gesamte Breite des Browserfensters erstrecken, egal wie groß der Bildschirm ist. Auf einem 24-Zoll-Monitor ist das unangenehm für Besucher, weil ihr Auge weit wandern muss, um alle Informationen aufzunehmen. Und auch die sehr langen Textzeilen sind schwer zu lesen: Das Auge verrutscht häufiger um eine Zeile.

Deshalb wollen wir bestimmen, dass die drei `div`-Elemente sich höchstens bis zu einem bestimmten Wert ausbreiten. Darunter bleibt ihre Breite immer noch flexibel und passt sich dynamisch dem Inhalt an, aber eben nur bis zu einem bestimmten Maximalwert.

Um das umzusetzen, brauchen wir wegen unseres flexiblen Layouts aber ein neues Element. Denn aktuell richtet sich die Breite der Kopfleiste sowie die Breite von Navigationsmenü plus Inhaltsbereich nach der Breite des Elternelements, und das ist aktuell das body-Element. Und das body-Element, von dem wir im Browser den grauen Hintergrund sehen, soll auch weiterhin über die gesamte Bildschirmbreite gehen. Wir brauchen also ein neues Element als Container für die drei Layoutelemente. Dessen einzige Aufgabe ist es, die Layoutelemente zu beinhalten und eine Maximalbreite zu haben, die dann auch für seinen Inhalt – die Kopfleiste sowie Navigationsmenü plus Inhaltsbereich – gilt.

Schritt 12 | Fügen Sie allen vier HTML-Dokumenten ein weiteres div-Element hinzu, das die drei Layoutelemente als Kindelemente enthält und nun das einzige Kind des body-Elements ist.

Schritt 13 | Geben Sie dem neuen div-Element das Attribut id mit dem Wert container.

Vergessen Sie nicht das End-Tag unterhalb des letzten Kindelements, also unterhalb des inhalt-div!

Schritt 14 | Um in den HTML-Dokumenten jederzeit die Übersicht zu behalten, versehen Sie das neue End-Tag am besten mit einem Kommentar:

```
</div><!-- schließt #container-div -->
```

Die Breite des neuen Container-Elements bestimmen wir jetzt in zwei Schritten. Zuerst legen wir fest, dass das Element grundsätzlich seine Breite vom Elternelement, also dem body-Element, erben soll.

Schritt 15 | Fügen Sie in Ihrer CSS-Datei ein neues Format mit dem Selektor #container hinzu, und geben Sie ihm folgende Eigenschaft:

```
width: inherit;
```

Denn grundsätzlich soll die Breite der Seite ja weiterhin die Breite des gesamten Bildschirms sein. Dass dies aber nur bis zu einem Maximalwert gilt, legen wir jetzt mit einer zweiten Eigenschaft fest.

Schritt 16 | Fügen Sie dem Format für das Container-Element folgende Eigenschaft hinzu:

```
max-width: 960px;
```

Mit dieser neuen CSS-Eigenschaft geben Sie an, dass der Browser für die Breite eines Elements nur so lange die Größe nehmen soll, die er aus dem Wert der Eigenschaft width errechnet hat, bis eine Obergrenze erreicht ist. Von da an soll der Browser das Element mit der Breite darstellen, die bei max-width festgelegt ist. Für die Höhe gibt es die Eigenschaft `max-height`, die dem mit `height` errechneten Wert eine Obergrenze setzt. Man kann auch eine Mindestgröße angeben, indem man die Eigenschaften `min-width` und `min-height` benutzt – erreicht die aus dem Wert von `width` und `height` errechnete Größe den Mindestwert, wird stattdessen der Mindestwert benutzt.

Jetzt werden die drei Layoutelemente zusammen nicht mehr breiter als 960 Pixel und füllen so auf breiten Monitoren nicht mehr das gesamte Browserfenster. Dadurch haben wir die Lesbarkeit deutlich erhöht.

Allerdings beginnt das Container-Element am linken Seitenrand. Besser wäre es, wenn es immer in der Mitte des Browserfensters dargestellt werden würde, dann müssen die Augen nicht so weit von der Bildmitte wegwandern. Außerdem sähe es viel harmonischer aus. Das erreichen wir, wenn wir dem Container-Element eine `margin` nach links und nach rechts geben, die sich automatisch an die Breite des `body`-Elements anpasst, also an die Breite der gesamten Seite im Browserfenster:

Schritt 17 | Fügen Sie dem Format für das neue `div` folgende Eigenschaft hinzu:

```
margin: 0 auto 0 auto;
```

Schritt 18 | Speichern Sie die CSS-Datei und alle HTML-Dokumente, und öffnen Sie die Startseite im Browser (siehe Abbildung 5.21).

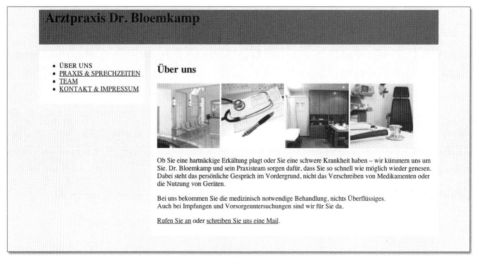

Abbildung 5.21 Damit der Inhalt auf breiten Bildschirmen nicht zu breit wird, umgeben wir ihn mit einem horizontal zentrierten »container-div«, für das wir eine maximale Breite bestimmen.

Wie Sie sehen, wird der Inhalt der Seite jetzt nicht breiter als 960 Pixel, und unabhängig von der Fenstergröße ist er immer in der Mitte des Bildschirms positioniert.

Damit steht unser Layout. Indem wir für jedes der Seitenelemente die wichtigen Faktoren Abmessungen, Position und Abstände festgelegt haben, haben wir unser geplantes Seitenlayout vollständig umgesetzt. Die möglichst flexiblen Abmessungen, die nur einige wenige feste Angaben in Pixeln enthalten, machen die Pflege der Seiten sehr einfach: Wir können zum Beispiel die Einträge im Navigationsmenü bedenkenlos umformulieren. Auch wenn sie dadurch breiter oder schmaler werden, beginnt das Navigationsmenü immer am linken Rand des Inhaltscontainers und reicht dann so weit nach rechts, wie die Menüeinträge eben Platz benötigen. Und der Inhaltsbereich wird unabhängig von der Breite des Navigationsmenüs immer zwölf Pixel Abstand halten, um sich dann bis zum rechten Rand des Inhaltscontainers zu erstrecken.

Dank des Inhaltscontainers passt sich die Breite der Seiteninhalte dynamisch der Bildschirmbreite an, bis zu einer Maximalbreite von 960 Pixeln. Breiter wird der Inhalt nicht, damit besonders die Textzeilen auf großen Monitoren nicht zu lang werden.

Und wenn Sie für eine andere Website die Abmessungen lieber fest bestimmen wollen, wissen Sie jetzt, wie Sie das mithilfe von (max-)width und (min-)width bzw. (max-)height und (min-)height sowie mit den Positionierungsmöglichkeiten position: relative, position: absolute und position: fixed grundsätzlich umsetzen.

Mit dem Layout der drei Seitenelemente können wir jetzt zwar zufrieden sein, die Gestaltung der Seiten ist damit aber noch nicht abgeschlossen. Denn innerhalb der einzelnen Elemente gibt es noch viel zu verbessern. ■

> **HTML und CSS zum Download**
> Die in diesem Abschnitt erstellte Version der Arztsite finden Sie unter *bnfr.de/ql509* auf der Website zum Buch. Die HTML- und CSS-Dateien können Sie gerne kopieren.

5.3.5 Die Gestaltung verfeinern

Beim Betrachten der Seiten fällt einiges ins Auge, was noch schöner sein könnte – etwa der Text oder die Abstände zwischen den einzelnen Elementen.

Der Text
Bislang wird Text mit der Standardschriftart des Browsers dargestellt. Damit alle Browser dieselbe Schrift verwenden und dieses zentrale Gestaltungselement für alle Nutzer gleich aussieht, definieren wir selbst eine Schriftart.

Diese soll für alle Elemente gelten, also legen wir sie im Format für das body-Element fest. font-family ist nämlich eine der CSS-Eigenschaften, deren Wert standardmäßig an alle Kindelemente vererbt wird, und in den Browser-Stylesheets finden sich keine präzisen Formate für einzelne Elemente wie p oder h1, in denen die Schriftart individuell festgelegt wäre.

Schritt 1 | Fügen Sie dem Format für das body-Element die Eigenschaft font-family hinzu:

font-family: "Helvetica Neue", "Helvetica", "Arial", "sans serif";

Als Wert enthält diese neue CSS-Eigenschaft eine Reihe von Namen, die durch Kommas getrennt sein müssen. Wenn ein Schriftname aus mehr als einem Wort besteht, muss er von geraden Anführungszeichen oben umgeben sein. Der Browser wird die erste der angegebenen Schriftarten zur Darstellung benutzen, wenn sie auf dem Computer des Nutzers installiert ist. Wenn sie nicht installiert ist, versucht der Browser es mit der nächsten Schriftart usw. Kann er keine der drei Schriftarten darstellen, bestimmt der vierte Name eine Familie von Schriftarten, aus denen der Browser eine wählen kann. Die Familie sans serif beinhaltet Schriftarten, die keine Serifen haben – das sind die kleinen waagrechten und senkrechten Striche an den Buchstaben, die gut an den Buchstaben F oder S bei entsprechender Schriftart zu erkennen sind, wie zum Beispiel in der Times New Roman.

Schritt 2 | Speichern Sie die CSS-Datei, und öffnen Sie die Startseite erneut im Browser (siehe Abbildung 5.22).

Abbildung 5.22 Mit einer serifenlosen Schrift wirkt die Seite gleich ganz anders.

> **Individuelle Schriftarten verwenden**
>
> Mit `font-family` können Sie nur Schriftarten verwenden, die auf dem Gerät des Besuchers installiert sind. Um eigene Schriftarten auf der Website zu verwenden, müssen Sie diese auf einem Webserver bereithalten und in der CSS-Datei per `@font-face`-Befehl einbinden. Mehr dazu erfahren Sie in Kapitel 13, »Starke Werkzeuge – so nutzen Sie Ihr neues Wissen für noch bessere Websites«.

Um die Darstellung der Texte auf den Seiten weiter zu verfeinern, passen wir die Schriftgröße, die Positionierung und den Zeilenabstand der verschiedenen Textelemente an.

Als Erstes wollen wir für die Überschrift in der Kopfleiste eine Schriftgröße bestimmen. Mittlerweile kennen Sie drei Methoden mit jeweils unterschiedlichen Arten von Selektoren, mit denen wir das h1-Element gestalten könnten. Die ersten beiden Methoden sind mit jeder CSS-Eigenschaft möglich:

- Wir legen `font-size` für alle h1-Elemente auf der Seite fest:

  ```
  h1 {font-size: 36px;}
  ```

- Wir legen `font-size` für ein ganz bestimmtes Element fest:

  ```
  #ein_element {font-size: 36px;}
  ```

Die dritte Methode ist nur bei CSS-Eigenschaften möglich, die an Kindelemente vererbt werden – was bei `font-size`, genauso wie beispielsweise bei `font-family`, der Fall ist:

- Wir legen `font-size` für das Elternelement `#kopfleiste` (oder für ein anderes Element in der Vererbungskette nach oben) fest, von wo aus der Wert an das Kindelement h1 vererbt werden würde:

  ```
  #kopfleiste {font-size: 36px;}
  ```

Methode 2, das Format für ein mit dem `id`-Attribut versehenes Element, wäre zwar grundsätzlich sinnvoll, aber dann müssten wir noch mal auf jeder Seite das HTML ändern, denn bis jetzt hat das h1-Element gar kein `id`-Attribut.

Und die Methoden 1 und 3 würden zwar mit der aktuellen Struktur unserer HTML-Seiten funktionieren, aber wenn wir die Struktur später verändern würden, könnte es zu Problemen kommen: Bei Methode 1 würde die Schriftgröße für alle h1-Elemente auf einer Seite gelten. Aktuell haben wir nur eine solche Überschrift, aber was ist, wenn wir später das Konzept ändern wollen und mehrere h1-Elemente auf der Seite haben? Dann werden die auch alle so gestaltet wie die Überschrift in der Kopfleiste, und vielleicht wollen wir das dann gar nicht.

Ähnlich verhält es sich bei Methode 3: Die Vererbung vom Elternelement gilt für alle Kindelemente. Aktuell hat das `kopfleiste`-div zwar nur ein Kindelement, also die Überschrift, aber vielleicht wollen wir auch das irgendwann mal ändern. Dazu kommt bei Methode 3, dass der Selektor unpräzise ist: Wenn ein Browser-Stylesheet ein Format mit dem präziseren Selektor `h1` hat, dann gilt dessen Gestaltung mehr als das, was wir durch Vererbung bestimmen wollten.

In solchen Fällen empfiehlt sich bei der Gestaltung mit CSS, die Selektoren so präzise wie möglich zu wählen – indem man einerseits den Elementtyp explizit angibt, aber den Geltungsbereich auf der Seite einschränkt. Das geht mit einer vierten Methode, die die Selektoren der ersten beiden Methoden zu einem neuen Selektor kombiniert:

```
#kopfleiste h1 {font-size: 36px}
```

Ein solches Format gilt für alle `h1`-Elemente, die innerhalb des Elements mit der `id` `kopfleiste` stehen. Sie müssen keine direkten Kinder sein, sie müssen nur irgendwo innerhalb des mit der `id` spezifizierten Elements vorkommen. Wenn wir die Schriftgröße für unsere Überschrift so angeben, schlagen wir zwei Fliegen mit einer Klappe: Kein Browser-Stylesheet kann sie überschreiben, und keine anderen `h1`-Elemente auf der Seite sind betroffen, solange sie sich außerhalb des `kopfleiste`-div befinden.

Wir hatten in der CSS-Datei ja schon ein Format für `h1`-Elemente angelegt, als es noch um die Abstände mit `margin` und `padding` ging. Das wandeln wir jetzt in ein Format mit präziserem Selektor um und fügen ihm die Angabe der Schriftgröße hinzu.

Schritt 3 | Ändern Sie den Selektor des bereits erstellten Formats für die Überschrift von `h1` in `#kopfleiste h1`, und geben Sie ihm eine dritte Eigenschaft:

```
font-size: 36px;
```

Damit ist die Schriftgröße der Überschrift nicht mehr von den Standardeinstellungen des Browsers abhängig. Als Nächstes wollen wir die Position der Überschrift ändern, denn sie klebt aktuell am oberen Rand der Kopfleiste. Schöner ist es, wenn der Text mittig steht.

Schritt 4 | Dazu fügen Sie dem Format für die Überschrift die Eigenschaft `line-height` mit dem Wert 80 Pixel hinzu:

```
line-height: 80px;
```

Diese CSS-Eigenschaft ist neu. Mit ihr regelt man bei Textelementen den Abstand zur vorigen und zur nächsten Textzeile. Dabei ist der Abstand nach oben und nach unten immer gleich hoch. Wenn Text – wie unsere Überschrift – nur eine Zeile einnimmt, dann gilt der Abstand zu den oberen und unteren Rändern des Elternelements. Das kann man sich zunutze machen, um einzeilige Textelemente vertikal mittig zum Elternelement zu positionieren: Dazu braucht nur der Wert für den Zeilenabstand genau der Höhe des Elternelements zu entsprechen. Wenn man wie in unserem Fall die Höhe des Elternelements bereits in Pixeln angegeben hat, ist das also ganz einfach.

Wir haben jetzt also einem Textelement (h1), dessen Inhalt auf unseren Seiten in eine Zeile passt, mit 80 Pixeln einen Zeilenabstand gegeben, der genau der Höhe des Elternelements (#kopfleiste) entspricht. Deshalb ist die Überschrift jetzt vertikal mittig in der Kopfleiste positioniert und nicht mehr am oberen Rand, was uns viel besser gefällt.

Weiter geht es mit dem *Text des Navigationsmenüs*. Er besteht hier ja aus li-Elementen. Wir benutzen wieder einen präzisen, einschränkenden Selektor, damit kein Browser-Stylesheet unsere Angaben überschreibt und wir in Zukunft in anderen Bereichen der Seite li-Elemente einfügen können, die nicht genauso gestaltet sind wie die Elemente im Navigationsmenü.

Schritt 5 | Ergänzen Sie die CSS-Datei um ein neues Format für li-Elemente, die sich im menu-div befinden:

```
#menu li {}
```

Schritt 6 | Geben Sie dem neuen Format folgende Eigenschaft:

```
font-size: 16px;
```

Damit hätten wir die Schriftgröße der Einträge im Navigationsmenü selbst bestimmt. Der Abstand zwischen den einzelnen Einträgen gefällt uns noch nicht, aber da diese ja kein Element mit mehreren Textzeilen sind, sondern separate li-Elemente mit jeweils einer Textzeile, ist line-height hier nicht zielführend. Wir werden uns später um den Abstand zwischen den Links kümmern.

Stattdessen geht es jetzt mit dem *Inhaltsbereich* weiter. Hier wollen wir Schriftgröße und Zeilenabstand des darin enthaltenen Texts bestimmen. Wir müssen aber beachten, dass es zwei unterschiedliche Textelemente gibt, die auch unterschiedlich gestaltet werden sollten – die Textabsätze p sowie die Überschrift h2.

Damit wir die Elemente wie die Überschrift in der Kopfleiste und die Listeneinträge in der Navigationsleiste präzise ansprechen, wählen wir entsprechende Selektoren.

Schritt 7 | Erstellen Sie ein neues Format in Ihrer CSS-Datei mit dem Selektor #inhalt h2 und den folgenden Eigenschaften:

```
font-size: 16px;
line-height: 1.4;
```

Der Zeilenabstand kann also auch mit einer einfachen Zahl statt einem Pixelwert angegeben werden. Der Browser multipliziert in dem Fall die Zahl mit der Schriftgröße des Elements, um den Zeilenabstand zu errechnen. Dieser beträgt hier also 16 × 1,4 Pixel. Beachten Sie aber, dass (wie überall in CSS) als Dezimaltrennzeichen der angelsächsische Punkt anstatt eines deutschen Kommas verwendet wird.

Schritt 8 | Erstellen Sie ein weiteres neues Format, und zwar mit dem Selektor `#inhalt p` und den folgenden Eigenschaften:

```
font-size: 15px;
line-height: 1.3;
```

Schauen wir uns an, was unsere Änderungen an der Gestaltung der Textelemente bewirkt haben.

Schritt 9 | Speichern Sie die CSS-Datei, und öffnen Sie die Startseite im Browser (siehe Abbildung 5.23).

Abbildung 5.23 In Safari ist die Überschrift jetzt etwas größer, der Zeilenabstand im Inhaltsbereich ebenfalls. So sind die langen Zeilen etwas angenehmer zu lesen.

Je nach Standard-Stylesheet Ihres Browsers führt nicht jede angegebene Eigenschaft auch zu einer anderen Darstellung. In Safari zumindest ist die Überschrift im Inhaltsbereich etwas größer geworden. Und der Text im Inhaltsbereich hat einen größeren Zeilenabstand; so finden wir das Lesen angenehmer.

Was den Textelementen auf unseren Seiten jetzt noch fehlt, ist *Feintuning an der Schriftfarbe*. Als Erstes wollen wir die Schrift im Inhaltsbereich und im Navigationsmenü ändern. Die wird bislang vom Browser ganz schwarz angezeigt, aber so viel Kontrast muss nicht sein. Wir wählen lieber ein dunkles Grau.

Da dieses Farbdesign, also dunkelgrauer Text auf hellgrauem Grund, der Standard für unsere Seiten sein soll und die dafür verantwortliche Eigenschaft auch standardmäßig vererbt wird, können wir sie in das Format für das body-Element schreiben. Elemente, die davon abweichen, also die Kopfleiste, bekommen dann ihre eigenen Anweisungen.

Schritt 10 | Definieren Sie die Textfarbe für das body-Element, und zwar mit der neuen CSS-Eigenschaft color:

```
color: #555555;
```

Der Wert dieser Eigenschaft besteht aus einem Doppelkreuz und dem Hexcode für den Farbton. Das kennen Sie schon von der Hintergrundfarbe. Damit geht es weiter zur Kopfleiste. Diese unterscheidet sich wie gesagt vom Standard-Farbdesign unserer Layoutelemente. Ihr blauer Hintergrund bietet weniger Kontrast zur dunklen Schriftfarbe. Deshalb wählen wir für die Kopfleiste eine helle Schriftfarbe, damit die Überschrift besser lesbar ist.

Schritt 11 | Fügen Sie dem Format, das für das h1-Element in der Kopfleiste gilt, die Eigenschaft color hinzu:

```
color: #FAF9F8;
```

Als Wert wählen wir dasselbe Hellgrau, das das Navigationsmenü und der Inhaltsbereich als Hintergrund haben. Tendenziell sieht es immer professioneller aus, wenn auf einer Seite möglichst wenig unterschiedliche Farbtöne benutzt werden.

Schritt 12 | Speichern Sie die CSS-Datei ab, und öffnen Sie die Startseite im Browser (siehe Abbildung 5.24).

Damit haben wir die Textelemente der Seiten grundsätzlich formatiert. Zwei Details wollen wir aber noch ändern, mit denen Sie weitere wichtige Formatierungsmöglichkeiten für Schrift auf Webseiten lernen.

Auf der Startseite kommt im Inhaltsbereich auch der Name der Praxis bzw. des Arztes vor, »Dr. Bloemkamp«. Den würden wir gern hervorheben, denn Besucher sollen auch an dieser Stelle schnell erkennen können, auf wessen Website sie gelandet sind.

Im Quelltext ist der Name allerdings nur ein Teil des Inhalts eines p-Elements. Wenn wir jetzt das gesamte p-Element anders gestalten, ist der Name nicht hervorgehoben.

Abbildung 5.24 Die neuen Schriftfarben bieten genügend Kontrast zum Hintergrund und vermeiden totales Schwarz, das manche Benutzer genauso wie reines Weiß als zu hart empfinden.

Es gibt mit HTML und CSS aber mehrere Möglichkeiten, nur einen Teil eines Textelements zu gestalten. Dazu müssen wir den gewünschten Textbereich erst einmal in ein eigenes Element packen. HTML5 sieht für diesen Zweck mehrere Elemente vor:

- em für Text, den man »betonen« will
- strong für Text, den man für »wichtig« erachtet – tendenziell noch wichtiger als »betonter« Text
- span, wenn mit der besonderen Gestaltung keine Aussage in Relation zum restlichen Text verbunden wird

Außerdem gibt es noch zwei ältere HTML-Elemente, die in diesem Zusammenhang häufig benutzt werden:

- i für Text, der in Schrägschrift dargestellt werden soll
- b für Text, der in Fettschrift dargestellt werden soll

Welche dieser vielen Optionen ist die beste? Erst einmal müssen Sie bedenken, dass wie bei allen HTML-Elementen gilt: Wenn Sie keine Gestaltungsanweisungen per CSS angeben, sind Sie davon abhängig, wie die Standardformate der Browser Ihre Seite gestalten. Die älteren Elemente i und b werden von jedem Browser schräg bzw. in Fettschrift dargestellt, weil die beiden Elemente die HTML-Entsprechungen der traditionellen Textformatierung in Büchern usw. darstellen. Die Elemente em und strong werden von den meisten Browsern ebenfalls schräg bzw. fett dargestellt – das könnte sich aber ändern. Und das span-Element ist standardmäßig mit gar keiner besonderen Gestaltung verknüpft.

Den Aufwand für ein eigenes Format sollten Sie also bei jeder dieser Möglichkeiten betreiben; dieser Aspekt hilft somit nicht bei der Entscheidungsfindung für eines der Elemente.

Der zweite Faktor bei der Entscheidungsfindung ist folgender: Grundsätzlich sollen bei HTML und CSS Struktur und Gestaltung getrennt werden, damit die verschiedenen Nutzer einer Webseite nicht an eine Gestaltung gebunden sind, die für sie unpassend ist. Die Elemente i und b haben aber keinerlei strukturierende Aussage, sondern sind rein gestaltend. Deshalb widersprechen sie dem Grundsatz der Trennung und sollten nicht benutzt werden. Wir haben Ihnen trotzdem beide Elemente erklärt, damit Sie andere Seiten im Internet besser verstehen, die noch i und b benutzen.

Die Elemente em und strong dagegen haben eine strukturierende (oder auch *semantische*) Aussage: Der darin enthaltene Text soll betont werden oder er ist wichtig. Sie entsprechen also eher dem Ideal, Struktur und Gestaltung zu trennen, und sind bestens für unser Ziel geeignet, den Namen der Praxis als wichtig zu kennzeichnen.

> **Das span-Element**
> Für die Gestaltung von einzelnen Textabschnitten ist das span-Element nur empfehlenswert, wenn Sie keine inhaltliche Aussage in Relation zum restlichen Text treffen wollen. Aber für Zwecke, die mit der Gestaltung nichts zu tun haben, ist das span-Element erste Wahl: Wenn Sie etwa einem Textabschnitt eine eigene id geben wollen, umgeben Sie ihn mit dem span-Element, das das entsprechende Attribut bekommt.

Schritt 13 | Umgeben Sie also den entsprechenden Teil des Texts im Inhaltsbereich der Startseite *index.html* mit einem strong-Element:

```
<p>Ob Sie eine hartnäckige Erkältung plagt oder Sie eine schwere Krankheit
haben – wir kümmern uns um Sie. <strong>Dr. Bloemkamp</strong> und sein Praxis-
team sorgen dafür, dass Sie so schnell wie möglich wieder genesen. Dabei steht
das persönliche Gespräch im Vordergrund, nicht das Verschreiben von Medikamen-
ten oder die Nutzung von Geräten.</p>
```

Um sicherzustellen, dass der Name auch von Browsern in Fettschrift dargestellt wird, deren Standardformat für strong-Elemente etwas anderes bestimmt, fügen wir unserem Stylesheet entsprechende Anweisungen hinzu.

Schritt 14 | Erweitern Sie die CSS-Datei um ein Format mit dem Selektor strong, und geben Sie ihm folgende neue CSS-Eigenschaft:

font-weight: bold;

Mit der Eigenschaft font-weight bestimmen Sie also die Dicke von Text. Der Wert bold steht für Fettschrift, und mit dem Wert normal definieren Sie normale Dicke. Moderne Browser verstehen auch Zahlenangaben von 100 bis 900 als Wert, wobei laut W3C 400 wie normal und 700 wie bold dargestellt werden soll.

Als zweite Detailänderung am Text wollen wir noch die h2-Überschrift im Inhaltsbereich jeder Seite horizontal mittig positionieren, damit nicht alle Inhalte am linken Rand hängen und die Gestaltung so etwas aufgelockert wird.

Für die horizontale Ausrichtung von Textelementen relativ zum Elternelement ist die CSS-Eigenschaft text-align verantwortlich. Sie kann die Werte left und right für eine links- bzw. rechtsbündige Ausrichtung erhalten, den Wert center für eine zentrierte Ausrichtung und justify für Blocksatz. Außerdem gibt es natürlich den CSS-Standardwert inherit, mit dem die Formatierung des Elternelements übernommen wird.

Schritt 15 | Fügen Sie in der CSS-Datei dem Format mit dem Selektor #inhalt h2 eine weitere Eigenschaft hinzu:

text-align: center;

> **inline-Elemente vertikal ausrichten**
>
> Text und andere inline-Elemente lassen sich auch vertikal ausrichten, aber nur relativ zueinander. Die dafür verantwortliche CSS-Eigenschaft ist vertical-align. Die wichtigsten Werte sind top, middle und bottom, die ein solches Element jeweils an der oberen Kante, mittig oder an der unteren Kante des vorigen inline-Elements positionieren. Die vertikale Ausrichtung an einem block-Element wie div funktioniert damit nicht. Deshalb haben wir die Überschrift auch mit line-height ausgerichtet, was aber nur bei einzeiligem Text geht.
>
> Bei mehrzeiligem Text müssen Sie für eine vertikale Ausrichtung am Elternelement mit position und/oder padding arbeiten, wobei die Werte sich dann nach der Höhe des Elternelements und der Höhe des mehrzeiligen Texts richten.
>
> Wenn Ihre restliche HTML-Struktur nicht dagegen spricht, können Sie auch mehrzeiligen Text in block-Elementen wie div vertikal mittig ausrichten: Umgeben Sie die block-Elemente mit einem zusätzlichen div, das mit display: table formatiert wird, und formatieren Sie die block-Elemente mit display: table-cell und vertical-align: middle.

Schritt 16 | Speichern Sie die CSS-Datei, und öffnen Sie die Startseite erneut im Browser (siehe Abbildung 5.25).

Abbildung 5.25 Dank des »strong«-Elements haben wir zwei Wörter anders formatiert als den Rest des Texts, und die Überschrift im Inhaltsbereich ist jetzt zentriert.

Im Inhaltsbereich sehen Sie jetzt den in Fettschrift dargestellten Namen des Arztes sowie die horizontal zentrierte Überschrift. ∎

> **Beispielprojekt zum Download**
> Auf der Website zum Buch unter *bnfr.de/ql510* finden Sie diese Version der Beispielsite. Den Code können Sie gerne kopieren.

Die Links

Auf unseren Seiten enthalten alle Links Text, und auch dessen Gestaltung wollen wir individualisieren. Weil bei der Gestaltung von Links aber einiges zu beachten ist, bekommen sie einen eigenen Abschnitt.

Auf allen unseren Seiten sind Linkelemente im Navigationsmenü zu sehen, auf der Startseite und der Kontaktseite auch im Inhaltsbereich. In den meisten Browsern wird der Text in blauer Schriftfarbe und unterstrichen dargestellt, was uns so nicht gefällt. Auf allen Seiten außer der Startseite ist außerdem auch die Überschrift in der Kopfleiste ein Link. Hier stört uns die standardmäßige Gestaltung noch mehr: Die Kopfleiste soll auch die visuelle Identität der Praxis transportieren, und die soll sich nicht dermaßen stark ändern, nur weil die Überschrift anklickbar ist.

Schon die Farbe der Links würden wir also gern ändern. Das Blau hat einen etwas anderen Farbton als der Hintergrund unserer Kopfleiste, wir hätten also zumindest denselben Farbton verwendet. Aber wir möchten für die Website von Dr. Bloemkamp lieber, dass die Links keine eigene Schriftfarbe haben. Zwar erkennen viele Nutzer blau unterstrichenen Text sofort als Link, was die Benutzbarkeit der Seite erhöht. Aber wir denken, dass unsere Navigationsleiste auch ohne farbige Links schnell als klickbar erkannt wird, und für die Links im Inhaltsbereich reicht die Unterstreichung aus. Also ändern wir erst einmal die Gestaltung für alle Links:

Schritt 1 | Erweitern Sie Ihr CSS-Dokument um ein Format mit dem Selektor a.

Schritt 2 | Fügen Sie diesem Format folgende Eigenschaften und Werte hinzu:

```
color: inherit;
font-family: inherit;
text-decoration: none;
```

Die Eigenschaften `color` und `font-family` kennen Sie bereits. Der Wert `inherit` sorgt dafür, dass diese Eigenschaften einfach vom Elternelement geerbt werden, sodass kein Browser die Links hier separat gestaltet, sondern so wie den restlichen Text ihrer Elternelemente.

Die Eigenschaft `text-decoration` ist dagegen neu. Standardmäßig lautet ihr Wert für Links `underline`, was die Unterstreichung erzeugt. Indem wir in unserer CSS-Datei den Wert `none` angeben, überschreiben wir die Voreinstellung und sorgen dafür, dass der Linktext ganz normal dargestellt wird. Weitere Werte für `text-decoration` sind übrigens `line-through` für durchgestrichenen Text und `overline` für einen Strich über dem Text.

Allerdings haben wir mit diesem Format und dem Selektor a nur den Normalzustand der Links auf unseren Seiten geändert. Links können aber mehrere Zustände haben:

▶ **Standard**
▶ **Besucht** – Der Link wurde schon einmal vom Benutzer angeklickt.
▶ **Berührt** – Mauszeiger befindet sich in diesem Moment darüber.
▶ **Aktiviert** – Der Link wurde in diesem Moment geklickt.

So ändern beispielsweise die meisten Browser die Schriftfarbe von Blau zu Lila, wenn ein Link bereits besucht wurde.

Das im letzten Schritt erstellte Format mit dem Selektor a deckt nur den ersten Zustand (Standard) ab. Für die anderen Zustände müssen wir weitere Formate anlegen, wenn wir verhindern wollen, dass das Standard-Stylesheet des Browsers greift.

Schritt 3 | Ergänzen Sie das CSS-Dokument um neue Formate mit den Selektoren a:link, a:visited, a:hover und a:active.

Schritt 4 | Geben Sie diesen vier Formaten dieselben Eigenschaften wie dem Format mit dem Selektor a.

Schritt 5 | Speichern Sie die CSS-Datei, und öffnen Sie die Startseite erneut im Browser (siehe Abbildung 5.26).

Die Links unterscheiden sich jetzt nicht mehr von den anderen Textelementen – auch dann nicht, wenn ein Browser für einen der drei anderen Zustände eine abweichende Gestaltung bestimmt.

An zwei Stellen hätten wir aber schon gerne eine Hervorhebung der Links, nur eben selbst gestaltet. Zum einen wollen wir die Links im Inhaltsbereich unterstreichen. Denn während der Nutzer sich auch ohne Hervorhebung denken kann, dass die Einträge des Seitenmenüs Links zu weiteren Seiten der Site sind, ist das im Inhaltsbereich nicht immer der Fall. Also erstellen wir ein eigenes Format, das nur für die Links gilt, die im inhalt-div sind.

Abbildung 5.26 So sind die Links überhaupt nicht mehr vom restlichen Text zu unterscheiden.

Schritt 6 | Fügen Sie Ihrer CSS-Datei ein Format mit dem Selektor #inhalt a hinzu.

Wie Sie mittlerweile wissen, gilt dieses Format für alle a-Elemente innerhalb des Elements mit der id inhalt. Schreiben Sie es am besten unter die anderen Formate für die Links. Wir empfehlen, nach dem Motto »je präziser der Selektor, umso weiter unten in der CSS-Datei« vorzugehen.

Schritt 7 | Ergänzen Sie beim neuen Format folgende Eigenschaften:

```
color: inherit;
font: inherit;
text-decoration: underline;
```

Jetzt sind die Links im Inhaltsbereich unterstrichen, ändern aber nicht die Farbe. Die Seite wirkt so stimmiger.

Die zweite Hervorhebung, die wir auf unserer Website selbst gestalten wollen, zeigt sich beim Berühren der Links in der Navigationsleiste mit der Maus. Ein dezenter visueller Indikator ist hier gut, damit die Nutzer wissen, dass das Element, über das sie gerade mit dem Mauszeiger fahren, auch interaktiv ist. Um das zu implementieren, erstellen wir ein neues Format, das nur für Links innerhalb des Navigationsmenüs gilt, die mit der Maus berührt werden.

Schritt 8 | Erstellen Sie in Ihrer CSS-Datei ein Format mit dem passenden Selektor:

```
#menu a:hover
```

Schritt 9 | Fügen Sie dem Format folgende Eigenschaft hinzu:

```
background-color: #f2f1f0;
```

Schritt 10 | Speichern Sie die CSS-Datei, und öffnen Sie die Startseite im Browser (siehe Abbildung 5.27).

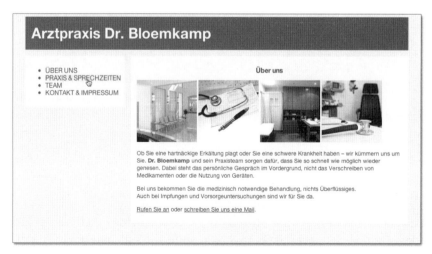

Abbildung 5.27 Jetzt haben die Links im Navigationsmenü beim Berühren mit der Maus einen leicht hervorgehobenen Hintergrund, und die Links im Inhaltsbereich sind unterstrichen.

Den ersten Unterschied erkennen Sie sofort an den beiden Links in der letzten Zeile des Inhaltsbereichs: Diese haben nun eine Unterstreichung, während die Links im Navigationsmenü nach wie vor nicht hervorgehoben sind. Den zweiten Unterschied sehen Sie, wenn Sie mit der Maus über einen der Links im Navigationsmenü fahren. Sein Hintergrund hat jetzt das gleiche Mittelgrau wie das `body`-Element – der Nutzer sieht sofort, dass dieses Element auf seine Eingaben reagiert. ∎

Mit den Linktexten haben wir jetzt die Gestaltung aller Textelemente auf unseren Seiten individualisiert. Als Nächstes wollen wir die Gestaltung des Navigationsmenüs verfeinern.

Das Navigationsmenü

Für die Struktur der Navigation verwenden wir ja ein Listenelement, das die Links zu den anderen Seiten enthält. Listen werden vom Browser standardmäßig mit *Aufzählungszeichen* links neben den Einträgen dargestellt. Wir haben ja eine ungeordnete Liste, deshalb hat sie Punkte als Aufzählungszeichen (auf Englisch heißen sie *bullet points*). Bei Listen innerhalb von Text und mit längeren Einträgen sind Aufzählungszeichen wichtig für die Übersicht. Aber in so einer Navigationsleiste mit kurzen Einträgen stören sie eher. Deshalb entfernen wir sie.

Schritt 1 | Fügen Sie der CSS-Datei ein neues Format mit dem Selektor `#menu ul` hinzu.

Der Selektor gilt also für alle `ul`-Elemente innerhalb des Elements mit der `id menu`.

Schritt 2 | Geben Sie dem Format die neue CSS-Eigenschaft `list-style-type` mit dem Wert `none`:

```
list-style-type: none;
```

Andere gültige Werte für diese Eigenschaft sind zum Beispiel `circle` für den standardmäßigen Punkt oder `square` für ein kleines Quadrat als Aufzählungszeichen.

Damit sind wir die Aufzählungszeichen im Navigationsmenü los. Durch den präzisen Selektor sind weitere Listen, die wir vielleicht in Zukunft in anderen Seitenbereichen platzieren möchten, von diesem Format nicht betroffen.

Viele Browser lassen auf der linken Seite der Listeneinträge auch dann etwas zusätzlichen Platz, wenn gar keine Aufzählungszeichen mehr angezeigt werden. Um das zu ändern, legen wir das `padding` des `ul`-Elements für alle vier Seiten manuell auf 0 Pixel fest.

Schritt 3 | Schreiben Sie im neu angelegten Format für die `ul`-Liste:

```
padding: 0px;
```

Damit rückt die gesamte Liste so weit nach links, wie sie nach dem Entfernen der Aufzählungszeichen platziert sein sollte.

Die Zeichen waren zwar störend, aber ein bisschen mehr voneinander abgegrenzt könnten die Listeneinträge schon sein. Dazu geben wir ihnen etwas margin und padding.

Schritt 4 | Fügen Sie dem bereits existierenden Format mit dem Selektor #menu li folgende Eigenschaften hinzu:

```
margin: 0px 0px 15px 0px;
padding: 0px 10px 0px 10px;
```

Wie gehabt geben wir auch Werte für Richtungen an, die wir gar nicht ändern wollen, damit kein Browser-Stylesheet etwas anderes bestimmen kann. Hier sehen Sie auch, dass bei dieser Art von kombiniertem Selektor die mit dem zweiten Selektor bestimmten Elemente keine direkten Kinder des mit dem ersten Selektor bestimmten Elements sein müssen – denn hier ist das Elternelement der li-Elemente ja nicht das div-Element, sondern das ul-Element.

Schritt 5 | Speichern Sie die CSS-Datei, und öffnen Sie die Startseite erneut im Browser (siehe Abbildung 5.28).

Abbildung 5.28 Ohne Aufzählungszeichen und mit mehr Abstand zwischen den Links ist das Navigationsmenü doch schöner.

Die Aufzählungszeichen sind verschwunden, und die einzelnen Listeneinträge sind jetzt nach oben und unten erkennbar voneinander getrennt.

Wenn Sie ein wenig mit dem Navigationsmenü herumspielen und durch die einzelnen Unterseiten navigieren, wird Ihnen aber Folgendes auffallen: Der Nutzer sieht dem Menü nicht an, dass sein Browser auf einen Klick reagiert hat. Natürlich erscheint im Inhaltsbereich ein neuer Inhalt, wenn Sie zum Beispiel von der Startseite auf die Teamseite wechseln. Aber die Nutzer sind es von den meisten Seiten gewohnt, dass sich beim Seitenwechsel auch das Navigationsmenü visuell ändert. Der aktuell ausgewählte Menüpunkt sollte hervorgehoben sein.

Das erreichen wir am einfachsten, wenn wir immer dem Menüeintrag, der die aktuell angezeigte Seite repräsentiert, eine abweichende Hintergrundfarbe geben. Um dem Eintrag ein besonderes Format zuweisen zu können, müssen wir ihn aber im HTML erst einmal von den anderen Einträgen unterscheiden.

Das machen wir mit einem neuen Attribut, das Sie für Ihre Webprojekte häufig benutzen werden: `class`. Indem Sie mehreren Elementen auf einer Seite – oder mehreren Elementen auf den verschiedenen Unterseiten einer Website – denselben Wert für das Attribut `class` geben, fassen Sie sie zu einer Gruppe zusammen. Für die Elemente dieser Gruppe können Sie dann eigene CSS-Formate bestimmen.

Übrigens können Sie einem Element auch mehrere Klassen geben. In diesem Fall trennen Sie sie mit einem Leerzeichen: `class="klasse1 klasse2"`. Für die Links, die wir gesondert formatieren wollen, reicht aber eine Klasse.

Schritt 6 | Fügen Sie auf allen vier Seiten dem `li`-Element, das keinen Link enthält, das Attribut `class` mit dem Wert `current` hinzu (hier nur am Beispiel der Startseite gezeigt):

```
<li class="current">Über uns</li>
```

Um mit einem CSS-Format nur Elemente einer bestimmten Klasse anzusprechen, benutzen Sie im Selektor einen Punkt vor dem Klassennamen:

`.current`

Dieser Selektor gilt also für alle Elemente in den mit der CSS-Datei verknüpften HTML-Dokumenten, die das Attribut `class` mit dem Wert `current` haben.

Mit einer weiteren neuen Art von Selektor schränken Sie die Gültigkeit des Formats weiter ein, um im Hinblick auf zukünftige Änderungen am HTML auf der sicheren Seite zu sein:

`li.current`

Dieser Selektor gilt nur für `li`-Elemente mit der Klasse `current`, nicht für andere Elemente mit dieser Klasse.

Der Selektor lässt sich natürlich auch wie in den letzten Abschnitten mit anderen Selektoren kombinieren, und genau das brauchen wir für unseren hervorgehobenen Listeneintrag:

Schritt 7 | Ergänzen Sie Ihre CSS-Datei um ein neues Format mit dem Selektor #menu li.current.

Ein solches Format gilt also für alle li-Elemente, die a) Kindelemente des Elements mit der id menu sind, *und* b) der class mit dem Namen current angehören.

Schritt 8 | Schreiben Sie die Eigenschaft für eine Hintergrundfarbe in das neue Format:

background-color: #366BF4;

Damit hat der Eintrag im Navigationsmenü, der der aktuell angewählten Seite entspricht, dieselbe blaue Hintergrundfarbe wie die Kopfleiste und ist somit schnell zu erkennen. Der Text des Listeneintrags ist aber immer noch dunkelgrau. Von dem jetzt blauen Hintergrund hebt er sich nicht mehr so gut ab. Wie bei der Überschrift in der Kopfleiste geben wir ihm deshalb die hellgraue Schriftfarbe.

Schritt 9 | Ergänzen Sie das neue Format für den current-Listeneintrag um die entsprechende Eigenschaft:

color: #FAF9F8;

Schritt 10 | Speichern Sie die vier HTML-Seiten und die CSS-Datei, und öffnen Sie die Startseite erneut im Browser (siehe Abbildung 5.29).

Abbildung 5.29 Der aktuell ausgewählte Eintrag im Navigationsmenü wird jetzt hervorgehoben.

Wenn Sie jetzt durch die Unterseiten navigieren, ist die aktuelle Seite im Navigationsmenü stets blau hinterlegt. Man sieht sofort, welchem Teilbereich der Site der aktuelle Inhalt entspricht, den man im Inhaltsbereich sieht. ∎

Hintergrund: Viele CSS-Werte, aber welcher wird berücksichtigt?

Da Sie nun mit dem Ansprechen der Klasse alle Arten von Selektoren kennen, die Sie für Ihre ersten Websites brauchen, wollen wir uns noch einmal tiefergehend mit einer Frage beschäftigen, die für die Arbeit mit CSS sehr wichtig ist: Wenn auf ein Element mehrere Formate mit derselben Eigenschaft zutreffen, deren Werte sich widersprechen, welcher Wert wird dann vom Browser berücksichtigt?

Wir hatten die Antwort an einigen Stellen schon angedeutet, wollen die Regeln aber noch einmal grundsätzlich festhalten: Je *präziser* der Selektor und je *individueller* die Herkunft eines Formats ist, umso eher gilt der Wert einer darin enthaltenen Eigenschaft.

Ein Selektor ist umso präziser, je exklusiver die Bedingungen sind, die ein Element erfüllen muss, um davon betroffen zu sein: Der Selektor `#inhalt` zum Beispiel ist präziser als der Selektor `div`, weil die `id` eine exklusivere Bedingung ist als der Elementtyp. Bei gleicher Exklusivität gilt die Anzahl an Bedingungen: Der Selektor `#inhalt ul li` ist präziser als der Selektor `#inhalt li`, weil er zwar gleich exklusive Bedingungen enthält, aber mehr davon.

Wenn Ihr HTML ähnlich ist wie beispielsweise folgende Zeilen, müssen Sie hier aufpassen:

```
<div id="inhalt">
   <p id="absatz">Text</p>
</div>
```

Vielleicht würden Sie zur Formatierung des Textabsatzes nämlich ein Format mit einem Selektor benutzen wollen, der sich auf die `id` des Absatzelements bezieht: `#absatz`. Dann würden Sie sich jedoch darüber wundern, dass die Werte des Formats nicht berücksichtigt werden, weil es noch ein Format mit dem Selektor `#inhalt p` gibt.

Das wirkt erst mal unlogisch, weil man die `id` des eigentlichen Elements, das man gestalten will, intuitiv für wichtiger hält als die `id` eines Elternelements. Aber nach den CSS-Regeln gilt jede `id` als Bedingung gleich viel, egal ob sie zum Element gehört, das man gestalten will, oder zu einem seiner Elternelemente. Und weil der zweite Selektor bei gleicher Exklusivität noch eine zusätzliche Bedingung enthält, wird er bevorzugt.

Von den Ihnen bislang bekannten Selektoren ist der für die id am exklusivsten. Der Selektor für die Klasse ist schon weniger exklusiv, und der Selektor für den Elementtyp ist am wenigsten exklusiv.

Bei Formaten mit gleich präzisen Selektoren entscheidet die Individualität ihrer Herkunft: Kommt das Format aus Ihrem eigenen Stylesheet, gilt es mehr als ein Format aus dem Standard-Stylesheet des Browsers.

Und wenn schließlich sowohl Präzision als auch Individualität gleich sind – wenn Sie also zum Beispiel in Ihrer CSS-Datei drei verschiedene Formate mit gleich präzisem Selektor haben, in denen die font-size mit unterschiedlichen Werten angeben wird –, dann wird derjenige Wert benutzt, der innerhalb der Datei am weitesten unten steht.

Mit diesem Wissen finden Sie schneller heraus, warum ein bestimmtes Element nicht so dargestellt wird, wie Sie das möchten: Entweder trifft ein anderes Format aus Ihrem Stylesheet zu, dessen Selektor präziser ist, oder das Standard-Stylesheet des Browsers enthält ein zutreffendes Format, dessen Selektor präziser ist. Eine dritte, wenn auch seltene Möglichkeit ist, dass es in Ihrer CSS-Datei weiter unten noch ein gleichwertiges Format gibt.

Die Tabelle

Da wir uns bislang immer die Startseite angeschaut haben, um Änderungen an der Gestaltung nachzuverfolgen, haben wir ein Element noch gar nicht bedacht, das aber definitiv noch eine bessere Gestaltung braucht: die Tabelle auf der Praxisseite *praxis.html* (siehe Abbildung 5.30).

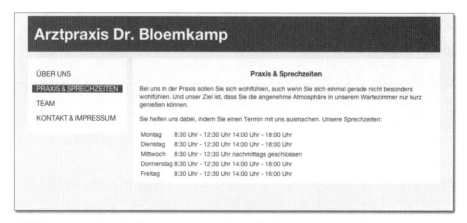

Abbildung 5.30 Die Tabelle kann noch lesefreundlicher gestaltet werden.

Als Erstes brauchen die einzelnen Zellen der Tabelle noch mehr Luft, sie kleben zu sehr aneinander. Das lösen wir mit `padding` für die Zellenelemente. Falls wir in Zukunft auf einer Seite weitere Tabellen einbauen sollten, sehen wir momentan keinen Grund, warum die nicht genauso gestaltet sein sollten wie die Tabelle mit den Öffnungszeiten. Deshalb benutzen wir hier keine präzisen Selektoren.

Schritt 1 | Fügen Sie der CSS-Datei ein Format für `td`-Elemente hinzu, und geben Sie ihm ein `padding` von 15 Pixeln in jede Richtung:

```
padding: 15px;
```

Schritt 2 | Speichern Sie die CSS-Datei, und öffnen Sie die Praxisseite *praxis.html* im Browser.

Jetzt hat der Text deutlich mehr Luft, und man findet schneller die richtigen Öffnungszeiten. Damit die Tabelle noch einfacher zu lesen ist, sollen die Zeilen noch eine wechselnde Hintergrundfarbe bekommen – so verrutscht das Auge nicht so leicht in der Zeile.

Dazu müssen wir, wie bei dem `current`-Link im Navigationsmenü, erst einmal das HTML so ändern, dass wir die abwechselnden Zeilen getrennt ansprechen können.

Schritt 3 | Geben Sie jedem zweiten `tr`-Element (also den Zeilen für Dienstag und Donnerstag) die Klasse `zweitezeile`:

```
<tr class="zweitezeile">
```

Schritt 4 | Fügen Sie Ihrer CSS-Datei ein entsprechendes Format mit dem Selektor `tr.zweitezeile` hinzu.

Dieses gilt nur für `tr`-Elemente, die die Klasse `zweitezeile` haben, also nicht für die anderen Zeilen.

Geben Sie dem Format die Eigenschaft für einen mittelgrauen Hintergrund:

```
background-color: #f2f1f0;
```

Wenn Sie das HTML-Dokument und das Stylesheet speichern und die Praxisseite erneut im Browser öffnen, werden Sie sehen, dass der graue Hintergrund noch von schmalen Strichen unterbrochen wird – das ist der Rahmen der Zellen, der wegen der hellen Hintergrundfarbe vorher nicht sichtbar war.

Schritt 5 | Um die Rahmen zu deaktivieren, fügen Sie der CSS-Datei noch ein weiteres Format mit dem Selektor `table` und folgender Eigenschaft hinzu:

```
border-collapse: collapse;
```

Schritt 6 | Speichern Sie die Praxisseite und das Stylesheet, und öffnen Sie die Praxisseite erneut im Browser (siehe Abbildung 5.31).

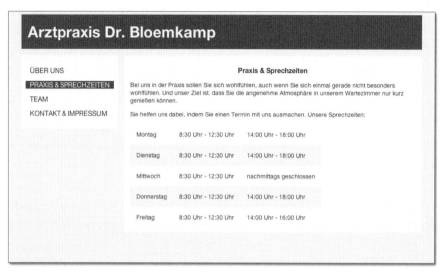

Abbildung 5.31 Dank des großzügigen Abstands zwischen den Zellen und des alternierenden Zeilenhintergrunds ist die Tabelle sehr viel angenehmer fürs Auge und ihr Inhalt schneller zu erfassen.

Jetzt sehen Sie eine gut gestaltete Tabelle: Es gibt genügend Platz zwischen den Zellen, und ein alternierender Zeilenhintergrund macht es einfach, die Daten zu erfassen. ∎

Grafische Effekte – Schatten für die Layoutelemente

Die Seiten des Beispielprojekts sind mittlerweile so gestaltet, dass nichts mehr störend ins Auge springt. Alles sieht sauber und stimmig aus, und wahrscheinlich wird sich kein Nutzer über die Gestaltung beschweren. Persönliche Präferenzen wie andere Farbtöne oder ein Pixel mehr oder weniger bei `margin` oder `padding` können dank der CSS-Datei schnell umgesetzt werden.

Moderne Browser und die Eigenschaften des CSS3-Standards können aber nicht nur eine saubere Darstellung, sondern auch richtig schöne grafische Effekte erzeugen. Früher mussten Webdesigner dafür komplizierte Lösungen finden und etwa grafische Effekte zuerst mit einer Bildbearbeitungssoftware erstellen, um sie dann als Hintergrundbilder in die Seite einzubauen. Dank CSS3 geht vieles davon so einfach wie die Änderung der Schriftgröße: Sie definieren einfach Eigenschaften samt Werten, und Ihr Browser macht den Rest.

Das probieren wir jetzt mit der CSS-Eigenschaft `box-shadow` aus. Wenn Sie einem HTML-Element wie `div` diese Eigenschaft zuweisen, zeichnet der Browser einen Schlagschatten um den rechteckigen Rand des Elements. Wir wollen unsere drei Layoutelemente mit einem solchen Schlagschatten ausstatten, damit sie sich etwas deutlicher vom Hintergrund abheben.

Schritt 1 | Erweitern Sie in Ihrer CSS-Datei die Formate für das `kopfleiste-div`, das `menu-div` und das `inhalt-div` um folgende Anweisung:

```
box-shadow: 2px 2px 2px 0px #515151;
```

Diese verkürzte Schreibweise mehrerer Werte für eine Eigenschaft kennen Sie bereits von `margin` und `padding`. Bei `box-shadow` sind die ersten beiden Werte Pflicht, die Werte 3 und 4 optional. Der Farbwert ganz hinten ist zwar laut W3C ebenfalls optional, geben Sie ihn aber immer an – er definiert die Farbe des Schattens.

Und was machen die ersten vier Werte? Sie können einfach ein wenig mit den Zahlen herumspielen, um selbst zu sehen, wie sie den Schatten der Elemente beeinflussen. Dahinter verbirgt sich folgendes Prinzip: Der Schatten eines Elements ist genauso groß wie das Element selbst, hat also die gleiche Breite und Höhe. Er befindet sich aber zunächst direkt unter dem Element, das ihn erzeugt, sodass er nicht sichtbar ist. Mit dem ersten der vier Werte verschieben Sie den Schatten dann nach rechts (positiver Wert) oder nach links (negativer Wert), sodass er unter dem Element hervorschaut und sichtbar wird. Mit dem zweiten Wert verschieben Sie den Schatten nach unten (positiver Wert) bzw. nach oben (negativer Wert).

Der dritte Wert gibt an, wie stark der Schatten verwischt werden soll – also ob er eine harte Kante haben oder nach außen hin unscharf werden soll. Wenn Sie hier zum Beispiel 4 Pixel angeben, bekommen Sie einen zusätzlichen unscharfen Bereich, der sich vom Rand des eigentlichen Schattens 2 Pixel nach innen und 2 Pixel nach außen erstreckt. Der Schatten läuft dann nach außen langsam aus und wird irgendwann unsichtbar. Mit dem vierten Wert schließlich können Sie den Schatten größer machen als das Element, das ihn verursacht.

Der Browser kann übrigens auch einen Schlagschatten zeichnen, der nicht außerhalb des Elements liegt, sondern innerhalb. Dazu geben Sie der Eigenschaft `box-shadow` nach dem Hexcode für die Farbe noch einen sechsten Wert, `inset`.

Schritt 2 | Speichern Sie die CSS-Datei, öffnen Sie die Startseite erneut im Browser, und betrachten Sie Ihr Werk (siehe Abbildung 5.32).

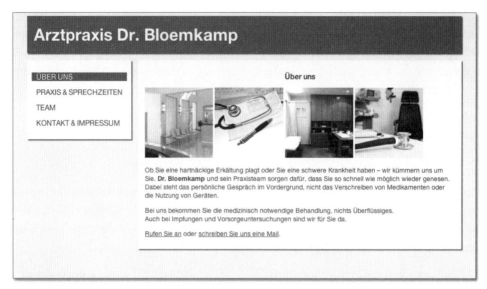

Abbildung 5.32 Kopfleiste, Navigationsmenü und Inhaltsbereich heben sich dank eines Schlagschattens noch besser vom Hintergrund des »body«-Elements ab.

Die drei Layoutelemente haben jetzt einen Schlagschatten, der sie stärker vom Hintergrund abhebt.

Damit haben wir unser Konzept vollständig umgesetzt. Wir haben eine Website für die Arztpraxis von Dr. Bloemkamp mit mehreren Unterseiten erstellt, die über Öffnungszeiten und Personal informiert und alle Kontaktmöglichkeiten auflistet. Mit den in diesem Kapitel gezeigten HTML-Elementen und CSS-Eigenschaften können Sie eine ähnliche Seite für die unterschiedlichsten Zwecke erstellen, zum Beispiel für einen Sportverein oder eine kleine Firma. ∎

> **Beispielseiten zum Download**
>
> Die in diesem Abschnitt erstellte Version der Beispielwebsite finden Sie unter *bnfr.de/ql511* auf der Website zum Buch. Das HTML und CSS können Sie gerne kopieren.

5.4 Fazit

In diesem Kapitel haben Sie gelernt, eine ganze Website selbst von Grund auf anzulegen, die Seiten mit HTML zu strukturieren und mit CSS zu gestalten. Sie haben viele neue HTML-Elemente kennengelernt, darunter Listen, Links, Bilder und Tabellen. Sie haben auch gelernt, wie Sie eine HTML-Seite mithilfe von `div`-Elementen in abgetrennte Bereiche unterteilen oder wie Sie Elemente mit `id`- und `class`-Attributen kennzeichnen und so für CSS-Formate mit präziseren Selektoren ansprechbar machen.

Sie haben außerdem den Unterschied zwischen festen und flexiblen Abmessungen kennengelernt sowie eine sinnvolle Vorgehensweise bei der Umsetzung eines geplanten Layouts: Man bestimmt die Größe der Seitenelemente, ihre Position und die Abstände nach außen und nach innen. Das Verfeinern der Schrift, der Farben und anderer Aspekte haben das Kapitel abgerundet.

Noch ist die gesamte Website aber auf Ihrem Computer gespeichert, und nur Sie können sie im Browser betrachten. Es wird Zeit, Ihre erste eigene Website ins Internet zu bringen und für andere Menschen verfügbar zu machen. Im nächsten Kapitel werden wir genau damit beginnen.

> **Tabellen mit Elementen, CSS-Eigenschaften und -Selektoren zum Nachschlagen**
>
> Im Anhang dieses Buches finden Sie Tabellen, in denen Sie übersichtlich die wichtigsten HTML-Elemente, CSS-Eigenschaften und CSS-Selektoren finden können. Lassen Sie bei der Gestaltung Ihrer eigenen Websites Ihrer Kreativität freien Lauf, und probieren Sie neue Elemente und Eigenschaften aus!

Kapitel 6
Die eigene Website im Internet

Jetzt geht Ihre erste eigene Website endlich online, das Publikum stellt Sie aber auch vor neue Aufgaben. Wir zeigen Ihnen Lösungen und erklären, warum Neugier der Weg zu immer besseren Websites ist.

Im letzten Kapitel haben Sie Ihre erste vollständige Website mit HTML und CSS selbst erstellt. Damit andere Menschen Ihre Site auch online sehen können, muss sie aber auf einem Webserver liegen. Wie die Site dort hinkommt, zeigen wir im ersten Teil dieses Kapitels.

Wenn Sie die Website anderen Nutzern verfügbar machen, stehen Sie vor einer neuen Herausforderung: Bislang haben nur Sie die Website betrachtet, in einem Browser, den wir Ihnen empfohlen haben, weil damit alle CSS-Eigenschaften richtig angezeigt werden. Ihre Besucher benutzen aber vielleicht ganz andere Browserversionen und Geräte, auf denen Ihre Website vielleicht anders aussieht als bei Ihnen.

Wie Sie diese Darstellungsunterschiede minimieren und wie Ihre Seiten immer eine gute Figur machen, egal ob auf dem Smartphone, auf einem Desktop-Monitor oder beim Ausdrucken, das erklären wir in den weiteren Teilen des Kapitels.

Am Ende zeigen wir Ihnen, wie Sie mit der Komplexität und den laufenden Änderungen des Webs umgehen und wie Sie immer mehr dazulernen, sodass Ihre Websites immer besser werden.

6.1 Die Website ins Internet bringen

Jetzt sehen wir uns aber erst einmal die nötigen Schritte an, um aus der lokalen Site auf Ihrem Computer auch wirklich eine im Internet verfügbare *Web*-Site zu machen.

6.1.1 Speicherplatz auf einem Webserver

Der erste Schritt auf dem Weg ins Internet besteht daraus, *Webspace* auf einem Server zu bekommen. *Webspace* ist mal wieder ein englischer Ausdruck und bezeichnet den

(*Speicher-*)*Platz* für Internetangebote, der auf einem Webserver liegt – also auf einem Computer, der an das Internet angeschlossen ist und Dateien zur Verfügung stellt.

Onlinespeicherplatz ist nicht teuer. Es gibt sogar komplett kostenlose Angebote, von denen manche auch genügend Leistung bieten, um kleinere Websites betreiben zu können. Und auch dann, wenn für Sie eher kostenpflichtige Angebote infrage kommen, brauchen Sie für Ihre ersten Projekte höchstens 5 EUR im Monat einzuplanen. Teurer wird's erst für Websites mit Tausenden Besuchern täglich.

> **Wie funktioniert kostenloser Webspace?**
>
> Die kostenlosen Anbieter finanzieren sich meistens über Pop-Up-Werbung, die auf Ihren Seiten eingeblendet wird. Manche hoffen auch darauf, dass Sie nach einer Weile auf ein kostenpflichtiges Angebot umsteigen. Eine Übersicht mit vielen kostenlosen Anbietern gibt es beim *Open Directory Project* (siehe *bnfr.de/ql601*).
>
> Wir finden kostenlose Angebote aber nicht überzeugend, einfach weil die Werbeeinblendungen störend sind und guter, werbefreier Webspace mittlerweile sehr günstig zu haben ist.

Wir empfehlen bei der Entscheidung für oder gegen kostenpflichtigen Speicherplatz folgenden Grundsatz: Spätestens sobald Sie planen, mit einer Website (für Sie oder einen Auftraggeber) Geld zu verdienen, sollten Sie einen kostenpflichtigen Anbieter wählen, dessen Server in Deutschland stehen. So ist Ihre Website für Nutzer aus Deutschland möglichst schnell und durchgehend erreichbar, und Sie haben einen eindeutigen Ansprechpartner für Fragen oder wenn es doch mal zu Problemen kommen sollte.

Es würde leider wenig Sinn machen, Ihnen jetzt einen Überblick über die kostenpflichtigen Angebote zu geben. Die Anbieter wechseln sehr häufig ihre Preise und Konditionen. Ein Tarif, den wir Ihnen zum Zeitpunkt des Drucks dieses Buchs empfehlen könnten, ist wenig später vielleicht schon übertuert oder gar nicht mehr verfügbar. Sie finden die neuesten Angebote aber schnell selbst, wenn Sie in einer Suchmaschine »Webspace Anbieter Deutschland« eingeben.

Auf der Website zum Buch können wir besser auf wechselnde Konditionen reagieren. Wenn wir auf empfehlenswerte Angebote stoßen, finden Sie diese auf der Website zum Buch (siehe *bnfr.de/ql602*).

Aber wie viel Geld müssen Sie bei einem bestimmten Projekt für den Webspace konkret einplanen? Grundsätzlich richten sich die Kosten nach zwei Dingen: nach der Menge an *Speicherplatz*, der Ihnen für HTML-Dokumente und Multimediadateien auf dem Server zur Verfügung steht, sowie nach dem *Traffic*. Das ist die übertragene Datenmenge, die jeder Besucher der Website verursacht – alle aufgerufenen Dateien werden ja vom Server auf das Gerät des Besuchers kopiert.

Vor allem die großen Webspace-Dienstleister überbieten sich ständig mit immer absurderen Speicher- und Trafficmengen, die in ihren Tarifen inbegriffen sind. Aber in der Praxis ist der benötigte Speicherplatz und Traffic der meisten Websites recht überschaubar, solange auf der Site nicht viele Musik- oder gar Videodateien zum Herunterladen bereitstehen. Wenn Ihre Nutzer viele solcher Dateien herunterladen sollen, schnellen die Anforderungen an den Webspace in die Höhe und sind schwierig zu kalkulieren.

Besser einschätzbar sind die Anforderungen bei Websites, die dem Nutzer lediglich Bild- und Textinformationen liefern – wie bei einer Site für eine Firma oder einen Verein. Für den benötigten Speicherplatz können Sie sich in diesem Fall an folgender Rechnung orientieren:

Dateityp	Anzahl	Größe	Speicherplatz
HTML	10	20 Kilobyte	200 Kilobyte
CSS	2	75 Kilobyte	150 Kilobyte
JPEG	20	150 Kilobyte	3,0 Megabyte
–	–	–	Summe: 3,35 Megabyte

Tabelle 6.1 Wie viel Webspace brauchen Sie?

Die HTML- und CSS-Dateien einer Site sind zusammen selten größer als ein halbes Megabyte. Bilder brauchen sehr viel mehr Platz, aber selbst mit 20 Fotos im JPEG-Format – unser letztes Beispielprojekt hatte nur 5 – braucht eine einfache Website insgesamt nicht einmal 3,5 Megabyte Speicherplatz auf dem Server.

Um realistisch zu sein, planen wir noch ein wenig Platz für JavaScript-Dateien ein, die auf den meisten Websites zum Einsatz kommen – mehr dazu folgt in Kapitel 8, »Mehr Interaktivität mit JavaScript«. Aber die brauchen ähnlich wenig Platz wie HTML- und CSS-Dateien, sodass wir selbst bei großzügiger Kalkulation noch genügend Luft für weitere Bilder haben, wenn wir den Speicherplatzbedarf Ihrer ersten Websites mit maximal 5 Megabyte beziffern.

Beim Traffic müssen Sie schätzen, wie viele Besucher die Website pro Tag haben wird. Wir haben vier Annahmen durchgerechnet, die eine große Bandbreite von Szenarien abdecken:

Speicherplatz	Nutzer/Tag	Traffic/Monat
5 Megabyte	10	1,5 Gigabyte
5 Megabyte	75	11,25 Gigabyte
5 Megabyte	250	37,5 Gigabyte
5 Megabyte	5000	750 Gigabyte

Tabelle 6.2 Wie viel Traffic verursacht Ihre Website?

Wenn täglich 10 Menschen Ihre Site besuchen, von denen wirklich jeder Einzelne alle Unterseiten anklickt, verursacht das einen Traffic von täglich 50 Megabyte. Im Monat sind das ca. 1,5 Gigabyte. So viel Traffic ist normalerweise bei jedem Anbieter schon im günstigsten Angebot enthalten.

Für eine private Site, die hauptsächlich von Freunden und Familie angesurft wird, ist das auch völlig ausreichend. Für eine Firmenwebsite zum Beispiel müssen Sie etwas mehr einplanen, aber selbst wenn man mal für ein Projekt von astronomischen 10 Gigabyte Speicherplatz und 1000 Gigabyte Traffic pro Monat ausgeht, sind diese Mengen bei vielen Webspace-Anbietern mittlerweile für nicht einmal 5 EUR pro Monat zu haben.

Kurz gesagt: Wenn Sie nicht gerade das nächste Facebook, Twitter oder YouTube planen, können Sie mit den günstigsten Tarifen einsteigen und dann immer noch erweitern, wenn Speicherplatz und Traffic tatsächlich nicht ausreichen sollten.

6.1.2 FTP – Dateien auf den Webserver kopieren

Wenn Sie dann Zugriff auf Ihren eigenen Webspace haben, kommt der zweite Schritt auf dem Weg ins Internet: Die Dateien für Ihre Website, also HTML-, CSS- und eingebundene Mediendateien, müssen auf den Server kopiert werden.

Die Kommunikation zwischen Ihrem Computer und dem Webserver läuft über FTP. Das steht für *File Transfer Protocol* und ist ein Protokoll, das den Datenaustausch regelt. Um Dateien über FTP hin- und herschicken zu können, brauchen Sie ein Programm mit FTP-Funktionalität. In manche HTML-Editoren ist diese Funktionalität schon eingebaut, sodass Sie direkt in der Editoroberfläche weiterarbeiten können. Wenn Ihr Editor FTP nicht unterstützt, gibt es sehr gute kostenlose FTP-Programme: *FileZilla* für Windows, Mac und Linux (*bnfr.de/ql603*) oder *Cyberduck* für Mac (*bnfr.de/ql604*).

Egal welches Programm Sie benutzen, die Vorgehensweise ist immer gleich. Zuerst brauchen Sie die FTP-Zugangsdaten zu Ihrem Webspace. Von manchen Anbietern bekommen Sie die Daten nach der Registrierung Ihres Speicherplatzes per E-Mail zugeschickt. Wenn nicht, müssen Sie sich auf der Website des Anbieters anmelden und die Zugangsdaten in der Nutzeroberfläche suchen. Meistens gibt es einen entsprechend benannten Menüeintrag.

Wenn Sie die Zugangsdaten haben, richten Sie mit dem FTP-fähigen Programm die Verbindung zu Ihrem Webserver ein. Cyberduck fragt gleich nach dem Öffnen des Programms nach einer Verbindung, wenn noch keine angelegt ist (siehe Abbildung 6.1).

Abbildung 6.1 Im FTP-Programm richten Sie die Verbindung zum Webserver ein.

Bei anderen Programmen müssen Sie eventuell erst die entsprechende Option im Menü suchen.

Um eine Verbindung einzurichten, geben Sie dann die Zugangsdaten ein – mindestens die URL Ihres Webspace, den Benutzernamen und das Passwort. Manchmal müssen Sie auch noch die Nummer eines *Ports* eintragen. Diese erfahren Sie gegebenenfalls auch bei Ihrem Webspace-Anbieter. Die URL ist meistens recht lang, zum Beispiel *http://nutzer69.server3.anbieter.de*.

Wenn Sie bei der Verbindungseinrichtung auch die Zeichencodierung für übertragene Dateien einstellen können, wählen Sie genau wie bei den Codierungseinstellungen im HTML-Editor die Option UTF-8.

Wenn die Verbindung eingerichtet ist, können Sie von nun an immer eine Verbindung zum Server herstellen, ohne die Zugangsdaten erneut eingeben zu müssen. Und wenn die Verbindung mit dem Server hergestellt ist, sehen Sie endlich, wie Ihr Webspace genau aussieht (siehe Abbildung 6.2).

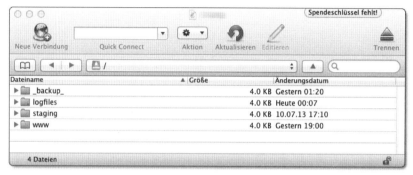

Abbildung 6.2 Der Webspace besteht aus Ordnern und Dateien, wie die Verzeichnisse auf Ihrem Computer. »www« oder »htdocs« ist der richtige Ordner für die Website-Dateien.

Ihr Online-Speicherplatz ist also einfach ein Verzeichnis auf dem Webserver, das mehrere Ordner enthalten kann, die wiederum Dateien enthalten können. Das funktioniert alles genauso wie der Speicherplatz auf Ihrem lokalen Computer – Sie können Dateien kopieren, ausschneiden und einfügen, umbenennen oder neue Ordner erstellen.

Meistens hat Ihr Webspace einige vordefinierte Ordner: Einen für Ihre Web-Dateien, meistens mit dem Namen *htdocs* oder (wie in unserer Abbildung) *www*. Wenn Sie die URL zu Ihrem Webspace in einen Browser eingeben, also zum Beispiel *http://nutzer69.server3.anbieter.de*, werden Sie gleich in diesen Ordner weitergeleitet, anstatt das Hauptverzeichnis zu sehen. Wenn in dem *htdocs-* oder *www*-Ordner eine Datei namens *index.html* liegt, zeigt der Browser diese an.

In diesem Ordner erstellen Sie für jede Website einen Unterordner mit dem Namen der Site. Um sie im Browser aufzurufen, hängt man dann einfach den Ordnernamen an die URL zu Ihrem Webspace an:

http://nutzer69.server3.anbieter.de/praxisbloemkamp

Da keine einzelne Datei angegeben wurde, wird der Webserver in diesem Fall im Ordner *praxisbloemkamp* nach der Datei *index.html* suchen und diese anzeigen.

Die anderen vordefinierten Ordner in Ihrem Verzeichnis beinhalten zum Beispiel Serverprotokolle. Diese halten fest, wann welcher Computer versucht hat, welche auf Ihrem Webspace gespeicherte Datei anzuzeigen. Diese anderen Ordner ignorieren Sie zunächst. Es ist sinnlos, hier Websitedateien abzulegen, weil kein Besucher darauf zugreifen kann.

6.1.3 Berechtigungen und die .htaccess-Datei – so konfigurieren Sie, was Besucher sehen können

Jetzt haben Sie also die Dateien für Ihre Website in einen eigenen Ordner auf dem Webspace kopiert. Damit Ihre Benutzer die Dateien im Browser auch wirklich sehen können, müssen Sie noch sicherstellen, dass die Zugriffsberechtigungen stimmen – das ist der vorletzte Schritt auf dem Weg ins Internet.

Berechtigungen (englisch *Permissions*) geben an, wer eine Datei verwenden darf. Wenn nur Sie das dürfen, können andere Internetnutzer Ihre Seiten gar nicht sehen. Eine Datei hat drei Arten von Berechtigungen, die unterschiedliche Zugriffe regeln:

▶ Wer darf die Datei lesen?
▶ Wer darf die Datei bearbeiten/überschreiben/löschen?
▶ Wer darf die Datei ausführen? (Das ist jedoch nur für Programme relevant, nicht für HTML-Dateien.)

Die Berechtigungen verändern Sie, indem Sie in Ihrem FTP-Programm oder im FTP-fähigen HTML-Editor mit der rechten Maustaste auf die Datei klicken und den entsprechenden Eintrag aus dem Kontextmenü wählen. Dann öffnet sich ein neues Fenster, und darin legen Sie die Berechtigungen fest (siehe Abbildung 6.3 am Beispiel von Cyberduck).

Abbildung 6.3 So sollten die Berechtigungen Ihrer Website-Dateien eingestellt sein: Alle dürfen lesen, nur Sie dürfen schreiben, und niemand darf Dateien ausführen.

Die drei Zugriffsarten lassen sich wiederum für drei Personenkreise getrennt festlegen. Für Sie selbst (BESITZER), für eine Gruppe von Mitnutzern (GRUPPE) und für alle anderen Personen (ANDERE). Die Gruppe von Mitnutzern gibt es normalerweise auf einem Webserver nicht, wenn man sie nicht selbst erstellt. Aber um auf Nummer sicher zu gehen, behandeln Sie die Einstellungen für GRUPPE genauso wie die für ANDERE.

Wir setzen jetzt die Berechtigungen so, dass zwei Dinge sichergestellt sind: Zum einen soll jeder Leseberechtigungen haben, damit er sich die Website-Dateien in seinen Browser laden kann. Aber Schreib- oder gar Ausführberechtigungen sollen nur Sie allein haben, damit niemand Ihre Dateien manipulieren kann. Damit haben wir unsere Dateien so eingerichtet, dass die Besucher der Website sie auch sehen können.

Damit Sie die Funktionsweise eines Webservers und die verschiedenen Dateien auf Ihrem neuen Webspace besser verstehen, erklären wir Ihnen noch schnell, was die *.htaccess*-Datei ist: Eine Datei, mit der Sie den Webserver konfigurieren können. Sie hat keinen Dateinamen, sondern nur die Endung *.htaccess* und liegt in dem Ordner auf Ihrem Webspace, in den die Website-Dateien kommen. Meistens heißt der Ordner wie gesagt *www* oder *htdocs*. In Abbildung 6.4 sehen Sie die Datei auf unserem Webserver.

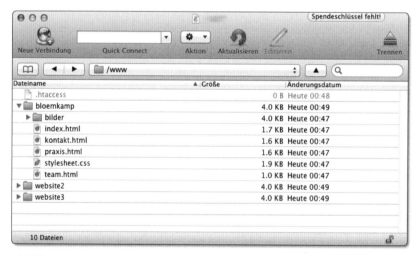

Abbildung 6.4 Die erste Datei in der Liste ist die ».htaccess«-Datei, mit der Sie den Webserver konfigurieren können.

Wenn Ihr Webspace keine solche Datei enthält, können Sie sie in Ihrem FTP-Programm erstellen. Die *.htaccess*-Datei ist eine simple Textdatei, die pro Zeile eine Anweisung an den Webserver enthält. Diese berücksichtigt der Server vor der Übertragung einer Datei an den Besucher, so ähnlich wie ein Browser die Gestaltungsanweisungen in einer CSS-Datei beachtet, bevor er das HTML-Dokument grafisch darstellt.

In den späteren Kapiteln werden wir mit der Datei arbeiten, um Ihre Websites besser benutzbar zu machen und die Auffindbarkeit durch Suchmaschinen zu erhöhen. An dieser Stelle wollen wir nur auf etwas hinweisen, das für Sie schon früher wichtig ist, wenn es auftritt.

Ihr Webserver kann eventuell so eingestellt sein, dass er Browsern für Ihre Website-Dateien eine andere Zeichenkodierung mitteilt, als Sie beim Anlegen der Dateien angegeben haben. Das kann bei Ihren Benutzern zu Darstellungsproblemen führen. Sollte Ihnen das passieren, schreiben Sie in die *.htaccess*-Datei eine Anweisung, dass der Server für alle Website-Dateien dieselbe Kodierung angeben soll, die Sie beim Anlegen der Dateien und in den Optionen des FTP-Programms festgelegt haben – also UTF-8:

```
AddCharset UTF-8 .html .css .js
```

.js ist die Dateiendung von JavaScript-Dateien. Mehr dazu lesen Sie in Kapitel 8, »Mehr Interaktivität mit JavaScript«.

> **Vorsicht in der .htaccess**
>
> Verändern Sie keine Zeile der *.htaccess*, von der Sie nicht genau wissen, was sie tut! Die Konfiguration eines Webservers ist eine komplexe Sache, bei der es auch um die Sicherheit Ihrer Daten und um den Schutz des gesamten Servers geht, den Sie sich oft mit anderen Kunden des Hosters teilen. Natürlich teilen Sie sich in diesem Fall nur den Computer; jeder Kunde hat seinen eigenen darauf gespeicherten Webspace, auf den nur er Zugriff hat.

6.1.4 Eine eigene Domain – Ihre Adresse im Web

Jetzt haben Sie Ihre Dateien auf einem über das Internet erreichbaren Speicherort, und Sie haben sichergestellt, dass Ihre Besucher die Dateien sehen können. Aber wie erreichen die Nutzer Ihre Website? Zum jetzigen Zeitpunkt führt der einzige Weg über die Domain des Webspace-Anbieters, und die ist meistens sehr umständlich (z. B. *http://nutzer69.server3.anbieter.de*).

Damit Ihre Website leicht zu finden ist und Besucher die Adresse schnell an andere Menschen weitergeben können, brauchen Sie noch eine eigene *Internetadresse*. Diese Adresse (etwa *ihre-site.de*) wird auch *Domain* genannt. (Das im Browser meistens vorangestellte *www* gehört nicht zur Domain.) Eine solche Domain ist bei den meisten Speicherplatz-Angeboten bereits im Preis enthalten. Weitere Adressen kosten Sie etwa 5 bis 12 Euro pro Jahr. Sie können Domains entweder beim Anbieter Ihres Speicherplatzes oder bei speziellen Dienstleistern mieten. Geben Sie einfach »Domain Deutschland« in eine Suchmaschine ein. Auch hier können wir Empfehlungen nur auf der Website zum Buch unter *bnfr.de/ql602* geben, wo wir auf Veränderungen der Angebote besser reagieren können.

Bei der Wahl einer Domain gilt dasselbe wie bei der Wahl des Nutzernamens bei einem Mail-Dienst oder sozialen Netzwerk: Der Name darf nicht schon vergeben sein, *google.de* etwa können Sie natürlich nicht mehr mieten. Der Name sollte auch möglichst kurz sein, damit man ihn leicht in den Browser eintippen oder weiterleiten kann.

Wenn Sie die Domain nicht beim selben Anbieter buchen wie den Webspace, müssen Sie beim Domainanbieter noch eine Weiterleitung auf den Speicherort der Site anlegen. Eine Anleitung dazu gibt es auf der Website Ihres Speicherplatzanbieters. Prinzipiell müssen Sie beim Domainanbieter die umständliche URL zu Ihrem Webspace eintragen, damit er weiß, wohin die gemietete Domain führen soll.

Sie sehen also: Eigener Webspace und eine eigene Adresse sind schon lange nicht mehr nur für Firmen mit dicker Brieftasche erschwinglich. Für rund 70 EUR pro Jahr bekommen Sie schon einen Webspace, der ausreichend Platz für mehrere kleine bis mittlere Websites bietet, sowie ein paar Domains, mit denen Sie sich im Internet einen Namen machen können.

6.1.5 Das Favicon

Mit einer eigenen Domain haben Sie auch einen Teil der Identität Ihres Webauftritts festgelegt. Die Benutzeroberfläche eines Browsers bietet Ihnen eine weitere Möglichkeit, die Identität zu gestalten: Das *Favicon*, die kleine Grafik, die die meisten Browsers neben der aktuellen Seiten-URL anzeigen. In Abbildung 6.5 sehen Sie das Favicon von Facebook – ein Beispiel dafür, dass ein gutes Icon im besten Fall genauso starke Assoziationen weckt wie eine Domain.

Abbildung 6.5 Wer das kleine, weiße »f« auf blauem Grund sieht, denkt sofort an Facebook – so aussagekräftig kann ein Icon sein.

Es ist ganz einfach, für eine Website ein Favicon bereitzustellen, das die Browser Ihrer Besucher dann verwenden – übrigens nicht nur zur Anzeige neben der URL-Leiste, sondern auch für Lesezeichen oder in Tabs.

Schritt 1 | Erstellen Sie in einem einfachen Grafikprogramm eine neue Datei mit 32 Pixeln Breite und 32 Pixeln Höhe.

Schritt 2 | Malen Sie Pixel für Pixel eine einfache Grafik, die Ihre Website symbolisiert.

Schauen Sie sich zur Inspiration die Favicons Ihrer Lieblingssites an. Meistens sind es entweder Buchstaben oder Symbole, die etwas mit dem Zweck der Website zu tun haben. Wenn Ihnen gar nichts einfällt, malen Sie zumindest eine Fläche in der Hauptfarbe Ihres Seitendesigns.

Schritt 3 | Speichern Sie die Datei unter dem Namen *favicon.ico*.

Wenn Ihr Grafikprogramm die Dateiendung *.ico* nicht zulässt, speichern Sie das Bild als *.bmp*-Datei und ändern Sie die Endung im Explorer bzw. im Finder von Hand in *.ico*.

Schritt 4 | Kopieren Sie die Datei in den Ordner auf Ihrem Webspace, in dem die HTML-Dateien der Website liegen, also nicht in einen Unterordner mit anderen Bildern, sondern in dieselbe Ebene, in der auch die *index.html* liegt.

Da die Browser standardmäßig an diesem Speicherort nach einer Datei mit dem Namen *favicon.ico* suchen, wird Ihr neues Icon jetzt schon im Browser dargestellt.

Das W3C sieht aber eigentlich ein eigenes Element vor, in dem Sie den Speicherort des Favicons angeben. Das Element erstellen wir jetzt noch schnell, damit Ihre Site zukunftssicher ist und auch mögliche Browserversionen Ihr Icon anzeigen, die nicht eigenständig danach suchen.

Schritt 5 | Schreiben Sie folgendes Element in das `head`-Element aller HTML-Seiten des Beispielprojekts, am besten zu den anderen `link`-Elementen:

```
<link rel="icon" type="image/x-icon" href="favicon.ico">
```

Schritt 6 | Speichern Sie die HTML-Dateien, und öffnen Sie eine davon im Browser (siehe Abbildung 6.6).

Abbildung 6.6 Safari stellt unser Favicon automatisch mit abgerundeten Ecken dar.

Der Browser benutzt Ihr neues Favicon jetzt in der Statusleiste sowie für Lesezeichen – zumindest wenn Sie die Site auf einem Server gespeichert haben. Bei Sites auf Ihrem lokalen Rechner verwenden manche Browser das Icon nicht. ∎

Mit Webspace, FTP-Zugang, den Berechtigungen und einer Domain plus Favicon haben Sie jetzt eine richtige Website eingerichtet, die sozusagen für das Publikum geöffnet hat. Wie der Betreiber eines Ladengeschäfts stehen Sie damit aber auch vor der Herausforderung, dass Ihre Gäste sehr verschieden sind. Sie müssen Ihr Geschäft so einrichten, dass sich möglichst alle darin wohlfühlen.

Dass Ihre Besucher sich zum Beispiel hinsichtlich Interessen, Bildung und Webgewohnheiten unterscheiden, haben wir ja schon in Kapitel 2, »Wer braucht was – die eigene Website planen«, thematisiert. Und im Konzept einer Website werden diese Unterschiede berücksichtigt.

In den nächsten Abschnitten dieses Kapitels geht es aber um die unterschiedliche Technik, die Ihre Besucher beim Aufruf Ihrer Website verwenden. Der erste Unterschied ist hier der Browser, der Ihre Seiten darstellt.

6.2 Browser ist nicht gleich Browser

Die unterschiedlichen Browser erfordern eine Vorgehensweise, die bislang in den Beispielprojekten nicht nötig war: Wir haben HTML-Elemente und CSS-Eigenschaften bedenkenlos benutzt, weil nur Sie die Beispielseiten im Browser sehen. Und auf unsere Empfehlung hin haben Sie ja eine Browserversion genutzt, die mit allen verwendeten Elementen und Eigenschaften einwandfrei zurechtkommt.

Jetzt, da Ihre Website im Internet ist, müssen Sie aber an die Unterschiede zwischen den Browsern denken, wenn Sie ein HTML-Element oder eine CSS-Eigenschaft einsetzen wollen. Ihre Nutzer verwenden vielleicht einen ganz anderen Browser als Sie oder auch nur eine ältere Version Ihres Browsers, die aber vielleicht auch anders funktioniert als die aktuelle Version. In jedem Fall müssen Sie sich von jetzt an stärker damit auseinandersetzen, welche Unterschiede die Browser(versionen) bei der Darstellung Ihrer Webseiten machen, und die Darstellung gegebenenfalls vereinheitlichen.

6.2.1 Die Unterschiede in der Darstellung herausfinden

Dafür müssen Sie zuerst einmal wissen, wo genau die Unterschiede in der Darstellung liegen. Dazu installieren Sie zum einen mehrere Browser auf Ihrem System und nutzen deren Analysefunktionen, und zum anderen informieren Sie sich auf anderen Websites, die die Unterschiede in der Darstellung dokumentieren.

Viele Browser installieren

Alle Browser sind kostenlos, und fast alle lassen sich parallel auf einem Computer betreiben. Deshalb brauchen Sie hier keine Hemmungen zu haben. Wir empfehlen Ihnen, auf Ihrem Windows-Rechner immer mindestens *Firefox*, *Chrome* und *Internet Explorer* installiert zu haben. Auf Macs kommt der Apple-eigene Browser *Safari* hinzu, dafür gibt es dort keinen Internet Explorer.

Wenn Sie Ihre Websites jetzt immer in vier Browsern gleichzeitig testen, bekommen Sie schon ein besseres Bild von der Bandbreite der Darstellung. Allerdings gibt es von den großen Browsern jeweils wiederum bis zu 30 unterschiedliche Versionen, die aktuell noch von Nutzern verwendet werden. Deshalb bietet es sich an, gelegentlich Ihre installierte Version zu löschen und eine ältere Version herunterzuladen, um auszuprobieren, wie Ihre Website darin aussieht.

Ein wichtiges Hilfsmittel: Der Inspektor

Moderne Browser sind nicht mehr nur für das Betrachten von Websites gut, sondern sie sind auch ein wichtiges Werkzeug beim Erstellen von Websites. Sie verfügen nämlich über ein umfangreiches Analysetool: den *Inspektor*, der wichtige Informationen zur aktuell angezeigten Webseite liefert.

Und so finden Sie die Funktion in den verschiedenen Browsern:

- **Safari**: ENTWICKLER und WEBINFORMATIONEN EINBLENDEN. (Achten Sie darauf, dass in den EINSTELLUNGEN unter ERWEITERT der Haken bei MENÜ »ENTWICKLER« IN DER MENÜLEISTE ANZEIGEN gesetzt ist.)
- **Chrome**: Klick auf das Einstellungsmenü mit den drei horizontalen Strichen rechts der URL-Leiste, dann TOOLS und ENTWICKLERTOOLS.
- **Firefox**: Im Menü klicken Sie auf EXTRAS, dort auf WEB-ENTWICKLER und schließlich auf WERKZEUGE EIN-/AUSBLENDEN. Wenn Ihr Firefox keine Menüleiste am oberen Bildschirmrand zeigt, finden Sie den Eintrag WEB-ENTWICKLER nach einem Klick auf den orangefarbenen FIREFOX-Button links oben.
- **Internet Explorer**: EXTRAS und F12 ENTWICKLERTOOLS.

In Abbildung 6.7 sehen Sie den Inspektor in Safari. In den anderen Browsern sind Aufbau und Funktionsweise des Werkzeugs sehr ähnlich.

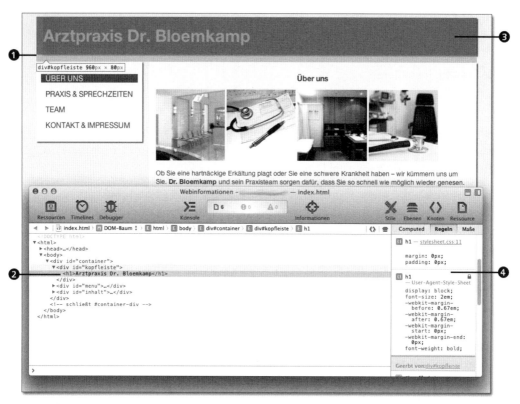

Abbildung 6.7 Der Inspektor in Safari. Er zeigt ausführliche Informationen über die aktuelle Website an.

Der Inspektor ist in mehrere Bereiche unterteilt, von denen jeder eine bestimmte Art von Information über die aktuelle Seite enthält. Für Sie ist am Anfang der Bereich mit den Informationen zum HTML und CSS der Seite am interessantesten; in Safari heißt er STILE. Im Quelltext ❷ wird das Element markiert, über das Sie im Browserfenster gerade mit der Maus fahren ❸ – margin und padding werden dort gesondert hervorgehoben ❶.

Im CSS-Teil des Inspektors ❹ können Sie die »Kaskade« der Cascading Style Sheets hervorragend nachvollziehen: Sie sehen, woher die jeweiligen Eigenschaften stammen – ob von einem style-Attribut, aus einer CSS-Datei, ob direkt für das Element spezifiziert oder von anderen Elementen geerbt. Wenn hier ein Eigenschaft-Wert-Paar durchgestrichen ist, bedeutet das, dass es dieselbe Eigenschaft in einem präziseren und/oder individuelleren Format gibt und dass deren Wert verwendet wird.

Der Inspektor zeigt Ihnen also, welche Teile des Quelltexts ein bestimmter Browser überhaupt versteht und wie er ein Element oder eine bestimmte Eigenschaft für die Darstellung interpretiert. So erkennen Sie nicht nur, dass es Darstellungsunterschiede gibt, sondern auch, mit welchem Element oder mit welcher Eigenschaft genau der Browser Probleme hat. Mit dem Inspektor finden Sie zum Beispiel schneller heraus, welches von zwei Elementen der Grund für zu wenig Abstand zwischen ihnen ist.

Websites, die Darstellungsunterschiede dokumentieren

Da Sie unmöglich alle Versionen aller Browser auf Ihrem Computer installiert haben können, müssen Sie Ihre Erfahrungen durch das Wissen anderer Menschen ergänzen. Grundsätzlich finden Sie auch schon einiges heraus, wenn Sie in eine Suchmaschine das Element oder die Eigenschaft und einen Browsernamen eingeben.

Gerade für die modernen HTML5-Elemente und CSS3-Eigenschaften gibt es aber gute Websites, mit denen Sie schneller die nötigen Informationen bekommen. Eine der besten Websites dafür ist *Can I use...* (siehe *bnfr.de/ql605*), die Sie in Abbildung 6.8 sehen.

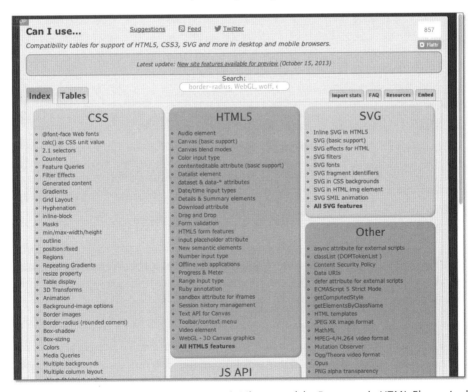

Abbildung 6.8 Die Website »Can I use...« zeigt Ihnen, welche Browser ein HTML-Element oder eine CSS-Eigenschaft richtig darstellen können.

Hier suchen Sie entweder aus den ausführlichen Listen das Element oder die Eigenschaft aus, die Sie interessiert, oder Sie geben im Suchfeld den Namen eines Elements oder einer Eigenschaft ein: Zum Beispiel box-shadow. Die nächste Seite (siehe Abbildung 6.9) zeigt dann an, welche neueren Browserversionen diese Eigenschaft problemlos oder zumindest mit Abstrichen darstellen können.

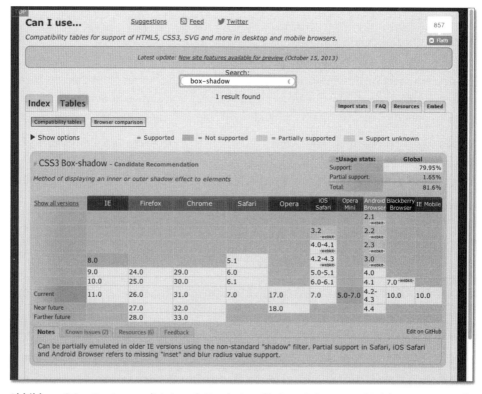

Abbildung 6.9 »Can I use...« listet auch Ergebnisse für Smartphone- und Tablet-Browser auf – hier rechts zu sehen.

In unserem Fall sehen wir in der Zeile CURRENT, dass die aktuellen Versionen der wichtigsten Desktop-Browser (Internet Explorer, Firefox, Chrome und Safari) die Eigenschaft allesamt problemlos darstellen.

Das sehen wir aber auch auf unserem eigenen Computer, wenn wir die Versionen installiert haben. Wir interessieren uns mehr für die älteren Browserversionen, also klicken wir auf den Link SHOW ALL VERSIONS (ganz links in der Zeile mit den Browsernamen). Das Ergebnis sehen Sie in Abbildung 6.10.

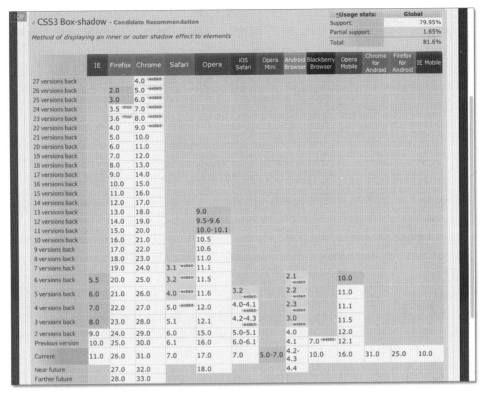

Abbildung 6.10 Hellgrün bedeutet: »problemlose Darstellung«, Dunkelgrün »Darstellung mit kleineren Abweichungen«, und Hellrot heißt: »keine Darstellung möglich«.

An den hellroten Zellen erkennen Sie die Browserversionen, die die Eigenschaft überhaupt nicht darstellen können: Internet Explorer in der Version 8 und früher sowie Firefox 3 und früher. Dunkelgrün bedeutet, dass die Darstellung eingeschränkt ist. In all diesen Browsern wird der mit box-shadow bestimmte Schlagschatten um unsere Kopfleiste, das Navigationsmenü und den Inhaltsbereich also entweder gar nicht oder nicht korrekt angezeigt.

Halten wir fest, dass sich die Unterstützung der Browserversionen für jedes HTML-Element und für jede CSS-Eigenschaft in drei Kategorien einteilen lässt:

▶ Browserversionen, die das Element oder die Eigenschaft problemlos darstellen können
▶ Browserversionen, die das Element oder die Eigenschaft mit etwas zusätzlicher Arbeit korrekt darstellen können
▶ Browserversionen, die das Element oder die Eigenschaft überhaupt nicht darstellen können

Übrigens gibt es auch Websites wie *Browsershots* (kostenlos, *bnfr.de/ql606*) oder *Cross Browser Testing* (kostenpflichtig, *bnfr.de/ql607*), die Ihnen zeigen wollen, wie Ihre Seiten auf den unterschiedlichsten Browsern aussehen. Sichergehen können Sie aber nur, wenn Sie Ihr HTML selbst mit den entsprechenden Browsern testen.

6.2.2 Die Unterschiede in der Darstellung ausgleichen

Dank mehrerer installierter Browser und den Informationen von anderen Websites kennen Sie jetzt viele Darstellungsunterschiede zwischen den einzelnen Browserversionen. Nun können Sie Ihre Websites optimieren, um diese Unterschiede auszugleichen.

Den ersten Schritt haben Sie schon längst getan, nämlich damit, dass Sie ein eigenes CSS-Stylesheet angelegt haben. Die darin enthaltenen, einheitlichen Gestaltungsanweisungen überschreiben ja die Standarddarstellung der verschiedenen Browser. Je mehr Unterschiede Sie ausgleichen wollen, umso mehr zusätzliche Arbeit braucht es aber.

Browserspezifisches Präfix

Eine Möglichkeit, mit der man manche Browserversionen mit wenig zusätzlicher Arbeit zur korrekten Darstellung von CSS-Eigenschaften bringen kann, ist ein browserspezifisches *CSS-Präfix*. Dieses Präfix hatte uns die Website *Can I use* bei den betroffenen Browsern schon als Lösung angezeigt. Es besteht aus einem kurzen Wort, das von Bindestrichen umgeben ist, zum Beispiel `-webkit-`.

Bevor wir das in der Praxis ausprobieren, zeigen wir hier noch schnell, welche Browser welches Präfix benutzen:

- Firefox: `-moz-`
- Chrome und Safari: `-webkit-`
- Internet Explorer: `-ms-`

Chrome und Safari teilen sich das browserspezifische CSS-Präfix, weil sie lange Zeit auf derselben Renderengine basierten: *WebKit*. Mittlerweile heißt die Engine von Chrome zwar *Blink*, das Präfix hat sich aber nicht geändert. Die *Renderengine*, zu Deutsch etwa der *Darstellungsmotor*, ist genau das: der Teil des Browsers, der aus dem Quelltext einer Seite die grafische Darstellung macht. Die Renderengine von Firefox heißt übrigens *Gecko*, und die Engine des Internet Explorers heißt *Trident*.

Jetzt können wir dafür sorgen, dass auch Nutzer mit einigen älteren Browserversionen (in dem Fall z. B. Firefox 3.5, Chrome 4.0 oder Safari 3.1) einen Schlagschatten sehen.

Schritt 1 | Öffnen Sie die CSS-Datei der Beispielwebsite aus dem letzten Kapitel.

Schritt 2 | Erweitern Sie die drei Formate mit dem `box-shadow` jeweils um folgende Eigenschaften:

```
-moz-box-shadow: 2px 2px 2px 0px #515151;
-webkit-box-shadow: 2px 2px 2px 0px #515151;
```

Schreiben Sie die neuen Eigenschaften immer oberhalb der alten Eigenschaft ohne Präfix. So benutzen nur die Browser das Präfix, die es auch brauchen.

Denn grundsätzlich gehen Browser beim Durchsuchen der CSS-Datei so vor: Sie finden ein Format, das zum Element passt, das aktuell dargestellt werden soll, und gehen die Eigenschaften von oben nach unten durch. Wenn Sie eine Eigenschaft finden, die dasselbe macht wie eine frühere Eigenschaft, dann wird der Wert der Eigenschaft benutzt, die als letzte vorkommt. Wenn Sie also in einem Format aus irgendeinem Grund dreimal die `font-size` festlegen, nur mit verschiedenen Werten, dann nimmt der Browser immer den untersten der drei Werte.

Für den `box-shadow` wollen wir, dass Browser, die sowohl die Eigenschaft mit Präfix als auch die ohne Präfix verstehen, letztendlich die Eigenschaft ohne Präfix verwenden, weil diese dem W3C-Standard entspricht. Deshalb steht sie weiter unten. Außer der Reihenfolge der Eigenschaften innerhalb der Formate kann man aber mit browserspezifischen CSS-Präfixen nichts falsch machen. Die Browser, die sie nicht verstehen, stören sich nicht an ihnen. ■

Warum gibt es Präfixe überhaupt?

Es dauert manchmal sehr lange, bis das W3C eine bestimmte Eigenschaft offiziell zum Teil des CSS-Standards macht. Die Browserhersteller wollen aber nicht so lange warten: Ihre Produkte sollen auf dem neuesten Stand der Technik sein und die jeweils modernsten grafischen Effekte beherrschen. Deshalb bauen die Hersteller die Funktion für die entsprechende Gestaltung oft in ihren Browser ein, bevor eine Eigenschaft offiziell zum Standard gehört. Nur hat der Name der Eigenschaft im Stylesheet, mit der Webdesigner auf die Funktion zugreifen können, eben ein Präfix.

Damit ermöglichen die Browserhersteller es einerseits den Webdesignern, auf ihren Seiten schon jetzt die neuesten grafischen CSS-Effekte zu nutzen. Andererseits können die Hersteller ein wenig experimentieren und von den W3C-Regeln zur Umsetzung der Eigenschaft abweichen, weil die Eigenschaft ja nicht den offiziellen Namen hat.

Mit nur wenigen zusätzlichen Zeilen CSS haben wir jetzt dafür gesorgt, dass einige Browserversionen Ihre CSS-Anweisungen bei der Darstellung des Schlagschattens umsetzen können – allerdings nur die Versionen, die etwas mit den Präfix-Eigenschaften anfangen können. Leider gibt es auch Browser und Versionen, die etwa `box-shadow` weder mit noch ohne Präfix verstehen.

Dazu gehören Internet Explorer 8 und ältere Versionen, weshalb es für den Schatten nichts genutzt hätte, ihn zusätzlich mit `-ms`-Präfix anzugeben. Derart alte Internet Explorer-Versionen benutzen zwar nur noch wenige Besucher Ihrer Website, aber manchmal bestehen zum Beispiel Auftraggeber darauf, dass Sie Ihnen eine Website bauen, die selbst auf diesen alten Browsern eine bestimmte Gestaltung hat. Deshalb wollen wir Ihnen zumindest eine Möglichkeit zeigen, wie Sie mit vertretbarem Aufwand dafür sorgen, dass diese Browser – und nur diese Browser – eigene Gestaltungsanweisungen bekommen.

Ein eigenes Stylesheet für Internet Explorer

Wir haben den drei Layoutelementen ja deshalb einen Schlagschatten gegeben, um sie etwas stärker vom Hintergrund der Seite abzuheben. Dieses Ziel ließe sich auch mit etwas Einfacherem als einem Schatten erreichen, etwa mit einem simplen Rahmen um die Elemente.

Einen Rahmen zeichnet der Browser, wenn Sie einem Element die CSS-Eigenschaft `border` zuweisen:

```
border: 1px solid #515151;
```

Ähnlich wie die Eigenschaft `box-shadow` enthält der Wert der Eigenschaft gleich mehrere Informationen: An erster Stelle steht die Dicke des Rahmens in Pixeln, dann die Art des Rahmens (`solid` steht für eine normale, durchgezogene Linie) und schließlich die Farbe des Rahmens als Hexcode.

Allerdings verstehen alte Browser die Anweisung nicht, wenn Sie alle Informationen in einem Wert zusammenfassen. Und da wir den Rahmen ja gerade für alte Browser erstellen, nehmen wir darauf Rücksicht. Also benutzen wir eben für jede Information eine eigene CSS-Eigenschaft:

```
border-width: 1px;
border-style: solid;
border-color: #515151;
```

Ein so definierter Rahmen wird vom Internet Explorer 8 so dargestellt wie in Abbildung 6.11.

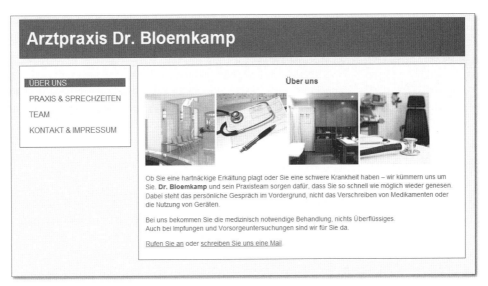

Abbildung 6.11 Dank eines eigenen Stylesheets bekommen ältere Internet Explorer alternative CSS-Anweisungen, die sie auch verstehen.

Das ist nicht so hübsch wie der Schatten, erfüllt aber zumindest den Zweck, die Layoutelemente vom Hintergrund abzuheben.

Wenn wir die Eigenschaften jetzt aber einfach in unsere CSS-Datei schreiben, dann wird der Rahmen auch in solchen Browsern dargestellt, die den Schatten beherrschen – sie stellen dann also Rahmen und Schatten gleichzeitig dar.

Um das zu vermeiden, schreiben wir die Eigenschaften für den Rahmen in eine eigene CSS-Datei und verknüpfen diese so mit den HTML-Dateien, dass nur die Internet Explorer 5 bis 8 sie beachten. Alle anderen Browser werden sie ignorieren.

Schritt 1 | Erstellen Sie dazu erst einmal eine neue CSS-Datei, und speichern Sie sie unter dem Namen ie-alt.css.

Schritt 2 | Erstellen Sie in der neuen CSS-Datei drei Formate mit den Selektoren #kopfleiste, #menu und #inhalt.

Schritt 3 | Schreiben Sie in jedes Format die Eigenschaften für einen Rahmen:

```
border-width: 1px;
border-style: solid;
border-color: #515151;
```

Schritt 4 | Speichern und schließen Sie die CSS-Datei.

Jetzt verknüpfen wir das neue Stylesheet so mit den HTML-Dokumenten, dass es nur von alten Internet Explorern beachtet wird.

Schritt 5 | Öffnen Sie dazu alle vier HTML-Dateien des Beispielprojekts.

Schritt 6 | Fügen Sie folgendes HTML in das `head`-Element jeder Datei ein, und zwar *unter* dem bereits vorhandenen `link`-Element, das unser normales Stylesheet einbindet:

```
<!--[if lt IE 9]>
<link rel="stylesheet" type="text/css" href="ie-alt.css">
<![endif]-->
```

Die Reihenfolge der eingebundenen CSS-Dateien ist wichtig, weil der Browser auch hier von oben nach unten vorgeht: Wenn in der zuerst eingebundenen Datei für ein Element eine Eigenschaft bestimmt ist, dann wird diese nicht berücksichtigt, wenn in einer weiter unten eingebundenen Datei dieselbe Eigenschaft für dasselbe Element mit einem anderen Wert festgelegt wird.

Damit die alten Internet Explorer auch dann noch den von uns gerade eben festgelegten Rahmen benutzen, wenn wir in Zukunft im normalen Stylesheet für modernere Browser einen anderen Rahmen bestimmen, muss die Datei `ie-alt.css` also nach der Datei `stylesheet.css` eingebunden werden. ∎

Kommen wir jetzt aber zur Erklärung, was genau Sie da in das `head`-Element der HTML-Dateien geschrieben haben. Das war ein *bedingter Kommentar* (engl. *conditional comment*), der auch *Browserweiche* genannt wird. Grundsätzlich haben diese speziellen Kommentare folgende Syntax:

```
<!--[if IE]>Kommentar<![endif]-->
```

Der Inhalt des Kommentars ist nur für Browser sichtbar, die die am Anfang festgelegte Bedingung erfüllen. Und wenn man wie wir statt einem Text ein `link`-Element als Inhalt des Kommentars benutzt, ist eben das `link`-Element nur für Browser sichtbar, die die Bedingung erfüllen. Andere Browser binden die darin angegebene CSS-Datei deshalb gar nicht erst ein.

Die Bedingung kann unterschiedlich präzise festgelegt werden: `[if IE]` zeigt den Inhalt allen Versionen des Internet Explorers. `[if IE 8]` zeigt den Inhalt nur Internet Explorern in der Version 8. Das von uns benutzte `[if lt IE 9]` zeigt den Inhalt nur Internet Explorern, die eine kleinere Versionsnummer als 9 haben – also 8 und abwärts. Man kann auch `[if gt IE 9]` schreiben, dann sind nur Internet Explorer mit einer größeren Versionsnummer als 9 betroffen.

Für unser Beispiel wäre es jetzt nicht tragisch gewesen, wenn die anderen Browser den Rahmen auch dargestellt hätten. Aber wenn Sie mal alten Internet Explorern stark abweichendes `margin` und `padding` geben oder eine ganz andere Schriftart, wird die Trennung in zwei Stylesheets und das Einbinden mit bedingten Kommentaren wichtig.

Natürlich lassen sich nicht nur spezielle Stylesheets für Internet Explorer auf diese Weise einbauen. Wenn Sie andere HTML-Elemente mit bedingten Kommentaren umschließen, können Sie theoretisch auch ganze `div`-Elemente nur für Internet Explorer entwerfen, wenn das zur Lösung eines Problems beiträgt.

Es wäre schön, wenn man mit bedingten Kommentaren auch andere Browser wie Firefox oder Chrome der Version nach unterscheiden könnte. Dann könnten wir ja zum Beispiel für Firefox 3 genauso vorgehen und als Ersatz für den Schatten einen Rahmen zeichnen lassen. Aber leider funktionieren bedingte Kommentare nur mit dem Internet Explorer. Wer die Darstellung einer Website also auch für alte Versionen der anderen Browser einheitlicher machen will, müsste zusätzliche Lösungen finden.

Bilder statt CSS-Eigenschaften

So könnten Sie zum Beispiel Bilder statt CSS-Eigenschaften verwenden, um Ihre Elemente grafisch aufwendig darzustellen. Die entsprechenden Seitenbereiche werden dann von allen Browsern gleich dargestellt, weil selbst die ältesten Browser ein Bild korrekt wiedergeben.

Für die Website von Dr. Bloemkamp könnten wir zum Beispiel drei Bilddateien erstellen, die als Hintergrund der drei Layoutelemente angezeigt werden – anstatt Hintergrundfarbe und Schatten mit `background-color` und `box-shadow` per CSS zeichnen zu lassen. So eine Bilddatei müssten Sie mit einem Bildbearbeitungsprogramm erzeugen. Darin malen Sie eine Fläche mit den entsprechenden Abmessungen des Elements und der gewünschten Farbe. Dann fügen Sie je nach Funktionsumfang des Programms grafische Effekte wie Schatten hinzu.

Beim Stichwort »Abmessungen des Elements« haben Sie aber schon erkannt, warum Hintergrundbilder viel zusätzliche Arbeit für Sie bedeuten: Bei einem Layout mit flexibler Breite oder Höhe funktioniert so ein Bild nicht, weil es je nach Inhalt vorkommen kann, dass das Element plötzlich größer oder kleiner als das Hintergrundbild ist.

Einzelne Hintergrundbilder funktionieren also erst mal nur bei Elementen, die feste Breiten und Höhen haben. Wenn Sie damit arbeiten möchten, müssen Sie also Ihr Layout mit festen Abmessungen entwerfen. Die Vor- und Nachteile der unterschiedlichen Vorgehensweisen beim Layout beschreiben wir in Abschnitt 5.3.2, »Feste oder flexible Abmessungen?«.

Es gibt aber auch die Möglichkeit, Elemente mit speziellem Hintergrund in mehrere Teile aufzuteilen und dann jedem Teil ein separates Hintergrundbild zu geben. Damit kann zumindest entweder die Breite oder die Höhe dynamisch bleiben.

Aber fangen wir bei den Grundlagen an. Mit folgender CSS-Eigenschaft bestimmen Sie ein einfaches Hintergrundbild für ein Element:

```
background-image: url(bilder/hintergrund.png);
```

Der Wert besteht also aus dem Wort `url`, in Klammern kommt dann der Speicherort der Bilddatei *bezogen auf die CSS-Datei* – nicht bezogen auf das HTML-Dokument, in dem das Element steht! Wenn die Bilddatei in einem anderen Ordner liegt als das Stylesheet, müssen Sie den Weg zum Dateinamen genauso angeben wie den Weg zum verlinkten Objekt bei Links.

Für spezifische Zwecke benutzen Sie ergänzende CSS-Eigenschaften. Zum Beispiel reicht es bei manchen Hintergrundbildern, wenn nur ein kleiner Teil davon unendlich oft wiederholt wird. Natürlich ist das zum einen bei gleichmäßigen farbigen Flächen der Fall, aber die kann man ja genauso gut mit `background-color` erzeugen. Sinnvoller ist eine solche Wiederholung bei einer sogenannten Textur.

Eine Textur besteht also nicht nur aus einer gleichmäßigen farbigen Fläche, aber trotzdem im Prinzip aus immer demselben kleinen Stück, das über die gesamte Seitenbreite wiederholt wird. Im Einsatz sehen Sie das bei einer Website in Abbildung 6.12.

Abbildung 6.12 Die Textur im Hintergrund erzeugt auf dieser Website einen visuellen Eindruck von geriffeltem Papier.

Wenn Sie eine solche Textur für Seitenhintergrund oder für den Hintergrund eines einzelnen Elements benutzen, sparen Sie viel Speicherplatz, weil das kleine Stück ja nicht so viel Platz auf dem Server braucht wie ein großes Hintergrundbild mit 1000 × 1000 Pixeln. Außerdem ermöglichen Sie damit ein flexibleres Layout: Die Breite eines Elements kann dynamisch sein, und die Hintergrundtextur wird einfach oft genug wiederholt, um das Element in seiner ganzen Breite zu untermalen.

Um das umzusetzen, kombinieren Sie die Eigenschaft `background-image` mit der Eigenschaft `background-repeat`:

```
background-image: url(/bilder/beispiel.png);
background-repeat: repeat-x;
```

Die zweite Eigenschaft bewirkt mit diesem Wert, dass das Hintergrundbild horizontal so lange wiederholt wird, bis das Seitenende des Elements erreicht ist. Um ein Bild vertikal so oft wie möglich zu wiederholen, benutzen Sie den Wert `repeat-y`. Um in beide Richtungen zu wiederholen, verwenden Sie den Wert `repeat`, und um die Wiederholung zu unterdrücken, den Wert `norepeat`.

Was mit dieser Methode nicht gelöst wird, sind Hintergrundbilder für Elemente mit besonderem Rand, also Bilder, die nicht wie eine Fläche oder eine Textur überall gleich aussehen, sondern am Rand einen Rahmen, Schatten oder Ähnliches haben.

Eine Lösung für dieses Problem kombiniert feste Hintergrundbilder für den Randbereich mit einem sich wiederholenden, kleinen Bild für den dynamischen Mittelteil des Elements. Dazu wird das HTML-Element erst einmal in drei einzelne Elemente aufgeteilt. Je nachdem, ob das Element vertikal oder horizontal länger ist, geht man anders vor: `#element_oben`, `#element_mitte` und `#element_unten` bzw. `#element_links`, `#element_mitte` und `#element_rechts`. Die oberen und unteren bzw. linken und rechten Elemente bekommen mit `background-image` Hintergrundbilder mit speziellem Rand. Der Mittelteil bekommt ein nur wenige Pixel schmales Bild, das nur an den beiden kurzen Seiten den speziellen Rand zeigt und mit `background-repeat` wiederholt wird. Im Browser zusammengesetzt, entsteht aus den drei Teilen ein visuelles Element, das einen in Höhe oder Breite dynamischen Hintergrund mit speziellem Rand besitzt, wie die Skizze in Abbildung 6.13 zeigt.

> **Runde Ecken mit CSS**
>
> Wenn Sie wie in unserer Skizze ein Element mit abgerundeten Ecken darstellen wollen, können moderne Browser (welche genau es sind, sehen Sie bei *Can I use...* unter *bnfr.de/ql608*) das auch ohne Bilder erreichen, nur mit CSS:
>
> `border-radius: 10px;`
>
> Ein so formatiertes Element wird mit abgerundeten Ecken dargestellt. Mit diesem Wert hat der gedachte Kreis, der in die Rundung hineinpassen würde, einen Radius von 10 Pixeln. Auf das Element lassen sich dann zusätzliche Effekte wie `box-shadow` oder `border` anwenden, und der Schatten bzw. Rahmen berücksichtigt die Rundung an den Ecken.

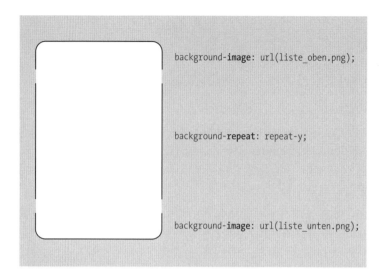

Abbildung 6.13 Dank dreier separater Elemente und Hintergrundbilder kann zumindest der mittlere Bereich dynamische Abmessungen mit auto-Werten bekommen.

Mit browserspezifischen Präfixen, Internet-Explorer-spezifischen Browserweichen und der Verwendung von Bildern statt CSS haben wir jetzt einige Methoden vorgestellt, mit denen Sie die Darstellung einer Website über Browser und Browserversionen hinweg möglichst stark vereinheitlichen können.

Was die Technik betrifft, ist der eingesetzte Browser zwar ein sehr wichtiger Unterschied zwischen Ihren Besuchern, aber nicht der einzige. Die nächste Herausforderung ist der Umstand, dass Ihre Besucher ganz verschieden große Bildschirme benutzen.

6.3 Bildschirm ist nicht gleich Bildschirm

Solange nur Sie selbst Ihre Website angesehen haben, waren unterschiedliche Bildschirmgrößen kein Thema. Ihr Monitor hat eine bestimmte Größe, und darauf wurde die Seite eben auf eine bestimmte Weise dargestellt. Aber Ihre Besucher haben vielleicht einen größeren Bildschirm oder einen kleineren.

Zum Glück müssen Sie keinen zusätzlichen Monitor kaufen, um herauszufinden, wie Ihre Website mit anderen Bildschirmgrößen dargestellt wird. Denn zumindest kleinere Bildschirme können Sie simulieren, indem Sie Ihr Browserfenster einfach kleiner machen. Und da wir Ihnen für die meisten Websites ohnehin empfehlen, wie bei unserem Beispielprojekt ein container-div mit einer Maximalbreite für den Inhalt zu benutzen, ist die Frage nach der Darstellung auf noch größeren Monitoren eher zweitrangig.

6.3.1 Was passiert bei veränderter Fenstergröße?

Schauen wir uns also an, wie die Darstellung der Seite sich bei kleinerem Browserfenster verändert.

Schritt 1 | Öffnen Sie eine Seite unseres Beispielprojekts im Browser, und machen Sie das Browserfenster schrittweise schmaler, indem Sie den rechten Rand mit der Maus anfassen und nach links schieben.

So können Sie das Layout mit den möglichst flexiblen Werten in Aktion beobachten: Die Breite der Kopfleiste und des Inhaltsbereichs wandert beim Verkleinern zusammen mit dem rechten Fensterrand nach links. Die Textabsätze werden immer schmaler, dafür nach unten länger. Wenn die Bilder nebeneinander keinen Platz mehr haben, werden sie untereinander dargestellt.

Wenn Sie nicht nur die Breite verkleinern, sondern auch die Höhe des Browserfensters, ist die Flexibilität dagegen nicht so groß. Probieren Sie es aus – der untere Rand der Elemente wandert bei den meisten Browsern nicht automatisch mit, wenn Sie den unteren Rand des Fensters nach oben schieben. Stattdessen wird die Seite nach unten scrollbar.

Das ist durchaus so gewollt. Denn Internetnutzer sind es eher gewohnt, Webseiten oder auch Textdokumente vertikal nach unten oder oben zu scrollen, während horizontales Scrollen nach rechts oder links als störend empfunden wird.

Das Seitenlayout unserer Beispielseiten funktioniert also bislang prinzipiell auch auf kleineren Bildschirmen, die Website bleibt gut benutzbar. Nur ein Detail stört schon jetzt:

Schritt 2 | Schieben Sie das Browserfenster so eng zusammen, wie es in Abbildung 6.14 zu sehen ist.

Weil der Text im `h1`-Element der Kopfleiste eine hohe Schriftgröße hat, wird er auf einem engen Bildschirm umbrochen und auf zwei Zeilen verteilt. Und weil die Kopfleiste eine mit 80 Pixeln festgelegte Höhe hat, wird sie nicht wie zum Beispiel die Textabsätze nach unten hin vergrößert, um die geringere Breite auszugleichen. Um diesen Darstellungsfehler zu beheben, müssen wir mit der bereits bekannten Eigenschaft `overflow` arbeiten. Sie regelt, was passiert, wenn der Inhalt eines Elements größer wird als das Element selbst.

Schritt 3 | Öffnen Sie das Standard-Stylesheet des Beispielprojekts (also nicht das Stylesheet für die alten Internet Explorer), und geben Sie dem Format für die Kopfleiste – nicht für die Überschrift! – folgende Eigenschaft:

```
overflow: hidden;
```

Abbildung 6.14 Wenn das Browserfenster nicht breit genug für die Überschrift ist, wird sie auf zwei Zeilen umbrochen und überdeckt nachfolgende Elemente.

Schritt 4 | Speichern Sie die CSS-Datei, und laden Sie die Seite im kleinen Fenster neu, um das Ergebnis zu sehen (siehe Abbildung 6.15).

Abbildung 6.15 Fürs Erste verstecken wir den Teil der Überschrift, der über die Kopfleiste herausragt. Im übernächsten Abschnitt finden wir aber eine bessere Lösung.

Jetzt wird der Text, der über die Größe des Kopfleistenelements hinausgeht, einfach nicht mehr angezeigt. Das ist zwar keine perfekte Lösung, aber für den Moment belassen wir es dabei. Eine Alternative wäre, das Element dynamisch nach unten zu vergrößern, was schlecht ist: Niemand will auf einem kleinen Bildschirm nach unten scrollen, nur weil schon der Name der Website die oberen 200 Pixel einnimmt. ∎

6.3.2 Relative Angaben statt pixelgenauer Werte

Zwei Dinge haben sich bei all dem Herumgeziehe an der Fenstergröße nie geändert: die Schriftgröße sowie die Abstände zwischen den einzelnen Elementen – einfach deshalb, weil wir sowohl die `font-size` und `line-height` als auch `margin` und `padding` mit festen Pixelwerten angegeben haben.

Von pixelgenauen Angaben erhofft man sich ja eine präzise Kontrolle darüber, wie groß ein Element dargestellt wird. Doch leider hängen Pixelangaben immer von der Pixeldichte eines Bildschirms ab – wie viele Pixel auf jedem Zentimeter Fläche Platz haben, kann nämlich von Modell zu Modell variieren. Das heißt, ein 14 Pixel hoher Buchstabe erstreckt sich auf dem einen Bildschirm zum Beispiel über 5 Millimeter, aber auf einem anderen Bildschirm über 7 oder 3 Millimeter. Für den Besucher vor seinem Bildschirm zählen für die Lesbarkeit aber die Millimeter und nicht die Pixel, sodass Pixelwerte genau genommen keine absoluten Größenangaben sind.

Alternativ zu einer Angabe der Schriftgröße in Pixeln kennt die Eigenschaft `font-size` als Werte auch relative Schlüsselwörter, Prozentangaben sowie Werte in der Einheit `em`. Das bedeutet jeweils:

- Schlüsselwörter geben die Schriftgröße relativ zur Standardgröße des Browsers an. `medium` als Wert entspricht dem Browserstandard. `larger`, `large`, `x-large` und `xx-large` sind jeweils eine Stufe größer, `smaller`, `small`, `x-small` und `xx-small` jeweils eine Stufe kleiner als `medium`.
- Prozentangaben geben die Schriftgröße relativ zum Elternelement an; 100 % entsprechen der Schriftgröße des Elternelements.
- `em` gibt die Schriftgröße ebenfalls relativ zur Schriftgröße des Elternelements an; `1em` entspricht der gleichen Schriftgröße, `1.1` zum Beispiel ist größer, `0.9` wäre niedriger.

Auch andere CSS-Eigenschaften wie `margin` und `padding` kann man in `em` oder Prozent angeben, allerdings nicht mit den Schlüsselwörtern wie `medium`. Aber wie Sie schon sehen, haben auch die relativen und damit eigentlich flexiblen Angaben Tücken: Sie basieren alle auf einem bestimmten Grundwert. Sie müssen also trotzdem für mindestens ein Element eine bestimmte Schriftgröße als Bezugspunkt angeben, damit darauf folgende Angaben wie `1.2em` oder `120 %` überhaupt eine Aussage haben können. Und die Standardwerte sind vom eingesetzten Browser abhängig – verschiedene Browser können die Angabe `medium` jeweils unterschiedlich interpretieren. Das W3C gibt nur vor, dass zwischen den einzelnen Schritten (also etwa zwischen `medium` und `smaller`) der Faktor 1,5 liegen soll.

Das bedeutet für Sie: Entweder Sie bestimmen zum Beispiel für das `body`-Element doch einen festen Pixelwert als Ausgangsbasis, von dem aus Sie dann für die einzelnen Elemente relative Abweichungen definieren – je nach Pixeldichte eines Bildschirms haben dann trotzdem nicht alle Besucher gleich große und damit gleich gut lesbare Buchstaben vor sich. Oder Sie nehmen einen relativen Wert als Ausgangsbasis, dessen Größe dann von Browser zu Browser variieren kann.

Leider ergibt sich aus all dem, dass wir zumindest mit einfachem HTML und CSS keinen Weg finden, um die Größe unserer Textelemente dynamisch an die Größe des Bildschirms bzw. Browserfensters anzupassen. Wir können also nicht so vorgehen wie zum Beispiel bei Breite und Höhe der `div`-Elemente, die wir mit den Werten `inherit` bzw. 100 % dynamisch an der Fenstergröße ausrichten können. Was wir aber erreichen können, ist eine sinnvollere Darstellung bei unterschiedlichen Pixeldichten.

Denn wir gehen davon aus, dass die Browserhersteller ständig daran arbeiten, ihre Standardwerte für Schriftgrößen zu optimieren. Und wir gehen davon aus, dass zum Beispiel die Hersteller von Smartphones, deren Bildschirme sich hinsichtlich der Pixeldichte am stärksten von einem Desktop-Monitor unterscheiden, dafür sorgen, dass die Pixeldichte bei der Darstellung auf ihren Geräten berücksichtigt wird.

Deshalb ersetzen wir die Pixelwerte für unsere Textelemente jetzt durch ein Schlüsselwort als Ausgangsbasis, an dem sich dann abweichende Elemente durch Prozentangaben orientieren sollen.

Schritt 1 | Fügen Sie im normalen Stylesheet dem Format für das `body`-Element folgende Eigenschaft hinzu:

`font-size: medium;`

Alle weiteren Angaben richten sich danach, was der jeweilige Browser aus der Angabe `medium` macht. Je mehr die Browser- und Gerätehersteller Schrift mit dem Wert `medium` sinnvoll darstellen, umso mehr profitiert unsere Website davon.

Die Überschrift in der Kopfleiste soll einen deutlich größeren Text als die anderen Elemente haben, also geben wir ihr einen recht hohen Wert.

Schritt 2 | Ändern Sie die Eigenschaft im Format für das `h1`-Element:

`font-size: 220%;`

Der Wert kommt den vorher angegebenen 36 Pixeln in den meisten Browsern sehr nahe.

Der Text im Navigationsmenü soll der Standardschriftgröße entsprechen.

Schritt 3 | Deshalb ändern Sie die Eigenschaft im Format für die li-Elemente im Navigationsmenü folgendermaßen:

`font-size: 100%;`

Im Inhaltsbereich schließlich soll die h2-Überschrift so groß wie die Menüeinträge sein, und der Text in den Absatzelementen etwas kleiner.

Schritt 4 | Ändern Sie im Format mit dem Selektor #inhalt h2 die Eigenschaft für die Schriftgröße:

`font-size: 100%;`

Schritt 5 | Im Format mit dem Selektor #inhalt p ändern Sie die Eigenschaft ebenfalls:

`font-size: 90%;`

Der Zeilenabstand der Textelemente (line-height) wird ja nur mit einer Zahl angegeben, die der Browser dann mit der Schriftgröße multipliziert. Diese Werte müssen wir für eine flexiblere Darstellung also nicht ändern.

Schritt 6 | Speichern Sie das Stylesheet, und betrachten Sie die Startseite erneut im Browser (siehe Abbildung 6.16).

Abbildung 6.16 Nach der Umstellung auf relative statt absolute Schriftgrößen sieht die Seite fast so aus wie vorher, ist aber jetzt kompatibler mit unterschiedlichen Bildschirmen und Pixeldichten.

Auf unseren Monitoren und mit unseren Browsern ist die Schriftgröße der Textelemente im Vergleich zu den Pixelangaben davor praktisch gleich groß geblieben. Alle unterschiedlichen Pixeldichten können wir unmöglich testen, aber dank dem Browserstandard `medium` als Ausgangsbasis können wir jetzt davon ausgehen, dass unsere Texte von den meisten Besuchern angenehm gelesen werden können. Übrigens haben wir durch den Verzicht auf einen Pixelwert als Ausgangsbasis dafür gesorgt, dass auch alte Browser die Schriftgröße verändern können, wenn ein Benutzer das wünscht. Gerade für Menschen mit Sehschwäche ist diese Browserfunktion sehr wichtig.

Was für die Textgröße gilt, gilt auch für `margin` und `padding`, die wir ja ebenfalls mit festen Pixelwerten angegeben hatten: Mit einfachem HTML und CSS können wir diese Eigenschaften nicht an die Größe des Bildschirms anpassen. Wir könnten zwar ebenfalls mit Prozentwerten arbeiten, um zumindest in Relation zu einem Basiswert flexiblere Angaben zu haben. Da wir aber für die Abstände im Gegensatz zur Schriftgröße nicht auf browserspezifische Schlüsselwörter wie `medium` zugreifen können, müssten wir auch den Ausgangswert mit Pixeln angeben. Dafür, dass der ja dann doch von der Pixeldichte des Bildschirms abhängt, lohnt sich der Aufwand relativer Angaben für `margin` und `padding` auf unseren Beispielseiten nicht. Wenn Sie eine Seite bauen, die zum Beispiel sehr große `margin`-Werte benutzt, wissen Sie jetzt aber, welche Möglichkeiten es für relative Angaben gibt.

Für unsere Seite würde bei den Abständen eine Anpassung der Pixelgrößen ausreichen. Aber wenn wir nicht mit CSS-Werten wie `inherit` auf die Fenstergröße Bezug nehmen können, wie dann? Die Antwort gibt es im folgenden Abschnitt. ■

Bereits jetzt erkennen Sie, dass unterschiedliche Bildschirmgrößen für unsere Beispielseiten allgemein kein großes Problem sind, weil wir von Anfang an auf ein Layout mit möglichst vielen relativen Abmessungen gesetzt haben und weil die für die Anordnung der Layoutelemente zentrale Eigenschaft `float`, die die Positionierung unseres Navigationsmenüs und des Inhaltsbereichs regelt, völlig unabhängig von der Bildschirmgröße ist.

Ganz anders sieht es bei Websites aus, deren Seiten ein Layout mit vielen festen Größenangaben und pixelgenau positionierten Elementen einsetzen. Hier bewegen sich die Elementränder nicht mit, wenn man das Browserfenster verkleinert, sondern der Seiteninhalt wird scrollbar, sobald das Fenster kleiner als der Seiteninhalt wird – unschön für die Nutzer.

Für solche Seiten muss man weitaus mehr Aufwand betreiben, um mit verschiedenen Bildschirmgrößen eine sinnvolle Darstellung zu gewährleisten. Wie man dieses Problem löst, klären wir im folgenden Abschnitt. Zu Beginn führt uns die hohe Bandbreite an unterschiedlichen Bildschirmgrößen – von 4 Zoll schmalen Smartphones bis hin zu 26 Zoll großen Desktop-Monitoren – zunächst noch einmal zurück zur Frage der generellen Layout-Philosophie, von der das weitere Vorgehen abhängt.

> **Beispieldateien zum Download**
> Auf der Website zum Buch finden Sie unter *bnfr.de/ql609* die in diesem Abschnitt erstellte Version des Beispielprojekts. Das HTML und CSS können Sie gerne kopieren.

6.3.3 Mehrere Layouts mit festen Werten oder ein Layout mit flexiblen Werten?

Wenn man gleichzeitig alle möglichen Bildschirmgrößen abdecken will, dann ist klar, dass es mit einer variablen Schriftgröße oder 100 Pixel weniger Breite für ein `div`-Element nicht mehr getan ist. Und auch mit dynamischen Abmessungen allein kommt man irgendwann nicht mehr weiter: Denn selbst wenn Sie die Abmessungen aller Seitenelemente zu jeder Zeit von der vorhandenen Bildschirmgröße abhängig machen könnten, wäre auf einem Smartphone nichts mehr zu erkennen, wenn es dieselben Layoutelemente darstellen soll wie ein Breitbildschirm.

Eine Lösung dafür lautet: Unterschiedlich große Bildschirme bekommen unterschiedliche Seitenlayouts. Wie so etwas grundsätzlich aussehen kann, können Sie dank des flexiblen Layouts bereits jetzt an den Seiten unseres Beispielprojekts von Dr. Bloemkamp beobachten.

Schritt 1 | Öffnen Sie die Startseite des Beispielprojekts.

Schritt 2 | Machen Sie das Browserfenster so eng wie möglich.

Mit Safari konnten wir den Bildschirm nicht enger machen, als in Abbildung 6.15 zu sehen ist, deshalb haben wir für den Rest dieses Abschnitts Firefox benutzt. Dort sieht die Seite mit der geringstmöglichen Fensterbreite so aus wie in Abbildung 6.17.

Folgendes ist passiert: Irgendwann war beim Verkleinern der Fenstergröße neben dem Navigationsmenü, das mit `float: left` positioniert ist, einfach kein Platz mehr für den Inhaltsbereich. Also hat der Browser den Inhaltsbereich nicht mehr neben dem Navigationsmenü beginnen lassen, sondern darunter. Das entspricht nicht mehr dem von uns konzipierten Layout für die Seite, aber es ist für schmale Smartphone-Bildschirme sehr sinnvoll: Besucher mit diesen Geräten sehen oben die Kopfleiste mit dem Namen der Praxis, dann das Navigationsmenü, mit dem sie die unterschiedlichen Bereiche der Website erreichen können, und darunter den Inhaltsbereich mit den jeweiligen Informationen. Diese Besucher können Ihre Website also dank des vom Browser automatisch geänderten Seitenlayouts relativ sinnvoll benutzen.

Abbildung 6.17 Wenn neben dem Navigationsmenü wirklich kein Platz mehr ist, zeigen die aktuellen Browser den Inhaltsbereich einfach darunter an. Für schmale Smartphone-Bildschirme ist das ein sinnvolles Layout.

Man kann sich aber nicht darauf verlassen, dass auch andere Browser das Layout einer Website so sinnvoll verändern. Und für Seiten mit einem Layout, das viel mehr feste Abmessungen und Positionierungen verwendet, bringt dieses automatische Browserverhalten bei `float` sowieso nichts.

Deshalb müssen Sie sich grundsätzlich Gedanken über Ihr Seitenlayout auf allen denkbaren Bildschirmgrößen machen. Es muss zumindest so funktionieren, dass alle Besucher Ihrer Website sich wohlfühlen und Sie damit Ihre Ziele – Umsatz, Aufmerksamkeit, Informationsvermittlung – bestmöglich erreichen. Ein gutes Layout macht die Seite aber nicht einfach nur funktional, sondern nutzt die unterschiedlichen Bildschirmgrößen optimal.

All diese designphilosophischen Gedanken drücken sich nun in der Praxis in zwei gegensätzlichen Vorgehensweisen aus:

- Entweder Sie entwerfen viele Layouts mit festen Werten und versuchen, bei möglichst jedem Gerät und Bildschirm das richtige Layout anzeigen zu lassen.
- Oder Sie entwerfen ein einziges Layout, dessen Elemente aber so flexibel sind, dass es auf jedem denkbaren Bildschirm und Gerät gut aussieht und sinnvoll benutzbar ist.

Im Folgenden sehen Sie die Vor- und Nachteile der beiden Vorgehensweisen im Überblick. Tabelle 6.3 ist eine erweiterte Version der Tabelle aus Kapitel 5, »Die eigene Website erstellen«:

Mehrere feste Layouts	Ein flexibles Layout
+ Anzahl und Art der Seitenelemente kann besser an Bildschirm und Bedienung angepasst werden.	+ Bildschirmgröße und Bedienung müssen nicht ermittelt werden, daher lauert hier keine Fehlerquelle.
+ Mehr Kontrolle über Details der Darstellung im Browser, auf den Pixel genau	+ Feste Angaben sind nur für die nötigsten Elemente erforderlich.
+ Elemente mit fester Größe (z. B. Bilder oder Videos) lassen sich leichter integrieren.	+ Nur größere Änderungen am Inhalt (Textlänge etc.) müssen Rücksicht auf das Layout nehmen.
- Bildschirmgröße und Bedienung müssen ermittelt werden, was nie zu 100 % korrekt gelingt.	+ Das Standard-Stylesheet des Browsers ist eher Ihr Freund, weil es Ihre Gestaltungsvorgaben oft sinnvoll ergänzt.
- Die Größe muss für viele Elemente fest angegeben werden, damit ein Layout umgesetzt werden kann.	- Auf jedem Bildschirm und Gerät gibt es dieselbe Anzahl und Art von Elementen.
- Schon kleinere Änderungen am Inhalt (Textlänge etc.) müssen sich danach richten, wie viel Platz das feste Layout vorsieht.	- Sie haben weniger Kontrolle über Details der Darstellung. Elemente werden je nach Browser mal ein paar Pixel größer oder kleiner angezeigt.
- Das Standard-Stylesheet des Browsers ist eher Ihr Feind, weil es viele Angaben enthält, die Ihrem Layout widersprechen.	- Elemente mit fester Größe (z. B. Bilder oder Videos) erfordern manchmal mehr Arbeit bei der Integration.

Tabelle 6.3 Mehrere feste Layouts oder ein flexibles?

In diesem Zusammenhang spricht man von *Adaptive Design* und *Liquid Design*, also etwa *anpassungsfähigem Design* und *flüssigem Design*. Eine Website mit vielen festen Layouts wird an unterschiedliche Geräte *angepasst*, indem die Seiten je nach Gerät mit einem anderen, festen Layout dargestellt werden. Eine Website mit einem einzigen, flexiblen Layout ist dagegen *flüssig* wie Wasser – egal welche Form ein Glas hat, das Wasser füllt den Boden eben aus –, und egal welches Gerät die Seite anzeigt, die Inhalte passen eben auf den Bildschirm.

Beide Extreme sind nur sehr schwer umzusetzen: Auch wegen der Darstellungsunterschiede der Browser ist es fast unmöglich, ein festes, auf jedem Gerät und Bildschirm auf den Pixel genau definiertes Aussehen der Seiten zu erreichen. Andererseits gibt es fast keinen Einsatzzweck für eine Website, bei der eine Seite auf 4-Zoll-Bildschirmen mit Touchbedienung genau dieselben Elemente in genau derselben Anordnung und Funktionalität enthält wie auf einem 26-Zoll-Desktop-Monitor mit Maussteuerung.

Deshalb empfiehlt sich für die allermeisten Sites eine Mischung aus beiden Ansätzen. Das nennt man dann *Responsive Design* oder *reagierendes Design*: Es werden mehrere Layouts entworfen, die für unterschiedliche Gerätekategorien (Smartphone, Tablet, Breitbildschirm etc.) optimiert sind, aber jedes Layout benutzt so viele flexible Werte wie möglich, um die Abmessungen der Elemente weitgehend flüssig variieren zu können.

Unser Beispielprojekt entspricht dem Responsive Design: Mit dem normalen Layout, der ab einem Maximalwert begrenzten Seitenbreite und der geänderten Anordnung von Navigationsmenü und Inhaltsbereich auf schmalen Bildschirmen haben wir drei unterschiedliche Layouts für unterschiedliche Geräte. Dank der dynamischen Breite und Höhe der meisten Elemente sind die Seiten aber so flexibel, dass sie den verfügbaren Platz weiterhin optimal ausfüllen.

Noch ist die geänderte Anordnung der Layoutelemente auf schmalen Bildschirmen aber nur das Ergebnis des standardmäßigen Browserverhaltens, nicht einer bewussten Entscheidung. Und damit kommen wir zurück zur Praxis. ∎

Wir haben Ihnen im letzten Kapitel schon erklärt, mit welchen CSS-Eigenschaften und Werten Sie feste und flexible Layouts erreichen. Jetzt zeigen wir Ihnen, wie man für eine bestimmte Bildschirmgröße festlegt, dass nicht mehr das normale Layout benutzt wird, sondern ein zusätzliches Layout, das sich sowohl hinsichtlich der Anordnung der Elemente als auch hinsichtlich der Abmessungen und Schriftgröße vom bisherigen Layout unterscheidet.

6.3.4 Ein separates Stylesheet für schmale Bildschirme

Für das zusätzliche Layout brauchen wir eine CSS-Datei mit den nötigen Formaten. Als Erstes sorgen wir aber für die Verknüpfung in den HTML-Elementen, weil daran die Funktionsweise von Responsive Design erkennbar wird.

Schritt 1 | Öffnen Sie die vier HTML-Dateien des Beispielprojekts mit der Arztpraxis Dr. Bloemkamp.

Schritt 2 | Schreiben Sie in jedem Dokument eine weitere Verknüpfung zu einer CSS-Datei, und zwar zwischen die beiden Verknüpfungen für das Standard- und das Internet-Explorer-Stylesheet:

```
<link rel="stylesheet" type="text/css" media="screen and (max-width: 630px)" href="mobil.css">
```

Dieses `link`-Element unterscheidet sich in einem entscheidenden Punkt von dem `link`-Element, das wir zur Verknüpfung mit dem normalen Stylesheet benutzt haben. Es hat ein `media`-Attribut, dessen Wert bestimmt, für welchen Gerättyp und für welche Bildschirmgröße die angegebene CSS-Datei gelten soll: nämlich für alle Geräte mit einem Bildschirm (`screen`), der höchstens (`max`) eine Breite (`width`) von 630 Pixeln hat.

Bei dem Wert denken Sie jetzt vielleicht: »630 Pixel ist aber breiter als viele Smartphone-Bildschirme.« Das stimmt, aber es ist ja auch nur die Höchstbreite für die Anwendung des separaten Stylesheets. Wir haben die Zahl 630 auch nicht willkürlich gewählt, sondern das Browserfenster immer schmaler gemacht und uns überlegt, ab welchem Punkt die Anordnung des Inhaltsbereichs neben dem Navigationsmenü einfach keinen Sinn mehr macht.

Unter 630 Pixeln Breite passen zum Beispiel auf der Startseite nicht einmal mehr zwei der vier Bilder nebeneinander, sondern nur noch eines: Der Inhaltsbereich wird dadurch nach unten so lang, dass es sehr komisch wirkt, so weit nach unten scrollen zu müssen, wenn links unter dem Navigationsmenü doch so viel freier Platz vorhanden ist. Für andere Layouts kann der sogenannte *Breakpoint*, also der Punkt, an dem man von einem Layout zum anderen Layout wechselt, durchaus ganz andere Werte haben.

Orientieren Sie sich jedenfalls immer daran, ab welchen Abmessungen ein anderes Layout sinnvoller ist, und nicht an der Bildschirmgröße eines bestimmten Geräts.

Bevor wir das Stylesheet für schmale Bildschirme erstellen, hier noch eine Warnung, die auch der Grund dafür war, warum wir in Tabelle 6.3 geschrieben haben, dass die Zuweisung von Layouts an bestimmte Geräte und Bildschirme nie zu 100 % korrekt funktioniert. Mit einem solchen `media`-Attribut sagen Sie dem Browser Ihrer Besucher, dass er ein bestimmtes Stylesheet benutzen soll, wenn sein Fenster schmaler ist als 631 Pixel. Leider gibt es aber einzelne Browser und Geräte, die sich (teils absichtlich) nicht an diese Anweisung halten. Und immer mehr Browser für Smartphones und Tablets haben eine Option, mit der der Benutzer die Verwendung des Standard-Stylesheets erzwingen kann. Das bedeutet, dass manche Ihrer Benutzer kleine Bildschirme haben, die Ihre Seite trotz des separaten Stylesheets so darstellen wie auf einem großen Bildschirm. Daran können Sie aber nichts ändern, und die meisten Geräte halten sich zum Glück an

Ihre Vorgaben. Wir möchten Ihnen nur klarmachen, dass es keine magischen Anweisungen gibt, mit denen Sie alle Geräte der Welt genau steuern können.

Kommen wir jetzt aber zum neuen Stylesheet mit den angepassten Formaten für schmale Bildschirme:

Schritt 3 | Erstellen Sie eine neue CSS-Datei, und speichern Sie sie unter dem Namen *mobil.css* im selben Verzeichnis wie Ihre HTML-Dokumente und die anderen Stylesheets.

Unser erstes Ziel mit dem neuen Stylesheet ist es, auf schmalen Bildschirmen das veränderte Layout – also die Anordnung des Inhaltsbereichs unter statt neben dem Navigationsmenü – explizit zu bestimmen, damit es auch von Browsern umgesetzt wird, die das nicht von selbst so machen.

Dazu müssen Sie nur den Wert `left` der Eigenschaft `float` des Navigationsmenüs entfernen, weil das die einzige Abweichung vom Standard-Dokumentfluss war. Ohne diesen Wert werden die Elemente wieder einfach untereinander dargestellt, so wie wir das auf schmalen Bildschirmen wollen.

Schritt 4 | Erstellen Sie in der neuen CSS-Datei ein Format mit dem Selektor `#menu`.

Schritt 5 | Geben Sie dem neuen Format folgende Eigenschaften:

```
position: static;
float: none;
```

Das entspricht den Standardwerten für die Positionierung von `div`-Elementen. Schauen wir uns mal an, was wir damit bewirkt haben.

Schritt 6 | Speichern Sie die CSS-Datei, öffnen Sie die Startseite des Beispielprojekts, und machen Sie das Browserfenster so lange schmaler, bis das Layout sich ändert (siehe Abbildung 6.18).

Jetzt ist der Inhaltsbereich unter dem Navigationsmenü positioniert, sodass die Bilder und der Text wieder mehr Platz haben und die Seite sinnvoll genutzt werden kann. Wenn Sie das Fenster wieder breiter machen, wechselt das Layout wieder zurück usw. Das ist Responsive Design in Aktion: Die Seite reagiert auf unterschiedliche Bildschirmgrößen mit unterschiedlichen Layouts.

Wir optimieren den Platzbedarf gleich noch weiter, aber zuerst räumen wir zwei kleine Unstimmigkeiten auf, die sich durch das neue Layout ergeben. Wie Sie sehen, erstreckt sich das Navigationsmenü noch nicht über die ganze Breite des Browserfensters. Das liegt daran, dass wir im Standard-Stylesheet, von dem ja nur die Eigenschaften nicht mehr benutzt werden, die im *mobil*-Stylesheet explizit angegeben sind, eine `margin` nach rechts angegeben haben. Auch stört, dass der Inhaltsbereich nicht wirklich unter dem Navigationsmenü beginnt, sondern zu weit oben anfängt und auf dem Menü klebt. Wir brauchen für das Navigationsmenü also eine neue `margin` nach unten.

Abbildung 6.18 Wir haben ein separates Stylesheet erstellt, das ab dem Punkt verwendet wird, an dem das ursprüngliche Layout keinen Sinn mehr macht.

Schritt 7 | Erweitern Sie das Format für das Menü im neuen Stylesheet um folgende Eigenschaft:

`margin: 0px 0px 5px 0px;`

Schritt 8 | Speichern Sie die CSS-Datei, und laden Sie die Startseite erneut im Browser (siehe Abbildung 6.19).

Wechseln Sie ruhig mehrmals die Fensterbreite, um den Wechsel des Layouts zu beobachten. Mit korrigierten Positionen der Layoutelemente sieht das gleich viel stimmiger aus.

Jetzt wollen wir die Darstellung aber noch einmal mehr im Hinblick auf wirklich sehr schmale Bildschirme optimieren.

Schritt 9 | Schieben Sie das Fenster so eng wie möglich zusammen, um zu sehen, wie Ihre Seite dargestellt wird (siehe Abbildung 6.20).

Abbildung 6.19 Jetzt entspricht die »margin« des Navigationsmenüs nicht mehr dem alten, sondern dem neuen Layout.

Abbildung 6.20 Für die Überschrift müssen wir uns noch etwas einfallen lassen. Sie soll auch auf schmalen Bildschirmen angezeigt werden.

Fast alle Elemente sind sichtbar, es muss eben nur weiter gescrollt werden, um sie zu sehen. Wir schreiben »Fast alle Elemente«, weil die Überschrift in der Kopfleiste abgeschnitten wurde. Das hatten wir ja im vorigen Abschnitt als Zwischenlösung mithilfe von overflow: hidden festgelegt, damit die Überschrift nicht auf zwei oder gar drei Zeilen umbricht und so die anderen Elemente überdeckt. Jetzt, da wir ein separates Stylesheet für schmale Bildschirme benutzen, können wir eine etwas elegantere Lösung wählen. Wir verringern auf schmalen Bildschirmen die Schriftgröße und den Zeilenabstand der Überschrift, damit sie stets vollständig zu lesen ist.

Schritt 10 | Erstellen Sie im neuen Stylesheet ein weiteres Format, und zwar mit dem Selektor #kopfleiste h1, und geben Sie ihm folgende Eigenschaften:

```
font-size: 140%;
line-height: 40px;
```

Die Schriftgröße der Überschrift wird auf schmaleren Bildschirmen also deutlich kleiner, und der Zeilenabstand beträgt jetzt genau die Hälfte der Höhe des kopfleiste-div, die wir ja nach wie vor fest mit 80 Pixeln angeben.

Schritt 11 | Speichern Sie die CSS-Datei, und öffnen Sie die Startseite erneut im Browser (siehe Abbildung 6.21).

Abbildung 6.21 Dank geringerer Schriftgröße und Zeilenhöhe sehen jetzt auch Besucher mit schmalen Bildschirmen den ganzen Namen der Arztpraxis.

Wenn Sie die Breite der Seite von ganz breit bis zu ganz schmal verändern, sehen Sie, was passiert: Ab einer Breite von 630 Pixeln oder weniger wird die Überschrift kleiner und es entstehen zwei Zeilen in der Kopfleiste, von der die zweite aber noch nicht gebraucht wird. Erst wenn Sie den Bildschirm so eng machen, dass der rechte Seitenrand den rechten Rand der Überschrift fast berührt, umbricht die Überschrift auf zwei Zeilen.

So ist der Name jetzt auf jedem Bildschirm vollständig zu lesen, ohne nach unten zu viel Platz zu verbrauchen. Es gibt im Werkzeugkasten eines Webdesigners zwar noch schönere Lösungen, aber mit einfachem HTML und CSS haben wir an dieser Stelle so ziemlich das Optimum erreicht.

Jetzt können wir uns nach der Realisierung eines separaten Layouts und dem Beheben kleinerer Darstellungsprobleme an die dritte und letzte der Optimierungen machen: an die Verkleinerung der Abstände zwischen den Elementen, sodass der verfügbare Platz besser genutzt wird.

Zuerst entfernen wir den Abstand aller Elemente zum Seitenrand komplett. Dieser Abstand war auf großen Bildschirmen eher eine ästhetische Entscheidung, die Lesbarkeit der Inhalte hat er nicht gefördert. Auf kleinen Bildschirmen sparen wir uns lieber die kostbaren Pixel.

Schritt 12 | Fügen Sie im *mobil*-Stylesheet ein neues Format mit dem Selektor `body` hinzu, und geben Sie ihm folgende Eigenschaften:

`padding: 0px;`

Jetzt verringern wir noch die `margin` zwischen den drei Layoutelementen von jeweils 15 Pixel auf 5 Pixel. Da wir das für das Navigationsmenü schon in Schritt 7 getan haben und der Inhaltsbereich ohnehin keine `margin` hat, müssen wir nur noch für die Kopfleiste ein neues Format schreiben.

Schritt 13 | Erstellen Sie in der CSS-Datei ein neues Format mit dem Selektor `#kopfleiste`, und geben Sie ihm folgende Eigenschaft:

`margin: 0px 0px 5px 0px;`

Schauen wir uns das Ergebnis an.

Schritt 14 | Speichern Sie das Stylesheet, und öffnen Sie die Startseite erneut im Browser (siehe Abbildung 6.22).

Abbildung 6.22 Am rechten Seitenrand sieht man besonders gut, dass das »padding« des »body« weg ist – die blaue Kopfleiste reicht bis zum Scrollbalken.

Verändern Sie erneut mehrmals die Breite des Fensters, um der Seite beim Wechsel des Layouts – man sagt auch: beim *Reflow*, also bei der Änderung des Dokumentflusses – zuzuschauen.

Das separate Layout für schmale Bildschirme hat unsere Seiten schon richtig aufgewertet. Es ist kein Vergleich zu der auf solchen Bildschirmen letztlich unsinnigen und schlecht nutzbaren Darstellung ohne separates Stylesheet.

> **Der @media-Befehl in CSS-Dateien**
>
> Neben dem bedingten Einbinden eines separaten Stylesheets mit einem media-Attribut im link-Element gibt es eine zweite Methode, um bedingte Formate zu benutzen. Sie können die für besondere Geräte gedachten Formate auch in Ihr schon vorhandenes Stylesheet schreiben und mit einem @media-Befehl umgeben. Dieser enthält dann dieselbe Bedingung, die Sie sonst ins media-Attribut schreiben würden. Zum Beispiel:
>
> ```
> @media screen and (max-width: 630px) {
>     #menu {
>         position: static;
> ```

```
        float: none;
        margin: 0px 0px 5px 0px;
    }
}
```

Browser wenden dieses Format nur an, wenn die Bedingung erfüllt ist. Sie können mehrere Formate innerhalb eines @media-Befehls schreiben, wenn die Bedingung für alle gleich ist. Aber schreiben Sie die bedingten Formate immer unter die normalen Formate, weil bei sich widersprechenden Werten ja immer die Eigenschaft gilt, die weiter unten steht.

Um möglichst vielen Besuchern ein optimiertes Layout zu bieten, wollen wir noch ein paar zusätzliche Anweisungen an die Browser von Mobilgeräten einbauen. Um diese zu verstehen, ist wieder etwas technisches Hintergrundwissen hilfreich.

Wenn ein Browser eine Seite anzeigt, dann erstellt er aus dem Quelltext der HTML-Datei ein zweidimensionales Dokument mit einer bestimmten Breite und Höhe, das die grafische Darstellung des Quelltexts ist. Dieses Dokument – die Webseite – kann größer oder kleiner sein als der Bildschirm des Geräts, auf dem der Browser ausgeführt wird (so wie ein Foto größer oder kleiner sein kann als der Bilderrahmen, den man eigentlich verwenden möchte).

Das klingt vielleicht kompliziert, aber Sie kennen das bereits genau so von Ihrem Desktop-PC: Wenn die Seite, also das erstellte Dokument, größer ist als der Bildschirm bzw. das Browser-Fenster, dann müssen Sie scrollen, um alle Seiteninhalte sehen zu können. Bei dem Browser von Smartphones oder Tablets ist das genauso.

Angenommen, Sie erstellen jetzt eine Seite, deren Inhalt eine Breite von 1000 Pixeln hat, dann sieht die Erstellung des Dokuments auf einem Desktop-PC und einem Smartphone ungefähr so aus, wie in Abbildung 6.23 skizziert.

Der Monitor des Desktop-PCs hat zum Beispiel eine Breite von 1680 Pixeln, mehr als genug, um das gesamte Dokument darzustellen. Der Browser des Smartphones erstellt das Dokument in derselben Größe wie der Browser des PCs. Allerdings kann auf dem Smartphone der Bildschirm mit beispielsweise 300 Pixeln Breite nur einen Ausschnitt des Dokuments zeigen.

Wenn die Seite ausschließlich mit flexiblen Abmessungen gestaltet wäre, würde nichts dagegensprechen, den Smartphone-Browser so zu instruieren, dass er ein Dokument erstellt, das nur so breit ist wie der Bildschirm des Geräts, auf dem er läuft. Aber als die ersten Smartphones auf den Markt kamen, hatte praktisch noch keine Website der Welt ein Layout, das auf schmalen Bildschirmen funktioniert hätte – und stellt man eine

HTML-Seite auf dem Smartphone so dar, dass sie vollständig auf dem kleinen Bildschirm zu sehen ist, kann man praktisch nichts darauf lesen, weil die Schrift dann viel zu klein ist. Deshalb programmierten viele Hersteller die Browser ihrer Geräte so, dass das erstellte Dokument genauso groß ist wie auf einem Desktop-Monitor, auch wenn der Bildschirm dafür nicht ausreicht. Auf solchen Geräten muss der Nutzer dann eben scrollen, um alle Seiteninhalte zu sehen, wie zum Beispiel auf dem Android-Smartphone in Abbildung 6.24.

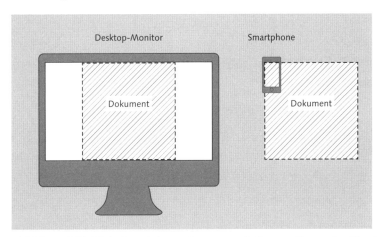

Abbildung 6.23 Viele Smartphone-Browser erstellen aus Ihrem Quelltext zunächst ein Dokument, das genauso groß ist, wie es auf einem Desktop-Monitor wäre.

Abbildung 6.24 Die Arztwebsite im Standardbrowser eines »Huawei Ascend Y300«-Smartphones mit 4-Zoll-Bildschirm und Android 4.1. Der Nutzer scrollt die Seite nach rechts.

Nachdem immer mehr Geräte mit sehr hoher Pixeldichte auf den Markt kamen, änderten manche Hersteller dieses Verhalten. Sie stellten nun die Browser so ein, dass sie standardmäßig das beispielsweise 1000 Pixel breite Dokument so stark verkleinert darstellten, dass es komplett auf den schmalen Bildschirm passt und alle Seiteninhalte zu sehen sind – nur eben stark verkleinert. Wie das aussehen kann, zeigt Abbildung 6.25 am Beispiel eines iPhone 4S. Bei dessen hochauflösendem Bildschirm kann man trotz allem tatsächlich den Text lesen.

Abbildung 6.25 Die Arztwebsite in »Mobile Safari« auf einem iPhone 4S mit 3,5-Zoll-Bildschirm und iOS 7. Die Seite wird standardmäßig herausgezoomt dargestellt, damit alle Inhalte sofort zu sehen sind.

Dadurch sieht der Nutzer sofort, was es auf der Seite alles gibt, und kann dann durch Hineinzoomen den Maßstab so verändern, dass er Text bequem lesen kann und Bilddetails erkennt.

An den beiden letzten Abbildungen können Sie auch schon erkennen, dass dieses an unflexible Webseiten angepasste Browserverhalten wiederum zum Problem für Webdesigner wurde, als diese begannen, die Seiten flexibler zu machen und an kleine Bildschirme anzupassen. Auch wir wollen die Seiten auf schmalen Bildschirmen ja mit besonderen Formaten gestalten, die laut dem `media`-Attribut der Stylesheet-Verlinkung ab einer Dokumentgröße von 630 Pixeln und weniger angewendet werden sollen.

Das passiert auf solchen Geräten nicht, weil das geladene Dokument eben mit Absicht viel breiter ist als der eigentliche Bildschirm. Und unsere Angabe im `media`-Attribut bezieht sich eben nicht auf den Bildschirm, sondern auf das Dokument. Solange das auf solchen Geräten zum Beispiel weiterhin 1000 Pixel breit ist, trifft unsere Bedingung (630 Pixel oder weniger) nicht zu – und das unabhängig davon, ob der Nutzer zoomt oder nicht.

Um bei diesem Problem Abhilfe zu schaffen, können Sie das `meta`-Element benutzen, das Sie schon von der Definition der `charset`-Zeichencodierung kennen. Mit einem anderen Attribut können Sie nämlich dafür sorgen, dass Browser eben nicht mehr ein sehr breites Dokument erzeugen, sondern für das Dokument dieselbe Breite benutzen, die auch der Bildschirm des Geräts hat, auf dem sie laufen.

Schritt 15 | Versehen Sie alle vier HTML-Dateien mit folgendem `meta`-Element, das Sie nach dem Element mit der Zeichencodierung (`charset`) schreiben:

```
<meta name="viewport" content="width=device-width">
```

Das Attribut `name` hat hier den Wert `viewport`, um dem Browser mitzuteilen, dass dieses Element Metadaten zum Thema Dokumentgröße enthält – `viewport` ist eine Bezeichnung für den im Browser sichtbaren Ausschnitt einer Seite. Und das Attribut `content` bestimmt mit seinem Wert `width=device-width`, dass alle Browser aus dem Quelltext ein zweidimensionales Dokument erstellen sollen, dessen Breite (`width`) genauso groß oder klein ist wie die Breite des jeweiligen Gerätebildschirms (`device-width`).

> **Weitere Teilwerte für das meta-Element**
>
> Im Zusammenhang mit dem `meta`-Element für den `viewport` werden häufig zwei weitere Teilwerte des `content`-Attributs verwendet: `initial-scale` und `user-scalable`. Der erste Wert gibt an, was die Standard-Zoomstufe für diese Seite sein soll, zum Beispiel `initial-scale=1.0`. Diese Einstellung benutzen aber auch viele Hersteller von Mobilgeräten, um die unterschiedlichen Pixeldichten der Bildschirme auszugleichen. Wer bei `initial-scale` eigene Angaben machen will, sollte sich vorher über den aktuellen Stand informieren und idealerweise ein paar Tests auf Bildschirmen mit unterschiedlichen Pixeldichten machen.
>
> Mit `user-scalable=no` können Sie verhindern, dass der Benutzer die Seite ein- und auszoomen kann. Damit schränken Sie den Nutzer aber ein: Manche Anwender sind aufgrund einer Sehschwäche auf das Zoomen auch dann angewiesen, wenn Sie die Seite für gut lesbar halten.

Um noch ein paar weitere Browserversionen auf Mobilgeräten dazu zu überreden, unser spezielles Stylesheet zu nutzen, verändern wir schließlich noch das `media`-Attribut der Verknüpfung.

Schritt 16 | Ändern Sie das `link`-Element zur Einbindung des *mobil*-Stylesheets in allen vier HTML-Dokumenten wie folgt:

```
<link rel="stylesheet" type="text/css" media="screen and (max-width: 630px),
screen and (max-device-width: 630px)" href="mobil.css">
```

Das Komma nach dem ersten Teilwert des `media`-Attributs steht hier für ein *Oder*. Die CSS-Datei soll eingebunden werden, wenn *entweder* die `max-width` des vom Browser erstellten Dokuments *oder* die `max-device-width` des Bildschirms höchstens 630 Pixel beträgt. Dadurch benutzen einige Browser von Mobilgeräten das Stylesheet, die zwar ein breiteres Dokument erstellen, aber sich an die Angabe der `device-width` halten. Nur den Wert mit der `device-width` anzugeben empfiehlt sich nicht, weil sonst wiederum manche Desktop-Browser die Anweisung ignorieren. Deshalb verwenden wir zwei Werte mit einer *Oder*-Verbindung.

Wie bei allen Anweisungen kann es aber immer noch Browser geben, die Ihre Metainformationen zum `viewport` ignorieren. Ähnliches gilt für die Verknüpfung mit dem separaten Stylesheet: Ältere Browser verstehen die Anweisungen im zuständigen `link`-Element entweder gar nicht oder ignorieren unsere Angaben. Wir haben also nur die Benutzung des separaten Stylesheet auf solchen Geräten und Browsern sichergestellt, die sich an unsere Anweisungen halten und die bildschirmspezifische Einbindung überhaupt unterstützen. Wie gesagt, es gibt keinen magischen Befehl, mit dem Sie alle Geräte der Welt exakt steuern können.

Ein Hinweis noch zur größtmöglichen Kompatibilität der beiden Stylesheets: Wir konnten das in unseren Tests nicht nachvollziehen, aber angeblich vermischen manche alten Browser die Formate aus beiden CSS-Dateien, wenn man nur für eine der beiden Stylesheet-Verknüpfungen ein `media`-Attribut angegeben hat. Tritt dieses Problem bei Ihnen oder Ihren Nutzern auf, sollten Sie bei dem `link`-Element für das normale Stylesheet ebenfalls ein solches Attribut angeben, am besten so:

```
media="all"
```

Das gilt dann für alle Geräte und Bildschirmgrößen.

> **viewport im HTML-Grundgerüst**
>
> Die Angaben zum `viewport` sind bei jedem Projekt sinnvoll, deshalb nehmen wir das entsprechende `meta`-Element in unser HTML-Grundgerüst auf. Sie finden die aktuelle

> Version des Grundgerüsts unter *bnfr.de/ql610* auf der Website zum Buch. Sie können die HTML-Datei gerne herunterladen und für jedes Ihrer Webprojekte als Ausgangsbasis benutzen.

Die beiden Smartphones aus Abbildung 6.24 und Abbildung 6.25 halten sich mittlerweile an unsere Angaben und stellen die Seite nur noch so breit dar wie ihr Bildschirm ist: Unsere an schmale Bildschirme angepassten Formate werden angewandt, weder das Zoomen noch Scrollen ist nötig. Unseren Eindruck vom *mobil*-Stylesheet in Aktion haben wir mit Tests der Arztsite auf einem 7-Zoll-Tablet mit Android-Betriebssystem abgerundet. Alle drei Geräte und ihre Darstellung unserer Seiten sehen Sie in Abbildung 6.26.

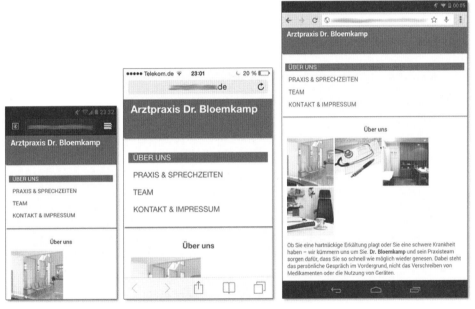

Abbildung 6.26 Links sehen Sie die Seite auf dem Android-Smartphone, in der Mitte auf dem iPhone 4S und rechts auf einem Nexus 7-Tablet mit 7-Zoll-Bildschirm, Mobile Chrome und Android 4.4.

Damit haben wir unser Beispielprojekt auf einem iPhone, einem Mittelklasse-Smartphone mit Android und einem Android-Tablet getestet, und auf allen funktioniert unser Responsive Design wie geplant. Da sich viele Geräte auf dem Markt mehr oder weniger ähneln, decken wir damit eine fürs Erste zufriedenstellende Bandbreite von Besuchern ab, über deren unterschiedliche Bildschirmgrößen wir uns jetzt keine Sorgen mehr machen müssen – auch wenn es immer noch irgendein Element gibt, das noch besser gestaltet werden könnte. ∎

Für das zusätzliche Layout, das wir in diesem Abschnitt entworfen und mit einem speziellen Stylesheet umgesetzt haben, haben wir ja nur die bereits vorhandene Anzahl an sichtbaren Seitenelementen anders angeordnet. Noch interessanter wird es, wenn Sie mithilfe der Eigenschaft `display: none;` dafür sorgen, dass unterschiedlich große Bildschirme auch unterschiedliche Elemente zeigen. Sie können zum Beispiel ein alternatives Navigationsmenü entwerfen, das statt der vertikalen Liste von Links eine horizontale Liste von grafischen Icons enthält, mit denen die Nutzer zwischen den Unterseiten navigieren können. Auf schmalen Bildschirmen zeigen Sie dann nur das horizontale Menü an, auf größeren Bildschirmen nur das vertikale. So können Sie den Platz auf kleinen Bildschirmen noch effektiver nutzen.

Die Unterschiede zur Anzeige auf schmalen Bildschirmen ohne spezielles Stylesheet sind wegen unserem ohnehin sehr flexiblen und simplen Seitenlayout nicht sehr groß. Aber für komplexere Websites und Layouts mit vielen festen Werten ist der Unterschied viel größer und daher das zusätzliche Layout und Stylesheet noch viel wichtiger.

Und das war ja nur ein einziges zusätzliches Layout. Jetzt wissen Sie, wie das geht und können weitere Layouts für andere Bildschirmgrößen entwerfen – etwa eines für Tablets mit einer Seitenbreite von bis zu 900 Pixeln und eines für sehr breite Bildschirme ab 1200 Pixeln Seitenbreite. Verändern Sie doch einfach mal bei häufig von Ihnen benutzten Websites die Fenstergröße des Browsers, um ein Gefühl dafür zu bekommen, welche Methoden beim Responsive Design eingesetzt werden.

Damit haben wir mit den Browsern und den Bildschirmen wichtige Unterschiede in der technischen Ausstattung Ihrer Besucher beleuchtet. Der nächste Abschnitt befasst sich tiefergehend mit dem letzten großen Unterschied, den wir bislang höchstens gestreift haben: Ihre Website wird im Internet nicht nur auf unterschiedlichen Bildschirmgrößen dargestellt, sondern auch auf unterschiedlichen Geräten.

6.4 Gerät ist nicht gleich Gerät

Wenn Sie daran denken, dass manche Ihrer Besucher mit einem Desktop-Computer Ihre Website aufrufen, andere mit einem Smartphone und wieder andere mit einem Tablet, dann denken Sie als Erstes an die unterschiedlichen Bildschirmgrößen. Aber auf den zweiten Blick gibt es zwischen den Tausenden Geräten, die auf Internetseiten zugreifen können, einen weiteren wichtigen Unterschied: die Bedienung. Einen klassischen Computer steuert man mit der Maus – aber Smartphone und Tablet durch Berühren des Bildschirms.

Ein Sonderfall bei den Geräten ist der Drucker, auf dem Sie vielleicht einen Zeitungsartikel ausdrucken, um ihn einem Bekannten zu zeigen. Der Drucker interagiert nicht mit Websites, sondern druckt die Seiten einfach so aus, wie sie im Browser angezeigt werden – aber genau das ist der Punkt, den Sie optimieren können, und wir zeigen Ihnen, wie das geht.

6.4.1 Was muss man bei Touchbedienung beachten?

Als wir beim Optimieren der Darstellung auf kleinen Bildschirmen die Abstände zwischen den Elementen verringert haben, haben wir einen zunächst logischen Kandidaten unverändert gelassen: das Navigationsmenü, dessen Links ja eigentlich relativ viel Platz brauchen. Mit weniger `margin` und `padding` könnten wir hier noch wertvolle Pixel sparen.

Aber damit hätten wir vielleicht die wichtigste Regel bei der Gestaltung für Touchgeräte verletzt: Alle interaktiven – also bei Maussteuerung anklickbaren – Elemente müssen so groß sein, dass man sie mit dem Finger gut berühren kann.

Die einzigen klickbaren Elemente auf der Website von Dr. Bloemkamp sind Links, und die wichtigsten sind die Links im Navigationsmenü. Die haben mit dem Standard-Stylesheet schon genügend Platz für Touchbedienung, also müssen wir hier keine weiteren Anpassungen mehr vornehmen. Kleiner hätten wir sie aber eben auch nicht machen dürfen.

Bei anderen Websites mit interaktiven Elementen ist eventuell mehr Arbeit nötig, wenn die Elemente zu klein sind.

Es gibt noch einen zweiten technischen Unterschied zwischen der Bedienung mit der Maus und der Bedienung per Toucheingabe. Mit einer Maus kann man zwei unterschiedliche Dinge machen, die der Browser registrieren kann: Sie können natürlich zum einen auf ein Element klicken. Aber zum anderen können Sie auch einfach mit dem Mauszeiger über ein Element fahren, ohne notwendigerweise auch zu klicken. Klicken und Darüberfahren sind also zwei verschiedene Aktionen, die unterschiedlich behandelt werden wollen.

Das Darüberfahren gibt es bei Geräten mit Touchsteuerung nicht. Der Finger kann ein Element nur berühren oder nicht, und das Berühren wird wie ein Klick gewertet (oder wie eine andere Touchgeste, zum Beispiel Wischen, aber jedenfalls nicht wie etwas Geringeres als eine Berührung).

Diesen Umstand müssen Sie vor allem bei Websites beachten, bei denen mit dem Mauszeiger berührte Elemente etwas Wichtiges bewirken: Wenn zum Beispiel der Preis eines Produkts nur angezeigt wird, wenn jemand mit der Maus über das Produktfoto fährt, fehlt Besuchern mit Touchsteuerung diese essenzielle Information. Die Seite wird für diese Besucher so schlecht benutzbar, dass manche lieber zur Konkurrenz gehen.

Die Seiten unseres Beispielprojekts haben nur eine Stelle, an der allein schon das Darüberfahren etwas bewirkt: Die Links im Navigationsmenü werden dank unseres Formats mit dem Selektor `#menu a:hover` grau hinterlegt, wenn man mit der Maus darüberfährt. Das ist nichts Elementares, sondern nur eine kleine Hilfe für Besucher mit Maussteuerung: Die sollen erkennen, dass das Element, über das sie gerade fahren, auf sie reagiert und anklickbar ist. Besucher mit Touchgeräten brauchen diesen Effekt nicht, gerade weil sie ja nirgends drüberfahren können.

Wenn der Effekt auf Touchgeräten stören würde, würden wir ihn eventuell im separaten Stylesheet für schmale Bildschirme überschreiben. Aber genau genommen ist er sogar hilfreich, sofern er überhaupt angezeigt wird. Das wird er auf Geräten oder Seiten, bei denen der Browser das Berühren zuerst wie einen *mouseover* wertet, also wie ein Darüberfahren mit dem Mauszeiger, und gleich danach als Klick. In dem Fall zeigt die kurz sichtbare graue Hinterlegung den betroffenen Nutzern, dass ihre Berührung registriert wurde. Wenn ihr Gerät relativ alt ist und nach dem Aktivieren des Links einige Sekundenbruchteile braucht, um die neue Unterseite zu laden, verhindert der visuelle Indikator, dass ungeduldige Nutzer noch einmal auf den Menüeintrag tippen.

Für unsere Beispielwebsite brauchen wir für Geräte mit Touchbedienung also nichts optimieren, aber Sie wissen jetzt für andere Projekte, was Sie bei dem Thema beachten müssen.

Mit dem Gesamtergebnis der letzten Abschnitte können wir fürs Erste auf jeden Fall zufrieden sein: Wir haben jetzt eine Website mit drei verschiedenen Layouts, die mit sehr vielen Browserversionen auf Smartphones, Tablets, normalen Desktop-Monitoren und sehr breiten Bildschirmen sauber dargestellt wird und mit Maus und Toucheingabe sinnvoll benutzbar ist. Die Texte werden nie so schmal, dass man sie nicht mehr lesen kann, und nie so breit, dass das Auge keine Lust mehr hat. Und die interaktiven Elemente werden nicht zu klein für die Berührung mit dem Finger.

Zum Abschluss wollen wir die Seite noch für den Drucker optimieren. Der Drucker wird in Zeiten der ständig verfügbaren flachen Bildschirme gerne vergessen, aber trotzdem immer wieder benutzt. Und auch für dieses Gerät können Sie die Darstellung Ihrer Website optimieren, indem Sie ein separates Stylesheet anlegen.

> **Beispielprojekt zum Download**
> Diese Version des Beispielprojekts finden Sie unter *bnfr.de/ql611* auf der Website zum Buch. Alle Dateien können Sie gerne kopieren und für eigene Projekte benutzen.

6.4.2 Ein separates Stylesheet für Drucker

Vielleicht haben Sie noch nie so genau darauf geachtet, aber wenn Sie bei manchen Webseiten die Druckfunktion benutzen, sieht das, was auf dem Papier erscheint, nicht genauso aus wie die Seite auf Ihrem Bildschirm. Viele Browserhersteller haben nämlich berücksichtigt, dass man beim Drucken möglichst wenig Papier und Farbe bzw. Toner verbrauchen will, und die Browser geben deshalb eine angepasste Version der Seite an den Drucker weiter.

Das probieren wir gleich einmal anhand unserer Beispielwebsite aus.

Schritt 1 | Öffnen Sie die Startseite der Arztwebsite im Browser, und wählen Sie die Funktion für Drucken.

Standardmäßig öffnet sich daraufhin ein Auswahlfenster, in dem man vor dem Drucken noch Einfluss nehmen kann.

Schritt 2 | Wählen Sie die Funktion für eine Vorschau des Drucks. Das Ergebnis in Safari sehen Sie in Abbildung 6.27.

Wir erkennen zwei Unterschiede zur Darstellung auf dem Monitor: Die Hintergrundfarben der Layoutelemente sind blankem Weiß gewichen, und die Schriftfarbe der Überschrift und des aktuellen Eintrags in der Navigationsleiste ist jetzt Dunkelgrau – das helle Grau auf dem Bildschirm war ja für einen blauen Hintergrund gedacht, auf weißem Papier würde man es sehr schlecht lesen können. Die Bilder wurden aber nicht in Grautöne umgewandelt, sondern sind immer noch farbig. Hier gehen die Browserhersteller scheinbar davon aus, dass die Bilder in ihrer vollen Pracht erscheinen sollen, solange der Nutzer in den Druckoptionen nicht explizit Schwarz-Weiß-Druck wählt. ■

Die Gestaltung eines Ausdrucks hängt wie immer von den Standard-Stylesheets der verschiedenen Browser ab, und wir können uns bei anderen Browsern nicht sicher sein, dass das gleiche Ergebnis herauskommt. Um also für Einheitlichkeit zu sorgen und zusätzliche Änderungen vornehmen zu können, wenn uns das Standardverhalten nicht gefällt, legen wir ein letztes eigenes Stylesheet für unsere Website an: eine CSS-Datei nur für Drucker.

Abbildung 6.27 Standardmäßig druckt Safari die Beispielseite so aus.

Dabei wollen wir gegenüber dem Standardverhalten drei Dinge ändern: Erstens können wir auf das Navigationsmenü völlig verzichten, denn auf einem Papier muss niemand navigieren. Auch wird niemand die Seite ausdrucken, weil er jemandem das Menü zeigen will – wenn er die Seite druckt, dann ist der Inhaltsbereich von Interesse, die Öffnungszeiten zum Beispiel oder die Kontaktdaten.

Zweitens wollen wir den Schatten um die drei Layoutelemente entfernen. Wir finden, dass er seltsam aussieht, wenn die Hintergrundfarben fehlen. Und drittens ändern wir die Schrift: Für den Ausdruck auf Papier scheint uns eine Schriftart mit Serifen passender als auf dem Bildschirm, und zur Sicherheit wollen wir für alle Texte explizit bestimmen, dass sie in Schwarz gedruckt werden, damit sie auf Papier gut zu erkennen sind.

> **Screenshots sind immer noch möglich**
>
> Keine Sorge: Sie nehmen Ihren Nutzern mit einem speziellen Druck-Stylesheet nicht die Möglichkeit, Ihre Website genau so auszudrucken, wie sie auf dem Bildschirm erscheint. Dazu müssen die Nutzer nur einen Screenshot machen und diesen dann ausdrucken.

Schritt 1 | Erstellen Sie im `head`-Element aller vier HTML-Dateien des Beispielprojekts eine letzte Stylesheet-Verknüpfung, und zwar unbedingt *hinter* der für das Standard-Stylesheet:

```
<link rel="stylesheet" type="text/css" media="print" href="print.css">
```

Das Attribut `media` bzw. dessen Wert `print` gibt dem Browser an, dass er auf dieses Stylesheets nur zugreifen soll, wenn die Seite ausgedruckt wird.

Schritt 2 | Erstellen Sie eine neue CSS-Datei, und speichern Sie sie im selben Verzeichnis, in dem die anderen HTML- und CSS-Dateien liegen, unter dem Namen *print.css*.

Schritt 3 | Erstellen Sie ein Format für die Navigationsleiste, und geben Sie an, dass sie überhaupt nicht dargestellt werden soll:

```
display: none;
```

Schritt 4 | Erstellen Sie Formate für die Kopfleiste und den Inhaltsbereich, und geben Sie ihnen die notwendigen Eigenschaften, die den Schatten verhindern – auch für Browser, die Präfixe verstehen:

```
-moz-box-shadow: none;
-webkit-box-shadow: none;
box-shadow: none;
```

Schritt 5 | Erstellen Sie ein weiteres Format, diesmal für das `body`-Element, und geben Sie ihm folgende Eigenschaft:

```
font-family: "Times New Roman", serif;
```

Zum Schluss ändern wir die Schriftfarbe. Es würde im Gegensatz zur Schriftart nicht ausreichen, die Farbe einfach in einem Format für das `body`-Element festzulegen. Zwar wird die Eigenschaft von dort aus an alle Kindelemente weitervererbt, aber die für einzelne Elemente wie `h1` oder `p` geltenden Formate der Browser-Stylesheet zählen in der CSS-Rangordnung mehr. Also müssen wir eigene Selektoren benutzen, die genauso präzise sind.

Schritt 6 | Erstellen Sie Formate mit den Selektoren h1, h2 und p, und geben Sie ihnen folgende Eigenschaft:

color: #000000;

Hier müssen wir die Formate auch nicht für einzelne Seitenbereiche einschränken, weil wir auch bei allen zukünftigen Textelementen wollen, dass sie schwarz gedruckt werden.

Schritt 7 | Speichern Sie die CSS-Datei, öffnen Sie die Startseite erneut im Browser, wählen Sie die Druckfunktion und dann die Vorschau – für Safari zu sehen in Abbildung 6.28.

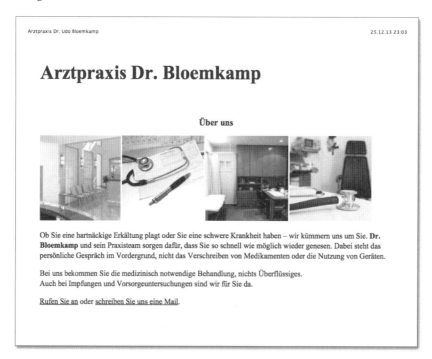

Abbildung 6.28 Unsere Anpassungen sparen Druckertoner und machen den Ausdruck noch besser lesbar.

Wie gewünscht ist das Navigationsmenü verschwunden, der Hintergrundschatten ist weg, und alle Texte sind dank Serifenschrift und schwarzer Farbe sehr gut zu lesen.

Damit haben wir die Beispielwebsite so weit optimiert, dass die Seiten auf Bildschirmen jeglicher Größe und auch beim Druck auf Papier sinnvoll dargestellt werden. Die Bedienung per Touch war bereits von Anfang an problemlos möglich.

Im Verlauf des Kapitels konnten Sie auch richtig schön sehen, was die Trennung von Struktur und Gestaltung einer Webseite bedeutet: Ein und dasselbe HTML-Dokument wird dank verschiedener Formate für alte Internet Explorer, schmale Bildschirme und beim Druck ganz anders ausgegeben als für moderne Browser und Desktop-Monitore. Und jeder, etwa ein anderer Mitarbeiter am Projekt, kann die Darstellung der Seiten modifizieren, ohne die in den HTML-Dateien festgelegte Struktur des Inhalts zu verändern.

Damit haben Sie im Verlauf dieses Buchs eine komplette Website von Anfang bis Ende selbst erstellt, HTML-Zeile für HTML-Zeile, CSS-Eigenschaft für CSS-Eigenschaft – eine Website, die ein durchdachtes Inhalts- und Gestaltungskonzept hat, von so vielen Besuchern wie möglich trotz ihrer unterschiedlichen Geräte sinnvoll und angenehm zu benutzen ist und damit die festgelegten Ziele erfüllt. Je nach Geschmack lassen sich Gestaltungsdetails wie Farbtöne, Schriftarten oder Schriftgrößen dank den CSS-Dateien schnell und einfach anpassen. Durch HTML- und CSS-Kommentare an wichtigen Stellen werden Sie auch dann nicht das Seitenlayout durch eine unbedacht gelöschte CSS-Eigenschaft zerstören, wenn Sie die Seiten erst nach einigen Wochen weiterbearbeiten wollen.

Damit ist das Kapitel aber noch nicht zu Ende – und das Beispielprojekt auch nicht. Im verbleibenden Abschnitt werden wir Ihnen zeigen, wie Sie Ihre eigenen Fähigkeiten verbessern, sodass Sie trotz der vielen unterschiedlichen Geräte und der ständigen Weiterentwicklung von Techniken und Standards immer bessere Websites erstellen. ∎

> **Beispiel-CSS zum Download**
>
> Die in diesem Abschnitt erstellte Version der Beispielwebsite finden Sie auf der Website zum Buch (siehe *bnfr.de/ql612*). Die HTML- und CSS-Dateien können Sie gerne herunterladen und für Ihre Projekte anpassen.

6.5 Mit Neugier zu immer besseren Websites

Die Nutzer greifen mit mehr und immer unterschiedlicheren Geräten auf Ihre Website zu. Inzwischen gibt es so viele verschiedene Bildschirmauflösungen und Browserversionen, dass es unmöglich ist, für alle Kombinationen ein eigenes Layout vorzusehen – geschweige denn, alle zu testen. Glücklicherweise beschränkt sich bei den meisten Projekten der Großteil der Benutzer auf eher wenige Geräte und Browser, und ein guter Teil der vielen Tausend möglichen Kombinationen wird nur von sehr wenigen Menschen benutzt.

Je mehr Konfigurationen Sie abdecken wollen, umso mehr Aufwand müssen Sie betreiben. Weil aber die Ressourcen (egal ob »nur« Zeit oder auch Geld) immer begrenzt sind, muss für jedes Webprojekt abgewogen werden, was der noch akzeptable Aufwand für eine größtmögliche Abdeckung ist.

Die gute Nachricht ist, dass für eine höhere Effizienz – also eine bessere Abdeckung bei gleichbleibenden Ressourcen – in erster Linie nicht etwa eine Art natürliches HTML-Talent nötig ist: Zum Glück ist diese Sprache nicht so kompliziert. Aufgrund der offenen und sehr dynamischen Art des Webs wird stattdessen Informiertheit zum entscheidenden Faktor bei der Qualität der Projekte, und Ihre Neugier ist die wichtigste Voraussetzung für stets aktuelle Informationen. Je mehr Sie über Darstellungsunterschiede, neue Standards und Nutzererwartungen wissen, umso mehr können Sie aus einem gegebenen Budget herausholen.

Als ambitionierter Webdesigner sollten Sie also laufend am Ball bleiben, und zu diesem Zweck schlagen wir Ihnen folgende Arbeitsweise vor:

- Wenn Sie Fragen zur Funktionsweise eines bestimmten Elements oder einer bestimmten CSS-Eigenschaft haben, finden Sie auf der Website zum Buch unter *bnfr.de/ql613* eine Liste mit Sites zum Nachschlagen. Wenn Sie dort nicht fündig werden, hilft Ihnen eine Suchmaschine weiter.

- Testen Sie Ihre Seiten auf möglichst vielen Browsern und Geräten, und konsultieren Sie Websites, die Darstellungsunterschiede dokumentieren. Nutzen Sie darüber hinaus auch jede Gelegenheit, um Ihre Websites auf den Geräten Ihrer Bekannten anzuschauen. Sie alleine haben meistens nur ein Betriebssystem auf Ihrem Rechner installiert und nur ein Smartphone zur Verfügung, aber mit ein paar Freunden oder Verwandten decken Sie schnell ein halbes Dutzend Konfigurationen ab.

- Nutzen Sie die Entwicklerfunktionen der modernen Browser, besonders die Inspektor-Funktion. Hier können Sie genau nachvollziehen, welche Elemente und CSS-Eigenschaften verschiedene Browser verstehen und wie diese sie interpretieren.

- Informieren Sie sich auf den Websites des W3C (*bnfr.de/ql614*) und bei den Browserherstellern über die aktuellen Entwicklungen rund um HTML und CSS. Sind neue Elemente und Eigenschaften geplant, und welche Änderungen bringt eine neue Browserversion mit sich? Je früher Sie das wissen, umso besser können Sie sich darauf vorbereiten.

- Informieren Sie sich sowohl durch andere Websites als auch durch das Auswerten der eigenen Nutzerstatistiken darüber, welche Browser und Geräte wie stark benutzt werden. So können Sie besser einschätzen, ob sich das Optimieren für eine bestimmte Konfiguration lohnt.

- Nutzerstatistiken sind eine Sache, Nutzerbefragungen eine andere: Wenn es die Art des Projekts erlaubt, ermutigen Sie Ihre Besucher dazu, Ihnen mitzuteilen, ob die Seiten funktionieren und welches Gerät sie nutzen. Normalerweise macht sich nur ein kleiner Teil der Besucher die Mühe, aber selbst wenn Sie nur drei Reaktionen bekommen, wissen Sie etwas über Ihre Site, das Ihre Tests vielleicht nicht aufgezeigt haben.
- Lassen Sie sich vom Design anderer Websites inspirieren. Mit welchen Layoutelementen wollen andere Sites ihre Ziele erreichen? Wie gestalten sie die Elemente, was für Interaktionsmöglichkeiten gibt es? Wie verhält sich eine Seite beim Ändern der Größe des Browserfensters? Betrachten Sie auch das HTML und CSS mithilfe des Inspektors, um genau zu sehen, wie die Seiten aufgebaut sind.
- Besuchen Sie regelmäßig Websites, die sich mit Designideen und neuen Elementen beschäftigen. Die meisten bieten Schritt-für-Schritt-Anleitungen an, um zum Beispiel eine bestimmte Art von Navigationsmenü mit HTML und CSS zu erstellen. Üben Sie, indem Sie diese Anleitungen auf Testsites umsetzen. Eine Liste mit empfehlenswerten Quellen für Tipps finden Sie unter: *bnfr.de/ql615*
- Viele Webprofis gehen weit über einzelne Anleitungen hinaus: Sie entwickeln ganze Werkzeuge, die völlig kostenlos sind und mit denen Sie noch bessere Websites bauen können. Zwei ganz simple Werkzeuge haben Sie schon kennengelernt: Sites wie *HTML Color Codes* aus Kapitel 5, »Die eigene Website erstellen«, die das Finden der richtigen Hexcodes für einen Farbton zum Kinderspiel machen, oder Sites wie *Can I use…* aus diesem Kapitel, die alle Informationen zu Darstellungsunterschieden zusammentragen und Ihnen übersichtlich zeigen, von welchen Browser(versionen) eine bestimmte CSS-Eigenschaft unterstützt wird. Solche Werkzeuge sind aber nur ein kleiner Vorgeschmack darauf, was Sie im Internet alles finden können. Das Spektrum reicht von praktischen Stylesheets bis hin zu ganzen Paketen aus HTML, CSS und JavaScript. Wir widmen dem Thema extra das gesamte Kapitel 13, »Starke Werkzeuge – so nutzen Sie Ihr neues Wissen für noch bessere Websites«, in dem wir Ihnen einige der besten Werkzeuge vorstellen.

6.6 Fazit

In diesem Kapitel ist ganz schön viel passiert. Zuerst haben wir aus Ihrer lokalen Site endlich eine Website gemacht – Sie wissen jetzt, wie man Webspace bekommt, wie man Dateien auf den Webserver überträgt, wie man den Server konfiguriert und wie man mit einer eigenen Domain und einem eigenen Favicon die Website professioneller wirken lässt.

Dann haben Sie gelernt, welche technischen Herausforderungen eine für unterschiedliche Besucher verfügbare Website an Sie stellt und wie man die wichtigsten Herausforderungen grundsätzlich meistern kann.

Schließlich haben wir zusammengefasst, wie Sie durch ständige Weiterbildung und aktuelle Informationen auf die technischen Herausforderungen reagieren und bei jedem Projekt das bestmögliche Nutzererlebnis schaffen.

Damit ist die reine Erstellung von Webseiten mit HTML und CSS abgeschlossen. In Kapitel 8, »Mehr Interaktivität mit JavaScript«, werden wir Sie noch mit den Grundlagen einer weiteren nützlichen Website-Sprache vertraut machen. In den anderen Kapiteln geht es um Aspekte Ihrer eigenen Website, die für Ihren Erfolg genauso wichtig sind wie die Beherrschung von HTML, CSS und JavaScript: Wir behandeln Themen wie Usability und Suchmaschinenoptimierung, das Einbinden von Formularen, Fotos, Videos, Karten und sozialen Netzwerken sowie die Themen Marketing und Geldverdienen.

> **Elemente, CSS-Eigenschaften und CSS-Selektoren zum Nachschlagen**
> Im Anhang dieses Buches finden Sie Tabellen, in denen Sie übersichtlich die wichtigsten HTML-Elemente, CSS-Eigenschaften und CSS-Selektoren finden können. Lassen Sie bei der Gestaltung Ihrer eigenen Websites Ihrer Kreativität freien Lauf, und probieren Sie neue Elemente und Eigenschaften aus!

Kapitel 7
Ein Kontaktformular anlegen

Formulare erlauben es Ihnen, Inhalte von Besuchern abzufragen. Das einfachste Beispiel ist ein Kontaktformular, das schnell für die Beispielsite umgesetzt ist.

Auf jede Website gehört eine Möglichkeit, mit Ihnen, dem Betreiber der Site, Kontakt aufzunehmen. Pflicht ist die E-Mail-Adresse, aber manche Nutzer bevorzugen ein Kontaktformular. In dieses können die Benutzer bequem direkt im Browser Informationen eintragen und an Sie übermitteln, ohne ihr Webmail- oder Mail-Progamm aufrufen zu müssen. Ein solches Formular besteht aus einigen neuen HTML-Elementen, die Sie in diesem Kapitel kennenlernen.

Mit einem Formular haben Sie auch die Möglichkeit, die Informationen der Nutzer zu überprüfen, bevor diese sie abschicken können. So stellen Sie sicher, dass Sie keine fehlerhaften Daten bekommen – ob aus Versehen oder mit Absicht. Wie diese Überprüfung funktioniert, ist dann eines der Themen für das nächste Kapitel.

7.1 Kontaktformular oder E-Mail-Adresse?

Manche Nutzer schreiben Ihnen trotzdem lieber eine E-Mail. Das hat für sie den Vorteil, dass sie automatisch eine Kopie ihrer Nachricht haben. Und einige Anwender haben schlechte Erfahrungen mit Formularen gemacht – sie haben mühevoll Daten eingegeben, einen Text formuliert – und dann hat das Formular beim Abschicken einen Fehler gemeldet und alle Eingaben gelöscht.

Deshalb sollten Sie Ihren Besuchern am besten *beide* Möglichkeiten anbieten: Kontakt per E-Mail und per Web-Formular. Und wenn Sie Ihr Formular gründlich testen, dann machen die Benutzer auch keine frustrierenden Erfahrungen damit.

7.2 Pflichtangaben zum Kontakt

Jede Website, die »geschäftsmäßig« betrieben wird, muss bestimmte Angaben zu ihrem Betreiber machen. Mehr dazu haben wir schon in Kapitel 2, »Wer braucht was – die eigene Website planen«, unter dem Stichwort »Web-Impressum« besprochen. Zu den Pflichtangaben gehören eine Telefonnummer und eine E-Mail-Adresse. Eine Kontaktmöglichkeit über ein Formular allein genügt nicht.

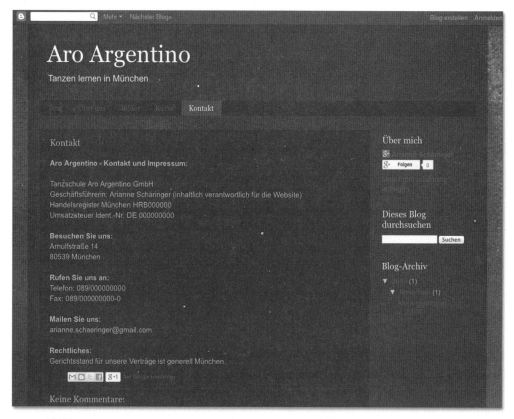

Abbildung 7.1 Das Impressum unserer Beispielsite aus Kapitel 3

7.3 Die Standardlösung

Die einfachste Kontaktmöglichkeit ist, nur einen Link anzugeben, mit dem sich das E-Mail-Programm des Nutzers öffnet:

```
<a href="mailto:ihr.name@ihrserver.de">ihr.name@ihrserver.de</a>
```

Damit kann man Ihnen ganz einfach eine Mail schreiben, und in den meisten Fällen ist das ausreichend. Aber schicker wird es mit einem Kontaktformular.

> **Verstecken nutzlos**
>
> Verzichten Sie darauf, Ihre Mail-Adresse in irgendeiner Form zu verschleiern, wie man es manchmal sieht (z. B. mit info <at> ihresite.de). Das macht es Skripten zwar schwieriger, Ihre Mail-Adresse automatisch einzulesen und Sie mit Spam-Mails zu belästigen.
>
> Es ist aber für Ihre Benutzer unnötig mühsam – Sie bürden Ihren Benutzern Arbeit auf, damit Sie weniger haben. Das sagt nichts Gutes über Ihre persönliche Einstellung zu potenziellen Kunden oder Interessenten.
>
> Außerdem werden Sie trotzdem in jedem Fall Spam bekommen – zu jeder Mail-Adresse, die ein paar Wochen in Gebrauch ist. Die Spamroboter probieren einfach alle möglichen Buchstabenkombinationen aus, und früher oder später finden Sie auch Ihre Adresse heraus.

7.4 Ein einfaches Kontaktformular

Jedes sinnvolle Formular besteht aus drei HTML-Elementen:

- einem `form`-Element, das die anderen Elemente enthält
- mindestens einem `input`-Element, also einem Feld, in das Benutzer Informationen eingeben können
- dem SENDEN-Button

Mit einem so aufgebauten Formular kann ein Nutzer auf Ihrer Seite Informationen eintragen und durch Klick auf den Button an Sie übermitteln.

Ein Formular dient zur Kommunikation. Anders als bei einer normalen Website ist die Kommunikation nun nicht mehr nur eine Einbahnstraße – von Ihrem Server zum Benutzer. Vielmehr sollen jetzt Informationen vom Benutzer zu Ihnen gelangen. Dafür ist ein Browser aber erst einmal nicht eingerichtet. Aus Sicherheitsgründen kann ein Browser nicht einfach E-Mails verschicken. Er kann nur Informationen (im Wesentlichen Texte) an einen Server schicken. Damit daraus eine E-Mail wird, muss Ihr Server die Informationen vom Benutzer weiterverarbeiten und in eine E-Mail stecken, die er dann an Sie schicken kann.

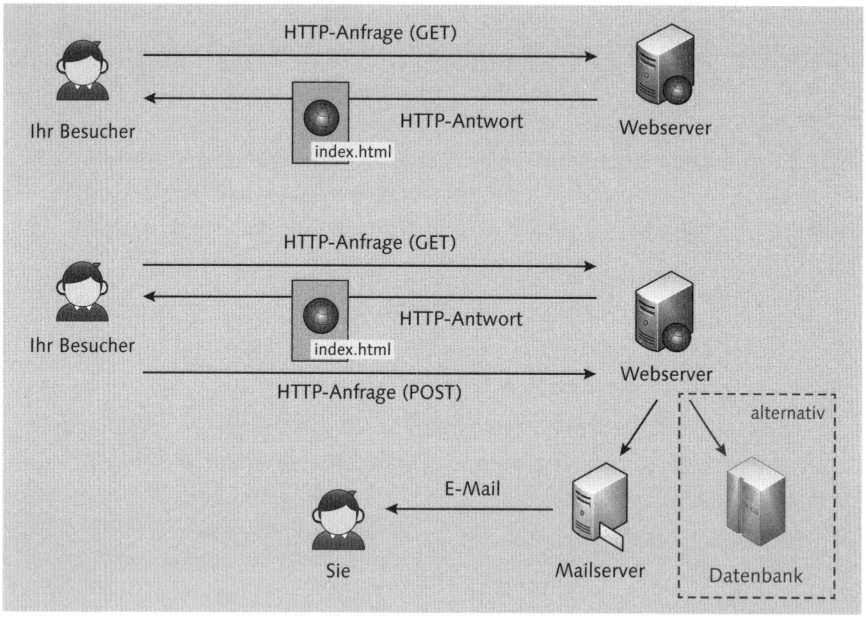

Abbildung 7.2 Die Kommunikation mit Ihren Besuchern ist keine Einbahnstraße, wenn Sie ein Formular benutzen.

Sie brauchen also ein Skript auf dem Server, das die Angaben des Benutzers übernimmt und weiterverarbeitet. Diese Weiterverarbeitung sieht im einfachsten Fall so aus, dass das Skript die ins Formular eingetragenen Daten in eine E-Mail packt und Ihnen über einen Mailserver schickt. Für Kontaktanfragen ist das auch in fast allen Fällen das beste Vorgehen.

Nur wenn Sie zum Beispiel eine Umfrage durchführen oder wenn Sie Dutzende von Anfragen am Tag bekommen, die von verschiedenen Leuten bearbeitet werden sollen, dann empfiehlt sich eine Datenbank, in der die eingetragenen Daten gespeichert werden. Das Skript nimmt in dem Fall die Angaben des Benutzers und legt sie in einer Datenbank auf dem Server ab, auf die Sie bzw. Ihre Kollegen Zugriff haben.

Im Folgenden beschäftigen wir uns nur mit dem Fall, dass die Angaben per Mail verschickt werden, weil das in fast allen Fällen das ist, was Sie auf Ihrer Website brauchen.

> **Dazu brauchen Sie:**
> - eine HTML-Seite mit einem Formular
> - einen Server, der eine Skriptsprache unterstützt (z. B. PHP) und das Verschicken von E-Mails erlaubt

- ein PHP-Skript, das das Verschicken übernimmt. (PHP ist eine einfache Skriptsprache, die im Web häufig verwendet wird. Sie müssen nicht programmieren können, um PHP-Skripte zu verwenden.)

> **Anforderungen an den Webhoster**
>
> Wenn Sie ein Hostingpaket ohne PHP haben oder einen Website-Baukasten nutzen, können Sie auf Dienste wie *www.response-o-matic.com* oder *www.formassembly.com* (mit Werbung in der kostenlosen Version) zurückgreifen. Hier klicken Sie sich ein Formular zusammen und kopieren den HTML-Code in Ihre Seite. Das Skript läuft dann auf dem Server des Anbieters und übernimmt das Verschicken der E-Mails.

Erstellen wir zum Testen ein einfaches Formular:

Schritt 1 | Legen Sie eine neue HTML-Seite an und speichern diese als *Formular-1.html*.

Schritt 2 | Schreiben Sie das HTML-Grundgerüst, wie Sie es aus den vorigen Kapiteln kennen:

```
<!DOCTYPE html>
<html>
   <head>
      <meta charset="UTF-8">
      <meta name="viewport" content="user-scalable=no, width=
      device-width">
      <title>Arztpraxis Dr. Udo Bloemkamp - Kontaktformular Hausarzt München
      </title>
   </head>
   <body>
   </body>
</html>
```

Schritt 3 | Erstellen Sie das Formular innerhalb des body-Elements. Zuerst schreiben Sie das Start-Tag des form-Elements:

```
<form method="post" enctype="text/plain" action=
"mailto:ihre.Adrese@ihrserver.de">
```

Mit dem Wert für das Attribut action legen Sie fest, dass der Inhalt des Formulars nach dem Klick auf den SENDEN-Button an das E-Mail-Programm des Benutzers übergeben und an die angegebene Adresse verschickt werden soll. Das funktioniert aber leider nicht mit jedem Mailprogramm und ist daher nur zum Testen nützlich. Wenn es bei Ihnen klappt, müssen Sie keine Dateien auf den Server hochladen, sondern können lokal auf Ihrem Computer testen. Die Daten, die sonst über das Internet verschickt werden, landen dann einfach in einer neuen E-Mail.

Schritt 4 | Schreiben Sie nun den Inhalt des `form`-Elements:

```
Name: <input type="text" name="Name"><br>
E-Mail: <input type="text" name="E-Mail"><br>
```

Damit erstellen Sie neben Beschriftungen für die Eingabefelder und Umbrüchen zwei `input`-Elemente vom Typ `text`. Die Namen, die Sie vergeben, können Sie frei wählen, sie dienen auch dazu, die eingegebenen Daten bei der Verarbeitung dem richtigen Feld zuzuordnen.

Schritt 5 | Und noch ein drittes Element brauchen wir, das für die eigentliche Nachricht. Ergänzen Sie den Inhalt des `form`-Elements:

```
Ihre Nachricht:<br>
<textarea name="Nachricht" rows="12" cols="65"
wrap="wrap"></textarea>
```

Das Attribut `rows` bestimmt die Anzahl der Zeilen, `cols` die Anzahl der Spalten. `wrap` legt fest, dass die Zeilen umbrochen werden, wenn das Ende des Textfeldes erreicht ist. Wenn Sie zwischen dem öffnenden und dem schließenden Tag des `textarea`-Elements als Inhalt einen Text angeben, erscheint dieser als (löschbarer) Platzhaltertext innerhalb des Textfeldes.

Schritt 6 | Schließlich ergänzen wir noch den Button zum Verschicken des Formulars:

```
<input type="submit" name="submit" value="Senden">
```

Schritt 7 | Als Letztes folgt das schließende Tag für das `form`-Element:

```
</form>
```

Testen Sie, ob alles so funktioniert, wie erwartet (siehe auch Abbildung 7.3). Das fertige Testformular finden Sie hier: *bnfr.de/ql701*

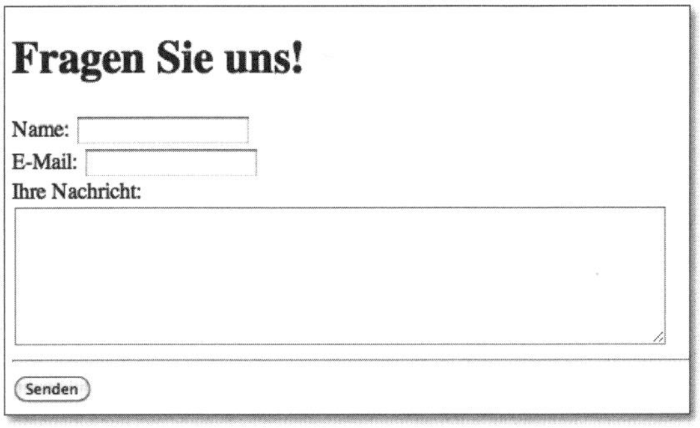

Abbildung 7.3 Die erste Version unseres Formulars

7.5 Planung und Gestaltung

7.5.1 Planung

Sie sehen: Es ist ganz einfach, Formulare zu erstellen. Dennoch ist es eine Kunst, Formulare zu erstellen, die auch so funktionieren, wie es die Benutzer erwarten. Dabei müssen Sie vorsichtig sein, denn wenn Sie einen Besucher auf der Formular-Seite haben, haben Sie ihn normalerweise genau da, wo Sie ihn haben wollen: Er ist kurz davor, Ihnen einen großen Auftrag anzuvertrauen. Oder er will zumindest Ihren Newsletter bestellen oder eine Anfrage an Sie stellen.

Deshalb ist es so wichtig, hier alles richtig zu machen. Überlegen Sie also kurz, bevor Sie loslegen:

Was will der Benutzer hier tun? Vermutlich will er nicht alle seine persönlichen Daten herausrücken, sondern nur die nötigsten. Und überlegen Sie außerdem: Was brauchen Sie unbedingt? Vermutlich zunächst nur die E-Mail-Adresse und einen Text mit der Anfrage. Halten Sie sich hier also mit Ihrem Wissensdurst möglichst zurück. Wenn Sie erst das Vertrauen des Benutzers dadurch gewonnen haben, dass Sie ihm schnell und kompetent antworten, können Sie alle anderen Informationen (wie sein jährliches Haushaltseinkommen und seine Schuhgröße) später immer noch abfragen.

7.5.2 Gestaltung

Wie alle anderen HTML-Elemente können Sie Formulare mit CSS praktisch beliebig gestalten. Achten Sie dabei darauf, dass die Formulare übersichtlich und leicht benutzbar bleiben. Niemand füllt gern Formulare aus, daher sollte es Ihr Ziel sein, diese Arbeit für Ihre Benutzer so kurz und so angenehm wie möglich zu gestalten.

Wichtig ist, dass immer ganz klar ist, welche Information in welches Feld kommt. Ärgern Sie Ihre Benutzer nicht, indem Sie ihnen vorschreiben, in welchem Format sie die Felder befüllen.

Markieren Sie auch deutlich, welche Felder Pflichtfelder sind und welche nicht. Wobei Sie bei Nicht-Pflichtfeldern kurz überlegen sollten, ob Sie diese nicht lieber gleich weglassen. Denn je weniger Felder ein Formular hat, desto wahrscheinlicher wird es ausgefüllt.

Wenn Sie ein einspaltiges Formular haben, platzieren Sie den Button zum Abschicken am besten unter allen Formularfeldern, ausgerichtet an der linken Kante der Textfelder.

Ist Ihr Formular mehrspaltig, kommt der Button am besten nach rechts unten.

Abbildung 7.4 Gute Anordnung der Elemente für einspaltige (links) mehrspaltige Formulare (rechts)

7.6 Der HTML-Code für unsere Arzt-Beispielsite

Nun legen wir für unser Beispielprojekt aus Kapitel 5, »Die eigene Website erstellen«, ein Kontaktformular an. Dafür brauchen wir nur vier Elemente:

- Name
- E-Mail-Adresse
- Nachricht-Feld
- Abschicken-Button

Diese ordnen wir untereinander an. Die Angabe des Namens ist optional – wir brauchen nur eine E-Mail-Adresse, um mit dem Anfragenden Kontakt aufzunehmen, mehr nicht.

Je einfacher Sie Ihre Formulare halten, desto weniger Planung brauchen Sie. Wir können also gleich starten:

7.6 Der HTML-Code für unsere Arzt-Beispielsite

Schritt 1 | Öffnen Sie die Seite *kontakt.html*, und speichern Sie die Datei unter einem neuen Namen ab, z. B. unter *Formular-2.html*.

Schritt 2 | Ergänzen Sie in dieser neuen Datei das vorhandene HTML im `inhalt`-div um das folgende HTML für das Formular:

```
<form method="post" enctype="text/plain" action="mailto:ihr.name@ihresite.de">
   Ihr Name: <input type="text" name="Name"><br>
   Ihre E-Mail-Adresse: <input type="text" name="email"><br>
   Ihre Nachricht: <textarea name="Nachricht" rows="12" cols="65"
   wrap="wrap"></textarea>
   <hr>
   <input type="submit" name="Submitbutton" id="submitbutton"
   value="Abschicken">
</form>
```

Schritt 3 | Speichern Sie, und testen Sie das Aussehen der Seite im Browser.

Damit sind die Elemente alle vorhanden, sehen aber noch ziemlich langweilig aus. Bereiten wir also alles für die hübsche Gestaltung per CSS vor:

Schritt 4 | Erweitern Sie den Code:

```
<form class="kontaktformular" method="post" enctype="text/plain"
      action="mailto:ihr.name@ihresite.de">
   <fieldset>
      <legend>Ihre Frage an uns</legend>
      <label for="Name">Name:</label>
      <input type="text" name="Name" value=""><br>

      <label for="email" class="bold">E-Mail-Adresse:</label>
      <input type="text" name="email" value=""><br>

      <label for="Nachricht" class="bold">Ihre Nachricht:</label>
      <textarea name="Nachricht"></textarea><br>

      <input type="submit" name="Submitbutton" id="submitbutton"
      value="Abschicken">
   </fieldset>
</form>
```

Das Element `fieldset` brauchen Sie nicht unbedingt, aber es gruppiert zusammengehörige Elemente in Formularen optisch und semantisch (sozusagen HTML-logisch).

In dieser Variante des Formulars nutzen wir das Element `label`. Es enthält Beschriftungstexte für die Eingabefelder. Indem Sie dafür das `label`-Element verwenden, wird das Formular leichter zugänglich, weil deutlich ausgezeichnet ist, welche Funktion der Text hat. (Lesen Sie dazu auch Abschnitt 9.3, »Accessibility – Barrierefreiheit«.) ∎

Jetzt machen wir uns an die optische Gestaltung per CSS:

Schritt 1 | Öffnen Sie *stylesheet.css* des Arztprojekts mit Ihrem Editor.

Sie finden die letzte Version der Datei auch unter: *bnfr.de/ql702*

Schritt 2 | Ergänzen Sie die CSS-Datei:

```css
form.kontaktformular fieldset {
    margin-top: 25px;
    padding: 10 10 10px;
    width: 500px;
    border: none;
}

form.kontaktformular legend {
    padding: 0 10px;
    font-weight: bold;
}

form.kontaktformular label {
    float: left;
    width: 130px;
}

.bold {
    font-weight: bold;
}

form.kontaktformular input, textarea {
    width: 220px;
    margin-bottom: 5px;
}

form.kontaktformular textarea {
    width: 350px;
    height: 150px;
}
```

```
#submitbutton {
    margin-left: 0px;
    margin-top: 25px;
    width: 100px;
}
```

Schritt 3 | Speichern Sie die Datei, und sehen Sie sich im Browser das Ergebnis an (vergleiche Abbildung 7.5).

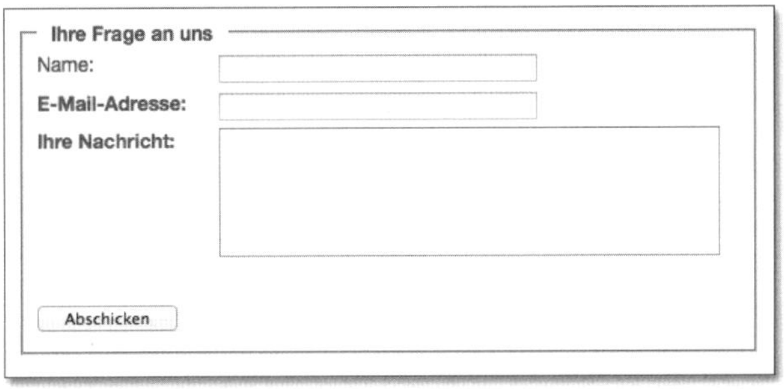

Abbildung 7.5 Das mit CSS gestaltete Kontaktformular

7.7 Das Script auf dem Server

Damit die Anfragen der Besucher auch tatsächlich an Sie verschickt werden, müssen Sie das PHP-Skript auf Ihrem Server einrichten. Sie brauchen das Skript dazu nicht zu verstehen – denn Sie tragen dort lediglich Ihre Mail-Adresse ein und geben an, mit welcher Betreffzeile die Mail an Sie versehen werden soll.

Schritt 1 | Erstellen Sie ein leeres Textdokument (mit Ihrem Text- oder HTML-Editor).

Schritt 2 | Speichern Sie es unter dem Namen *Formular-Feedback.php*.

Dieser Name ist sinnvoll, weil das Skript nicht nur das Verschicken übernimmt, sondern auch das Feedback für Ihre Besucher anzeigt, wenn sie eine Anfrage abgeschickt haben.

Eine PHP-Datei kann eine Mischung aus HTML und PHP enthalten, und das gilt auch für unsere Datei mit dem Mail-Skript.

Schritt 3 | Legen Sie den HTML-Teil der Seite an:

```
<!DOCTYPE html>
<html>
    <head>
```

```html
            <meta charset="UTF-8">
            <meta name="viewport" content="user-scalable=no, width=
             device-width">

            <title>Arztpraxis Dr. Udo Bloemkamp - Kontaktformular Hausarzt München
            </title>

            <link rel="stylesheet" type="text/css" media="screen"
             href="stylesheet.css">
            <link rel="stylesheet" type="text/css" media="print" href="print.css">
            <link rel="stylesheet" type="text/css" media="screen and (max-device-
             width: 480px)" href="mobil.css">

      </head>
      <body>
      </body>
</html>
```

Schritt 4 | Damit auf der Antwort-Seite auch die Titel- und die Navigationsleiste zu sehen sind, sollten Sie den HTML-Code dafür ebenfalls noch in das Dokument kopieren (für die Funktion ist das aber nicht wichtig).

Schritt 5 | Ergänzen Sie im body das Skript. (Sie müssen nur die E-Mail-Adresse bei ### Konfiguration ### anpassen. Damit Sie nicht alles tippen müssen, finden Sie den Code unter: *bnfr.de/ql703*

Schritt 6 | Lassen Sie sich dazu den Quelltext anzeigen, und kopieren Sie den Quelltext dann in Ihren Editor):

```php
<?php

# mit dieser Funktion löschen wir Zeilenumbrüche; so stellen
wir sicher, dass keine weiteren E-Mail-Adressen oder
Schadcode eingeschmuggelt werden können
function clear_user_input($value) {
   if (get_magic_quotes_gpc()) $value = stripslashes($value);
   $value = str_replace( "\n", '', trim($value));
   $value = str_replace( "\r", '', $value);
   return $value;
}

$email = $_POST['email'];
```

```
### Konfiguration ###
$mailto = "ihr.name@ihrserver.de"; # die Adresse sollte unbedingt im Code
stehen, nicht über das Formular übertragen werden; andernfalls könnten Spammer
das Skript nutzen, um beliebige Mails darüber zu verschicken
$mailsubj = "Kontaktanfrage von der Website"; # beliebiger Betreff
### Ende Konfiguration ###

# Angabe des Absenders; ausgelesen aus dem Formular
$mailhead = "From: $email\n"; # manche Hoster überschreiben diese Angabe
mit ihrem eigenen Absendernamen
reset ($_POST);

# E-Mail-Text zusammenstellen
$body = "Werte, die von der Website übermittelt wurden:\n";

foreach ($_POST as $key => $value) {
    $key = clear_user_input($key);
    $value = clear_user_input($value);
    if ($key == 'extras') {
        if (is_array($_POST['extras']) ){
            $body .= "$key: ";
            $counter = 1;
            foreach ($_POST['extras'] as $value) {
                if (sizeof($_POST['extras']) == $counter) {
                    $body .= "$value\n";
                    break;
                }
                else {
                    $body .= "$value, ";
                    $counter += 1;
                }
            }
        }
        else {
            $body .= "$key: $value\n";
        }
    }
    else {
        $body .= "$key: $value\n";
```

```
        }
}
# Mail verschicken
mail($mailto, $mailsubj, $body, $mailhead);

?>
```

> **Hinweis für Coda-Benutzer**
>
> Wenn Sie mit dem HTML-Editor *Coda* arbeiten, sollten Sie das Verschicken von Formularinhalten nicht mit der Vorschau testen, denn das funktioniert oft nicht richtig. Nehmen Sie stattdessen Safari oder Firefox.

Schritt 7 | Speichern Sie die PHP-Datei, und legen Sie sie in dasselbe Verzeichnis auf Ihrem Webserver, in dem die HTML-Dateien liegen.

Schritt 8 | Öffnen Sie die HTML-Seite mit dem Formular (*kontakt.html*), und tragen Sie beim Start-Tag des `form`-Elements den Dateinamen unseres neuen Skripts als Aktion ein:

```
<form class="kontaktformular" method="post" action="Formular-Feedback.php">
```

Damit alles funktioniert, müssen das PHP-Skript und die HTML-Datei wie gesagt im selben Verzeichnis liegen.

> **Vorsicht bei den Namen**
>
> Das einzige Element, das Sie in der HTML- und der PHP-Datei einheitlich benennen müssen, ist das Element für die Absender-Mail-Adresse. In unserem Beispiel heißt sie »email«. Dieser Name wird mit an das PHP-Skript übermittelt und als Absender der Mail verwendet. Bei allen anderen Namen für die Formularelemente sind Sie frei, und Sie können beliebig viele Elemente hinzufügen. Das Skript übernimmt sie alle und leitet die Eingaben des Benutzers an Sie weiter.

Testen Sie, ob alles so funktioniert, wie Sie es erwarten. Das Skript können Sie sich auch, wie erwähnt, auf der Website zum Buch herunterladen. Sie müssen dann noch Ihre eigene Mail-Adresse eintragen und es mit der Dateiendung *.php* statt *.php.html* auf Ihrem Server speichern. Es liegt unter: *bnfr.de/ql703* ∎

7.8 Fazit

Formulare zu erstellen ist ganz einfach, und auch die Anpassung des PHP-Skripts zum Verschicken der Benutzerkommentare geht schnell von der Hand – ganz ohne Programmierkenntnisse. So können Sie sich ganz der sinnvollen Gestaltung und Benennung der Formulare widmen. Hier ist Sorgfalt so wichtig, weil Formulare ein hohes Frust-Potenzial haben – niemand füllt sie gern aus, und wenn man nicht weiß, was genau von einem erwartet wird, lässt man es lieber. Mit einem schlecht durchdachten und umgesetzten Formular würden Sie eine Chance verschenken, von Ihren Interessenten zu erfahren.

Kapitel 8
Mehr Interaktivität mit JavaScript

Programmieren ist einfacher, als Sie vielleicht denken. In ein paar Stunden können Sie genug JavaScript, um Ihre Site noch nützlicher zu machen.

Mit den Mitteln, die Sie sich bis jetzt angeeignet haben, können Sie sehr gute Websites erstellen. Wollen Sie zusätzlich etwas mehr Interaktivität, dann erweitern Sie Ihren persönlichen Werkzeugkasten um JavaScript.

> **JavaScript ≠ Java**
> Mit der Programmiersprache *Java* hat *JavaScript* nur einen Teil des Namens gemeinsam. Es sind aber zwei völlig unterschiedliche Sprachen.

JavaScript ist eine Programmiersprache, die speziell für das Web entwickelt wurde. Sie ist sehr leicht zu erlernen und dient vor allem dazu, Eingaben des Nutzers zu verarbeiten und Elemente auf Webseiten zu verändern.

JavaScript spielt eine entscheidende Rolle im sogenannten *Web 2.0*. Der Begriff Web 2.0 wurde geprägt, als immer mehr Websites auftauchten, die fast so mächtig sind wie lokal installierte Programme. Bild- und Videobearbeitung, Textverarbeitung oder ausgeklügelte Buchungsformulare im Browser werden damit möglich.

Eine der entscheidenden technischen Grundlagen für die Funktionalität solcher Webapps ist JavaScript. Mit dessen Hilfe übertragen Webseiten Daten, ohne gleich die ganze Seite neu zu laden (man spricht von *asynchroner Datenübertragung*, das Stichwort dazu lautet *Ajax*). Das klingt wenig spektakulär, führt aber dazu, dass Webseiten so reagieren, wie man es von lokalen Programmen kennt, und nicht bei jeder Aktion eine neue Seite geladen wird.

> **Worterklärung Ajax**
> Ajax steht für *Asynchronous JavaScript and XML* und ist die Grundlage für viele Web-2.0-Anwendungen.

8 Mehr Interaktivität mit JavaScript

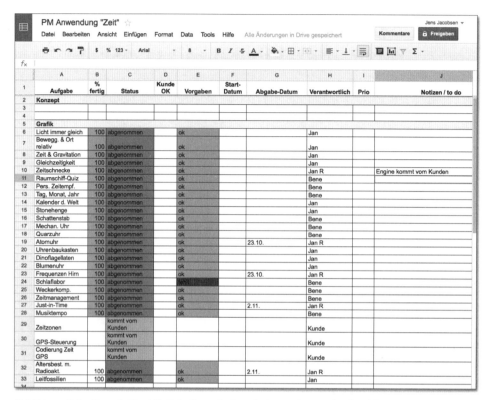

Abbildung 8.1 »Google Text & Tabellen« (»Google Docs« im Englischen) leistet im Browser fast so viel wie seine Vorbilder Word und Excel.

8.1 Das erste JavaScript

Das Erste, was ein Programmierer in einer neuen Sprache schreibt, ist »Hello world«. Das ist ein sehr simples Programm, das nichts tut, außer den Text »Hello world« auszugeben – aber es ist ein guter Einstieg in die Eigenheiten jeder Sprache.

Auch wer noch nie eine Zeile programmiert hat und wer sich eher nicht für mathematisch begabt hält, wird keine Probleme mit einfachen JavaScript-Programmen haben. Schnelle Erfolgserlebnisse sind mit JavaScript garantiert. Das ist mit ein Grund, warum sich die Sprache so weit verbreitet hat. Sehen Sie selbst:

Schritt 1 | Legen Sie eine neue HTML-Seite an.

Schritt 2 | Schreiben Sie das HTML-Grundgerüst, wie Sie es aus den vorigen Kapiteln kennen:

```
<!DOCTYPE html>
<html>
   <head>
     <meta charset="UTF-8">
     <meta name="viewport" content="user-scalable=no, width=device-width">

      <title>Hello World</title>
   </head>
   <body>
   </body>
</html>
```

Schritt 3 | Erstellen Sie im body einen Textabsatz und einen Link mit Ihrem ersten Schnipsel JavaScript:

```
<p>Hallo, User. <a href="#" onclick="alert ('Hallo Welt!')">
Begrüße mich.</a></p>
```

Schritt 4 | Speichern Sie die Seite ab, öffnen Sie sie im Browser, und klicken Sie den Link an.

Das Beispiel finden Sie unter: *bnfr.de/ql801*

Abbildung 8.2 Die HTML-Seite und das Fenster, das sich bei einem Klick auf den Link öffnet

Wie Sie sehen, besteht Ihr erstes JavaScript-Programm nur aus alert('Hallo Welt!')

Was passiert, ist selbsterklärend: Beim Anklicken des Links erscheint das Hinweis-Fenster (alert) mit dem Text, den Sie im Code in einfache Anführungszeichen gesetzt haben. Einfache Anführungszeichen müssen wir verwenden, weil doppelte Anführungszeichen schon den Anfang und das Ende des Attributwerts markieren – also unseren JavaScript-Code umschließen.

Die Anführungszeichen sind eines der Dinge, die man in JavaScript gern falsch macht. Gewöhnen Sie sich von Anfang an daran, bei den Anführungszeichen besonders aufzupassen. Haben Sie nur ein Paar, nehmen Sie immer die normalen, brauchen Sie darin nochmals Anführungszeichen, nehmen Sie die einfachen.

8.1.1 Was tun, wenn JavaScript nicht aktiv ist?

JavaScript hat einen Haken: Jeder Nutzer kann es in seinem Browser in den Voreinstellungen deaktivieren. Bei unserem Beispiel hat ein solcher Nutzer das Problem, dass er auf den Link klickt, und nichts passiert. # als Linkziel ist eigentlich ein nicht definierter Anker, manche Browser interpretieren das aber als Sprung zum Seitenanfang. Eine bessere Lösung für unser Skript (kurzes Programm) ist also diese:

```
<a href="javascript-nicht-aktiv.html" onclick="alert('Hallo Welt!');
  return false;">Begrüße mich.</a>
```

> **Typische Fehler**
>
> Vorsicht: Setzen Sie in einer Zeile JavaScript-Code keine Zeilenumbrüche mit ⏎ oder durch zusätzliche Leerzeichen: Das führt zu einem Fehler.

Wenn ein Nutzer mit abgeschaltetem JavaScript auf diesen Link klickt, dann wird er auf eine HTML-Seite geleitet, auf der Sie ihm erklären können, dass er JavaScript braucht, um Ihre Seite richtig benutzen zu können. Mit dem Zusatz `;return false;` im Skript sagen Sie JavaScript, dass es bei allen anderen Nutzern nach dem Anzeigen des Hinweis-Fensters nichts tun soll, also nicht zu der angegebenen HTML-Seite springen soll.

Auf das Semikolon werden Sie bei unseren nächsten Beispielen immer wieder treffen: Es ist das Abschlusszeichen für eine Zeile JavaScript. Vorher haben wir es nicht gebraucht, weil wir nur einen einzigen Befehl hatten. Nun haben wir aber zwei Befehle (`alert` und `return`), die wir mit dem Semikolon trennen müssen.

Sie finden das geänderte Beispiel unter: *bnfr.de/ql802*

8.2 JavaScript und HTML trennen

Das eben beschriebene Vorgehen ist für einen schnellen Test ausreichend. Sobald Sie aber mehr mit JavaScript tun wollen, als ganz einfache Hinweis-Fenster auszugeben, sollten Sie HTML und JavaScript so weit wie möglich voneinander trennen.

Das ist das Gleiche wie mit HTML und CSS: Auch diese beiden trennen Sie, so gut es geht. Einerseits wird die HTML-Seite damit übersichtlicher, und andererseits können Sie JavaScript-Programme, die auf mehreren Seiten eingesetzt werden, an zentraler Stelle einmal bearbeiten, ohne umständlich jede betroffene Seite einzeln ändern zu müssen. Und wollen Sie den Code später auch für ein anderes Projekt nutzen, dann tun Sie sich so viel leichter.

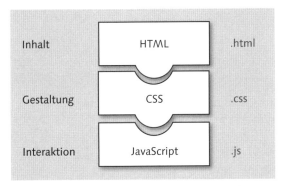

Abbildung 8.3 Die drei möglichen Bestandteile einer Webseite sollten am besten in drei getrennten Dateien liegen.

Sie können JavaScript wie CSS entweder direkt innerhalb der HTML-Elemente schreiben wie in unserem ersten Beispiel. Sie können es auch in einem separaten Bereich im head-Element platzieren.

Oder Sie können eine Datei verknüpfen, die die Skripte enthält. Im Fall von JavaScript braucht sie die Endung *.js*. Die Verknüpfung erfolgt per script-Element und sieht dann zum Beispiel so aus:

```
<script type="text/javascript" src="externe-skripte.js"></script>
```

Für die Beispiele in diesem Kapitel behalten wir das JavaScript in der HTML-Datei, weil es dann für Sie leichter nachzuvollziehen ist. In der Praxis fahren Sie mit externen Dateien aber besser.

Wenn Sie nur kurze Skripte haben, die Sie auch nicht auf mehreren Seiten brauchen oder für andere Projekte wiederverwenden wollen, dann können Sie JavaScript auch im head der HTML-Seite sammeln. Das sieht dann so aus:

```
<!DOCTYPE html>
<html>
   <head>
      <meta charset="UTF-8">
```

8 Mehr Interaktivität mit JavaScript

```html
        <meta name="viewport" content="user-scalable=no, width=device-width">

        <title>Hello World</title>
        <script type="text/javascript">
           function sagHallo() {
              alert("Hallo Welt");
           }
        </script>
    </head>
    <body>

    <h1>Das allererste JavaScript</h1>
    <p>Hallo, User. <a href="javascript-nicht-aktiv.html" onclick="sagHallo();
    return false;">Begrüße mich.</a></p>

    </body>
</html>
```

Sie haben nun als Wert für das Attribut `onclick` nicht mehr den eigentlichen JavaScript-Befehl, sondern Sie rufen dort eine sogenannte *Funktion* auf. Diese haben wir `sagHallo` genannt. Das `return false;` muss leider dennoch im a-Tag stehen bleiben, weil der Browser sonst den angegebenen Link aufruft, nachdem das JavaScript ausgeführt wurde.

Einen Funktionsaufruf erkennen Sie auch an den runden Klammern danach:

`sagHallo()`

In den runden Klammern können auch noch Werte stehen – das sehen wir uns gleich einmal an.

Die Funktion, die aufgerufen werden soll, ist oben im `script`-Element definiert. Dort schaut der Browser nach, was er nach dem Klick tun soll.

8.3 Funktionen

Funktionen sind selbstständige Code-Teile, die beliebige Aufgaben erledigen können. Ein erstes Beispiel für eine Funktion haben Sie gerade gesehen. JavaScript-Funktionen können auch Werte entgegennehmen oder zurückgeben. Um das zu demonstrieren, verändern wir unseren Code nun etwas:

```
<!DOCTYPE html>
<html>
   <head>
      <meta charset="UTF-8">
      <meta name="viewport" content="user-scalable=no, width=device-width">

      <title>Hello World</title>
      <script type="text/javascript">
         function sagHallo(meinText) {
            alert(meinText);
         }
      </script>
   </head>
   <body>

   <h1>Das allererste JavaScript</h1>
   <p>Hallo, User. <a href="javascript-nicht-aktiv.html" onclick=
   "sagHallo('werter Besucher!');return false;">Begrüße mich.</a></p>

   </body>
</html>
```

Den Code kennen Sie im Wesentlichen schon. Wir haben die Funktion nun so geändert, dass wir ihr den Text übergeben, den sie im Hinweis-Fenster anzeigen soll. Das, was wir übergeben, kommt beim Aufruf der Funktion in runde Klammern.

> **Schöne Namen für Funktionen**
>
> Solange Sie keine reservierten Wörter wie script, alert usw. verwenden, können Sie Funktionen so nennen, wie Sie wollen. Leerzeichen, Umlaute und Sonderzeichen sind aber nicht erlaubt.
>
> Sinnvoll sind Namen, die beschreiben, was die Funktion macht.

Wird die Funktion aufgerufen, dann legt sie das, was ihr übergeben wird, in der *Variable* meinText ab. Diese Variable nutzen wir dann, um den Inhalt des Hinweis-Fensters anzugeben. (Zu Variablen erfahren Sie gleich mehr.)

Wichtig ist hinsichtlich der Syntax auch, dass der Code, den die Funktion ausführen soll, in geschweiften Klammern steht. Das ist auch eine häufige Fehlerquelle. Wenn ein Skript nicht funktioniert, sollten Sie deshalb als Erstes prüfen, ob die Klammern richtig gesetzt sind. Die Leerzeichen oder Tabs sind übrigens egal; sogar zusätzliche Zeilenumbrüche können Sie setzen, solange sie zwischen dem Semikolon und dem Beginn der nächsten Zeile stehen.

Sie können das Ganze auch extrem verkürzt in nur eine Zeile schreiben:

```
function sagHallo(meinText){alert(meinText);}
```

Das ist aber nicht empfehlenswert, weil Sie dann bei längeren Programmen ewig suchen, bis Sie sehen, was wozu gehört. Deshalb hat es sich eingebürgert, die Klammern so einzurücken, dass man gleich sieht, welche Zeilen zusammengehören.

Wie erwähnt, können Funktionen auch etwas zurückgeben. Ein Beispiel dafür sehen Sie hier:

```html
<!DOCTYPE html>
<html>
   <head>
      <meta charset="UTF-8">
      <meta name="viewport" content="user-scalable=no, width=device-width">

       <title>Hello World</title>
      <script type="text/javascript">

         function sagHallo(meinText) {
           alert(suchBegruessung() + ", " + meinText);
        }
         function suchBegruessung() {
            return "Guten Tag";
         }

      </script>
   </head>
   <body>

   <h1>Das allererste JavaScript</h1>
   <p>Hallo, User. <a href="javascript-nicht-aktiv.html" onclick="sagHallo('werter Besucher!');return false;">Begrüße mich.</a></p>

   </body>
</html>
```

Wir rufen aus der Funktion sagHallo eine weitere Funktion auf – sie trägt den Namen suchBegruessung. Diese macht nichts anderes, als einen Text zurückzugeben (return bedeutet »zurückgeben«). Diesen Text ergänzen wir mit + um ein Komma und um eine Leerstelle und dann mit einem weiteren + um den Wert der Variablen meinText.

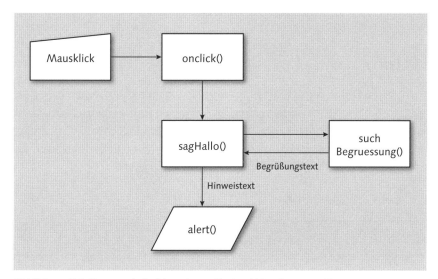

Abbildung 8.4 Der vereinfachte schematische Ablauf unseres Programms

Wenn Sie jetzt auf den Link klicken, erscheint in dem Hinweisfenster der Text »guten Tag, werter Besucher!«.

Die Datei zum Ausprobieren finden Sie unter: *bnfr.de/ql803*

Wenn Sie jetzt denken, dass das Ganze ziemlich kompliziert ist, um etwas zu erreichen, was wir vorher schon viel einfacher geschafft haben, dann haben Sie recht. Statt 13 Zeilen Code haben wir jetzt 23. Wenn Ihr JavaScript tatsächlich so kurz ist, dann können Sie auch beim einfachen Aufbau bleiben, den wir am Anfang gesehen haben. Trotzdem ist es sinnvoll, sich anzugewöhnen, so weit wie möglich mit mehreren Funktionen zu arbeiten, in die Sie einzelne Teilaufgaben auslagern. Das hat drei große Vorteile:

▶ Ihr Code wird übersichtlicher. Sie können leicht Änderungen vornehmen, ohne im HTML- oder JavaScript-Code lange suchen zu müssen.
▶ Sie können Funktionen beliebig erweitern.
▶ Sie können Funktionen mehrfach nutzen.

Besonders der letzte Punkt hat mehr Potenzial, als man zunächst denkt. Vor allem müssen Sie Funktionen, die auf einer Seite mehrmals auftauchen, nur einmal festlegen. Je länger die Funktion ist, desto mehr Code sparen Sie sich damit. Und außerdem reduzieren Sie die Fehlerquellen, weil Sie den Code nur ein einziges Mal schreiben müssen. Und schließlich können Sie Funktionen ganz leicht in andere HTML-Seiten kopieren und dort wiederverwenden. Oder Sie können ohne viel Aufwand die Funktionen in eine externe Datei auslagern, wie wir es oben schon beschrieben haben.

8.4 Variablen

Eines der wichtigsten Dinge, die Sie mit Programmiersprachen tun können, haben Sie eben schon getan: Sie haben Variablen verwendet. Variablen sind wie Schachteln, in die Sie beliebige Inhalte füllen können. Diese Inhalte können alles Mögliche sein. Ein großer Vorteil von Variablen ist, dass Sie mit ihnen viel flexibler sind und Ihr Code leichter verständlich wird. Sie können Variablen beliebige eigene Namen geben.

> **»Variable« ist nicht gleich »variable«**
>
> Vorsicht bei der Groß- und Kleinschreibung: IhreVariable ist für JavaScript nicht das Gleiche wie ihrevariable! Sie können theoretisch beide Variablen in einem Programm nutzen, um unterschiedliche Inhalte abzuspeichern. Das sollten Sie aber nicht tun, weil Sie sonst Schwierigkeiten haben werden, Ihren eigenen Code später einmal wieder zu verstehen.

Für die folgenden Beispiele legen Sie sich am besten eine Testseite an, deren HTML so aussieht:

```
<!DOCTYPE html>
<html>
   <head>
      <meta charset="UTF-8">
      <meta name="viewport" content="user-scalable=no, width=device-width">
      <title>JavaScript Test</title>
      <script type="text/javascript">
         var meineVariable;
         function zeigVariable() {
            alert(meineVariable);
         }
      </script>
   </head>
   <body>
```

```
<h1>Unsere JavaScript-Spielwiese</h1>
<p>Hier klicken: <a href="javascript-nicht-aktiv.html" onclick=
"zeigVariable();return false;">Zeig mir, was drin ist.</a></p>

  </body>
</html>
```

Die Testseite finden Sie unter: *bnfr.de/ql804*

Damit haben Sie eine Funktion geschrieben, die nach einem Mausklick anzeigt, welchen Wert die Variable `meineVariable` aktuell hat.

Wenn Sie das jetzt gleich ausprobieren, bekommen Sie nach dem Klick die ziemlich nichtssagende Meldung aus Abbildung 8.5.

Abbildung 8.5 Ist eine Variable leer, erscheint solch eine Meldung.

Das liegt daran, dass Sie die Schachtel noch nicht mit Inhalt befüllt haben, sprich: Die Variable hat noch keinen Wert bekommen. Wir haben sie mit `var meineVariable` als Variable definiert und ihr einen Namen gegeben, aber eben keinen Wert.

> **Sorgfältiger Umgang mit Variablen**
>
> Die meisten Browser führen JavaScript auch dann korrekt aus, wenn Sie Ihre Variablen nicht mit `var` definieren, sondern sie einfach direkt verwenden. Das ist aber nicht garantiert, und es ist nicht ausgeschlossen, dass spätere Versionen mancher Browser das nicht tun. Gewöhnen Sie sich daher an, am Anfang Ihres Skripts die Variablen zu definieren, die Sie verwenden möchten. Das hilft auch später bei der Fehlersuche.
>
> Mehrere Variablen können Sie auch auf einmal definieren, und zwar so:
>
> `var meineErsteVariable, meineZweiteVariable, und_nochEine;`

> Vorsicht: Zwischen den Variablennamen stehen Kommas, und am Ende der Zeile folgt wie immer in JavaScript das Semikolon.
>
> Sie können Definition und Befüllung der Variablen auch verbinden:
>
> `var meineErsteVariable = 1, meineZweiteVariable = 2, und_nochEine = "A";`

Neben Buchstaben (ohne Umlaute) können Sie auch _ und $ in Variablennamen nutzen. Zahlen gehen auch, allerdings nicht als erstes Zeichen.

Schritt 1 | Ergänzen Sie nach der Definition der Variable (`var meineVariable;`) in der nächsten Zeile:

`meineVariable = "Hallo mal wieder!";`

Damit haben Sie die Variable mit einem Wert befüllt. Ebenso hätten Sie stattdessen in einer Zeile schreiben können:

`var meineVariable = "Hallo mal wieder!";`

In Programmiersprachen gibt es meistens mehrere Wege zum Ziel.

Schritt 2 | Speichern Sie, und rufen Sie die Seite im Browser auf.

Wie Sie mit JavaScript Texte miteinander verknüpfen, das haben Sie oben schon gesehen, zum Beispiel so:

`meineVariable = "Hallo" + ", " + "Sie da!";`

Speichern und testen Sie die Seite, um das Ergebnis zu sehen. ∎

Das Plus-Zeichen dient nicht nur zum Verknüpfen von Text, sondern genauso zur Addition von Zahlen:

Schritt 1 | Ändern Sie die Zeile nach der Definition der Variable:

`meineVariable = 2 + 2;`

Schritt 2 | Speichern Sie, und testen Sie die Seite.

In anderen Programmiersprachen müssen Sie angeben, welche Art von Inhalten Sie in Variablen ablegen wollen (Zahlen, Text usw.). Bei JavaScript brauchen Sie sich darum nicht zu kümmern.

Für die Grundrechenarten verwenden Sie in JavaScript +, -, *, /. Klammern funktionieren so, wie Sie es in der Schule gelernt haben.

Außerdem gibt es noch fortgeschrittene Rechenfunktionen, die Sie mit dem sogenannten Math-Objekt aufrufen. Zum Beispiel rundet Math.round(0.6) die Zahl 0,6 auf ganze Zahlen, Math.sqrt(7) gibt die Quadratwurzel von 7 zurück oder Math.sin(3) den Sinus von 3. Beachten Sie, dass auch bei JavaScript-Zahlen die angelsächsische Schreibweise gilt: Punkt statt Komma bei Dezimalzahlen. ∎

8.5 Arrays

Neben Zahlen und Zeichenketten (engl. *Strings*) können Variablen auch sogenannte *Arrays* enthalten. »Array« bedeutet »Feld«, »Anordnung« oder »Bereich«. Arrays sind eine extrem praktische Möglichkeit, mehrere Werte in einer Variable zu speichern. Am besten erklärt sich das an einem Beispiel:

```
var meineGlueckszahlen = [3, 6, 22, 3];
```

So haben Sie in einer einzigen Variable eine Menge Zahlen untergebracht. Das geht auch mit Text:

Schritt 1 | Fügen Sie in Ihr Testdokument in der Zeile nach der Variablendefinition eine neue Variable ein:

```
var meineNachbarn = ["Severin", "Marie", "Otto", "Martha"];
```

Schritt 2 | Dann ersetzen Sie die Zeile, in der meineVariable definiert wird, so:

```
meineVariable = meineNachbarn[2];
```

Um den Wert von meineVariable festzulegen, soll JavaScript also das in der Variable meineNachbarn gespeicherte Array nehmen und den Eintrag mit der Nummer 2 heraussuchen.

```
<script type="text/javascript">
   var meineVariable;
   var meineNachbarn = ["Severin", "Marie", "Otto", "Martha"];
   meineVariable = meineNachbarn[2];
   function zeigVariable() {
      alert(meineVariable);
   }
</script>
```

Schritt 3 | Speichern und testen Sie Ihr Skript.

Im Hinweis-Fenster steht nun »Otto«. Das überrascht Sie wahrscheinlich – »Otto« ist schließlich der *dritte* Nachbar in der Liste. Die Erklärung ist jedoch einfach, wenn auch nicht befriedigend: Arrays beginnen bei der Zählung immer bei 0. Der erste Eintrag eines Arrays ist also immer die Nummer 0, der zweite die Nummer 1 und so weiter. Das ist in fast allen Programmiersprachen so – man muss es einfach hinnehmen und sich daran gewöhnen. ∎

8.5.1 Mehrdimensionale Arrays

Arrays haben noch mehr zu bieten: Sie können diese auch ineinander verschachteln – man spricht dann von *mehrdimensionalen Arrays*. Das klingt komplizierter, als es ist: Ein Array enthält einfach wieder ein Array. Das probieren wir gleich aus:

Schritt 1 | Ändern Sie die Zuweisung des Arrays in:

```
var meineNachbarn = [["Severin", "Max", "Kurt"], "Marie", "Otto", "Martha"];
```

Schritt 2 | Und die nächste Zeile in:

```
meineVariable = meineNachbarn[0][1];
```

Schritt 3 | Speichern Sie die Änderungen ab, und testen Sie die Seite.

Sie sehen jetzt im Hinweis-Fenster MAX – das zweite Array-Element im ersten Array-Element.

Was würden Sie bei der folgenden Zeile als Ergebnis sehen?

```
meineVariable = meineNachbarn[1];
```

Das Ergebnis wäre MARIE – der Eintrag mit der Nummer eins in `meineVariable`, also der zweite Eintrag des Arrays.

Das klingt mal wieder komplizierter, als es ist. Probieren Sie noch ein paar andere Arrays aus. Sie können sie beliebig tief verschachteln. Hängen Sie einfach immer mehr Positionsangaben in eckigen Klammern an, um auf die verschiedenen Ebenen zuzugreifen.

Die Beispieldatei finden Sie unter: *bnfr.de/ql805* ∎

8.6 Ereignisse

Ereignisse (Events) kennen Sie mittlerweile schon, denn Sie haben gerade eben schon mit ihnen gearbeitet. In allen Beispielen oben haben wir das Ereignis `onclick` genutzt, um ein Hinweis-Fenster anzuzeigen. Ereignisse sind wichtig, weil JavaScript auf jeder Seite erst durch ein Ereignis gestartet werden muss.

Ein Ereignis ist zum Beispiel, dass der Nutzer auf einen Link oder einen Button klickt. Ein Ereignis ist aber auch, dass er mit dem Mauszeiger über ein Element auf der Seite fährt oder eine Taste drückt. Genauso ist es für JavaScript ein Ereignis, dass ein Element der Seite fertig geladen ist.

Sie können sich das so vorstellen, dass JavaScript die vielen verschiedenen Ereignisse ständig im Hintergrund registriert und überwacht, ob damit irgendeine Funktion aufgerufen werden soll.

Ein paar Beispiele für Ereignisse sind:

- load – Das HTML-Element ist geladen.
- mouseover – Der Mauszeiger wird über ein Element bewegt.
- click – Eine Maustaste wurde gedrückt.
- keydown – Eine Taste auf der Tastatur wurde gedrückt.

Auf welches Ereignis eine Funktion reagieren soll, bestimmen Sie mit Attributen. Für den Attributnamen stellen Sie das Wort on dem Ereignisnamen voran. Das Attribut für das Ereignis keydown heißt somit onkeydown.

8.7 Beispiel: Ein schlaues Formular

Im folgenden Beispiel setzen wir JavaScript ein, um das Formular für die Arzt-Seite aus dem vorigen Kapitel etwas schlauer zu machen. Wir wollen verhindern, dass die Nutzer falsche Angaben machen oder welche vergessen.

8.7.1 Den Cursor versetzen

Als Erstes schreiben wir eine Komfort-Funktion: Wir setzen den Cursor für die Texteingabe des Benutzers gleich in das erste Feld unseres Formulars, wenn der Benutzer die Seite mit dem Formular öffnet.

Schritt 1 | Öffnen Sie die HTML-Seite mit dem Kontaktformular.

Sie können auch die Datei aus dem Formular-Kapitel von unserem Server nehmen. Sie finden sie unter: *bnfr.de/ql806*

Schritt 2 | Setzen Sie im form-Element ein weiteres Attribut:

name="Kontaktformular"

Das ist praktisch, weil wir dann in JavaScript das Element mit seinem Namen ansprechen können. Es gibt zwar auch andere Möglichkeiten, aber diese hier ist am bequemsten für Sie und auch am leichtesten nachzuvollziehen.

Die Reihenfolge der Attribute innerhalb eines Tags ist egal; denken Sie daran, dass Attribute nur durch Leerzeichen getrennt werden, ohne Komma.

Schritt 3 | Erweitern Sie das Start-Tag des body-Elements:

```
<body onload="setzeFokus()">
```

Mit dem neuen Attribut fangen Sie das Ereignis load ab und legen fest, dass eine Funktion namens setzeFokus aufgerufen wird, wenn das Ereignis eintrifft – also wenn das body-Element vom Browser vollständig geladen wurde. Beim Aufruf der Funktion werden keine Werte übergeben.

Schritt 4 | Setzen Sie die neue Funktion in ein script-Element im head-Element des Dokuments:

```
<script type="text/javascript">

function setzeFokus() {
    window.document.Kontaktformular.Name.focus();
}

</script>
```

Schritt 5 | Speichern Sie, und testen Sie.

Sie sehen, dass der Cursor jetzt sofort im ersten Textfeld erscheint. Je nach Browser ist dieses auch hervorgehoben, sodass man es gleich sieht.

Abbildung 8.6 Wenn Sie die Eingabemarkierung gleich in das erste Feld setzen, kann der Besucher direkt lostippen.

8.7.2 Kommentarfeld prüfen

Aber JavaScript kann noch mehr: Prüfen wir doch mal, ob der Nutzer überhaupt etwas ins Nachrichtenfeld geschrieben hat – ohne Nachrichtentext ist das Abschicken einer Nachricht schließlich sinnlos.

Schritt 1 | Ergänzen Sie das Eingabefeld für den Nachrichtentext im HTML-Code:

```
<textarea name="Nachricht" onBlur="istTextDa(this.value)">
```

Damit fangen Sie das Ereignis `blur` ab. »Blur« heißt so viel wie »unscharf werden« und ist damit das Gegenteil von `focus`, was wir oben verwendet haben. `blur` wird ausgelöst, wenn der Cursor ein Eingabefeld verlässt.

Wir rufen dann die Funktion `istTextDa` auf und übergeben ihr den Wert `this.value`, was dem Text entspricht, der zu dem Zeitpunkt im Eingabefeld steht.

Schritt 2 | Schreiben Sie diese Funktion in das `script`-Element, in dem schon die Funktion `setzeFokus` steht:

```
function istTextDa(meinText) {
  if (meinText == "") {
    alert("Bitte geben Sie eine Nachricht ein.");
  }
}
```

Darin kommen zwei neue Dinge vor: die `if`-Abfrage und der Vergleich mit `==`. Die `if`-Abfrage ist eines der wichtigsten Dinge in einer echten Programmiersprache. Damit können Sie verschiedene Fälle unterscheiden und darauf jeweils angemessen reagieren. Wie eine Funktion schließt die `if`-Abfrage alles, was ausgeführt werden soll, in geschweiften Klammern ein. In runden Klammern steht, unter welcher Bedingung die Aktion ausgeführt werden soll.

Ein Vergleich, ob zwei Werte identisch sind, erfolgt in JavaScript mit dem doppelten Gleichheitszeichen. Das ist gewöhnungsbedürftig, und Sie werden es wahrscheinlich am Anfang ein paarmal falsch machen.

Warum nimmt man nicht das einfache Gleichheitszeichen? Weil es schon besetzt ist. Wir brauchen es in JavaScript, um Variablen mit Werten zu befüllen, zum Beispiel so:

```
meineVariable = "Max";
```

Die Prüfung des Inhalts muss man dann eben mit zwei Gleichheitszeichen machen:

```
if (meineVariable == "Max") {...}
```

In unserem Skript setzt die Seite nach dem Laden jetzt zunächst den Cursor auf das Eingabefeld für die Nachricht. Wenn der Nutzer dann an eine andere Stelle klickt und nichts eingegeben hat, erscheint ein Warnfenster mit der Aufforderung, eine Nachricht einzugeben.

Schritt 3 | Speichern Sie die Datei, und testen Sie diese.

Hier fällt Folgendes auf: Schließt man das Hinweis-Fenster, ist die Einfügemarke nicht mehr im Formular. Der Nutzer soll jetzt aber die Nachricht eingeben. Daher setzen wir dort auch wieder den Fokus:

Schritt 4 | Ergänzen Sie nach der Zeile mit dem `alert`:

```
window.document.Kontaktformular.Nachricht.focus();
```

Auch das ist neu: Sie sehen hier, wie man sich schrittweise, Punkt für Punkt, durch die Elemente einer Seite arbeitet. Sie gehen vom Browserfenster (`window`) aus. Darin wird ein HTML-Dokument angezeigt (`document`). In diesem ist ein Element vorhanden (das wir `Kontaktformular` genannt haben). Darin sitzt ein weiteres Element (mit unserem Namen `Nachricht`). Sind wir dort angekommen, geben wir diesem Element den Befehl `focus()`.

Schritt 5 | Speichern und testen Sie.

So sieht der Anfang des Codes am Stück aus:

```
<!DOCTYPE html>
<html>
<head>
    <meta charset="UTF-8">
    <meta name="viewport" content="user-scalable=no, width=device-width">
    <title>Arztpraxis Dr. Udo Bloemkamp - Kontakt Hausarzt München </title>

    <link rel="stylesheet" type="text/css" media="screen" href="stylesheet.css">
    <link rel="stylesheet" type="text/css" media="print" href="print.css">
    <link rel="stylesheet" type="text/css" media="screen and (max-device-
    width: 480px)" href="mobil.css">

    <meta name="description" content="Kontaktieren Sie uns -
    Hausarzt-Praxis Dr. Udo Bloemkamp in München.">

    <script type="text/javascript">
```

8.7 Beispiel: Ein schlaues Formular

```
      function setzeFokus() {
         window.document.Kontaktformular.Name.focus();
      }
      function istTextDa(meinText) {
         if (meinText == "") {
            alert("Bitte geben Sie eine Nachricht ein.");
            window.document.Kontaktformular.Nachricht.focus();
         }
      }

   </script>
</head>

<body onload="setzeFokus()">
<!-- hier stehen Menü und Seitentext, diese sind hier weggelassen -->
   <h3>Fragen Sie uns!</h3>
   Felder <strong>in fett</strong> sind Pflichtangaben.

   <form name="Kontaktformular" class="kontaktformular"
   method="post" action="Formular-Feedback.php">
      <fieldset>
         <legend>Ihre Frage an uns</legend>
         <label for="Name">Name:</label>
         <input type="text" name="Name" value=""><br>

         <label for="email" class="bold">E-Mail-Adresse:</label>
         <input type="text" name="email" value=""><br>

         <label for="Nachricht" class="bold">Ihre Nachricht: </label>
         <textarea name="Nachricht" onBlur="istTextDa(this.value)">
         </textarea><br>


         <input type="submit" name="Submitbutton"
         id="submitbutton" value="Abschicken">
      </fieldset>
   </form>
```

Wenn Sie jetzt auf den ABSCHICKEN-Button klicken, obwohl keine Nachricht eingegeben ist, merken Sie, dass zwar das Hinweis-Fenster erscheint, danach aber trotzdem die

Seite zum Verschicken des Formulars aufgerufen wird. Außerdem fehlt die Warnmeldung, wenn der Cursor gerade im Kommentarfeld steht und wir dann auf ABSCHICKEN klicken (weil wir ja erst beim Ereignis blur prüfen, das beim Verschicken nicht eintritt).

Das ist natürlich noch nicht optimal. Schlimmer noch: Manche Browser zeigen sogar mehrfach das Warnfenster an und springen erst dann auf die nächste Seite. Es ist also klar: So kann es nicht bleiben.

Die Datei in dieser Zwischenversion liegt auf dem Server unter: *bnfr.de/ql807*

8.7.3 Alternative zum Prüfen des Kommentarfelds

Korrigieren wir das Problem, dass das Formular nach dem Warnhinweis trotzdem verschickt wird:

Schritt 1 | Gehen Sie zur Funktion istTextDa, und ändern Sie den Variablennamen in der Klammer in meinFormular.

Wir wollen der Funktion nun einen Verweis auf das Formular übergeben. Den braucht die Funktion, weil sie jetzt das Verschicken übernehmen muss. Das Formular verschickt sich jetzt nicht mehr selbsttätig, sondern überlässt diese Aufgabe unserer Funktion. Als Erstes befassen wir uns mit unserer Funktion, zum Formular kommen wir später.

Schritt 2 | Korrigieren Sie die Funktion, sodass sie so aussieht:

```
function istTextDa(meinFormular) {
   var meinText = meinFormular.Nachricht.value;
   if (meinText == "") {
      alert("Bitte geben Sie eine Nachricht ein.");
      window.document.Kontaktformular.Nachricht.focus();
   } {
      meinFormular.submit();
   }
}
```

Zuerst legen Sie mit dieser Funktion den Inhalt (value) des Elements Nachricht des Formulars (meinFormular) in der Variable meinText ab. Dann kommt der Teil mit der if-Abfrage, den Sie schon kennen.

Darauf folgt die else-Anweisung. else heißt »andernfalls« und wird dann ausgeführt, wenn die Bedingung in den runden Klammern nach if nicht zutrifft. Wie nach dem if muss alles, was nach else ausgeführt werden soll, in geschweiften Klammern stehen. In unserem Fall geben wir dem Formular den Befehl submit() – es wird verschickt.

Nun fehlt noch die Änderung beim Formular selbst:

Schritt 3 | Gehen Sie zum öffnenden Tag des `form`-Elements, und prüfen Sie, ob die bei `action` angegebene Datei auf Ihrem Server vorhanden ist (in unserem Fall *Formular-Feedback.php*).

Sie können die Datei aus dem vorigen Kapitel verwenden, oder Sie laden sich diese hier von unserer Website herunter: *bnfr.de/ql703*

Denken Sie daran, im Skript Ihre Mail-Adresse einzutragen und es mit der Dateiendung *.php* statt *.php.html* auf Ihrem Server abzuspeichern.

Schritt 4 | Ergänzen Sie im letzten `input`-Element (mit dem `Submit`-Button) vor der schließenden Klammer Folgendes:

`onclick="istTextDa(this.form); return false;"`

Damit rufen Sie beim Ereignis `click` die Funktion `istTextDa` auf und übergeben ihr einen Verweis auf das Formular. Mit `return false` verhindern Sie, dass der Button das Formular abschickt.

Schritt 5 | Löschen Sie den Aufruf der Funktion `istTextDa` im `textarea`-Element.

Schritt 6 | Speichern Sie, und testen Sie.

Die Datei finden Sie auch auf dem Server, und zwar unter: *bnfr.de/ql808*   ∎

8.7.4 E-Mail-Adresse prüfen

Das Nachrichtenfeld wird jetzt ordentlich überprüft. Machen wir uns an das zweite und letzte Pflichtfeld, das für die E-Mail-Adresse.

Schritt 1 | Gehen Sie zur Funktion `istTextDa`, und ändern Sie ihren Namen in `formularPruefen`.

Das hat den Hintergrund, dass wir für dieses Feld nicht nur prüfen wollen, ob Text eingegeben wurde, sondern auch, ob es eine korrekte E-Mail-Adresse ist. Die Funktion verrichtet ihre Arbeit natürlich auch ohne diese Umbenennung, aber es ist gut, sich gleich anzugewöhnen, Funktionen und Variablen immer nach ihrem Zweck zu benennen. Das erleichtert die Fehlersuche und später das Übernehmen der Funktionen in andere Projekte.

Schritt 2 | Ändern Sie den Namen der Funktion auch bei `onclick` im `input`-Element für den SUBMIT-Button des Formulars.

Der Aufruf sieht dann so aus:

```
onclick="formularPruefen(this.form); return false;"
```

Schritt 3 | In der zweiten Zeile der Funktion legen wir den Wert, der im E-Mail-Feld steht, in einer Variablen ab:

```
var meineMail = meinFormular.email.value;
```

Schritt 4 | Ergänzen Sie jetzt das Folgende in der Zeile nach dem `else`, sodass sie so aussieht:

```
var meineKriterien = /@/;
if (meineKriterien.test(meineMail) == false) {
  alert("Bitte geben Sie eine gültige E-Mailadresse ein, damit wir Ihnen
  antworten können.");
  window.document.Kontaktformular.email.focus();
} else {
  meinFormular.submit();
}
```

Damit haben wir eine Kontrolle für die E-Mail-Adresse eingeführt und verfahren wie beim Nachrichtenfeld, indem wir ein Hinweis-Fenster ausgeben und den Fokus auf das Feld setzen. Das Überprüfen machen wir mit dem Befehl `test`. Er gibt den Wert `false` zurück, wenn er die angegebenen Zeichen nicht in der Variable findet, die in der Klammer steht. Die Variable, in der wir das @-Zeichen gesetzt haben, enthält einen sogenannten *regulären Ausdruck*, erkennbar an den zwei Schrägstrichen. Reguläre Ausdrücke sind Codierungen für Zeichenketten. Was diese von normalen Zeichenketten unterscheidet (die etwa als "@" angegeben werden), das sehen Sie gleich, wenn wir nicht nur auf das @-Zeichen testen, sondern auch auf die anderen Zeichen, die bei einer korrekten E-Mail-Adresse um es herum stehen:

Schritt 5 | Erweitern Sie die Suchkriterien:

```
var meineKriterien = /^.+@.+\..{2,6}$/;
```

Das sieht jetzt ganz schön kryptisch aus. Sieht man aber genauer hin, erkennt man daran, wie praktisch reguläre Ausdrücke sind. Denn diese Zeichenfolge heißt übersetzt:

> Mindestens ein Zeichen oder mehr, gefolgt von einem @-Zeichen, dann wieder mindestens ein Zeichen, ein Punkt und mindestens zwei bis sechs Zeichen.

Das ist genau die Syntax für eine gültige E-Mail-Adresse, die aus einem Namen, einem @-Zeichen, dem Namen des Anbieters sowie einem Punkt und der Landesdomain (z. B. ».de«) besteht.

Sehen wir uns noch mal genau an, was wir da geschrieben haben: Der Schrägstrich mit dem Zirkumflex (/^) definiert den Anfang, das Dollarzeichen und der Schrägstrich ($/) das Ende des regulären Ausdrucks, der vollständig durchsucht werden soll. Das dritte Zeichen, der Punkt, heißt »ein oder mehrere Zeichen«. Das darauf folgende Plus ist eine Verknüpfung, und das @ steht für sich selbst. Es folgt wieder mindestens ein Zeichen, wofür der nächste Punkt steht. Mit einem Plus wird der nächste Teil des Ausdrucks angehängt – es fehlt nun nur noch das mit einem Punkt angehängte Länderkürzel der E-Mail-Adresse.

Der Punkt steht in regulären Ausdrücken generell aber für ein beliebiges Zeichen, deshalb können wir ihn nicht direkt verwenden. Dass wir wirklich einen Punkt meinen, zeigen wir durch den Rückstrich an (\). Ein solcher Rückstrich vor einem Zeichen heißt, dass ich jetzt ein Zeichen eingeben möchte, das eigentlich für etwas anderes gebraucht wird – in unserem Fall eben den Punkt.

Das ist kompliziert, aber man gewöhnt sich daran. Schließlich folgen noch mal ein oder mehrere Zeichen. In den geschweiften Klammern geben wir diesmal an, dass wir genau zwei bis sechs Zeichen möchten, nicht mehr und nicht weniger.

Lassen Sie sich von diesen schwer zugänglichen Dingen nicht entmutigen – reguläre Ausdrücke gehören zu den undurchsichtigen Konzepten der Programmierung, darüber gibt es ganze Bücher. Sie müssen das auch gar nicht im Detail verstehen, denn Sie können den Code ja einfach für Ihre Projekte kopieren.

Schritt 6 | Speichern Sie die Seite, und testen Sie sie im Browser.

Die Funktion als Ganzes sieht so aus:

```
<script type="text/javascript">

   function setzeFokus() {
      window.document.Kontaktformular.Name.focus();
   }
   function formularPruefen(meinFormular) {
      var meinText = meinFormular.Nachricht.value;
      var meineMail = meinFormular.email.value;
      if (meinText == "") {
         alert("Bitte geben Sie eine Nachricht ein.");
         window.document.Kontaktformular.Nachricht.focus();
```

```
      } else {
         var meineKriterien = /^.+@.+\..{2,6}$/;
         if (meineKriterien.test(meineMail) != true ) {
            alert("Bitte geben Sie eine gültige E-Mail-Adresse ein, damit
               wir Ihnen antworten können.");
            window.document.Kontaktformular.email.focus();
         } else {
            meinFormular.submit();
         }
      }
   }
}
</script>
```

Sie finden die Datei auf dem Server unter: *bnfr.de/ql809* ∎

8.8 Text auf der Seite einfügen

Nach so viel nicht ganz leichter Kost folgt jetzt noch ein ganz einfaches Beispiel, das Spaß macht: Sie können mit JavaScript auch direkt Text auf HTML-Seiten schreiben oder ändern.

Schritt 1 | Ergänzen Sie auf der HTML-Seite des letzten Beispiels vor dem Formular-Element:

```
<script type="text/javascript">document.write("<p> Zeitpunkt Ihrer Anfrage: </p>")
</script>
```

Denken Sie daran, dass *innerhalb* einer JavaScript-Anweisung keine Zeilenumbrüche vorkommen dürfen.

Schritt 2 | Speichern und testen Sie die Seite.

> **Hinweis**
> Auch wenn es mit JavaScript geht: Verzichten Sie auf die Angabe von Datum und/oder Uhrzeit irgendwo auf Ihrer Website, wenn sie nicht wirklich sinnvoll ist. Um die Zeit zu erfahren, kommen die Besucher nicht zu Ihnen – es lenkt gewöhnlich nur ab.

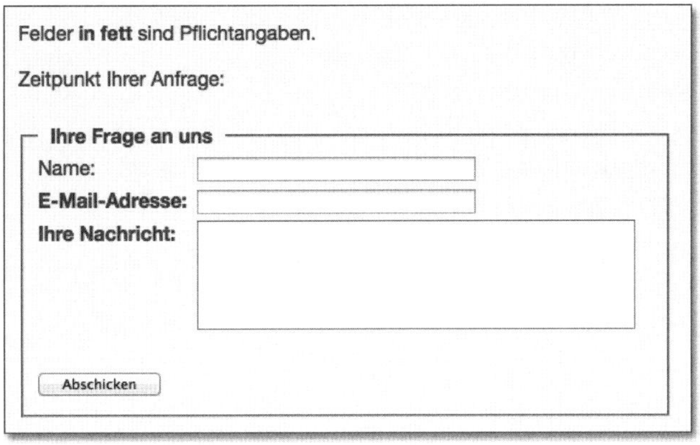

Abbildung 8.7 Der zweiten Zeile sieht man im Browser nicht an, dass sie mit JavaScript geschrieben wurde.

Der Seite im Browser sehen Sie nicht an, dass der Text von JavaScript geschrieben wurde. Wir hätten ihn genauso gut als reinen HTML-Text schreiben können. Die folgenden Dinge gehen aber nur mit JavaScript:

Schritt 3 | Ergänzen Sie den Code:

```
var meinZeitobjekt = new Date();
var Tag = meinZeitobjekt.getDate();
var Monat = meinZeitobjekt.getMonth() + 1; // Januar ist 0
var Jahr = meinZeitobjekt.getFullYear();
var Datum = Tag + "." + Monat + "." + Jahr;
document.write("<p>Zeitpunkt Ihrer Anfrage: " + Datum + " Uhr<p>");
```

In der ersten Zeile haben Sie mit `new` ein sogenanntes *Objekt* angelegt, ähnlich wie man mit `var` eine neue Variable anlegt. Das `Date`-Objekt ist in JavaScript definiert und kennt einige Befehle. Diese nutzen wir in den nächsten Zeilen. `getDate` etwa liefert den aktuellen Tag, `getMonth` den aktuellen Monat usw. Nachdem die Monatszählung bei 0 beginnt, addieren wir 1. Das ist wieder unpraktisch, aber das müssen wir hinnehmen – wenn man es weiß, ist es kein Problem.

Schritt 4 | Speichern und testen Sie.

Hier sehen Sie den gesamten Code des Skripts, noch ergänzt um die Angabe der Uhrzeit:

```
<script type="text/javascript">
   var meinZeitobjekt = new Date();
   var Tag = meinZeitobjekt.getDate();
```

```
    var Monat = meinZeitobjekt.getMonth() + 1; // Januar ist der Monat 0
    var Jahr = meinZeitobjekt.getFullYear();
    var Datum = Tag + "." + Monat + "." + Jahr;
    var Stunde = meinZeitobjekt.getHours();
    var Minute = meinZeitobjekt.getMinutes(); // ist es z.B. 13:01, gibt
      getMinutes() nur "1" zurück; daher die nächste Zeile
    if (Minute < 10) {Minute = "0" + Minute;}
    var Zeit = Stunde + ":" + Minute;
    document.write("<p>Zeitpunkt Ihrer Anfrage: " + Datum + ", " + Zeit + " Uhr
      </p>");
</script>
```

In diesem Code sehen Sie auch, wie man in JavaScript Kommentare schreibt: mit zwei Schrägstrichen. Genau wie die HTML- und CSS-Kommentare werden diese vom Browser bei der Ausführung ignoriert, und Sie können damit Ihren Code erklären.

Die Seite mit dem ganzen Code finden Sie unter: *bnfr.de/ql810* ∎

8.9 Text auf der Seite elegant ändern

Den Fokus für das Formular haben Sie vorher bei unserem Beispiel mit folgender Codezeile gesetzt:

```
window.document.Kontaktformular.Name.focus();
```

Dabei haben Sie schon ein wichtiges Konzept von JavaScript genutzt, das sogenannte *Document Object Model*, kurz *DOM*. Das DOM ist sozusagen ein Abbild der aktuellen HTML-Seite. Das klingt nicht sehr spannend, ist aber praktisch. Denn Sie können sich im DOM entlanghangeln, um letztlich zu allen Elementen zu kommen, die im Dokument enthalten sind – und diese können Sie dann mit JavaScript verändern.

Das DOM ist wie ein Stammbaum aufgebaut: Das `window` ist der gemeinsame Vorfahre von allen Elementen. Dann kommt `document`, gefolgt von `html`, das sich an dieser Stelle das erste Mal verzweigt, und zwar in `head` und `body`. Bei unserem Beispielprojekt folgen auf `body` unter anderem die Elemente `h1` und `form`. Letzteres enthält das `fieldset`, und darin wiederum liegen `legend`, `label` und mehrere `input`-Elemente.

`window` können Sie auch weglassen, wenn Sie das Dokument im aktuellen Fenster ansprechen wollen.

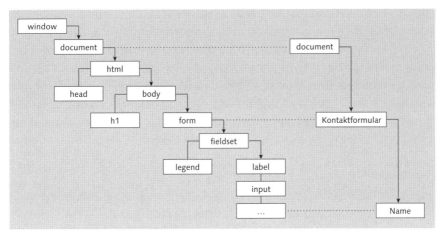

Abbildung 8.8 Die hierarchische Struktur des DOM. Der Weg unten von »document« direkt zu »Kontaktformular« ist sozusagen die Abkürzung, die wir nehmen können, wenn wir Elementen eigene Namen geben.

Sprechen wir ein Element direkt an:

Schritt 1 | Ergänzen Sie Folgendes nach der Stelle im Code, an der wir nach der Überprüfung der E-Mail-Adresse im Formular den Fokus auf das Feld `email` setzen:

```
document.forms[0].elements[1].style.color = "red";
```

Schritt 2 | Speichern und testen Sie.

Sie sehen jetzt, dass der Text im E-Mail-Feld rot wird, wenn man keine gültige E-Mail-Adresse eingibt und auf Abschicken klickt.

Dabei haben wir im DOM auf das `document` zugegriffen, dann auf das Element `forms`. Nachdem es mehrere Formulare im Dokument geben kann, gibt JavaScript in dem Fall ein Array zurück (also eine Liste mit allen Formularen, die es enthält). Mit `[0]` sprechen wir den ersten Eintrag im Array an – wir haben auf unserer Seite derzeit nur ein Formular, daher ist es einfach. Dann sprechen wir die `elements` im Formular an. Hier gibt es wieder mehrere, daher bekommen wir auch hier ein Array. Wir nehmen diesmal das zweite Element, das wir mit `1` ansprechen, da Arrays per Definition ja immer bei 0 anfangen. Und von diesem Element ändern wir schließlich das Attribut `style`, genauer die `color`, auf `red`.

Es gibt aber auch noch eine andere Möglichkeit, dasselbe zu erreichen:

```
document.forms.Kontaktformular.elements.email.style.
color = "red";
```

In dem Fall können wir auf das Abzählen verzichten. Das ist nicht nur übersichtlicher, es hat auch den Vorteil, dass es noch funktioniert, wenn wir weitere Formulare einfügen, die vor unserem Formular stehen (was die Nummerierung im Array ändern würde). Der obige Ausdruck funktioniert so: Wir gehen vom `document` aus, sprechen darin die Formulare an (`forms`) und nehmen hier das Formular mit dem Namen `Kontaktformular`. Dort sprechen wir alle enthaltenen Elemente an (`elements`) und wenden uns an das Element mit dem Namen `email`. Bei diesem adressieren wir das Attribut `style` und darin den Wert für die Farbe (`color`). Diese setzen wir auf Rot (`red`).

> **Kleine Namenskunde**
> Die Elemente des DOM heißen *Nodes* (Knoten). So heißen in der Botanik die Ansatzstellen von Ästen am Stamm, und das DOM funktioniert ja wie gesagt wie ein Stammbaum.

Das lässt sich aber noch weiter vereinfachen, da wir eindeutige Namen vergeben haben:

```
document.Kontaktformular.email.style.color = "red";
```

Damit sprechen wir die Elemente direkt mit Namen an und sparen uns so das Entlanghangeln am DOM. ∎

Und noch eine letzte Möglichkeit wollen wir Ihnen zeigen, damit Sie die ganze Bandbreite kennenlernen:

Schritt 1 | Ergänzen Sie im `input`-Element für die E-Mail-Adresse noch ein Attribut:

```
id="email-Feld"
```

Schritt 2 | Ändern Sie die Zeile mit dem Farbwechsel:

```
document.getElementById("email-Feld").style.color = "red";
```

Das ist der kürzeste Weg. Er funktioniert aber nur, wenn Sie eine `id` vergeben haben. Mit `name` geht es deshalb nicht, weil Sie mehreren Elementen in Ihrem Dokument denselben Namen geben dürfen. Haben Sie zum Beispiel zwei Formulare, darf in beiden ein Element mit dem Namen `email` auftauchen. Eine `id` muss aber zwingend einzigartig im Dokument sein. ∎

Eine Verbesserung an anderer Stelle ist, die Formatierung nicht direkt durch ein `style`-Attribut zu ändern, sondern über CSS. Das hat den Vorteil, dass Sie Änderungen an der Farbe später zentral an einer Stelle durchführen können, auch wenn Sie die Formatierung für mehrere Elemente ändern.

8.9 Text auf der Seite elegant ändern

Schritt 1 | Ändern Sie die Formatierungszuweisung:

```
document.getElementById("email-Feld").className ="highlight";
```

Schritt 2 | Öffnen Sie die CSS-Datei (wir haben sie *stylesheet.css* genannt).

Schritt 3 | Ergänzen Sie das folgende Format:

```
.highlight {
  background-color: red;
}
```

Damit erreichen wir nebenbei eine weitere Verbesserung: Jetzt wird nicht der Text markiert, sondern der gesamte Hintergrund des Textfeldes. Dadurch sieht der Nutzer sofort, dass etwas mit diesem Feld nicht stimmt.

Schritt 4 | Speichern Sie beide Dateien, und testen Sie die HTML-Datei im Browser.

Die ganze HTML-Seite finden Sie unter: *bnfr.de/ql811* ∎

Noch schöner gestalten

Um das Formular in der Praxis einzusetzen, sollten Sie noch dafür sorgen, dass die rote Markierung wieder verschwindet, wenn der Nutzer eine E-Mail-Adresse eingegeben hat. Ansonsten sieht das schon etwas erschreckend aus. Und außerdem ist das Feld so lange rot hinterlegt, bis der Nutzer den ABSCHICKEN-Button drückt, auch wenn inzwischen korrekte Werte in dem Feld stehen.

Auch der knallrote Hintergrund passt nicht so recht zur Gestaltung der Seite – das können Sie mit CSS besser!

Wenn Sie noch Probleme mit der Umsetzung haben, dann sehen Sie sich die fertige Datei auf dem Server an: *bnfr.de/ql812*

Wie Sie mal wieder gesehen haben, gibt es immer mehrere Möglichkeiten, in JavaScript sein Ziel zu erreichen. Ein Formularelement können Sie zusammenfassend mit diesen unterschiedlichen Methoden ansprechen:

- `document.forms[#].elements[#].eigenschaft`
- `document.forms.name.elements.name.eigenschaft`
- `document.name.name.eigenschaft`
- `document.getElementById("id").eigenschaft`

8.10 Auf Fehlersuche – Debugging

So faszinierend JavaScript ist, so nervtötend kann es manchmal sein. Jeder, der nur ein paar Zeilen Code geschrieben hat, kennt das: Wenn man etwas Neues ausprobiert oder Beispielcode anpassen will, will es einfach nicht klappen, nur weil zum Beispiel irgendwo ein Semikolon fehlt.

Ein wichtiger Helfer bei der Suche nach Fehlern in eigenen Skripten ist ein sogenannter *Debugger* (wörtlich übersetzt ein »Entfehlerer« oder »Entwanzer«). Debugger gibt es also nicht nur für HTML, sondern auch für JavaScript.

Die großen Vorteile eines Debuggers sind:

- Sie bekommen aussagekräftige Fehlermeldungen.
- Sie können den Wert einzelner Variablen beobachten.
- Sie können den Code Zeile für Zeile ausführen.

8.10.1 Debuggen mit Firebug

Die Erweiterung *Firebug* für den Browser Firefox ist ein kostenloses Werkzeug, das aussagekräftige Fehlermeldungen liefert und etwas einsteigerfreundlicher ist als die in Safari oder Chrome integrierten Debugger.

Firebug installieren Sie, indem Sie EXTRAS • ADD-ONS im Firefox-Menü wählen. (Wenn Ihr Firefox keine Menüleiste am oberen Bildschirmrand zeigt, klicken Sie links oben auf den orangefarbenen Firefox-Button.) Dann gehen Sie auf ADD-ONS SUCHEN, geben FIREBUG ins Suchfeld ein und klicken auf INSTALLIEREN.

So setzen Sie Firebug in der Praxis ein:

Als Erstes brauchen wir einen schönen Fehler, also bauen wir einen ein:

Schritt 1 | Öffnen Sie die letzte Beispielseite mit Ihrem HTML-Editor.

Schritt 2 | Ändern Sie z. B. etwas in der Funktion `onFocus`:

`window.document.Kontaktformular.name.focus();`

Statt des korrekten `Name` schreiben wir also `name`.

Schritt 3 | Speichern Sie die Seite ab. ∎

Nun geht es an die Suche:

Schritt 1 | Öffnen Sie die Seite in Firefox, und aktivieren Sie Firebug, indem Sie den gleichnamigen Eintrag im Menü ANSICHT auswählen. (Wenn Ihr Firefox keine Menüleiste am oberen Bildschirmrand anzeigt, klicken Sie links oben auf den orangefarbenen Firefox-Button, dann auf WEB-ENTWICKLER, dann auf FIREBUG und schließlich auf FIREBUG ÖFFNEN.)

Schritt 2 | Klicken Sie auf den Reiter KONSOLE.

Schritt 3 | Öffnen Sie nun die Seite mit dem absichtlich eingebauten Fehler in Firefox.

Sie bekommen nun eine Fehlermeldung wie in Abbildung 8.9 zu sehen.

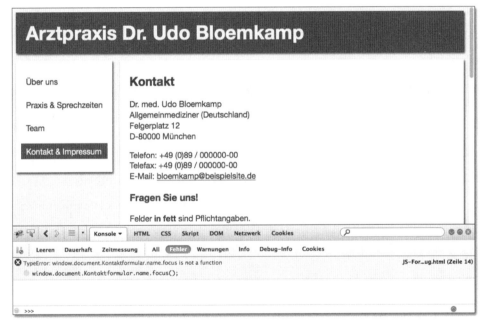

Abbildung 8.9 Die Konsole von Firebug gibt alle Fehler aus.

Sie erfahren von Firebug, dass das Problem bei der Funktion liegt. Trotzdem kommt man als Neuling wahrscheinlich nicht sofort darauf, was genau am eigenen Skript nicht stimmt. Aber wenn Sie selbst mal eine Weile nach so einem Tippfehler gesucht haben, dann werden Sie es für die nächsten Male wissen.

Mit einem Klick auf die blaue Angabe der Fehlerquelle rechts springen Sie übrigens direkt in den Quellcode (das entspricht einem Klick auf den Reiter SKRIPT). ■

Nutzen wir nun den Debugger, um zu verstehen, was JavaScript so denkt:

Schritt 1 | Korrigieren Sie den Fehler im Beispielcode wieder, und speichern Sie das Dokument ab.

Schritt 2 | Öffnen Sie Firefox, aktivieren Sie Firebug, und wechseln Sie zum Bereich SKRIPT.

Schritt 3 | Klicken Sie auf NEUER ÜBERWACHUNGSAUSDRUCK... in der rechten Spalte, und geben Sie Tag ein.

Abbildung 8.10 Im Bereich »Überwachen« sehen Sie, welche Werte Ihre Variablen haben.

Sie sehen nun, welchen Wert diese Variable aktuell hat. Das ist nützlich, wenn Sie im Blick behalten wollen, wie sich der Wert einzelner Variablen ändert, während das Skript abgearbeitet wird. ∎

Im letzten Beispiel sehen wir JavaScript bei der Arbeit zu:

Schritt 1 | Klicken Sie auf die Zeilennummer 17 am linken Bildschirmrand.

Dort erscheint ein roter Punkt, der anzeigt, dass JavaScript an dieser Stelle anhalten soll. Das nennt man einen *Haltepunkt* (engl. *Breakpoint*).

> **Definierte Haltestellen**
>
> Wie ein Linienbus hält Firebug auch nicht an jeder beliebigen Stelle an. Bei Skripten, die im body-Element der HTML-Seite eingebunden sind, geht es z. B. nicht.
>
> Wo Sie Haltepunkte setzen können, sehen Sie daran, dass die entsprechenden Zeilennummern grün sind. Vor anderen können Sie zwar auch einen roten Punkt setzen, aber es passiert nichts.

Schritt 2 | Klicken Sie auf den Button ABSCHICKEN im Formular der HTML-Seite.

Sie sehen, dass JavaScript also tatsächlich anhält. Es erscheint kein Hinweisfenster, dass Formularinhalte fehlen.

Der gelbe Pfeil am linken Rand zeigt Ihnen, wo wir im Skript gerade sind (siehe Abbildung 8.11).

8.10 Auf Fehlersuche – Debugging

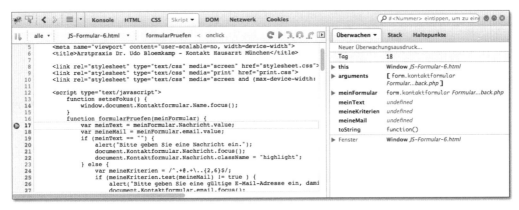

Abbildung 8.11 Das angehaltene Script in Firebug

In der Spalte rechts sehen Sie die Werte aller aktuellen Variablen.

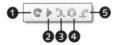

Abbildung 8.12 Die Buttons zum Steuern beim schrittweisen Debuggen

Ganz wichtig sind die unbeschrifteten Buttons, die sich oberhalb des Quelltextes befinden (Details siehe Abbildung 8.12). Mit diesen sorgen Sie dafür, dass das Skript weiter abgearbeitet wird. Der Button ganz links ❶ entspricht dem Button zum Neuladen der Seite – das Script wird noch einmal von vorne gestartet.

Das Play-Symbol daneben ❷ lässt das Script weiterlaufen, und zwar bis zum nächsten Haltepunkt, zum nächsten Fehler oder bis zum Ende – je nachdem, welche von den drei Möglichkeiten als erste kommt.

Der gelbe Pfeil bei ❸ springt in die nächste Zeile. Der Name HINEINSPRINGEN, der erscheint, wenn man die Maus darüber bewegt, deutet an, was er noch macht: Trifft man nun auf den Aufruf einer weiteren JavaScript-Funktion, dann springt man in diese hinein.

Im Gegensatz dazu ist der nächste gelbe Pfeil ❹ mit ÜBERSPRINGEN bezeichnet. Das heißt, er bleibt also im aktuellen Script und überspringt einen Aufruf einer Funktion, auf die verwiesen wird. Allerdings gilt das nur für den Debugger – ausgeführt wird diese Funktion trotzdem. Das ist nützlich, wenn Sie sicher sind, dass sich der Fehler in der aktuellen Funktion versteckt.

Mit dem letzten Pfeil ❺ schließlich, Herausspringen, verlassen Sie die aktuelle Funktion und springen sozusagen aus dieser heraus. Damit führen Sie den Rest der aktuellen Funktion aus und springen zur nächsten – sofern noch eine im Code kommt.

Der Button, den Sie aber normalerweise nutzen werden, ist Hineinspringen ❸.

Mit diesem Werkzeug finden Sie die Bugs in Ihren Skripten deutlich leichter, als wenn Sie immer wieder und wieder Ihren Code durchlesen. ∎

Sehr nützlich ist auch der Bereich Konsole, wenn man einzelne JavaScript-Schnipsel direkt testen möchte. Das geht so:

Schritt 1 | Klicken Sie auf den Reiter Konsole.

Schritt 2 | Aktivieren Sie den Punkt All darunter.

Damit geben Sie an, dass Sie alle Meldungen sehen möchten.

Schritt 3 | Schreiben Sie dann in der Zeile ganz unten, rechts von den drei blauen spitzen Klammern Folgendes:

```
console.log("Hallo, Welt!");
```

Schritt 4 | Drücken Sie ⏎.

Sie sehen, mit diesem Befehl können Sie einfach kleine JavaScript-Stücke testen (siehe Abbildung 8.13).

Abbildung 8.13 In der Konsole von Firebug können Sie einzeilige JavaScript-Befehle testen.

Der JavaScript-Befehl `console.log` zeigt also einen bestimmten Inhalt in der Browserkonsole an. Das können Sie für Ihre Funktionen nutzen. Wenn Sie zum Beispiel in Ihrem JavaScript nach einer Zeile, in der eine Variable aktualisiert wurde, den Befehl `console.log(variablenName);` schreiben, wird in der Browserkonsole der Wert der Variable nach dem Aktualisieren angezeigt. So können Sie leicht überprüfen, ob die Aktualisierung wie gewünscht funktioniert hat. Einfacher geht das allerdings im Bereich Überwachen rechts. ∎

8.10.2 Debuggen mit Safari

Gehen Sie in Safari unter Windows auf BEARBEITEN, und wählen Sie dort EINSTELLUNGEN. Auf dem Mac finden Sie die EINSTELLUNGEN unter dem Menüpunkt SAFARI. Klicken Sie auf ERWEITERT, und setzen Sie das Häkchen bei MENÜ »ENTWICKLER« IN DER MENÜLEISTE ANZEIGEN.

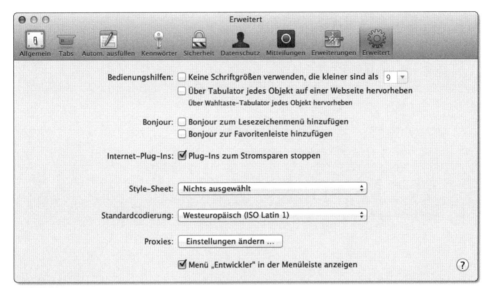

Abbildung 8.14 Setzen Sie ganz unten das Häkchen, damit Sie den Debugger in Safari aktivieren können.

Jetzt ist das gleichnamige Menü zu sehen. Darin finden Sie den Eintrag FEHLERKONSOLE EINBLENDEN. Wenn Sie das tun, öffnet sich ein neues Fenster, und Sie sehen Informationen über die gerade geöffnete HTML-Seite.

Wie gesagt ist der Umgang mit Firebug/Firefox aber intuitiver, daher empfehlen wir Ihnen diese Kombination, um Ihre Scripts zu kontrollieren.

8.11 Fazit

Damit können Sie genug JavaScript, um sehr viele Dinge selbst umzusetzen. Und gerade für JavaScript finden Sie mit den üblichen Suchmaschinen sehr viel Beispielcode, den Sie mit Ihrem jetzt erworbenen Wissen leicht für Ihre eigenen Seiten anpassen können.

Dank der Debugger können Sie auch Fehler leichter aufspüren. Sie werden so nach etwas Übung viele praktische Lösungen erstellen, die problemlos funktionieren und Ihre HTML-Seiten mit Interaktivität aufwerten.

Nicht zuletzt ist JavaScript auch ein wichtiger Teil der kostenlosen Werkzeuge, die wir in Kapitel 13, »Starke Werkzeuge – so nutzen Sie Ihr neues Wissen für noch bessere Websites«, vorstellen werden. Dank Ihrem Grundwissen fällt Ihnen der Einsatz dieser Werkzeuge später nun deutlich leichter.

Kapitel 9
Die Site spielend finden und benutzen – Suchmaschinenoptimierung, Usability, Accessibility

Wenn Sie einige Grundregeln kennen, dann sorgen Sie mit wenig Aufwand dafür, dass ihre Site gefunden wird und problemlos zu benutzen ist.

Wie Sie eine Website planen und mit HTML und CSS umsetzen, wissen Sie jetzt. Doch nur weil Ihre Website im Internet ist, haben Sie noch nicht viel gewonnen. Sie wollen, dass auch jemand die Site besucht. Das passiert nur, wenn die Leute von ihr erfahren. Dafür gibt es im Wesentlichen drei Möglichkeiten:

- Der Nutzer findet Ihre Site mit einer Suchmaschine.
- Der Nutzer kennt die URL Ihrer Site.
- Der Nutzer klickt auf einen Link zu Ihrer Site.

Wie Sie dafür sorgen, dass möglichst viele Menschen Ihre URL kennen, das erfahren Sie in Kapitel 11, »Marketing und Werbung – Gutes tun und darüber reden«.

Auch wie Sie von anderen Sites möglichst viele Links auf Ihre Site bekommen, steht dort. Im aktuellen Kapitel befassen wir uns nun zunächst damit, was Sie alles dafür tun können, dass die Suchmaschinen Ihre Site finden und auf den Trefferlisten möglichst weit oben aufführen. Das ist nicht nur für solche Sites nötig, die etwas verkaufen. Auch wenn Sie nur Ihren Verein oder Ihr Hobby vorstellen, wollen Sie, dass alle diejenigen Ihre Site finden, die sich dafür interessieren. Wenn im Folgenden von »Ihrem Unternehmen« oder »Ihrer Firma« die Rede ist, sollten Sie sich also auch angesprochen fühlen, wenn Sie Ihre Site nur zum Spaß betreiben.

> **Suchmaschinenoptimierung (SEO)**
>
> Man spricht von *Suchmaschinenoptimierung*, engl. *Search Engine Optimisation* (SEO). Optimiert werden dabei aber natürlich nicht die Suchmaschinen, sondern Ihre Webseiten. SEO sind alle Maßnahmen, die dafür sorgen, dass Ihre Site auf den Trefferlisten von Google & Co. auf den vordersten Plätzen erscheint.

Außerdem lernen Sie in diesem Kapitel, wie Sie dafür sorgen, dass die Benutzer Ihre Site nicht nur finden, sondern sich auch auf ihr zurechtfinden: Das nennt man *Usability* (englisch für »Benutzerfreundlichkeit«). Denn wenig ist gewonnen, wenn die Besucher gleich wieder auf ZURÜCK klicken, weil sie auf Ihrer Website nicht das finden, was sie suchen.

Und ganz nebenbei sorgen wir in diesem Kapitel dafür, dass Ihre Website für alle Menschen zugänglich ist – zum Beispiel auch für Menschen mit Sehbehinderungen. Hier spricht man von *Accessibility* (englisch für »Zugänglichkeit«) oder von *Barrierefreiheit*.

9.1 Suchmaschinenoptimierung

Viele glauben, man müsse nur ein paar Tricks kennen, um seine Site bei *Google* und *Bing*, den beiden meistgenutzten Suchmaschinen, auf die vordersten Plätze der Trefferlisten zu bringen. In der Praxis ist das aber gar nicht so einfach.

Der Grund dafür: Google und Microsoft (der Betreiber von Bing) haben ein Interesse daran, die Trefferlisten so aussagekräftig wie möglich zu machen. Das heißt, dass die Treffer tatsächlich diejenigen Seiten anzeigen, die am besten zur Suchanfrage passen und für den Benutzer am relevantesten sind. Die Benutzer verwenden die Suchmaschine, die das am besten schafft.

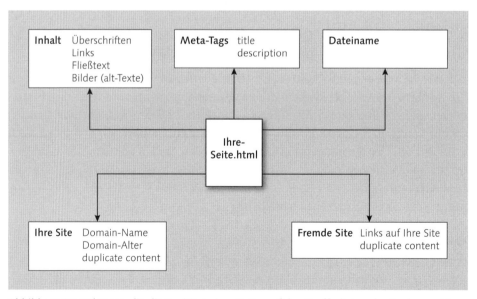

Abbildung 9.1 Faktoren, die die Position einer Seite auf den Trefferlisten der Suchmaschinen beeinflussen

Was für Google und Bing gilt, gilt auch für alle anderen Suchmaschinen. Die jeweiligen Algorithmen unterscheiden sich zwar, aber das Prinzip ist bei allen das gleiche. Nur wer ganz tief in SEO eintaucht, für den sind die Detailunterschiede relevant.

> **Welche Suchmaschinen muss ich berücksichtigen?**
>
> Es lohnt sich kaum, andere Suchmaschinen zu berücksichtigen: 85 % aller Deutschen nutzen *Google*, 10 % *Bing*. Die übrigen 5 % teilen sich *T-Online*, *Yahoo*, *Web.de* und ein paar andere.
>
> T-Online und Web.de nutzen übrigens hinter den Kulissen sowieso auch Google, und Yahoo nutzt Bing. Was bei den beiden Großen funktioniert, funktioniert bei den anderen normalerweise auch.

9.1.1 Wie sucht eine Suchmaschine?

Suchmaschinen suchen immer mehr so, wie auch ein Mensch sucht. Die Programmierer bei Google und Bing arbeiten daran, das menschliche Suchverhalten so gut wie möglich nachzubilden. Denn die Maschinen sollen die Ergebnisse finden, die auch ein Mensch als relevant einstufen würde.

Eine Suchmaschine besteht im Wesentlichen aus:

- einem Crawler
- einem Bewertungsalgorithmus
- einer Datenbank

> **Begriffsvielfalt der Suchmaschinen-Sucher**
>
> *Crawler* werden auch *Spider* oder *Robots* genannt.

Der *Crawler* (engl. für »Krabbler«) macht den ganzen Tag nichts anderes, als Links im Internet zu verfolgen. Von irgendeiner Webseite als Ausgangspunkt aus ruft dieses Computerprogramm jeden auf dieser Seite vorhandenen Link auf, untersucht die verlinkte Seite, sammelt alle dort vorhandenen Links, geht weiter zu diesen verlinkten Seiten und so weiter. So findet ein Crawler schließlich alle Seiten im Internet, die miteinander verlinkt sind.

Die gefundenen Seiten reicht der Crawler an den Bewertungsalgorithmus weiter. Dieser untersucht die Seiten auf Trickserein – findet er solche, wird die Seite negativ bewertet. Dann prüft der Algorithmus den Inhalt der Seite. Er zieht Schlüsselwörter heraus, die er für relevant hält. Diese legt er zusammen mit der URL der Seite in der Datenbank ab.

Bei jeder Suchanfrage eines Nutzers sieht die Suchmaschine in der Datenbank nach, welche URLs zu den eingegebenen Wörtern abgelegt sind, und gibt die URL der dazu passenden Seiten zurück, zusammen mit einer Kurzbeschreibung der Seite.

> **Black-Hat-SEO**
>
> Nutzen Sie auf einer Seite Tricks, die Google nicht erlaubt, bekommt sie einen Punktabzug und rutscht so auf den Trefferlisten weiter nach hinten. Hält Google die Tricks für besonders verwerflich, kann Ihre gesamte Site (also mit allen Seiten) durch Punktabzug bestraft werden.
>
> Kommt es ganz schlimm, fliegt Ihre Site aus dem Index – damit ist sie im Internet praktisch unsichtbar. Nur wer Ihre URL kennt oder einen direkten Link von einer anderen Seite findet, kommt dann noch auf Ihre Website.
>
> Angelehnt an die bösen Zauberer im Märchen werden solche verwerflichen Techniken als *Black-Hat-SEO* bezeichnet, also Schwarz-Hut-Suchmaschinenoptimierung. Davon sollten Sie natürlich die Finger lassen.

9.1.2 PageRank

Der wesentliche Erfolgsfaktor von Google ist, dass seine Mitarbeiter es geschafft haben, nicht nur Seiten im Internet zu finden, sondern sie bei der Ausgabe auf Trefferlisten sinnvoll zu ordnen. Der Schlüssel dazu ist der sogenannte *PageRank*. Das ist ein Wert, der die Qualität einer Seite (engl. *page*) angibt. Erfunden hat den PageRank der Google-Mitgründer Larry Page, der diesen Algorithmus zum Patent angemeldet hat.

Abbildung 9.2 Der PageRank, unauffällig neben der Adresszeile mit der Chrome-Erweiterung »PageRank Status« angezeigt. Der Wert 6 ist ganz ordentlich: Ihn erreichen nur große Sites.

Das Prinzip ist Folgendes: Eine fremde Seite verlinkt auf eine Seite von Ihnen. Das zählt Google wie eine Stimme für die Qualität Ihrer Seite. Je höher der PageRank der fremden Seite ist, desto mehr Gewicht hat diese Stimme.

Je weniger weitere Links auf der fremden Seite stehen, desto besser für Sie. Denn das heißt, dass der Autor der Seite offenbar der Meinung ist, dass Ihre Seite eine der wenigen ist, die das verlinkte Thema gut abdecken.

Der PageRank der Seite errechnet sich also aus der Summe aller PageRanks der auf diese verweisenden Seiten. Das heißt, der PageRank gibt an, wie hochwertig jede einzelne Seite im Vergleich zu allen anderen ist.

Der PageRank einer ganzen Site ist der Mittelwert für alle erfassten *Seiten* dieser *Site*. Der PageRank der Startseite kann deutlich unter den Werten für die Unterseiten liegen und umgekehrt.

Angegeben wird der PageRank als ein Wert zwischen 0 und 1, manchmal auch als Prozentwert (0 bis 100 %).

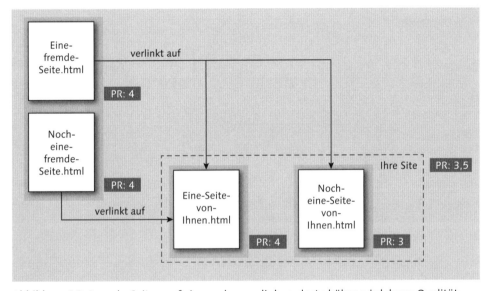

Abbildung 9.3 Je mehr Seiten auf eine andere verlinken, desto höher wird deren Qualität bewertet – ausgedrückt als PageRank (PR, hier in den Werten zwischen 0 und 10, wie ihn die Google Toolbar ausgibt).

Werkzeuge wie *PageRank Status* oder die *Google Toolbar* für den Internet Explorer geben den PageRank dagegen als Wert zwischen 1 und 10 an. Dabei ist wichtig zu wissen, dass die Werte für diese Anzeige nur unregelmäßig alle paar Monate aktualisiert werden. Diese Werte geben also keine zuverlässige Auskunft über den tatsächlichen aktuellen PageRank einer Seite – der Wert, den Google intern für die Trefferlisten benutzt, ist ein anderer. Der PageRank kann also nur als grobe Orientierungshilfe dienen.

Und vor allem gilt das nur bei größeren Sites – kleinere werden von der Toolbar alle mit 0 dargestellt, auch wenn sie im internen Google-Ranking verglichen mit anderen kleinen Sites gar nicht so schlecht dastehen.

9 Die Site spielend finden und benutzen – Suchmaschinenoptimierung, Usability, Accessibility

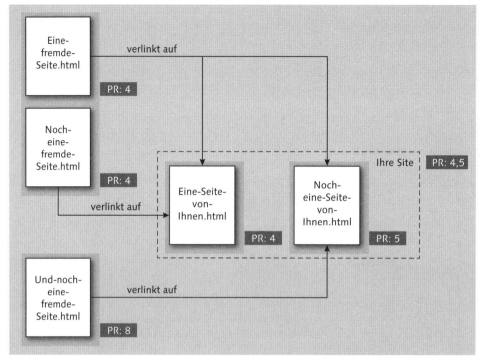

Abbildung 9.4 Nicht nur die Menge der Links auf eine Seite zählt. Wichtig ist auch, wie hoch die Qualität der Seiten angesetzt ist, die den Link setzen.

9.1.3 Suchmaschinen wollen auch nur Menschen sein

Bei der Suchmaschinenoptimierung kann man zwei Strategien verfolgen:

- die gelassene Strategie
- die kämpferische Strategie

Bei der gelassenen Strategie arbeiten Sie *mit* Google, bei der kämpferischen *gegen* Google.

Bei der gelassenen Strategie versuchen Sie, die Seiten so gut zu machen, dass Google diese ganz oben auf den Trefferlisten aufführt. Sie unterstützen Google, die Inhalte korrekt zu indizieren, und verlassen sich darauf, dass Qualität gewinnt. Das geht natürlich nicht ganz ohne Anstrengung – hochwertige Inhalte machen Arbeit. Der Vorteil aber ist, dass Sie nur das tun müssen, was Sie sowieso tun müssen für eine Site, die bei den Nutzern – den Menschen – ankommt. Die menschlichen Besucher verliert man nämlich manchmal aus dem Blick, wenn man sich zu sehr auf die Suchmaschinen fixiert.

Bei der kämpferischen Strategie arbeiten Sie eher gegen Google. Sie laufen der Entwicklung damit aber immer hinterher. Sie müssen Ihre Seiten ständig optimieren, weil Sie gleichzeitig gegen zwei Gegner kämpfen: die Suchmaschinen und Ihre Konkurrenten. Die Suchmaschinen verändern ihre Algorithmen ständig, um Manipulationen so gut wie möglich zu verhindern und um die Ergebnisse immer aussagekräftiger zu machen. Ihre Konkurrenten im Web versuchen genau so wie Sie, ihre Seiten möglichst weit oben in den Trefferlisten zu platzieren.

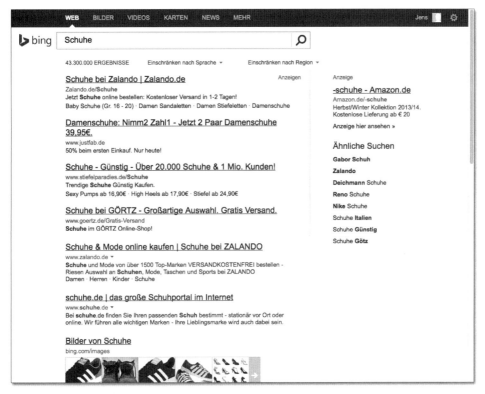

Abbildung 9.5 Wollen Sie bei umkämpften Suchworten wie »Schuhe« auf die ersten Plätze, müssen Sie ständig SEO betreiben.

Wenn Sie die kämpferische Strategie verfolgen, müssen Sie viel Zeit investieren, um Ihre Seiten immer wieder zu optimieren und um auf dem Laufenden über die neuesten Detailentwicklungen im Bereich der Suchmaschinen zu bleiben. Meist ist es dann sinnvoller, einen speziellen Dienstleister mit der Suchmaschinenoptimierung zu beauftragen, denn der muss sowieso die neuesten Tricks kennen.

Haben Sie eine Site, die sehr viel Umsatz generiert oder einen sehr hohen Marktanteil hat, dann kann es sich lohnen, die kämpferische Strategie zu verfolgen. In fast allen Fällen ist es aber sinnvoller, die Zeit, die Sie für die kämpferische Form der Optimierung für Suchmaschinen verwenden müssten, stattdessen so investieren, dass Sie Ihre Seiten für Menschen besser machen. Das bringt Sie fast immer automatisch auch auf den Trefferlisten nach vorn.

9.1.4 Schwarze Magie hilft nicht

Kaum gab es im Internet die ersten Suchmaschinen, versuchten die ersten Sitebetreiber, ihre Seiten dort weiter nach vorn zu bringen. Ein Trick war, alle möglichen Suchwörter mit weißem Text auf weißem Grund am Seitenende zu platzieren. Diese versteckten Wörter wurden nur von den Robotern der Suchmaschinen gesehen, und diese schickten die Benutzer auf die Seite, auch wenn diese im sichtbaren Bereich ganz andere Themen behandelte.

Somit begann ein ständiger Kampf zwischen Tricksern und Suchmaschinen, der bis heute anhält. Heute muss man schon ganz schön gerissen sein, um die Methoden zu umgehen, mit denen die Suchmaschinen Tricks erkennen.

Es gibt ein paar Dienstleister, die sich darauf spezialisiert haben. Dabei muss man aufpassen, dass man nicht an einen gerät, der mit Tricks arbeitet, die Google ablehnt. Man spricht, wie schon erwähnt, von *black hats* (Schwarzhüten, also Anwendern von schwarzer Magie). Nutzt man deren Techniken, kann es passieren, dass man (kurzzeitig) ganz aus dem Index fliegt – wie es BMW zum Beispiel vor einigen Jahren passiert ist.

9.1.5 Bezahlte Suchergebnisse?

Für eine Spitzenposition in den Trefferlisten kann man auch bezahlen – allerdings nicht für die Plätze in den sogenannten *organischen* Suchergebnissen. Organische Suchergebnisse heißen die Treffer, die auf den Ergebnisseiten einer Suchmaschine im Hauptbereich erscheinen. Das Gegenteil sind *bezahlte* Suchergebnisse, also die Anzeigen am oberen und rechten Seitenrand, für die man wie gesagt zahlen muss – bei Google heißen diese *AdWords*. Organische und bezahlte Suchergebnisse sind strikt getrennt. Es bringt Ihnen für die organischen Ergebnisse keinen Vorteil, wenn Sie Anzeigen schalten. Eine gute Position bei den organischen Suchergebnissen kostet Sie (zumindest direkt) kein Geld, außerdem klicken die Nutzer diese viel eher an als die Anzeigen.

Mehr zu Werbung bei Google lesen Sie in Abschnitt 11.2.1, »Google AdWords«.

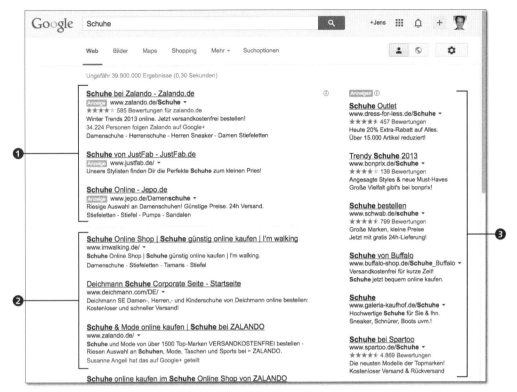

Abbildung 9.6 Bezahlte ❶, ❸ und organische ❷ Suchergebnisse bei Google

9.1.6 SEO für die eigene Website

Was heißt das jetzt alles für Ihre eigene Site? Sehen wir uns das einmal an einem Beispiel an, und setzen wir die Tipps in der Praxis um. Wir nehmen uns die Arzt-Website vor, die wir in den vorigen Kapiteln erstellt haben.

Wie immer gilt alles Gezeigte nicht nur für das Beispiel, sondern auch dann, wenn Sie z. B. eine Website für eine Bar betreiben, für einen Blumenladen oder für Ihren Verein.

Korrekter HTML-Code

Damit die Suchmaschinen den Inhalt Ihrer Seiten möglichst korrekt erfassen können, sind sie auf korrekten HTML-Code angewiesen. Achten Sie also besonders darauf, dass Ihre Seiten keine Fehler enthalten. Dazu können Sie entweder die Debugging-Funktion Ihres HTML-Editors oder sogenannte Validatoren im Internet nutzen. Diesen geben Sie Ihre URL, worauf sie dann den Code aller verlinkten Seiten untersuchen. Als Ergebnis erfahren Sie, ob Ihr Code in Ordnung (»valide«) ist.

Einen guten Validator finden Sie unter *validator.w3.org*.

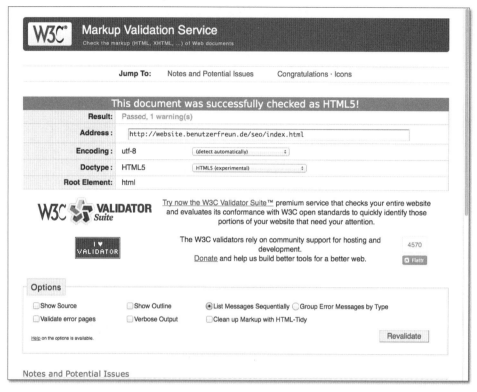

Abbildung 9.7 Stimmt Ihr HTML-Code perfekt, sehen Sie diese Meldung. Die Warnung rührt nur daher, dass HTML5 offiziell noch als »experimentell« gilt. Mit Ihrer Seite ist alles in Ordnung.

Meist muss man nach der ersten Überprüfung noch etwas nacharbeiten, bis man grünes Licht vom Validator bekommt – nur weil eine Seite im Browser gut aussieht, muss der Code noch lange nicht valide sein. Die Browser sehen über viele Fehler großzügig hinweg. Einige Suchmaschinen tun dies aber nicht: Sie bewerten schlampig gecodete Seiten teilweise schlechter – oder können dort die für sie nötigen Informationen möglicherweise gar nicht finden.

Das title-Element

Wie Sie wissen, besteht eine HTML-Seite aus mehr als dem, was der Browser anzeigt. Ganz wichtig sind für Suchmaschinen die verschiedenen Elemente mit Metainformationen über die Seite, die sich im head-Element befinden. Sie kennen diese bereits aus Kapitel 4, »Die ersten Schritte mit HTML und CSS«.

Schlüsselwörter bei »keyword« sind nutzlos

Die HTML-Definition enthält ein keyword-Attribut für Schlüsselwörter, die auf der Seite vorkommen. Suchmaschinen werten es aber nicht mehr aus, weil damit zu viel Schindluder getrieben wurde. Sie suchen stattdessen selbst die relevanten Wörter aus dem Text der Seite.

Der head-Bereich der Startseite unseres Beispielprojekts:

```
<!DOCTYPE html>
<html>
   <head>
      <meta charset="UTF-8">
      <meta name="viewport" content="user-scalable=no, width=device-width">
      <title>Arztpraxis Dr. Udo Bloemkamp</title>

       <link rel="stylesheet" type="text/css" media="screen"
       href="stylesheet.css">
       <link rel="stylesheet" type="text/css" media="print"
       href="print.css">
       <link rel="stylesheet" type="text/css" media="screen and (max-device-
       width: 480px)" href="mobil.css">
   </head>
```

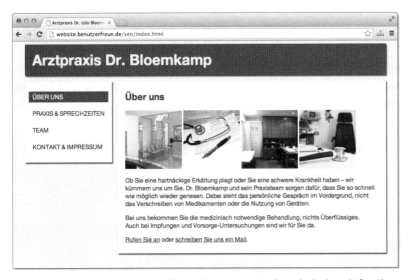

Abbildung 9.8 Oben in der Titelleiste des Reiters ist der Inhalt des title-Elements dargestellt.

Abbildung 9.9 Legen Sie ein Lesezeichen an, schlägt der Browser den Inhalt des title-Elements als Namen vor.

Die wichtigste Metainformation ist der Inhalt des title-Elements, also der Titel der Seite. Darin enthaltene Schlagwörter werten die Suchmaschinen besonders stark. In den Trefferlisten erscheint der Titel auch als erste Zeile des Suchergebnisses für eine Seite. Ein gut gewählter Titel ist für Suchmaschinen wie für die suchenden Menschen besonders wichtig.

Ein guter Titel ist

- kurz
- treffend
- individuell

Individuell heißt, dass jede einzelne Seite Ihrer ganzen Site einen eigenen Titel bekommt.

Widerstehen Sie der Versuchung, in den Titel möglichst viele Schlüsselwörter zu packen. Kommen die Wörter im Inhalt der Seite dann gar nicht vor, gibt das Punktabzug bei den Suchmaschinen. Außerdem sieht ein solcher Titel in der Trefferliste unseriös aus und wird daher kaum angeklickt.

Sie finden das Beispielprojekt als Ausgangspunkt für die SEO-Optimierung unter: *bnfr.de/ql901*

Für unsere Arzt-Website machen Sie Folgendes:

Schritt 1 | Öffnen Sie die Startseite mit dem HTML-Editor.

Schritt 2 | Ändern Sie die Zeile mit dem title-Element:

```
<title>Arztpraxis Dr. Udo Bloemkamp - Allgemeinarzt, Hausarzt in München</title>
```

Schritt 3 | Speichern Sie, und öffnen Sie die Seite im Browser.

Sie sehen den neuen Text im Fenstertitel. Bei Chrome z. B. ist der Bereich dafür sehr knapp bemessen, daher müssen Sie hier die Maus über den Reiter bewegen, dann sehen Sie das Pop-up mit dem ganzen Text. Vor allem sieht aber nun ein potenzieller Patient schon in der Suchmaschine, dass der Arzt in München ist – was die Wahrscheinlichkeit erhöht, dass er auf die URL klickt, wenn er einen Arzt in München sucht. So einfach haben Sie Ihrer Site einen Vorteil gegenüber der Konkurrenz verschafft, die diese Information nicht im Titel hat. ∎

> **In der Kürze liegt die Würze**
> Überlange Titeltexte sehen nicht gut aus und bringen nichts. Suchmaschinen werten nur die ersten 70 Zeichen aus.

Schritt 1 | Öffnen Sie *praxis.html* im Editor.

Schritt 2 | Ändern Sie die Zeile mit dem `title` wie folgt:

```
<title>Arztpraxis Dr. Udo Bloemkamp - Sprechzeiten Allgemeinmedizin</title>
```

Wichtig ist, dass im Titel jeder Seite der Name der Website erscheint. Außerdem sollte am Titel gleich erkennbar sein, in welchem Bereich der Site man sich befindet. Gleichzeitig bietet der Titel die Möglichkeit, weitere Schlüsselwörter unterzubringen, unter denen Sie gefunden werden wollen. Sie müssen also einen Kompromiss finden zwischen mehr Übersicht für Menschen und mehr Informationen für Suchmaschinen. Im Zweifel geben Sie immer der Version den Vorzug, die für Menschen gut funktioniert.

Schritt 3 | Ergänzen Sie die `title`-Elemente der weiteren Seiten unseres Beispielprojekts.

Dabei geben Sie jeder Seite ein, zwei zusätzliche Schlüsselwörter, die auf jeder Seite unterschiedlich sind. Am besten sind solche, die auch im Seiteninhalt auftauchen.

Verwenden Sie korrekte Groß- und Kleinschreibung. Text in Großbuchstaben ist nicht nur SCHLECHT LESBAR, er wirkt im Seitentitel auch UNSERIÖS UND AUFDRINGLICH. ∎

Das description-Attribut

Ein weiteres Element mit Metainformationen, das Sie bereits aus Kapitel 4 kennen, ist das `meta`-Element. Dieses können Sie mit dem Attribut `description` und einem kurzen Beschreibungstext versehen. Teile davon erscheinen bei Google in den Trefferlisten als Kurztext (*Snippet* genannt). Wenn Google allerdings einen Text im Seiteninhalt findet, der noch besser zur Suchanfrage passt, stellt es stattdessen diesen dar. Im Griff haben Sie das leider nicht; Google macht, was es will.

> **HNO Schwabing** · Dr. Johann Spanhake · HNO-Arzt · **Ärztehaus ...**
> www.hno-**schwabing**-muenchen.de/ ▾
> Dr. med. Johann Spanhake. Facharzt für Hals-Nasen-Ohrenheilkunde in München **Schwabing**.

Abbildung 9.10 Die erste Zeile des Suchergebnisses ist der »title«, die dritte und vierte Zeile enthalten die »description«.

Der ideale Inhalt für ein `meta`-Element mit `description`-Attribut ist:

- treffend, denn es beschreibt den Inhalt der Seite korrekt
- einzigartig innerhalb der Website

Für unsere Beispielsite heißt das:

Schritt 1 | Ergänzen Sie auf der Startseite im HTML-Code am Ende des `head`-Bereichs:

```
<meta name="description" content="Allgemeinmediziner Dr. Udo Bloemkamp in München nimmt sich die Zeit für Sie und Ihre Krankheit, die Sie brauchen.">
```

Auch hier müssen Sie wieder einen Kompromiss finden zwischen SEO (möglichst alle wichtigen Schlüsselwörter unterbringen), Länge (kürzer als ca. 180 Zeichen) und Benutzerfreundlichkeit (sinnvolle, ansprechende Sätze).

Schritt 2 | Verfahren Sie für alle übrigen Seiten genauso. ∎

Dateinamen und URLs

URLs, also die Adressen von Webseiten, sehen manchmal ziemlich merkwürdig aus. Zum Beispiel finden Sie URLs wie:

`www.ihresite.de/products/cat567768/article455412383?session=arf4jh2hbrhzg`

Stattdessen sollte die URL besser lauten:

`www.ihresite.de/produkte/uhren/modellname`

Das hat Vorteile für den Nutzer, weil er direkt sieht, welche Inhalte unter dieser URL zu finden sind. Speichert er die URL ab oder leitet er sie per Mail weiter, ist das besonders praktisch. Vor allem aber werten die Suchmaschinen die URL ebenfalls aus. Schlagwörter, die in der URL auftauchen, zählen besonders viel.

> **Dateien oder Pfade?**
>
> Manche URLs geben keine Dateien, sondern nur Pfade an. Sie enden also nicht mit einem Punkt und einer drei- oder vierstelligen Dateiendung wie *.html* oder *.jpg*, sondern mit einem Wort oder einer Zeichenkombination. Diese Pfadangaben kommen fast immer aus der Datenbank von Blog-, Shop- oder Content-Management-Systemen (CMS). HTML-Seiten, die Sie von Hand anlegen und per FTP übertragen, haben immer eine Dateiendung. Für die Suchmaschinen ist es aber egal, ob Sie Dateien oder Pfadnamen verwenden.

Ein paar Dinge sollten Sie noch beachten: Einzelne Wörter trennen Sie mit dem Bindestrich (Minuszeichen):

www.ihresite.de/produkte/uhren/meine-marke-modell

Sie können genauso gut Großbuchstaben verwenden:

www.ihresite.de/Produkte/Uhren/Meine-Marke-Modell

Verwenden Sie keinesfalls den Unterstrich und versuchen Sie auch nicht, die Wortgrenzen nur durch Groß-/Kleinschreibung deutlich zu machen (`meineMarkeModell`) – das wird für die Suchmaschinen unverständlich. Nur mit dem Bindestrich erkennen die Suchmaschinen Wortgrenzen und indizieren die Seite richtig.

Umlaute ersetzen Sie nach folgenden Regeln:

- *ä* durch *ae*, *ö* durch *oe* und *ü* durch *ue*
- *ß* durch *ss*
- alle Buchstaben mit Akzenten, Tilden etc. durch die Form ohne diese Auszeichnung (*å* durch *a*, *é* durch *e* usw.)
- Leerzeichen durch den Bindestrich
- Alle anderen Zeichen außer *a–z* und *A–Z* sowie Zahlen und den Bindestrich lassen Sie weg.

> **Achtung**
>
> Das erste und das letzte Zeichen sollte kein Bindestrich sein. Und setzen Sie immer nur einen einzelnen Bindestrich, nie mehrere direkt nacheinander.

Als Anhaltspunkt für die maximale Gesamtlänge einer URL gelten 100 Zeichen. Zur Not gehen auch mal ein paar Zeichen mehr, diese werden aber auf der Trefferseite eventuell abgeschnitten und sehen daher nicht besonders vertrauenserweckend aus.

Bei Ihrem Beispielprojekt machen Sie nun Folgendes:

Schritt 1 | Prüfen Sie Ihre Dateinamen daraufhin, ob sie »sprechend« sind.

Schritt 2 | Sehen Sie Ihre Pfadangaben (Ordnerbezeichnungen) an, ob auch sie aussagekräftige, für die Seiteninhalte relevante Schlüsselwörter enthalten. ∎

Klare Sitestruktur

Verschachteln Sie die Ordner nicht zu tief. Das ist nicht nur für Nutzer verwirrend, sondern auch für Suchmaschinen möglicherweise ungünstig. Die Crawler bewegen sich normalerweise nur vier Ebenen tief durch die Verzeichnisstruktur auf Ihrem Webserver. Das heißt, alles, was auf Ihrer Site mehr als vier Unterordner tief liegt, bleibt für Suchmaschinen unsichtbar. Außerdem sollte die URL nicht zu lang werden (siehe voriger Punkt).

Vereinfachen Sie die Ordnerstruktur Ihrer Site, wenn möglich. Nutzen Sie statt zum Beispiel

```
www.ihresite.de/html/inhalt/erste-ebene/index.html
```

besser:

```
www.ihresite.de/index.html
```

Keine doppelten Inhalte

Suchmaschinen bestrafen doppelte Inhalte (*duplicate content*). Text, der genau so auf mehreren Seiten vorkommt, sehen sie als unzulässigen Trick an, um ohne zusätzliche Arbeit mehr Besucher auf Ihre Site zu locken. Außerdem belohnen die Suchmaschinen Inhalt, der so einzigartig ist, dass er nur auf einer einzigen Seite im Web zu finden ist.

Bauen Sie deshalb Textpassagen nur mit Bedacht in mehrere Seiten Ihrer Site ein. Einzelne Absätze sind in Ordnung, aber der Großteil des Textes einer einzelnen Seite sollte individuell geschrieben sein. Seien Sie auch zurückhaltend damit, Ihre Texte anderen Sites zur Verfügung zu stellen oder umgekehrt von anderen Sites Texte ohne Bearbeitung zu übernehmen.

> **Webserver oder Webserver?**
>
> *Webserver* heißt sowohl der Computer, der die Dateien im Internet bereitstellt, als auch die Software, die das abwickelt. Die Software, die mit weitem Abstand am häufigsten genutzt wird, ist *Apache*. Die großen Webhoster arbeiten alle mit dieser Open-Source-Lösung.

Vorsicht ist auch geboten, wenn Ihre Site sowohl unter *www.ihresite.de* als auch unter *ihresite.de* erreichbar ist. Sind Sie nicht sicher, ob das bei Ihnen so ist, probieren Sie es am besten einfach aus: Geben Sie *ihresite.de* in die Adresszeile eines Browsers ein. Erscheint daraufhin Ihre Startseite und steht in der Adresszeile weiterhin *ihresite.de*, dann sieht es für Suchmaschinen so aus, als gäbe es den gesamten Inhalt Ihrer Website zweimal: einmal unter *www.ihresite.de* und einmal unter *ihresite.de*.

Um dieses Problem zu lösen, brauchen Sie Folgendes:

- einen Apache-Webserver
- FTP-Zugang zum Server
- die Möglichkeit, *.htaccess*-Dateien zu verwenden (Das ist praktisch bei allen Hostern der Fall.)
- ein aktives Rewrite-Modul auf dem Server (Es ist normalerweise immer vorhanden.)
- einen HTML-Editor oder ein Text- und FTP-Programm

Nun legen Sie eine Umleitung an:

Schritt 1 | Öffnen Sie die *.htaccess*-Datei im Wurzelverzeichnis Ihrer Website mit dem HTML-Editor.

Gibt es diese Datei noch nicht, dann legen Sie sie mit Ihrem HTML-Editor an. Es ist eine ganz normale Textdatei. Der Punkt als erstes Zeichen gibt allerdings an, dass es eine Systemdatei ist, die standardmäßig nicht angezeigt wird. Daher sehen Sie diese Dateien normalerweise auch nicht im Explorer bzw. Finder. Am einfachsten ist es daher, wenn Sie diese Dateien direkt auf dem Server anlegen.

Wollen Sie solche Dateien dennoch lokal sehen, gehen Sie so vor:

- Unter Windows 7 gehen Sie im Explorer auf den Menüeintrag EXTRAS und wählen dort ORDNEROPTIONEN. Im neuen Fenster klicken Sie auf den Reiter ANSICHT und entfernen dort schließlich bei GESCHÜTZTE SYSTEMDATEIEN AUSBLENDEN den Haken. Unter Windows 8 gehen Sie in der oberen Menüleiste auf ANSICHT. Dort steht die Schaltfläche EIN-/ AUSBLENDEN. Der unterste Punkt im Menü (AUSGEBLENDETE ELEMENTE) bestimmt, ob versteckte Dateien angezeigt werden. Setzen Sie einen Haken vor diese Option, um versteckte Dateien anzuzeigen.
- Beim Mac geht das nicht so einfach. Sie können solche Dateien im ÖFFNEN-Dialog anzeigen, indem Sie [cmd] + [⇧] + [.] drücken. Allerdings können Sie diese Dateien dort nicht löschen oder verschieben. Daher nutzen Sie am besten einen HTML-Editor wie Coda (siehe Abschnitt 4.5, »Das richtige Werkzeug – der HTML-Editor«).

Schritt 2 | Schreiben Sie folgenden Text in die Datei:

```
RewriteEngine On
RewriteCond %{HTTP_HOST} !^www.ihresite.de$ [NC]
RewriteRule (.*) http://www.ihresite.de/$1 [R=301,L]
```

Wenn schon Text in der *.htaccess*-Datei stehen sollte, ist es egal, wo Sie diese Zeilen einfügen. Am besten hängen Sie sie einfach ans Ende an.

Damit aktivieren Sie das »Umschreiben« der URLs auf dem Server (RewriteEngine), setzen die Bedingung (Cond kurz für »Condition«) und formulieren die Anweisung (Rule), was zu tun ist, wenn die Bedingung zutrifft. Mit R=301 geben Sie an, dass die Umleitung dauerhaft ist – Suchmaschinen wissen nun, dass sie an der ursprünglichen Stelle nicht mehr suchen müssen.

HTTP-Statuscodes sind Zahlenwerte, die jeder Webserver zurückgibt, wenn von ihm ein Dokument angefordert wird. Bekannt ist der Code 404 (Dokument nicht gefunden). Umleitungen macht man normalerweise mit 301, einer permanenten Umleitung, die auch die Suchmaschinenbetreiber empfehlen.

Schritt 3 | Speichern Sie die Datei, und laden Sie sie auf Ihren Server hoch.

Damit werden jetzt alle Anfragen an URLs, die mit *ihresite.de* beginnen, weitergeleitet zu *www.ihresite.de*, und die Suchmaschinen sehen die Site nicht mehr doppelt.

Wollen Sie verhindern, dass die Suchmaschinen bestimmte Seiten oder Bereiche Ihrer Site in ihren Index aufnehmen, können Sie das auf mehrere Arten erreichen – wobei die Seiten dennoch für jeden, der die URL kennt, zugänglich sind und es auch passieren kann, dass sich ein Crawler nicht an die Anweisung hält.

Geben Sie bei dem Link zu der Seite, die nicht indiziert werden soll, einfach das Attribut rel mit dem Wert nofollow an:

```
<a href="http://www.ihre-site.de" rel="nofollow">
```

Sie können auch in einem meta-Element im Kopf der HTML-Seite angeben, dass eine Seite nicht indiziert werden soll und dass die auf ihr enthaltenen Links zu anderen Seiten nicht verfolgt werden sollen:

```
<meta name="robots" content="noindex, nofollow">
```

Schließlich gibt es noch die Möglichkeit, in der Textdatei robots.txt anzugeben, dass Crawler bestimmte Verzeichnisse ignorieren sollen:

```
User-agent: *
Disallow: /Privat/
```

Die Crawler überspringen dann das Verzeichnis Privat. Sie können weitere Zeilen anfügen, in denen Sie weitere Verzeichnisse ausschließen.

Die *robots*-Datei ist eine ganz normale Textdatei, die am besten im Wurzelverzeichnis Ihrer Webpräsenz liegt. ∎

Sitemap anlegen

Damit die Crawler der Suchmaschinen auf jeden Fall alle Ihre Seiten erfassen, können Sie eine spezielle Sitemap anlegen. Das ist vor allem bei größeren Sites sinnvoll oder dann, wenn Sie ein CMS (Content-Management-System) verwenden.

Die Sitemaps für Suchmaschinen sind im XML-Format angelegt. *XML* steht für e**X**tensible **M**arkup **L**anguage (»erweiterbare Auszeichnungssprache«). Es ist ganz ähnlich aufgebaut wie HTML und kommt häufig zum Einsatz, um strukturierte Informationen weiterzugeben, die von verschiedenen Programmen gelesen werden sollen.

Wie HTML können Sie XML selbst mit einem einfachen Texteditor schreiben. Speziell für Sitemaps gibt es aber Dienste, die Ihnen die mühsame Handarbeit abnehmen. Einen davon benutzen wir jetzt.

Schritt 1 | Gehen Sie auf: *bnfr.de/ql902*

```
<?xml version="1.0" encoding="UTF-8"?><?xml-stylesheet type="text/xsl" href="http://www.benutzerfreun.de/wp-content/plugins/google-sitemap-generator/sitemap.xsl"?><!-- generator="wordpress/3.7.1" -->
<!-- sitemap-generator-url="http://www.arnebrachhold.de" sitemap-generator-version="3.3" -->
<!-- generated-on="27. November 2013 15:25" -->
<!-- Debug: Total comment count: 340 -->
<urlset xmlns:xsi="http://www.w3.org/2001/XMLSchema-instance" xsi:schemaLocation="http://www.sitemaps.org/schemas/sitemap/0.9
http://www.sitemaps.org/schemas/sitemap/0.9/sitemap.xsd" xmlns="http://www.sitemaps.org/schemas/sitemap/0.9">   <url>
        <loc>http://www.benutzerfreun.de/</loc>
        <lastmod>2013-11-26T17:34:19+00:00</lastmod>
        <changefreq>daily</changefreq>
        <priority>1.0</priority>
    </url>
<!-- Debug: Start Postings -->
    <url>
        <loc>http://www.benutzerfreun.de/konzepter-info/umsetzung/html-css-code/</loc>
        <lastmod>2013-11-26T17:34:19+00:00</lastmod>
        <changefreq>weekly</changefreq>
        <priority>0.6</priority>
    </url>
    <url>
        <loc>http://www.benutzerfreun.de/konzepter-info/umsetzung/responsive-webseiten-optimiert-fuer-mobile/</loc>
        <lastmod>2013-11-26T17:34:00+00:00</lastmod>
        <changefreq>weekly</changefreq>
        <priority>0.6</priority>
    </url>
    <url>
        <loc>http://www.benutzerfreun.de/konzepter-info/umsetzung/checklisten-vorlagen-fragebogen/</loc>
        <lastmod>2013-11-26T16:40:24+00:00</lastmod>
        <changefreq>weekly</changefreq>
        <priority>0.6</priority>
    </url>
    <url>
        <loc>http://www.benutzerfreun.de/konzepter-info/betrieb/soziale-netzwerke-social-media/</loc>
        <lastmod>2013-11-26T11:44:31+00:00</lastmod>
        <changefreq>weekly</changefreq>
        <priority>0.6</priority>
    </url>
    <url>
        <loc>http://www.benutzerfreun.de/konzepter-info/umsetzung/e-learning/</loc>
        <lastmod>2013-11-26T11:10:27+00:00</lastmod>
        <changefreq>weekly</changefreq>
        <priority>0.6</priority>
    </url>
```

Abbildung 9.11 Ein Blick in die Datei »sitemap.xml«. Diese wurde von einem Blogsystem automatisch erzeugt.

Schritt 2 | Tippen Sie die Domain bzw. die URL der obersten Verzeichnisebene Ihrer Site ein.

Je nach Größe Ihrer Site dauert es jetzt zwischen ein paar Sekunden und ein paar Minuten, bis Ihre Sitemap fertig ist.

Schritt 3 | Klicken Sie mit der rechten Maustaste auf den Link *sitemap.xml,* und speichern Sie die Datei auf Ihrer Festplatte.

Schritt 4 | Laden Sie die Datei mit Ihrem FTP-Programm ins Wurzelverzeichnis auf Ihrem Webserver.

Diese Datei sollte unter *www.ihresite.de/sitemap.xml* erreichbar sein. Sie enthält die Struktur Ihrer Website, und zwar so aufbereitet, wie es die Crawler von Google und Co. gern mögen. ∎

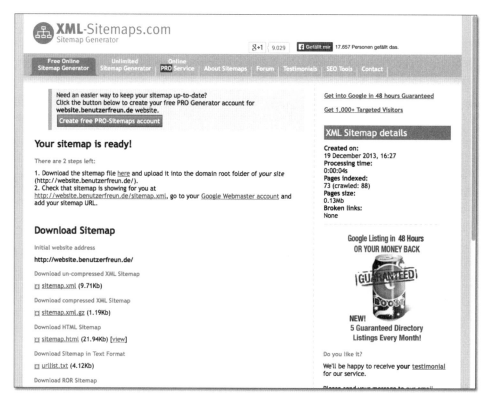

Abbildung 9.12 Dienste wie »XML-Sitemaps« erstellen automatisch mehrere Varianten Ihrer Sitemap.

Google beim Suchen helfen

Um ganz sicherzugehen, können Sie die Sitemap auch bei den *Google Webmaster-Tools* registrieren (wie es der Dienst *XML-Sitemaps* empfiehlt). Dazu müssen Sie ein kostenloses Google-Konto erstellen und Ihre Site bei Google anmelden. Dann können Sie angeben, wo Ihre Sitemap liegt. Das ist aber normalerweise nicht nötig, wenn Sie die oben angegebene Standard-URL verwenden.

Der Dienst XML-Sitemaps erstellt übrigens auch eine Datei *sitemap.html*. Diese ist nützlich, wenn Sie Ihren Benutzern eine Sitemap präsentieren wollen. Dann müssen Sie nicht alle Links und Seitentitel von Hand anlegen. Speichern Sie diese Datei auf Ihrem Rechner ab, öffnen Sie sie mit Ihrem HTML-Editor, und kopieren Sie die Teile heraus, die Sie verwenden wollen.

Gute Links

Links sind für Suchmaschinen gute Hinweise darauf, welche Inhalte sich in den verlinkten Seiten verbergen. Denn im Idealfall schreibt man im Link eine extrem verknappte Zusammenfassung des Inhalts. Beim Verlinken Ihrer Seiten untereinander achten Sie besonders darauf, ordentliche Linktexte zu schreiben – Ihre Nutzer wie die Suchmaschinen werden es Ihnen danken.

Statt

> *Lesen Sie <u>mehr</u> ...*

schreiben Sie besser:

> *Lesen Sie, welche <u>Funktionen der MP3-Player MusicMaster</u> bietet.*

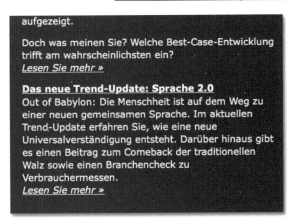

Abbildung 9.13 Aus SEO-Sicht ungünstig: »Lesen Sie mehr« als Link für alle Kurztexte

Überschriften

Was Suchmaschinen außerdem als wichtigen Hinweis auf den Inhalt einer Seite werten, sind Überschriften. Richtig eingesetzte Überschriften beschreiben, was in den folgenden Absätzen steht. Wichtig ist, dass Sie konsequent die HTML-Elemente h1, h2, h3 usw. verwenden.

Verschachteln Sie die Elemente richtig. Das heißt zum Beispiel, nach h1 darf nur h2 kommen, nicht h3. Manche Experten empfehlen, auf jeder Seite nur einmal das h1-Element für die oberste Überschrift zu nutzen. Es schadet nicht, sich an diese Empfehlung zu halten. Sie bewirkt auf jeden Fall, dass diese Überschrift am stärksten gewichtet wird. Das Aussehen der Überschriften legen Sie sowieso mit CSS fest.

Schritt 1 | Sehen Sie sich Ihre Seiten nacheinander an. Sorgen Sie dafür, dass jede zumindest eine Überschrift der Ebene h1 hat.

Schritt 2 | Setzen Sie weitere Unterüberschriften, wo immer es möglich ist.

Natürlich sollte Ihre Seite nicht zur Hälfte aus Überschriften bestehen. Drei, vier Sätze Fließtext sollten schon mindestens auf eine Überschrift folgen.

Schritt 3 | Sorgen Sie dafür, dass die Überschriften aussagekräftig sind und die Schlüsselwörter enthalten, unter denen Ihre Seiten gefunden werden sollen.

Machen Sie die Überschriften nicht zu lang, sondern so kurz wie möglich. Verzichten Sie auf Wortspiele oder Andeutungen – das verstehen Suchmaschinen nicht, und auch Ihre Benutzer schätzen aussagekräftige Überschriften, weil sie so die Seiten schneller überfliegen können. ∎

Bilder

Jedes Bild, das Sie einbinden, sollte einen aussagekräftigen alt-Text haben. alt steht für »alternativ« und ist ein *Attribut* des img-Elements.

```
<img src="ihr-bild.jpg" alt="Das ist auf dem Bild zu sehen.">
```

Der alt-Text wird angezeigt, wenn Bilder nicht dargestellt werden, etwa weil sie unter der angegebenen Adresse nicht gefunden werden oder weil die Bildanzeige im Browser deaktiviert ist.

Suchmaschinen werten den alt-Text ebenfalls aus, und zwar nicht nur für die Bildersuche, sondern auch, um den Inhalt des Textes der Website zu erfassen.

Abbildung 9.14 Fehlende Metainformationen bei Bildern

Achten Sie auch darauf, dass die Dateinamen Menschen und Suchmaschinen etwas sagen. Statt

`bild.jpg`

nennen Sie die Datei zum Beispiel lieber:

`telefonzelle-london-bei-nacht.jpg`

Das ist gleichzeitig eine Hilfe für Sie selbst, wenn Sie auf der Festplatte nach einer bestimmten Datei suchen.

Korrigieren wir das also bei unserem Beispielprojekt der Arztpraxis:

Schritt 1 | Prüfen Sie, ob die Dateinamen der Bilder sich noch aussagekräftiger machen lassen, und ändern Sie sie, wenn Ihnen etwas einfällt.

Schritt 2 | Öffnen Sie die Datei *index.html*.

Schritt 3 | Kontrollieren Sie das `img`-Element. Wichtig ist, dass die Alt-Texte so aussagekräftig wie möglich sind:

```
<img src="bilder/wartezimmer.png" height="150px" width="150px"
alt="Wartezimmer Hausarzt Dr. Bloemkamp">
```

Schritt 4 | Verfahren Sie mit den anderen Bildern auf allen Seiten der Site genauso. ∎

URLs niemals ändern

Haben Sie eine Seite einmal online gestellt, sollten Sie deren Namen und Position nie wieder ändern. Denn diese URL verwenden andere, um auf Ihre Inhalte zu verlinken, Nutzer haben Lesezeichen im Browser, die darauf verweisen, und vor allem ist die URL bei den Suchmaschinen gespeichert. Müssen Sie eine Seite unbedingt verschieben oder umbenennen, dann richten Sie auf jeden Fall eine Weiterleitung ein. So landen alle, die die alte URL verwenden, automatisch bei der neuen Adresse.

Am besten schreiben Sie die Weiterleitung in die *.htaccess*-Datei.

Schritt 1 | Öffnen Sie die *.htaccess*-Datei im Wurzelverzeichnis Ihrer Website mit dem HTML-Editor.

Schritt 2 | Haben Sie eine Datei umbenannt, schreiben Sie folgenden Text in die *.htaccess*-Datei:

```
Redirect 301 /altername.html http://www.ihresite.de/neuername.html
```

Achten Sie darauf, vor den alten Namen nicht Ihre Domain zu schreiben, vor den neuen dagegen schon.

Alternativ können Sie übrigens auch Folgendes schreiben:

```
RewriteEngine On
RewriteRule ^altername\.html$ http://www.ihresite.de/neuername.html [R=301,L]
```

Wenn Sie schon andere Umleitungen eingerichtet haben, dann steht die erste Zeile bereits im Dokument und müssen Sie sie nicht noch einmal eingeben. Schreiben Sie dann einfach die neue Regel unter die anderen, die Sie schon haben.

Der Backslash oder Rückstrich (\) muss bei der Angabe von Weiterleitungsregeln vor jedem Punkt stehen. Denn der einzelne Punkt heißt sonst »irgendein Zeichen«. Beim Weiterleitungsziel brauchen Sie den Backslash aber nicht.

Schritt 3 | Haben Sie eine Datei verschoben, schreiben Sie in die *.htaccess*-Datei:

```
Redirect 301 /altesverzeichnis/ihreseite.html http://www.ihresite.de/neuesverzeichnis/ihreseite.html
```

Oder alternativ wieder:

```
RewriteEngine On
RewriteRule ^altesverzeichnis/ihreseite\.html$ http://www.ihresite.de/neuesverzeichnis/ihreseite.html [R=301,L]
```

Ladezeit

Auch die Ladezeit Ihrer Seiten geht zumindest bei Google mit in die Wertung ein. Das hat den Grund, dass die Nutzer weniger Zeit auf Sites verbringen, die nur langsam geladen werden. Die Gewichtung der Ladezeit ist nicht besonders hoch – zum Glück, denn sie zu optimieren ist ein mühsames Geschäft. Der einfachste Schritt bei reinen HTML-Seiten ist, mit Ihrer Site zu einem Webhoster zu wechseln, der einen schnellen Server mit einer guten Anbindung einsetzt.

9.2 Usability – Benutzerfreundlichkeit

Haben Sie dank SEO die Besucher auf Ihre Website gebracht, wollen Sie natürlich, dass Ihre Besucher dort auch das tun können, wofür sie gekommen sind. Das ist gar nicht so selbstverständlich, wie es klingt.

Sie kennen das selbst von anderen Sites: Sie kommen zum Beispiel zuversichtlich auf die Seite eines Online-Shops. Dort wollen Sie ein Paar Schuhe bestellen. Sie finden eines, das Ihnen gefällt. Nun müssen Sie nachsehen, ob diese Schuhe in Ihrer Größe vorhanden sind. Nach langem Suchen entdecken Sie einen Button VERFÜGBARKEIT PRÜFEN. Sie klicken ihn an und hoffen, dass Sie dann erfahren, was Sie wissen wollen. Und siehe da, dort steht es, und Ihre Größe ist sogar auf Lager. Sie wollen bestellen. Der Button dazu ist kaum zu übersehen, aber vorher interessiert Sie, wie die Rücknahme funktioniert, sollten die Schuhe nicht passen. Kostet das Zurückschicken etwas? Wenn ja, wie viel? Wie viel Zeit haben Sie, um die Schuhe zurückzuschicken? Sie suchen auf der Site, finden aber nichts. Schließlich klicken Sie auf AGB. Dort erwartet sie ein langer, kompliziert formulierter Text. Nach drei Minuten haben Sie darin die Informationen gefunden, die Sie suchen. Sie sind zwar etwas entnervt, wollen die Schuhe aber trotzdem noch haben. Sie klicken auf den ZURÜCK-Button des Browsers – und landen auf der Startseite. Die Auswahl der Schuhe, die Sie viel Zeit gekostet hat, ist verloren. Sie schalten den Computer aus und machen sich auf den Weg ins Schuhgeschäft.

Das Beispiel ist nicht so extrem, wie Sie vielleicht denken. Es gibt Experten für Benutzerfreundlichkeit (*Usability*), die erleben so etwas jeden Tag. Diese Experten verbringen jeden Tag Stunden mit ganz normalen Benutzern. Sie bitten diese zum Beispiel, online Schuhe zu kaufen, eine Reise zu buchen oder ein Buch zu bestellen. Dabei beobachten sie, wie sich die Benutzer verhalten, und fördern so Probleme mit den Websites zutage.

Das ist aufwendig, lohnt sich aber vor allem bei Sites sehr schnell, die etwas verkaufen. Denn hier kommen die Kosten für die Usability-Berater in kürzester Zeit wieder herein, weil die Besucher nach einer Überarbeitung der Site mehr bestellen.

> **Usability und User Experience**
>
> In den letzten Jahren spricht man mehr und mehr von *User Experience* (UX), also über die »Nutzererfahrung«. Die Nutzererfahrung umfasst noch mehr als die reine Usability der Website, also zum Beispiel auch den Weg, wie der Besucher über die Suche auf Ihre Site kommt, und welche Erfahrung er mit dem Versand der Ware oder mit Ihrem Kundenservice macht, wenn es Probleme gibt.

Aber auch wenn Sie nur eine kleine Website haben, mit der Sie nicht direkt Geld verdienen, können Sie von den Erkenntnissen der Usability-Forschung profitieren. Die meisten Verbesserungen lassen sich ganz einfach durchführen, und wenn Sie die Usability vom Anfang an im Hinterkopf haben, werden Sie eine Website erstellen, die schon dadurch um vieles besser ist als der Großteil der Sites im Internet.

9.2.1 Der wichtigste Grundsatz: Nachdenken

Wenn Sie Ihre Website so geplant haben wie in Kapitel 2, »Wer braucht was – die eigene Website planen«, beschrieben, dann haben Sie die Voraussetzungen für eine benutzerfreundliche Site schon geschaffen. Der wichtigste Grundsatz ist, dass Sie nachdenken sollten, bevor Sie loslegen. Nachdenken zum einen über Ihre Ziele, die Sie mit der Site erreichen wollen. Und zum anderen sollten Sie darüber nachdenken, was die Benutzer auf Ihrer Site tun wollen, welche Erwartungen sie haben.

Im Folgenden listen wir ein paar schnelle Tipps für all jene auf, die ihre Website noch besser machen wollen, ohne viel Arbeit zu investieren. Noch sehr viel mehr zum Thema Usability und User Experience finden Sie z. B. im Buch *Website-Konzeption* eines der Autoren, Jens Jacobsen, sowie im dazu gehörigen Blog *benutzerfreun.de*.

9.2.2 Usability von Anfang an

Es ist immer hilfreich, mit Ihren (zukünftigen) Nutzern zu sprechen. Fragen Sie sie, was sie von Ihrer Website erwarten. Aber nehmen Sie nicht alles für bare Münze. Oft *verhalten* sich Menschen anders, als sie *behaupten*. Sie tun das zum einen, weil sie manche Dinge nicht zugeben, auch sich selbst gegenüber nicht. Zum anderen geschieht es, weil man oft unbewusst handelt. Dass man zum Beispiel große Fotos auf Webseiten meist ignoriert, ist den wenigsten bewusst. Auch dass Fotos schöner unbekannter Menschen auf Webseiten dazu führen, dass man der Website weniger vertraut, ist fast niemandem bewusst. Usability-Untersuchungen zeigen das aber deutlich.

Einfacher Usability-Test

Noch besser, als mit Ihren Nutzern zu sprechen, ist es, sie handeln zu lassen. Setzen Sie sich zusammen vor den Computer und besuchen Sie ein paar Websites (Ihre alte Website, wenn Sie eine haben, Sites von der Konkurrenz etc.). Lassen Sie die Nutzer so mit den Sites umgehen, wie sie es ohne Sie tun würden. Fragen Sie währenddessen so wenig wie möglich nach, machen Sie sich nur Notizen, und fragen Sie erst nachher, wenn Sie etwa wissen wollen, warum ein Nutzer einen bestimmten Button nicht angeklickt hat.

Das ist zwar noch kein echter Usability-Test, aber wenn Sie das zwei-, dreimal gemacht haben, bekommen Sie ein Gefühl dafür, wie Menschen mit Websites umgehen. Allein dafür lohnt es sich auf jeden Fall.

Wenn Sie dann eine neue Version Ihrer Site erstellt haben, sollten Sie wiederum ein paar Personen zum Usability-Test einladen und Ihr Design überprüfen.

Card Sorting – Kartenlegen

Geht es darum, wie Sie die Inhalte auf Ihrer Website ordnen, können Sie alle Begriffe, die Sie unterbringen wollen, auf je eine Karte schreiben. Diese lassen Sie ein paar Nutzer nach Wichtigkeit sortieren. Mindestens drei Nutzer sollten es schon sein, damit die Ergebnisse einigermaßen repräsentativ sind – je mehr, desto besser. So bekommen Sie ein Gefühl dafür, wie Ihre Nutzer die Inhalte strukturieren würden.

Usability Review

In einem sogenannten *Usability-Review* (Benutzerfreundlichkeits-Prüfung) untersucht ein Experte eine Website auf typische Schwachstellen bei der Benutzerfreundlichkeit. Dazu gehört Erfahrung, und Experten streiten darüber, ob diese Methode überhaupt sinnvoll ist. Wir denken aber, jede Methode ist besser als nichts. Ein solches Usability-Review untersucht zum Beispiel, wie die Nutzer auf einer Website typische Handlungen durchführen können (zum Beispiel die Suche nach einem Ansprechpartner, der Adresse oder das Aufgeben einer Bestellung).

Das können Sie mit Ihrer alten Website tun, wenn Sie schon eine haben. Machen Sie das mit zwei, drei Websites der Konkurrenz, um ein Gefühl dafür zu bekommen, was gut gelöst und was schlecht gelöst ist.

9.2.3 Die häufigsten Fehler vermeiden

Der häufigste Fehler ist, dass eine Site so aufgebaut wird, wie der Betreiber sie versteht – und nicht so, wie es die Benutzer erwarten. Im Besonderen sollten Sie folgende Fehler unbedingt vermeiden:

- Es steht zu viel Text auf den Seiten.
- Der Text ist nicht durch Überschriften und Aufzählungen gegliedert.
- Die Navigation enthält zu viele Auswahlmöglichkeiten.
- Die verwendeten Begriffe sind für Menschen unverständlich, die das Unternehmen (oder den Verein, die Praxis etc.) nicht kennen.
- Die Sitestruktur ist zu verschachtelt.
- Links sind nicht klar als solche zu erkennen.
- Links verraten nicht, wohin sie führen.

9.3 Accessibility – Barrierefreiheit

Das Internet bietet für Menschen mit Behinderungen große Chancen. Sie können über das Internet an vielen Bereichen des Lebens teilnehmen, die ihnen physisch nur schwer zugänglich sind. Damit alle diese Chancen gleichermaßen wahrnehmen können, ist die Forderung nach Barrierefreiheit (*Accessibility*) entstanden. Wenn Sie sich an ein paar einfache Vorgaben halten, dann wird Ihre Website auch für Menschen zugänglich, die zum Beispiel sehbehindert sind. Sie werden feststellen, wie viel das gleichzeitig mit dem Thema Suchmaschinenoptimierung zu tun hat.

Der Vorteil ist: Für Sie ist das kaum Mehrarbeit, andererseits wird Ihre Website dadurch sowohl von Suchmaschinen besser gefunden als auch für Sie leichter zu warten.

Wenn allerdings Menschen mit Behinderungen zu Ihren wichtigsten Nutzern gehören oder Sie eine Website für eine Behörde erstellen, dann müssen Sie etwas mehr Aufwand betreiben.

Folgende Tipps lassen sich auf jeder Website mit nur wenig Einsatz umsetzen, um die Accessibility zu erhöhen:

- Bilder, Videos und Flash-Elemente bekommen `alt`-Texte (siehe weiter oben in diesem Kapitel im Abschnitt »Bilder«) bzw. Beschreibungen, die ihren Inhalt zusammenfassen.
- Vermeiden Sie Elemente mit Rot-Grün-Kontrast (zum Beispiel Buttons mit roter Schrift auf grünem Grund – diese sind für Menschen mit Rot-Grün-Schwäche nicht zu erkennen).
- Setzen Sie keine schnell blinkenden Elemente ein (ca. 20 Bilder pro Sekunde; sie können epileptische Anfälle auslösen).

- Schreiben Sie möglichst kurze Texte mit kurzen Sätzen und wenig Fachwörtern, damit auch Menschen mit weniger ausgeprägtem Sprachverständnis Ihre Inhalte verstehen.
- Strukturieren Sie Ihre Seiten mit Überschriften, und sorgen Sie dafür, dass Ihr HTML-Code valide ist. Das ist deshalb wichtig, weil sehbehinderte Menschen Programme nutzen, die den Text von Websites automatisch vorlesen. Das klappt nur bei validem HTML fehlerfrei.

Die letzten zwei Punkte sind am wichtigsten – aber es sind auch die Dinge, die Sie sowieso machen müssen, wenn Sie wollen, dass Ihre Site benutzerfreundlich ist und von den Suchmaschinen gefunden wird.

9.4 Fazit

Wollen Sie, dass Ihre Site von Suchmaschinen möglichst weit oben in den Trefferlisten geführt wird, müssen Sie ein paar Dinge beachten. Glücklicherweise helfen Ihnen aber genau diese Dinge auch, Ihre Site für möglichst viele Menschen zugänglich zu machen: Sie wird barrierefrei (oder zumindest barrierearm). Und außerdem sorgen diese Dinge dafür, dass sich alle Nutzer besser auf Ihrer Site zurechtfinden – die Benutzerfreundlichkeit steigt und damit der Erfolg Ihrer Website. Sie erreichen also mit recht wenig Arbeit gleich mehrere Ziele, weshalb Sie jede Website entsprechend optimieren sollten.

Kapitel 10
Noch mehr Inhalt – Videos, Fotos, Karten und soziale Netze einbinden

Bieten Sie Ihren Besuchern Zusatzinformationen und -inhalte, indem Sie diese von kostenlosen Diensten einbinden.

Dank vieler kostenlos verfügbarer Webdienste können Sie heute auf Ihrer eigenen Site Inhalte bieten, die früher sehr aufwendig zu erstellen und einzubinden waren.

Dazu gehören Karten, Videos, Diashows, Präsentationen und Kommentarfunktionen. Im Folgenden sehen wir uns ein paar davon genauer an und zeigen, wie Sie diese Inhalte in Ihre Seiten einbinden.

> **Web 2.0**
> Eine Zeit lang sprach man vom *Web 2.0*, wenn man Websites mit viel Interaktivität meinte und auch solche, auf denen die Nutzer Inhalte bereitstellen oder sich austauschen. Der Begriff war nie klar definiert, und inzwischen ist er etwas aus der Mode. Aber die Sites, die dazu gezählt wurden, sind natürlich immer noch aktuell – HTML hat ganz offiziell Versionsnummern, aber nicht das Web.

10.1 Google Maps

Karten und Stadtpläne sind ebenso urheberrechtlich geschützt wie Fotos oder Zeichnungen. Deshalb dürfen Sie nicht einfach einen Stadtplan einscannen und als Anfahrtsbeschreibung auf Ihre Website stellen oder ihn von einer anderen Website kopieren. Aber trotzdem können Sie einfach und kostenlos eine Karte für Ihre potenziellen Besucher bereitstellen – sogar mit der Möglichkeit, die Anfahrt vom individuellen Abfahrtsort aus genau planen zu lassen. Sie binden damit also nicht nur einen Inhalt ein, den Sie nicht ohne Weiteres selbst erstellen könnten, sondern jeder Besucher bekommt eine maßgeschneiderte Seite angezeigt.

10 Noch mehr Inhalt – Videos, Fotos, Karten und soziale Netze einbinden

Abbildung 10.1 Nicht ganz klar beschriftet: Der Text im oberen Feld ist der, den Sie in einer E-Mail oder einem Chat weitergeben; der Text im zweiten Feld ist der Code, den Sie brauchen, um die Karte in Ihre Seiten einzubetten.

Schritt 1 | Gehen Sie auf *maps.google.de*, und finden Sie Ihre Adresse auf der Karte.

Schritt 2 | Stellen Sie die Vergrößerung der Karte und alle anderen Parameter so ein, wie Sie sie haben möchten.

Schritt 3 | Klicken Sie auf den Button mit dem Link-Symbol oben rechts in der Seitenleiste.

Schritt 4 | Im Fenster, das dann erscheint, gehen Sie auf EINGEBETTETE KARTE ANPASSEN UND VORSCHAU ANZEIGEN.

Schritt 5 | Stellen Sie ein, wie breit und hoch die Karte auf Ihrer Seite sein soll.

Schritt 6 | Kopieren Sie den Code aus dem Textfeld unter der Karte.

Abbildung 10.2 Hier können Sie noch eingeben, in welcher Größe die Karte auf Ihrer Seite erscheinen soll.

Schritt 7 | Öffnen Sie die Seite *kontakt.html* unseres Arztpraxis-Beispiels aus den vorigen Kapiteln.

Schritt 8 | Kopieren Sie den Code an eine passende Stelle, etwa unterhalb der Anschrift, speichern Sie, und testen Sie die Seite.

Das fertige Beispiel finden Sie unter: *bnfr.de/ql1001*

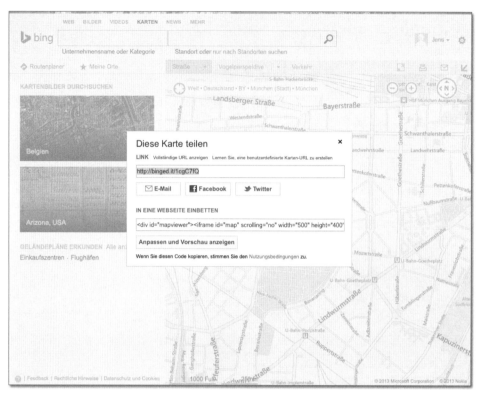

Abbildung 10.3 Statt mit Google können Sie Karten auch über Bing einbinden (maps.bing.com). ■

10.2 YouTube

Die bekannte Videoplattform YouTube können Sie auf zweierlei Weise für sich nutzen:

- um Ihre Site mit fremden Videos interessanter zu machen
- um Ihre eigenen Videos hochzuladen

Der Nutzen des ersten Weges ist klar: Sie finden auf YouTube ein Video, das hervorragend zu Ihren Themen passt, und können Ihre Site damit aufwerten. Das ist rechtlich völlig in Ordnung – denn Google, die Mutterfirma von YouTube, erlaubt das explizit und steht auch noch für die Inhalte gerade. Das heißt, selbst wenn ein Video zum Beispiel das Urheberrecht verletzt, ist Ihr einziges Problem, dass YouTube es entfernt und auf Ihrer Site ein schwarzes Rechteck steht, wo eigentlich das eingebundene Video sein sollte. Das ist im Zweifelsfall aber schnell behoben.

> **YouTube und Recht**
>
> YouTube gibt ihnen aber keinen Freibrief beim Hochladen eigener Videos: Kommen Sie nicht auf die Idee, bei YouTube etwas einzustellen, von dem Sie wissen, dass es nicht in Ordnung ist. Denn YouTube kann in dem Fall durchaus auf Sie zukommen – oder das tun diejenigen, die die Rechte an dem Material besitzen, das Sie *eingestellt* haben. Als *Nutzer*, also auch in dem Fall, dass Sie die Inhalte nutzen, um sie auf Ihre eigene Site einzubinden, sind Sie jedoch praktisch immer fein raus.
>
> Allerdings gilt auch hier eine Einschränkung: Wenn Sie wissen, dass etwas rechtlich nicht sauber ist, dann kann man Sie in jedem Fall zur Verantwortung ziehen, auch wenn Sie nur darauf verlinken. Das ist aber wohl eher in Fällen relevant, die über die Verletzung des Urheberrechts hinausgehen – also etwa bei volksverhetzenden Inhalten, Gewaltverherrlichung usw. Solche Inhalte werden zwar auch von YouTube entfernt, was aber nicht immer innerhalb von Stunden passiert. Wenn Sie so etwas bei sich einbinden, muss Ihnen klar sein, dass Sie dann auch belangt werden können.

Der zweite Weg, also das Hochladen von Videos auf YouTube, hat zwei Vorteile: Zum einen erreichen Sie über ein Video auf YouTube eine große Menge von Nutzern, die Sie und Ihre Site vermutlich in der großen Mehrzahl noch nicht kennen. Zum anderen können Sie so ganz unkompliziert Ihr Video auf einem leistungsfähigen Server bereitstellen, ohne sich um die Technik und den dadurch entstehenden Traffic sorgen zu müssen.

10.2.1 Ein Video einbinden

Das Einbinden von YouTube-Videos ist ganz einfach:

Schritt 1 | Gehen Sie auf *www.youtube.com*, und suchen Sie das Video, das Sie auf Ihrer Site zeigen wollen.

Schritt 2 | Klicken Sie auf TEILEN unter dem Video und dann auf EINBETTEN.

Schritt 3 | Stellen Sie die gewünschte Größe des Videos ein.

Schritt 4 | Entfernen Sie das Häkchen bei NACH ENDE DES VIDEOS VORGESCHLAGENE VIDEOS ANZEIGEN.

Sie wollen ja nicht, dass die Besucher danach irgendwelche anderen Videos ansehen, sondern Sie wollen, dass sie auf Ihrer Site bleiben.

Schritt 5 | Wählen Sie ERWEITERTEN DATENSCHUTZMODUS AKTIVIEREN.

Damit erreichen Sie, dass Google so wenige Informationen über Ihre Besucher speichert wie möglich. Das ist immer eine gute Idee.

Schritt 6 | Kopieren Sie den Code aus dem Textfeld.

Schritt 7 | Fügen Sie ihn zum HTML-Code der Seite hinzu, auf der Sie das Video einbetten wollen.

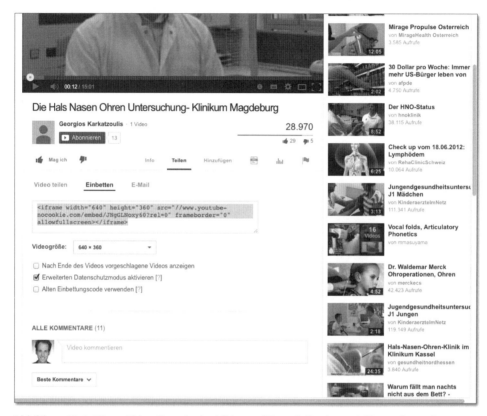

Abbildung 10.4 Hier wählen Sie, wie das Video auf Ihrer Seite dargestellt werden soll.

10.2.2 Ein Video hochladen

Ein eigenes Video hochzuladen ist auch nicht viel komplizierter.

Schritt 1 | Gehen Sie auf *www.youtube.com*, und klicken Sie auf den Button VIDEO HOCHLADEN ganz oben rechts. oder gehen Sie direkt zu *bnfr.de/ql1018*.

> **Ohne Konto geht nichts**
>
> Sie brauchen ein kostenloses Google-Konto, um Videos hochladen zu können. Wichtig: Laden Sie nur das hoch, von dem Sie sicher sind, dass Sie auch die Rechte daran haben!

Schritt 2 | Folgen Sie den Anweisungen; es ist eigentlich alles selbsterklärend.

Sie können entweder ein vorhandenes Video hochladen oder eines mit Ihrer Webcam aufnehmen. Wollen Sie eines von beidem tun, lesen Sie am besten vorher Abschnitt 11.3.9, »Podcasts«. ∎

10.2.3 Alternativen zu YouTube

Neben YouTube gibt es noch eine Reihe anderer Videoportale, die ähnlich funktionieren. Einen Blick wert ist *Vimeo.com* (vor allem englische Inhalte). Das Einbinden von Videos von diesen Sites und der Upload folgen dem gleichen Prinzip wie bei YouTube.

10.3 Fotodienste – Flickr und Picasa

So, wie Sie bei YouTube Videos hochladen können, können Sie bei *Flickr.com* oder *Picasa.com* Fotos hochladen und auf Ihrer Website einbinden. Um einfach nur ein paar Bilder anzuzeigen, ist das etwas umständlich – die Bilder können Sie auch direkt in Ihre Seiten integrieren, wie Sie in Kapitel 5, »Die eigene Website erstellen«, gelernt haben. Allerdings können Sie Flickr und Picasa zusätzlich als Marketinginstrument nutzen, weil Ihre Bilder auch dort bei einer Suche gefunden werden. In den meisten Fällen ist der Hauptvorteil dieser Bilderdienste aber die Diaschau. Eine Diaschau per HTML, CSS und JavaScript selbst zu erstellen ist recht aufwendig – mit Flickr & Co ist das dagegen schnell erledigt.

> **Das brauchen Sie**
> Voraussetzung für alle folgenden Beispiele ist ein Account beim jeweiligen Fotodienst – und natürlich ein paar Fotos, die Sie dort hochgeladen haben.

Wenn Sie Ihre Bilder sowieso schon bei Flickr haben, dann können Sie sie auch auf Ihre Website holen, indem Sie ein sogenanntes Flickr-Modul erstellen unter: *bnfr.de/ql1019*

Das Vorgehen dort ist selbsterklärend, und am Ende bekommen Sie den Code, mit dem Sie die Diaschau auf Ihrer Seite einbinden. In Abbildung 10.5 sehen Sie eine Vorschau.

Mit der Diaschau ist es bei Flickr nicht ganz so einfach, da sucht man anfangs etwas. So vermeiden Sie die Sucherei:

Gehen Sie auf *www.flickr.com*. Jetzt suchen Sie die Fotos aus, die Sie in der Diaschau haben wollen. Am einfachsten geht das, indem Sie so vorgehen:

10 Noch mehr Inhalt – Videos, Fotos, Karten und soziale Netze einbinden

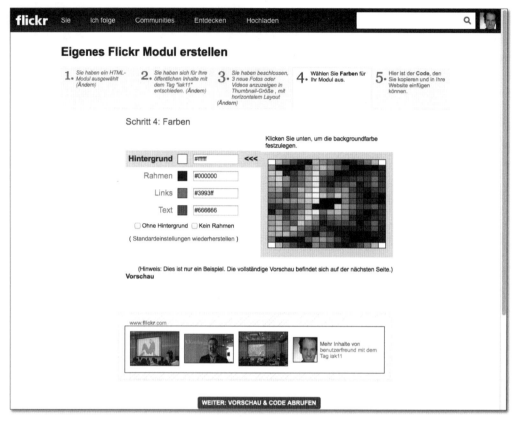

Abbildung 10.5 Für Ihr Flickr-Modul können Sie die Gestaltung relativ frei bestimmen.

Schritt 1 | Legen Sie ein Album mit den Bildern an, die Sie zeigen wollen.

Schritt 2 | Ergänzen Sie die URL um show, und drücken Sie die Eingabetaste.

Sie sehen jetzt die Diaschau.

Schritt 3 | Stellen Sie bei OPTIONEN oben rechts ein, wie schnell die Diashow laufen soll.

Schritt 4 | Gehen Sie rechts oben auf der Seite auf MIT ANDEREN TEILEN.

Schritt 5 | Bei DIESES HTML ANPASSEN können Sie die Details einstellen (siehe Abbildung 10.7).

Schritt 6 | Stellen Sie die gewünschte Größe ein, kopieren Sie den HTML-Code, und setzen Sie ihn in Ihre Seite ein.

10.3 Fotodienste – Flickr und Picasa

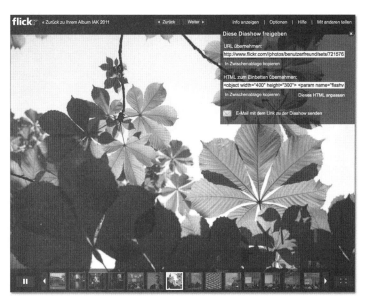

Abbildung 10.6 Die alte, aber noch verfügbare Diaschau von Flickr, die Sie in Ihre Seiten einbinden können. Mit der neuen Version geht das nicht mehr.

Abbildung 10.7 Die Größe Ihrer Diaschau können Sie beliebig ändern.

Das Vorgehen bei *Picasa*, der Konkurrenz von Google, ist ähnlich. Allerdings müssen Sie die kostenlose Software *Picasa* zuerst herunterladen und auf Ihrem Rechner installieren. Die damit hochgeladenen Fotos können Sie dann wie bei Flickr online zu einer Diaschau zusammenfügen. Voraussetzung ist wie bei YouTube ein kostenloses Google-Konto.

10.4 Slideshare

Wenn Sie viele Vorträge halten, dann sollten Sie einen Blick auf *Slideshare.net* werfen. Hier können Sie Ihre Präsentationen hochladen und damit Ihre Bekanntheit steigern. Ebenso können Sie Präsentationen von Slideshare auf Ihrer eigenen Website einbinden. Die meisten Inhalte bei Slideshare sind auf Englisch, und der Schwerpunkt der Präsentationen liegt auf Wirtschafts- und IT-Themen.

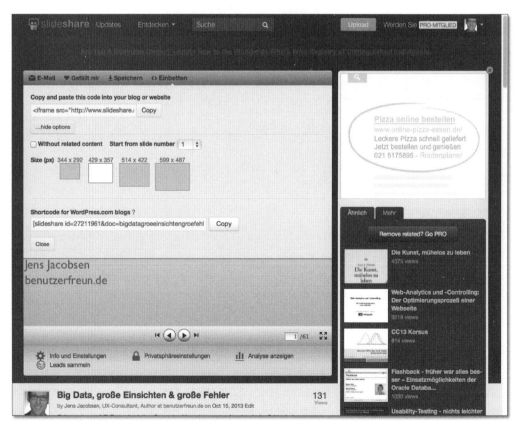

Abbildung 10.8 Oben über Ihren Präsentationen finden Sie jeweils den Link »Einbetten«.

10.5 Soziale Netzwerke – Facebook und Twitter

Wie Sie Facebook und Twitter nutzen, um Ihre Site bekannt zu machen, erfahren Sie in Kapitel 11, »Marketing und Werbung – Gutes tun und darüber reden«. Im Folgenden geht es darum, wie Sie diese sozialen Netze auf Ihrer Website einbinden.

10.5.1 Facebook-Buttons

Wenn Sie bei Facebook schon eine Seite für Ihr Produkt, Unternehmen o. Ä. eingerichtet haben, können Sie auf Ihrer eigenen Website einen Verweis auf Ihren Facebook-Auftritt setzen. Dazu haben Sie mehrere Möglichkeiten, zum Beispiel:

- den »Gefällt mir«-Button (*Like Button*)
- die »Empfehlungen«-Box (*Recommendations Box*)

Es gibt noch einige weitere Möglichkeiten, die aber in fast allen Fällen wenig nützlich sind. Einen Überblick bekommen Sie unter: *bnfr.de/ql1002*

An gleicher Stelle erzeugen Sie auch den Code für den »Gefällt mir«-Button und die »Empfehlungen«-Box. Beide werden übrigens standardmäßig automatisch in der Sprache angezeigt, die der Benutzer in Facebook eingestellt hat. Die Vorschau beim Erstellen des Codes ist allerdings immer auf Englisch.

> **Facebook-Konto oder Facebook-Seite?**
>
> Neben den ganz normalen persönlichen Facebook-Konten gibt es auch sogenannte *Facebook-Seiten*. Das sind Konten für Unternehmen, Vereine, Ladengeschäfte etc.
>
> Wenn Sie Ihre Website beruflich nutzen, dann sollten Sie eher eine Facebook-Seite anlegen als Ihr privates Konto zu nutzen. Mehr dazu finden Sie in Abschnitt 11.3.4, »Facebook«.

Wenn Sie auf GET CODE klicken, können Sie den HTML-Code kopieren und auf Ihre Seiten setzen.

Der »Gefällt mir«-Button ist für einzelne Seiten gedacht und funktioniert für jede Seite, die im Internet zugänglich ist. Das heißt, Sie können diese Funktion auch nutzen, wenn Sie nur einen privaten Facebook-Account haben.

Klickt ein Nutzer auf den »Gefällt mir«-Button auf einer Ihrer Seiten, dann erscheint das auf seiner Pinnwand, und alle, die mit ihm befreundet sind, können das ebenfalls lesen.

10 Noch mehr Inhalt – Videos, Fotos, Karten und soziale Netze einbinden

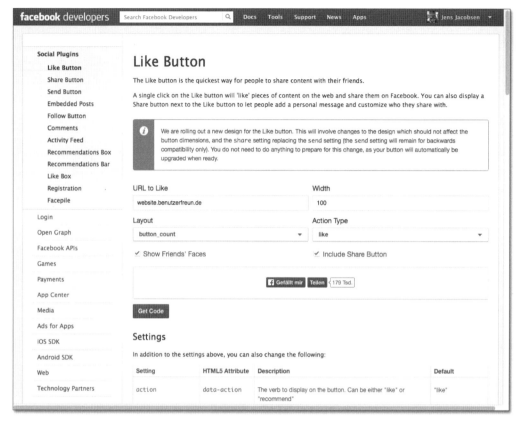

Abbildung 10.9 Je tiefer Sie in Facebook einsteigen, desto seltener begegnen Ihnen deutschsprachige Seiten. Der Button wird aber dennoch auf Deutsch angezeigt.

Abbildung 10.10 So sieht der Button eingebunden auf einer Seite aus.

Wenn Sie dagegen wollen, dass Nutzer nicht Ihre Webseiten, sondern Ihre Facebook-Seite »liken«, dann erstellen Sie eine *Like Box*. Wenn Sie diese in eine Ihrer HTML-Seiten einbauen, werden die Nutzer »Fan« von Ihrer Facebook-Seite und erscheinen dort in der Liste der Personen, denen das »gefällt«.

Wie Sie für Ihr Unternehmen bzw. Ihren Verein eine eigene Facebook-Seite anlegen, lesen Sie wie oben erwähnt in Abschnitt 11.3.4.

Abbildung 10.11 Die »Like Box« für Facebook-Seiten, eingebunden auf einer HTML-Seite

10.5.2 Datenschutz bei Facebook

Das Thema »Facebook und Datenschutz« ist immer wieder in der Diskussion. Wer es nicht gewohnt ist, der kann erschrecken, wenn er auf einmal auf Ihrer Website sieht, dass soundso viele seiner Freunde Ihre Site mögen. Das wirft schließlich die Frage auf: Woher weiß der Betreiber der Site, wer ich bei Facebook bin und was meine dortigen »Freunde« mögen?

Die Antwort ist: Er weiß es gar nicht. Der Betreiber der Website – also in dem Fall Sie – bindet sozusagen eine Mini-Facebook-Seite bei sich ein. Und die erkennt den Benutzer, sofern er gerade bei Facebook eingeloggt ist, und weiß so auch, mit wem dieser bei Facebook befreundet ist. So kann die Minisite zeigen, welchem seiner Freunde Ihre Seite gefällt.

> **Im Zweifel lieber mehr Datenschutz**
> Verzichten Sie auf Facebook-Buttons, wenn Sie sich nicht ganz sicher sind, dass Ihre Besucher sie nicht als Verletzung ihrer Privatsphäre empfinden.

Das heißt, wenn Sie einen Facebook-Button einbinden, geben Sie Daten Ihrer Besucher an Facebook weiter. Das ist vom Datenschutz her nicht ganz unbedenklich.

Es empfiehlt sich daher, eine entsprechende Datenschutzerklärung ins Impressum zu setzen. Aktuelle Infos sowie Links zu Mustererklärungen finden Sie auf der Website einer Anwaltskanzlei unter: *bnfr.de/ql1003*

Den Text dürfen Sie übernehmen, wenn Sie einen Link auf die Website der Anwaltskanzlei setzen – und damit ein wenig Werbung für diese machen.

Wer auf Facebook-Buttons nicht verzichten, aber ganz auf Nummer sicher gehen will, der sollte sich die 2-Klick-Lösung ansehen: *bnfr.de/ql1004*

Abbildung 10.12 Die 2-Klick-Buttons bei »heise.de«. Hierbei werden die Buttons für Facebook, Twitter und Google+ so eingebunden, dass erst auf Klick Daten zu den jeweiligen Diensten übertragen werden.

Das ist die Lösung für Perfektionisten: Facebook-Buttons werden erst nach Zustimmung gezeigt. Für eine solche Lösung müssen Sie ein wenig programmieren – mit dem, was Sie inzwischen gelernt haben, wird Ihnen die Anpassung des Codes aber wenig Probleme bereiten. Den Code sowie eine ausführliche Erklärung zu den Anpassungen finden Sie unter: *bnfr.de/ql1005*

10.5.3 Twitter

Wenn Sie Twitter-Buttons auf Ihren Seiten haben möchten, dann legen Sie diese am schnellsten hier an: *bnfr.de/ql1006*

Damit erlauben Sie Ihren Besuchern, sehr schnell einen Link zu Ihren Seiten auf Twitter weiterzugeben.

Wenn Sie selbst Twitter nutzen, dann können Sie Ihre aktuellen Kurznachrichten auch auf Ihrer Website anzeigen. Dazu loggen Sie sich bei Twitter ein und gehen auf: *bnfr.de/ql1007*

Klicken Sie dann auf NEU ERSTELLEN, und ändern Sie die Einstellungen, bis Ihnen das Aussehen des Elements gefällt.

Wenn Sie noch mehr dazu wissen wollen, sehen Sie sich die (englische) Dokumentation bei Twitter an: *bnfr.de/ql1008*

10.5 Soziale Netzwerke – Facebook und Twitter

Abbildung 10.13 Wie Facebook bietet Twitter Buttons an, die Sie auf Ihrer Site einbauen können. Auch hier ist die Seite zum Erstellen auf Englisch, die Buttons werden aber auf Deutsch eingebunden.

Abbildung 10.14 Die Twitter-Timeline auf der eigenen Site. Sie können einstellen, wie viele Tweets hier zu sehen sein sollen.

Abbildung 10.15 Sie können das Aussehen der Twitter-Box detailliert anpassen.

10.6 Fazit

Das Web bietet viele Möglichkeiten, Ihre Seiten mit zusätzlichen Inhalten aufzupeppen – und das fast immer kostenlos.

Sie brauchen für die Einbindung der meisten Dienste nur ein paar HTML-Grundlagen. Manchmal hilft ein bisschen CSS weiter, um sie auch noch an Ihre Gestaltung anzupassen. Und gelegentlich schadet es auch nicht, die JavaScript-Grundlagen zu kennen. Aber in jedem Fall bieten Sie durch die Einbindung von Karten, Videos, Bildergalerien oder sozialen Netzwerken Inhalte, die Ihnen relativ wenig Arbeit machen und vielen Besuchern einen hohen Mehrwert bieten.

Kapitel 11
Marketing und Werbung – Gutes tun und darüber reden

Je mehr Besucher Sie haben, desto mehr hat sich die Mühe für das Erstellen Ihrer Website gelohnt. Mit wenig Aufwand sorgen Sie dafür, dass Ihre Site bekannter wird.

Wenn Sie eine Website betreiben, dann wollen Sie auch, dass diese so viele Benutzer hat wie möglich. Der wichtigste Schritt dazu ist, eine sehr gute Website zu erstellen. Wie Sie das machen, haben Sie in den bisherigen Kapiteln gelernt. Marketing und Werbung helfen Ihnen dann dabei, neue Benutzer erstmals auf Ihre Site zu bringen.

> **Der Unterschied zwischen Marketing und Werbung**
>
> *Marketing* sind alle Aktivitäten, die Sie unternehmen, um Ihre Produkte oder Dienstleistungen zu verkaufen. Marketing ist also der umfassendere Begriff – er beinhaltet auch die Werbung. *Werbung* ist die Kommunikation, mit der Sie Bedürfnisse Ihrer potenziellen Kunden ansprechen oder wecken.
>
> Im Webumfeld wird zwischen Marketing und Werbung nicht ganz korrekt, aber prägnant so unterschieden: Werbung kostet Sie Geld, Marketing nur Mühe.

Wie gelangen die Nutzer auf Ihre Website? Im Wesentlichen über einen dieser drei Wege:

- über eine Suchmaschine
- Die Nutzer kennen die URL und geben sie in den Browser ein.
- Die Nutzer klicken auf einer anderen Site auf einen Link zu Ihrer Site.

Wie Sie dafür sorgen, dass Ihre Website in den Suchmaschinen auftaucht, haben Sie in Kapitel 9, »Die Site spielend finden und benutzen – Suchmaschinenoptimierung, Usability, Accessibility«, gelernt. In diesem Kapitel geht es um die beiden anderen Möglichkeiten.

11.1 Klassische Werbung

Sorgen Sie dafür, dass alle, die Sie gern auf Ihrer Website hätten, deren URL kennen. Schreiben Sie Ihre Webadresse auf jedes Schriftstück, jeden Brief, jede Visitenkarte, jeden Flyer, auf jede Tüte und jede Verpackung. Drucken Sie sie auf Ihr Auto, verschenken Sie Kugelschreiber, Schlüsselbänder oder Aufkleber mit Ihrer URL.

Abbildung 11.1 Alles kann als Werbeträger dienen – von sehr auffällig bis ganz dezent

Motivieren Sie Ihre treuen Kunden dazu, die URL an Freunde und Bekannte weiterzugeben. Drucken Sie Plakate, oder verteilen Sie Aufkleber, Buttons oder Fähnchen mit Ihrer URL. Sie sehen – die Möglichkeiten sind unbegrenzt. Auch für das Internet funktionieren klassische Methoden, sich bekannt zu machen.

Wenn Sie ein Geschäft, eine Praxis oder einen Friseursalon haben, werden Sie nur Menschen ansprechen wollen, die auch zu Ihnen kommen können. Mit Werbung in Ihrer Nachbarschaft schaffen Sie das. Über das Internet dagegen erreichen Sie Millionen Menschen, von denen viele sicher niemals zu Ihnen kommen werden. Die Streuverluste sind bei Werbung im Internet also um ein Vielfaches höher.

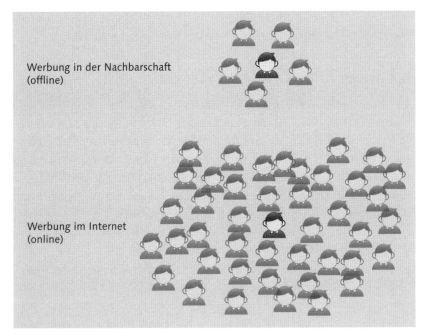

Abbildung 11.2 Mit Werbung in der Nachbarschaft erreichen Sie absolut weniger Menschen als mit Werbung im Internet. Der Anteil der Menschen, die Ihre Werbung tatsächlich interessiert, ist in der Nachbarschaft aber viel, viel höher.

11.2 Werbung im Internet

Wenn Sie Geld für Werbung ausgeben, ist es oft besser angelegt, wenn Sie es in klassische Methoden investieren. Aber dennoch hat auch Werbung im Internet ihre Vorteile.

Immer mehr Menschen suchen auch Geschäfte vor Ort, in die sie gehen wollen, über das Internet. Und diese potenziellen Kunden sollten Ihre Site in den Suchmaschinen auch finden – wie Sie das sicherstellen, haben Sie in Kapitel 9 gelesen. Aber Sie können noch etwas nachhelfen.

Die Werbung im Internet bietet Möglichkeiten, die klassische Werbung so nicht bietet: Bei manchen Werbeformen können Sie Ihre Zielgruppen sehr gezielt ansprechen. Sie können dann zum Beispiel festlegen, dass Ihre Anzeige nur von Menschen aus Bayern und Niedersachsen gesehen wird, die an einem Wochentag zwischen 9 und 17 Uhr ins Internet gehen und sich für Sport interessieren. Bei manchen Formaten können Sie sogar die Altersgruppe und das Geschlecht Ihrer Zielgruppe bestimmen.

Deshalb lohnt es sich zum Beispiel auch für kleine Geschäfte, Einpersonenbetriebe, Handwerker oder Bäcker, mit Onlinewerbung zu experimentieren. Das kann sich schon ab ein paar Euro pro Woche lohnen.

11.2.1 Google AdWords

Banner sind die bekannteste Werbeform im Internet. Doch diese sind recht teuer und zudem nicht besonders effektiv, weil Internetnutzer sich angewöhnt haben, sie zu ignorieren. Lohnender – besonders für kleine und mittlere Unternehmen – sind *Google AdWords*. Das sind die kleinen Textanzeigen, die links neben und manchmal oberhalb der Trefferlisten auf der Google-Seite angezeigt werden. Im Gegensatz zu den Trefferlisten selbst (siehe Abschnitt 9.1.5, »Bezahlte Suchergebnisse?«) können Sie Ihre Position hier mit Geld beeinflussen. Wer am meisten zahlt, landet ganz oben.

> **Gute Anzeigen sind erfolgreicher**
> Google bewertet auch die Qualität von Anzeigen. Wenn zwei Anzeigen denselben Preis zahlen, landet diejenige weiter oben, die mehr Klicks bekommt.

Dabei zahlen Sie aber nur für Klicks (*Pay Per Click*, PPC), das heißt nur dann, wenn jemand tatsächlich auf den Link zu Ihrer Site klickt. Sie können mit einem recht kleinen Budget starten und Maximalpreise pro Tag festlegen, damit Sie nicht plötzlich arm werden, nur weil Sie den perfekten Anzeigentext geschrieben haben.

Die Benutzeroberfläche des geschützten Bereichs bei Google unter *google.de/AdWords*, in dem Sie Ihre Anzeigen verwalten, wirkt anfangs etwas Furcht einflößend. Die Benutzerführung ist aber recht gut, und gerade AdWords macht viele Vorschläge, die wirklich hilfreich sind.

Sie sollten sich zwei, drei Stunden Zeit nehmen, um sich mit der Oberfläche vertraut zu machen. Setzen Sie sich z. B. ein Budget von 50 Euro. Das reicht bei nicht ganz alltäglichen Suchwörtern für mehrere Wochen. Wollen Sie, dass Ihre Anzeige bei sehr populären Suchwörtern erscheint, müssen Sie mit Klickpreisen von mehreren Euros rechnen. Damit Ihr Budget nicht zu schnell aufgebraucht ist, begrenzen Sie das Budget pro Tag dann auf ein paar Euros.

11.2 Werbung im Internet

Werbung auf Bing/Yahoo!

Alles, was wir über Google AdWords erzählen, gilt praktisch genauso für Werbung auf Microsofts Suchmaschine *Bing*. Die Benutzeroberfläche sieht natürlich etwas anders aus, und die Begriffe unterscheiden sich im Detail, das Prinzip ist aber genau das gleiche.

Bing hat deutlich weniger Nutzer als Google, und so sind die Anzeigen hier auch günstiger.

Anzeigen auf Bing werden in Deutschland über *das Yahoo! Bing Network* gebucht. Yahoo! nutzt als Suchmaschine mittlerweile offiziell ebenfalls die Suchfunktion von Bing – auch wenn Yahoo die Ergebnisse etwas anders gewichtet und sich die Trefferlisten daher unterscheiden.

Abbildung 11.3 Yahoo! hat in Deutschland nur einen sehr kleinen Anteil am Suchmaschinenmarkt. Es organisiert die Werbung zusammen mit der Suchmaschine Bing.

Die Suchwörter

Schreiben Sie am besten eine Liste mit Suchwörtern (*Keywords*), unter denen Sie gefunden werden wollen. Denken Sie auch an ungewöhnliche Wörter oder Wortkombinationen. Wenn Sie Zugriff auf die Logfiles Ihrer Website mit den Zugriffsstatistiken haben, sollten Sie dort nachsehen, über welche bei den Suchmaschinen eingegebenen Wörter die Nutzer auf Ihre Website kommen.

Je allgemeiner die Suchwörter sind, desto eher sollten Sie mehrere kombinieren. »Schuhe« zum Beispiel ist als Suchwort teuer und sehr unspezifisch. Wenn Sie aber »Schuhe handgefertigt« oder »extravagante Schuhe« buchen, ist die Anzeige zum einen meist günstiger, zum anderen ist die Wahrscheinlichkeit höher, dass der Suchende auch tatsächlich das sucht, was Sie anbieten.

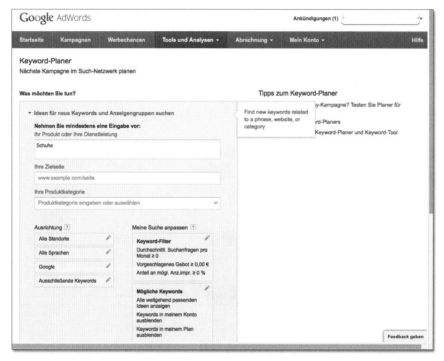

Abbildung 11.4 Der »Keyword-Planer« von Google

Google bietet auch einen Dienst, der Ihnen passende Keywords vorschlägt (siehe *bnfr.de/ql1101*). Sie geben ein Suchwort ein und bekommen eine Liste mit Synonymen und anderen Wörtern, die oft zusammen mit den von Ihnen eingegebenen Begriffen gesucht werden. Auch Ihre aktuelle Site wird berücksichtigt, damit Sie eine Anzeige erstellen, die zu Ihren Inhalten passt.

Auch falsche Schreibweisen von Wörtern (z. B. »Scuhwort«) können interessant sein – diese sind normalerweise viel günstiger als die richtig geschriebenen Wörter und können trotzdem sehr erfolgreich sein, weil viele Nutzer ihre Tippfehler gar nicht bemerken.

Sie können auch Suchwörter ausschließen. So können Sie etwa vermeiden, dass Sie von jemandem gefunden werden, der nach »kostenlos« sucht.

Die Anzeige erstellen

Wichtig beim Formulieren des Anzeigetextes: Versetzen Sie sich in die Situation des Menschen, der in Google ein Suchwort eingibt. Worauf spricht er an, wenn er die Werbeeinblendungen neben den Suchergebnissen sieht? Verwenden Sie die Wörter, an die er denken würde – statt »preisgünstig« denken die meisten Menschen eher an »günstig« oder gar an »billig«.

Fassen Sie sich so kurz wie möglich. Der Besucher blickt nur für einen Bruchteil einer Sekunde auf Ihre Anzeige, und da muss ihm ein Wort ins Auge springen, das ihm vermittelt, dass diese Anzeige relevant für ihn ist.

Abbildung 11.5 Ihre Anzeigentexte sollten kurz und knackig sein.

Eine AdWords-Anzeige hat drei Bestandteile:

- die Titelzeile (Überschrift, max. 25 Zeichen)
- den Link (max. 35 Zeichen)
- den Anzeigentext (zwei Zeilen, je max. 35 Zeichen)

Die Überschrift sollte unbedingt die Suchwörter aufgreifen, zu denen Sie die Anzeige schalten. Nur so erkennt der Suchende sofort, dass Ihre Anzeige tatsächlich relevant für ihn ist.

Der Anzeigentext ist der schwierigste Teil. Er sollte in so wenig Worten wie möglich klarmachen, was Sie anbieten. Gleichzeitig sollte er sich von den Texten der Konkurrenten unterscheiden. Und er sollte am besten auch auffordernd sein, ohne aufdringlich zu werden. »Kaufen Sie jetzt!« oder »Jetzt kaufen!« ist in den meisten Fällen zu heftig. »Finden Sie ...« oder »Lassen Sie sich ...« sind meist besser geeignet.

Der Link schließlich sollte auf eine sogenannte *Landing Page* verweisen (siehe den nächsten Abschnitt). Gut ist, wenn er auch ein oder mehrere Suchwörter enthält. Die angezeigte URL darf maximal 35 Zeichen haben, die tatsächlich verlinkte URL aber bis zu 1028. So können Sie auch komplizierte Shoplinks verwenden (wie *www.ihre-site.de/ shop/produkte/schuhe/herren/extravagant/meine-marke/mein-modell?73646hgglu*).

Ein Vorteil von Onlinewerbung ist: Sie können experimentierfreudig sein, weil Änderungen hier im Gegensatz zu einer Printkampagne jederzeit möglich sind. Ändern Sie alle drei Tage Ihren Text, oder erstellen Sie mehrere Anzeigen, die Sie gleichzeitig schalten. Wenn Sie sich die Auswertung ansehen, lernen Sie schnell, was für Ihre Ziele funktioniert und was nicht. Ein Plakat lässt sich nach dem Druck nicht mehr ändern, Onlinewerbung nach dem Start dagegen schon. Nutzen Sie das!

Landing Page

Wenn ein Nutzer einer Suchmaschine auf Ihren Link klickt, haben Sie ihn genau da, wo Sie ihn haben wollen. Aber ist er auch genau da, wo er selbst sein will?

Am besten legen Sie für jede Anzeige eine eigene sogenannte *Landing Page* (Landeseite) an. Auf dieser erklären Sie dem von der Suchmaschine kommenden Benutzer, warum Sie genau das bieten, was er sucht. Er muss sofort erkennen, dass diese Seite perfekt zu seiner Suchanfrage passt. Die Schlüsselwörter, die Sie in der Anzeige verwendet haben, müssen auch hier ganz schnell sichtbar sein, also zum Beispiel in der Überschrift.

Ein Link auf Ihre Startseite ist immer nur eine Notlösung. In den meisten Fällen lohnt es sich nicht, AdWords zu schalten und dann keine speziellen Landing Pages zu haben. Denn die Besucher klicken dann ganz schnell auf den ZURÜCK-Button, weil sie denken, dass es hier nichts für sie Passendes gibt. Damit haben Sie das Geld für diesen Klick zum Fenster hinausgeworfen.

Denken Sie daran, wie Sie selbst Suchmaschinen benutzen. Sie geben das Suchwort ein, klicken einen Link an, und wenn Sie auf der aufgerufenen Seite nicht sofort das Gefühl haben, das Richtige gefunden zu haben, sind Sie in drei Sekunden wieder weg.

Abbildung 11.6 Der obere Eintrag ist eine bezahlte Anzeige, der untere der erste organische Treffer (also der beste Treffer für das Suchergebnis, für das kein Geld gezahlt wurde).

11.2 Werbung im Internet

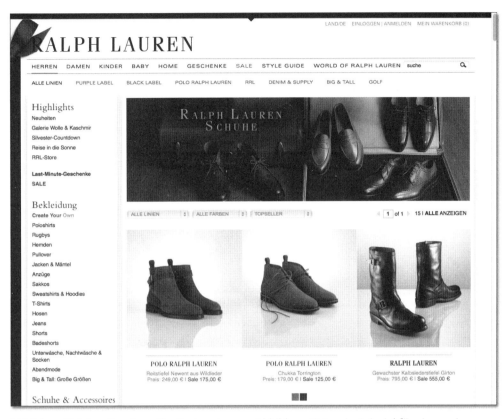

Abbildung 11.7 Landing Page für die Anzeige aus Abbildung 11.6 – ein Beispiel für ein wenig effizient genutztes Werbebudget. Von Extravaganz ist hier nichts zu sehen.

Optimierung

Nehmen Sie sich in den nächsten Wochen die Zeit, regelmäßig Ihre Kampagne zu überprüfen, damit das Geld sinnvoll eingesetzt ist. Tauschen Sie wenig erfolgreiche Keywords aus, und überlegen Sie, ob sich die Landing Pages der erfolgreichen Suchwörter noch weiter verbessern lassen. Wenn Sie auf den Geschmack gekommen sind, dann sollten Sie sich noch weitergehend mit dem Thema AdWords befassen. Die Anleitung auf der Website von Google ist inzwischen so gut, dass Sie allein damit schon sehr viel erreichen.

Die URLs, unter denen Sie mehr erfahren bzw. unter denen Sie nach Anmeldung direkt Werbung schalten können, sind:

- für Google: *bnfr.de/ql1102*
- für Microsoft Bing: *bnfr.de/ql1103*

11 Marketing und Werbung – Gutes tun und darüber reden

Abbildung 11.8 Der erste Treffer der organischen Suchergebnisse von Abbildung 11.6 – ohne für AdWords zu zahlen, hat der Websitebetreiber hier den besseren Treffer parat.

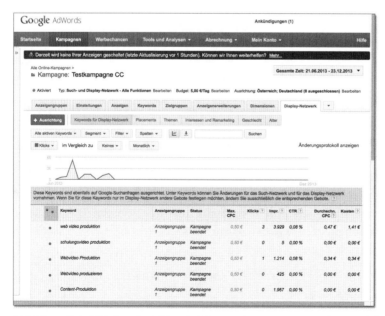

Abbildung 11.9 Mit Google AdWords können Sie ganz genau sehen, welche Anzeigenkampagnen wie erfolgreich waren.

11.2.2 Facebook-Anzeigen

Mit Werbung auf Facebook erreichen Sie eine speziellere Zielgruppe als mit Werbung in Suchmaschinen. Die Nutzer von Facebook sind jünger und im Schnitt etwas stärker technisch versiert als der Durchschnitt der Internetnutzer. Außerdem ist Werbung auf Facebook durch die Bilder etwas prominenter, und es stehen nicht so viele Anzeigen auf einer Seite.

Schließlich hat Werbung hier den Vorteil, dass sie in einem persönlicheren Umfeld erscheint. Auf Facebook kommuniziert man mit seinen Freunden und ist nicht auf der unpersönlichen Site einer Suchmaschine, die man ja eigentlich möglichst schnell wieder verlassen will. Bei Facebook sind deshalb manche Nutzer für Werbung aufgeschlossener. Dies wird besonders dann verstärkt, wenn sie sehen, dass Freunden von ihnen eine bestimmte Werbung »gefällt«. Mit Anzeigen auf Facebook machen Sie sich also das Vertrauensverhältnis zwischen Freunden und Bekannten zunutze.

Abbildung 11.10 Die Werbung, die Facebook einblendet, unterscheidet sich je nach Nutzer. Männer sehen generell eher Werbung für Spiele, Sport und Computerkram, Frauen dagegen eher Werbung für Onlineshops. Je mehr der einzelne Nutzer über sich verrät, desto stärker wird die Werbung an ihn angepasst.

Ein weiterer großer Pluspunkt insbesondere für kleinere Firmen ist, dass Sie auf Facebook Ihre Zielgruppe extrem genau eingrenzen können. Zwar kann man auch bei Google AdWords die gewünschte Altersgruppe und das Geschlecht angeben – aber die Wahrscheinlichkeit, dass die Benutzer richtige Angaben gemacht haben, ist bei Facebook deutlich höher.

Mehr zu Facebook-Werbung lesen Sie unter: *bnfr.de/ql1104*

11.3 Marketing im Internet

Das Feld des Internetmarketings ist riesig. Zu fast jedem Thema gibt es Dutzende Bücher, die sich damit im Detail befassen. Im Folgenden geben wir nur ein paar Hinweise, was Sie alles tun können, um sich und Ihre Site noch bekannter zu machen, ohne Anzeigen zu schalten. Man kann sowieso kaum alle diese Methoden anwenden, daher sollten Sie sich zwei, drei heraussuchen und damit beginnen. Ein paar Linktipps dafür finden Sie unter: *bnfr.de/ql1105*

11.3.1 Organische Links

Organische Links heißen Links, für die Sie nicht bezahlen. Diese Links setzen die Betreiber fremder Sites, einfach weil sie Ihre Inhalte empfehlenswert finden.

In Kapitel 9, »Die Site spielend finden und benutzen – Suchmaschinenoptimierung, Usability Accessibility«, haben Sie gesehen, wie Sie Ihre Site so anlegen und die Texte auf ihr so schreiben, dass sie in Suchmaschinen möglichst gut gefunden wird.

Sie haben auch erfahren, dass die Suchmaschinen eine Seite umso besser bewerten, je mehr Links von möglichst hochwertigen Seiten auf sie verweisen. Ihr Ziel sollte also sein, so viele Links von so beliebten Sites wie möglich zu bekommen.

Andere Sites anzuschreiben und um Verlinkung zu bitten bringt aber wenig. Es sei denn, Sie können anderen Sitebetreibern etwas anbieten, weshalb es sich für diese lohnt, auf Sie zu verlinken. Vereinbaren Sie zum Beispiel eine Kooperation, und bieten Sie Kombinationspakete für Ihre gemeinsamen Kunden an. Dann ist ein Link zu Ihrem Partner auch sinnvoll. Ein Friseur könnte etwa mit einem Kosmetikstudio kooperieren oder – etwas außergewöhnlicher – mit einem Buchladen. Wer vorher ein Buch kauft, das er beim Friseur lesen will, bekommt einen Rabatt. Lassen Sie sich etwas einfallen, um aus der Masse an Konkurrenzangeboten herauszuragen.

Sie können aber auch Inhalte für die Website Ihres Partners anbieten. Um beim Beispiel zu bleiben: Auf der Site des Kosmetikstudios könnten Sie als Friseur einen Gastbeitrag über die Pflege der Kopfhaut schreiben. Als Gegenleistung bekommen Sie einen Link auf Ihre Site.

Zu Links in Blogs lesen Sie in Abschnitt 11.3.7 mehr.

11.3.2 Linktausch

Vorsicht vor Angeboten zum Linktausch (siehe Abbildung 11.11) – solche, bei denen Sie für die Verlinkung zahlen sollen, lehnen Sie am besten sofort ab.

Ein kostenloser Linktausch klingt zunächst verlockend: Sie bekommen einen Link zu Ihrer Site und müssen ihn nur mit einem Link auf eine andere Site bezahlen. Aber wenn es inhaltlich nicht sehr gut passt, und/oder die verlinkende Seite im Suchmaschinenranking selbst nicht hoch eingestuft ist, bringt das praktisch nichts.

Es kann sogar nachteilig sein, wenn Google die verlinkende Seite negativ bewertet, etwa weil auf dieser zu viele Links zu allen möglichen Seiten gesetzt sind. Dann spricht man vom Effekt der »schlechten virtuellen Nachbarschaft« (*bad neighborhood effect*). Ihr Link auf eine solche schlecht bewertete Seite führt zu einem Abzug im Ranking Ihrer eigenen Seite.

11.3.3 Verzeichnisse

Es gibt einige Verzeichnisse, die Geschäfte, Dienstleister, Ärzte, Anwälte, Vereine, ja praktisch alles auflisten. Bei einigen von ihnen sind die Einträge kostenpflichtig. Wenn Sie sich überlegen, sich in ein solches Verzeichnis eintragen zu lassen, sollten Sie zunächst prüfen, ob es überhaupt jemanden in Ihrer Branche kennt. Wenn nicht, können Sie sich die Eintragung sparen. Denn dann verirrt sich auch nur selten ein potenzieller Kunde dorthin.

Auch bei kostenlosen Verzeichnissen sollten Sie selektiv vorgehen. Denn die Eintragung dort macht vor allem Arbeit. Damit Ihr Eintrag sinnvoll ist, müssen Sie einige Informationen über sich und Ihr Angebot angeben, eventuell Bilder einstellen, die Beschreibungen anpassen etc.

Da die Suchmaschinen inzwischen so gut geworden sind, nutzt kaum noch jemand Verzeichnisse. Eines der wenigen, in denen ein Eintrag ein bisschen etwas bringt, ist das *Open Directory Project* (auch *Dmoz* genannt, siehe *bnfr.de/ql1106*). Dieses Verzeichnis wird von Menschen gepflegt, das heißt, Sie können Ihre Site nur vorschlagen. Nur wenn

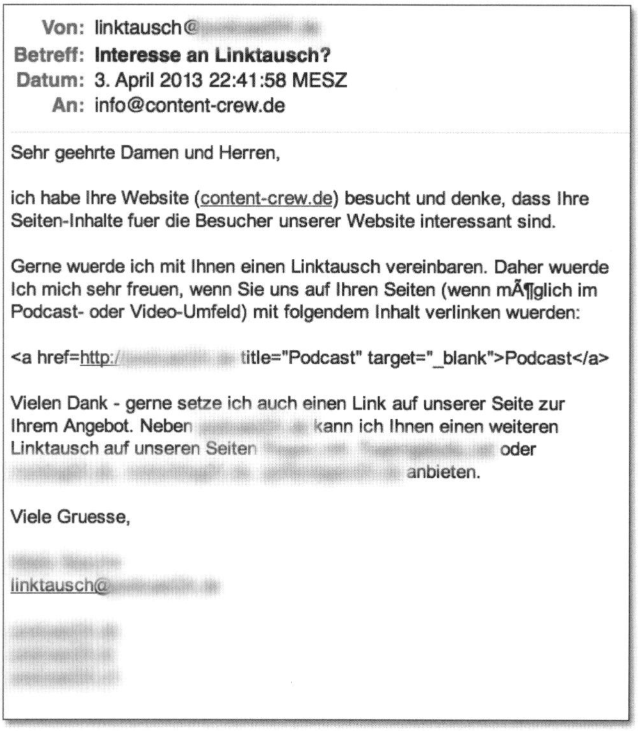

```
Von: linktausch@...
Betreff: Interesse an Linktausch?
Datum: 3. April 2013 22:41:58 MESZ
    An: info@content-crew.de

Sehr geehrte Damen und Herren,

ich habe Ihre Website (content-crew.de) besucht und denke, dass Ihre
Seiten-Inhalte fuer die Besucher unserer Website interessant sind.

Gerne wuerde ich mit Ihnen einen Linktausch vereinbaren. Daher wuerde
Ich mich sehr freuen, wenn Sie uns auf Ihren Seiten (wenn mÃ¶glich im
Podcast- oder Video-Umfeld) mit folgendem Inhalt verlinken wuerden:

<a href=http:/...         title="Podcast" target="_blank">Podcast</a>

Vielen Dank - gerne setze ich auch einen Link auf unserer Seite zur
Ihrem Angebot. Neben ...........  kann ich Ihnen einen weiteren
Linktausch auf unseren Seiten ................................ oder
........................................................ anbieten.

Viele Gruesse,

linktausch@...
```

Abbildung 11.11 Auf solche Angebote sollten Sie nur eingehen, wenn die Website hundertprozentig seriös ist, inhaltlich zu Ihrer Site passt und wenn sie nicht mehr als eine Handvoll Links auf der verlinkenden Seite hat.

Sie überzeugend begründen, warum Ihre Site in einer der Kategorien auftauchen sollte, werden Sie aufgenommen.

11.3.4 Facebook

Facebook hat um die 20 Millionen Nutzer täglich in Deutschland – und die Zahl wächst weiter. Facebook ist in erster Linie ein privates Netzwerk, aber auch immer mehr Unternehmen sind hier zu finden.

Etwas verwirrend ist, dass Facebook so viele verschiedene Möglichkeiten bietet, Profile einzurichten. Etwas klarer wurde es dadurch, dass inzwischen einfach von *Seite* für alles gesprochen wird, was kein persönliches Profil ist. Auch wenn der Begriff »Seite« ziemlich irreführend ist – eigentlich richtet man auf Facebook eine Untersite mit mehreren Seiten ein.

Sie finden im Internet immer noch die alten Begriffe, deshalb seien sie hier kurz genannt:

- *Seite* (früher nur für Unternehmen gedacht, zeitweise *Like-Page* genannt)
- *Gemeinschaftsseite* (für Fans)
- *Gruppe* (für beliebige Themen)
- *Orte* (für Geschäfte und alles mit Ortsbezug)

Heute heißt das alles *Seite*, und Sie müssen sich beim Erstellen zwischen folgenden Optionen entscheiden:

- Lokales Unternehmen oder Ort
- Unternehmen, Organisation oder Institution
- Marke oder Produkt
- Künstler, Band oder öffentliche Person
- Unterhaltung
- Guter Zweck oder Gemeinschaft

Seiten legen Sie bei Facebook hier an: *bnfr.de/ql1107*

Wichtig ist, dass Sie immer nur eine einzige Seite anlegen (zusätzlich zu Ihrem privaten Profil). Zum einen verlangen das die Nutzungsbedingungen, zum anderen wird es für die Nutzer sonst verwirrend. Haben Sie ein einzelnes Ladengeschäft, dann ist *Lokales Unternehmen oder Ort* die richtige Kategorie. Bieten Sie Ihre Produkte oder Dienstleistungen überregional an, ist *Unternehmen, Organisation oder Institution* richtig. Wenn Sie eine Marke haben, die so bekannt ist, dass Nutzer diese auch auf Facebook suchen werden, können Sie auch *Marke oder Produkt* verwenden. In diesem Fall sind auch mehrere Profile denkbar: eines für Ihr Unternehmen und eines oder mehrere für Ihre wichtigste(n) Marke(n).

Denken Sie aber immer daran: Ein Engagement in sozialen Netzwerken ist nur sinnvoll, wenn Sie auch regelmäßig Zeit investieren. Nutzer erwarten Antworten auf ihre Fragen, die sie Ihnen dort stellen. Und sie erwarten regelmäßig neue Inhalte. Um ein Gefühl dafür zu bekommen, wie das funktioniert, sollten Sie sich ein paar Wochen lang ansehen, was andere Unternehmen so auf Facebook treiben, bevor Sie selbst aktiv werden. Orientieren Sie sich an den Großen in Ihrer Branche. Wertvolle Inspirationen finden Sie aber auch bei kleinen, innovativen Firmen oder bei Unternehmen aus ganz anderen Bereichen.

Wenn Sie hier tiefer einsteigen wollen, empfehlen wir Ihnen das Buch *Follow me!* von Anne Grabs (Rheinwerk Verlag). Darin finden Sie auch Tipps für Twitter.

11 Marketing und Werbung – Gutes tun und darüber reden

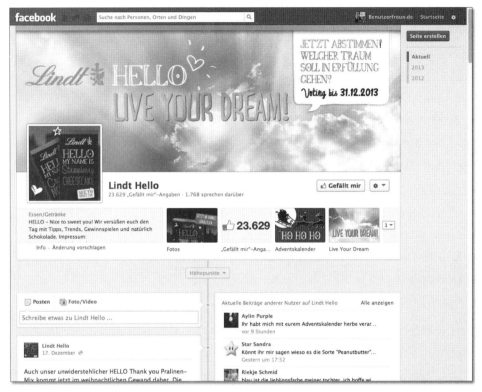

Abbildung 11.12 Die Facebook-Seite von »Lindt Hello«, einer Unter-Marke des bekannten Schokoladenherstellers, die sich an jüngere Kunden richtet

11.3.5 Twitter

Die Faszination des Microblogging-Dienstes *Twitter* erschließt sich vielen noch schwerer als die von Facebook. Über Twitter tauschen Menschen Kurznachrichten aus, die nicht länger als 140 Zeichen sind. In der ersten Zeit waren das vor allem ganz alltägliche Nachrichten – oft sehr banale. Inzwischen twittern aber die meisten über Dinge, die interessant, neu und/oder wissenswert sind. Fast immer wird ein Link mit verschickt, unter dem noch weitere Informationen zu finden sind.

> **Twitter-Vokabeln**
>
> In Twitter abonniert man die Nachrichten von Menschen bzw. Unternehmen, die man interessant findet. Man spricht dann vom *Folgen* und gehört zu den *Followern* dieser Person.
>
> Ein Beitrag auf Twitter heißt *Tweet* und die Tätigkeit des Tweets-Schreibens *Twittern*.

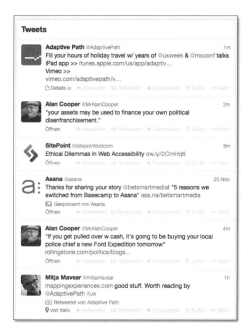

Abbildung 11.13 In Twitter laufen alle Nachrichten der Menschen, denen man »folgt«, der Reihe nach ein.

Für Unternehmen ist Twitter als Kanal interessant, wenn die Zielgruppe jung und technisch interessiert ist. Über Twitter können Sie Nachrichten aus Ihrem Unternehmen verbreiten – tun Sie das aber nur, wenn Sie davon ausgehen können, dass diese für Ihre Follower interessant sind. Ein Sonderangebot oder eine Rabattaktion kann dazugehören. Aber Vorsicht bei Werbung – wird sie als plump empfunden, sind Sie Ihre Follower schnell wieder los.

11.3.6 Zeitungen, Zeitschriften, Blogs

Um die Bekanntheit Ihrer Website zu steigern, können Sie auch Zeitschriften, Zeitungen und Blogs zu Ihrem Thema ansprechen – also praktisch darum bitten, *PR* für Sie zu machen. Schicken Sie den Journalisten bzw. Bloggern Probeexemplare zu, bieten Sie ihnen an, dass sie Sie besuchen können, oder schlagen Sie vor, dass sie ein Interview mit Ihnen führen.

Dabei muss Ihnen aber natürlich immer ein Aufhänger einfallen, warum es für die Leser des Mediums interessant ist, von Ihnen zu erfahren. Einem Blogger, der zum Beispiel über Haustiere schreibt, müssen Sie erst mal klarmachen, warum Sie als Friseur interessant für seine Leser sein sollten. Hinzu kommt: Die Links sind umso wertvoller, je besser das Thema der verlinkenden Site zu Ihrer passt. Und je regionaler ein Medium ist, desto wahrscheinlicher passt es.

11.3.7 Kommentare in Blogs und Foren

Auch Blogs und Internetforen können Sie für Ihr Marketing nutzen. Plumpe Werbung bleibt allerdings entweder im Spamfilter hängen, wird vom Administrator gelöscht oder wirft ein schlechtes Licht auf Sie. Wenn Sie aber hilfreiche Kommentare abgeben, dann ist es in Ordnung, wenn Sie dabei auf Ihre Website hinweisen. Allerdings sollte die URL nur im Fußteil Ihres Kommentars stehen bzw. im dafür vorgesehenen Feld des Blogs. Als einzige Ausnahme gilt, wenn Sie tatsächlich auf Ihrer Site etwas stehen haben, das ganz konkret hilft, eine der gestellten Fragen zu beantworten.

Treten Sie immer als Sie selbst auf, nicht als Ihre Firma – denn im sozialen Netz geht es um die Kommunikation zwischen Menschen.

Für die Platzierung in Suchmaschinen bringen Kommentare in Blogs und Foren aber selten etwas. Google & Co. ignorieren sie meistens, weil sie oft für Spam genutzt wurden.

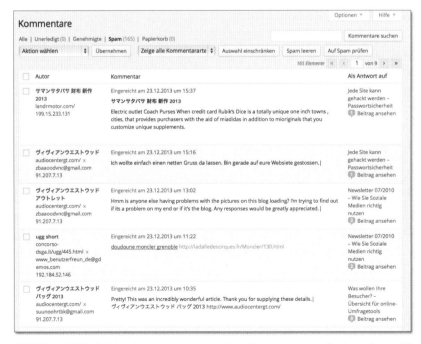

Abbildung 11.14 Solche sinnlosen Kommentare landen automatisch im Spamfilter der meisten Blogsysteme. Das erleichtert den Betreibern die Arbeit, Spam auszusortieren.

11.3.8 XING

Auf *XING* können Sie nicht nur ein persönliches Profil anlegen, sondern auch eines für Ihr Unternehmen (auch wenn dies nur aus Ihnen selbst besteht). Das geht schon mit der kostenlosen Mitgliedschaft.

So, wie es bei Facebook »Gemeinschaft«-*Seiten* zu jedem beliebigen Thema gibt, gibt es in XING sogenannte *Gruppen*. Darin diskutieren die Mitglieder mehr oder weniger ernsthaft, stellen Fragen und geben Antworten. XING ist ganz auf Job und Karriere ausgerichtet, und dementsprechend geht es hier fast immer um Fachthemen. Bei Facebook wird dagegen mehr über Fernsehen, Prominente und Hobbys gesprochen.

Beteiligen Sie sich in Gruppen, ähnlich wie in Foren oder Blogs, an Diskussionen, und machen Sie durch hilfreiche Kommentare auf sich aufmerksam. Wenn Sie das längerfristig durchhalten, locken Sie damit auch Nutzer auf Ihre Site.

Sie können auch selbst eine Gruppe gründen. Wenn Sie das tun, müssen Sie aber am besten jeden Tag ein paar Minuten dafür aufwenden und sehen, was dort so vor sich geht. Wenn Sie das als Marketingmaßnahme machen, müssen Sie recht viel Aufwand für eine relativ kleine Wirkung betreiben. Vor allem müssen Sie einen sehr langen Atem haben – man etabliert sich nicht innerhalb von ein paar Monaten als Experte für ein Fachgebiet. Und außerdem lebt eine Gruppe natürlich von ihren Mitgliedern – es ist gar nicht so einfach, genügend zu finden, die sich auch aktiv einbringen.

Auf XING müssen Sie einen Antrag stellen, wenn Sie eine Gruppe anlegen wollen. Auf Facebook etwa können Sie dagegen zu jedem Thema ohne vorherige Genehmigung eine sogenannte *Seite* anlegen.

11.3.9 Podcasts

Podcasts sind regelmäßig erscheinende Audio- oder Videoinhalte, die man mit einem Programm wie iTunes abonnieren und anhören bzw. ansehen kann.

Mit geringem technischen Aufwand (ein gutes Mikrofon und für Video-Podcasts zusätzlich eine mittelmäßige Kamera und ein kleines Beleuchtungsset genügen) erstellen Sie Audio- oder Videodateien, die Sie auf Podcast-Portalen kostenlos anbieten können. Nutzer, die Ihren Podcast abonnieren, werden damit zu regelmäßigen Empfängern Ihrer Inhalte.

Podcasts sind für Sie eine gute Möglichkeit, regelmäßig in Kontakt zu Menschen zu kommen, die sich für Ihr Thema interessieren. Der wichtigste Punkt ist, dass das, was Sie zu sagen haben, tatsächlich auch einen Nutzen für die Hörer bzw. Zuschauer bringt. Wenn nicht, können Sie sich die Mühe sparen.

11   Marketing und Werbung – Gutes tun und darüber reden

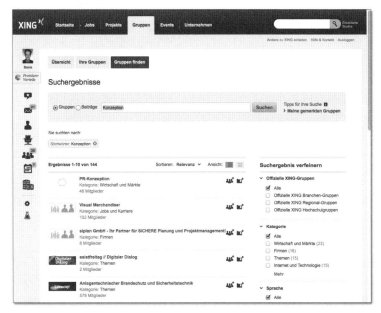

Abbildung 11.15   Auf XING können Sie Diskussionsgruppen zu vielen geschäftlichen Themen finden.

Abbildung 11.16   Das Angebot an Podcasts bei iTunes ist überwältigend – zu fast jedem Spezialthema gibt es Dutzende von kostenlosen Podcasts.

Hören und sehen Sie sich an, was andere aus Ihrem Themengebiet anbieten, um ein Gefühl dafür zu bekommen, ob Podcasting für Sie das Richtige sein könnte. Wenn ja, empfehlen wir das Buch *Podcast Solutions* von Michael Geoghegan und Dan Klass (Verlag Apress, leider nur auf Englisch erhältlich).

11.3.10 Google Places, Facebook-Angebote und Foursquare

Bei *Google Places* können Sie Ihr Unternehmen kostenlos eintragen lassen, was Sie in jedem Fall sofort machen sollten, weil es schnell geht und keine Nachteile hat. Rufen Sie dazu diese URL auf: *bnfr.de/ql1108*

So stellen Sie sicher, dass Sie bei *Google Maps* auftauchen. Haben Sie ein Geschäft, eine Praxis oder Kanzlei, dann können Sie noch mehr angeben, zum Beispiel Ihre Öffnungszeiten oder welche Zahlungsmittel Sie akzeptieren.

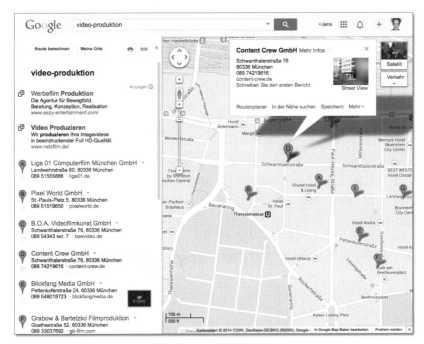

Abbildung 11.17 Wer bei Google Maps ein Suchwort eingibt, bekommt alle Firmen in der Nähe angezeigt, die sich registriert haben.

Es gibt noch weitere Möglichkeiten, Menschen anzusprechen, die sich in Ihrer Nähe befinden: Bei Facebook können Sie über die sogenannten *Angebote* (engl. *Deals*) Rabatte oder Geschenke an Nutzer vergeben, die auf Ihrer Facebook-Seite »einchecken«.

Damit geben die Nutzer bekannt, dass sie gerade bei Ihnen vor Ort sind. Das heißt, sie können das nur über ihr Handy oder Smartphone tun.

Nach diesem Prinzip können Sie auch Dienste wie *Foursquare* nutzen. Allerdings bietet sich das nur an, wenn Ihre Zielgruppe sehr jung und technikbegeistert ist – die Nutzerzahlen dieser Dienste sind in Deutschland eher klein.ql1109

Mehr Informationen dazu finden Sie auf der Website zum Buch unter: *bnfr.de/1013*

11.3.11 Wikipedia

Wikipedia ist eine kostenlose Enzyklopädie, deren Inhalt von Freiwilligen erstellt wird. Die Artikel darin sollen für alle relevant und neutral sein – beides Anforderungen, die Sie selbst als Autor für einen Artikel über Ihr Unternehmen disqualifizieren. Überlassen Sie es anderen, das zu entscheiden. In fast allen Fällen wird Ihr Unternehmen als nicht relevant beurteilt, und ein Eintrag von Ihnen würde ganz schnell wieder gelöscht.

> **Relevant oder nicht?**
> Ab 1000 Mitarbeitern oder 100 Millionen Euro Jahresumsatz gelten Unternehmen als »relevant« für die deutsche Wikipedia. Bei Vereinen gilt, dass sie »überregional bedeutsam« sein müssen.

Nur wenn Sie feststellen, dass jemand anderes einen Eintrag für Sie angelegt hat, dann können Sie dort Fehler korrigieren. Werbung und PR haben in den Einträgen nichts zu suchen. Denken Sie daran, dass alle Änderungen aufgezeichnet werden, inklusive der IP-Adresse bzw. des Benutzernamens desjenigen, der die Änderung durchführt. Eindeutige Korrekturen von sachlichen Fehlern wie Ihrem Namen sind okay, aber ändern Sie keinesfalls Kritik oder Wertungen, auch wenn Sie sich darüber ärgern. Sie wollen nicht in der Liste derer auftauchen, die dabei erwischt wurden, Wikipedia-Artikel über sich selbst zu schönen.

11.3.12 PR-Portale

Eigentlich sind Pressemitteilungen Texte, die nach einem festen Schema geschrieben sind und von Firmen an Zeitungen, Zeitschriften, Fernseh- und Radiosender verschickt werden, damit diese darüber berichten.

Dank des Internets müssen Sie Ihre Meldungen nicht mehr direkt zu den vielen verschiedenen Redaktionen schicken, sondern Sie können eine ganze Reihe von PR-Portalen dazu nutzen. Sie werden auch von den Suchmaschinen indiziert, insofern kann es schon deshalb sinnvoll sein, diese Portale mit Informationen zu bestücken.

Allerdings müssen Sie tatsächlich etwas *Neues* und Relevantes zu melden haben. Einfach nur ein Werbetext oder eine Beschreibung Ihres Unternehmens genügt nicht – die meisten Portale schalten Ihre Meldung erst frei, nachdem eine Redaktion sie angesehen hat. Und um Journalisten zum Berichten zu bringen, brauchen Sie schon eine spannende Geschichte. Lesen Sie sich ein paar Pressemeldungen durch, und sehen Sie sich die jeweiligen Vorgaben der Portale an.

Wenn Sie aber etwas haben, was für ein spezielles Medium von Interesse ist, dann sollten Sie diesem zusätzlich die Pressemeldung auch direkt schicken – zum Beispiel an die Redaktion der Lokalzeitung bei Ihnen vor Ort. Denn zu den Presseportalen müssen die Journalisten selbst gehen, und wenn sie das nicht tun, erfahren sie nicht von Ihrer schönen Geschichte.

Unsere Tipps für kostenlose Portale finden Sie unter: *bnfr.de/ql1110*

11.4 Fazit

Die Möglichkeiten für Marketing im Internet sind riesig – und es werden ständig mehr. Dabei ist es aber relativ leicht, sich einen Überblick zu verschaffen: Sehen Sie sich einfach die Marketingkanäle und -formen an, die Sie persönlich ansprechen, und schreiben Sie das auf einen Zettel. Überlegen Sie sich, mit welchen beiden Methoden von Ihrer Liste Sie am ehesten die Personen ansprechen, die zu Ihrer Zielgruppe gehören.

Verfolgen Sie dann ein paar Wochen, was andere so auf diesem Gebiet treiben, und starten Sie danach selbst eine kleine Kampagne. Nach ein, zwei Monaten analysieren Sie, ob Ihre Bemühungen den gewünschten Erfolg gebracht haben. Wenn nicht, probieren Sie etwas anderes.

So finden Sie im Laufe der Zeit die Methoden heraus, die für Ihren speziellen Fall am besten funktionieren.

Kapitel 12
Mit der eigenen Website Geld verdienen

Marketing und (Suchmaschinen-)Optimierung zahlen sich in barer Münze aus: Mit Ihrer Website lässt sich Geld verdienen.

Sie haben eine kleine Website nach allen Regeln der Kunst erstellt – sei es für ein Unternehmen, ein Hobby, einen Verein, eine Idee. Die Site funktioniert gut, bei Benutzerfreundlichkeit und Suchmaschinenoptimierung haben Sie an jedes Detail gedacht, und die Marketingaktionen sind angelaufen.

Bisher hat Sie das alles nur Arbeit gekostet und die Site selbst hat finanziell nichts eingebracht. Das muss aber nicht so bleiben. Gerade wenn Sie die Site eines Vereins betreuen oder wenn Sie einen kleinen Laden haben, ist es nicht schlecht, wenn auch die Website selbst ein bisschen Geld in die Kasse spült – und nicht nur Arbeit und Hostingkosten verursacht.

Mit einer Website haben Sie eine ganze Bandbreite von Möglichkeiten, Geld zu verdienen. Egal ob Sie von treuen Lesern Spenden erhalten, Seminarbuchungen mit Bezahlsystemen abwickeln oder aus Italien importierten Grappa verkaufen wollen: Die im Hintergrund laufende Technik nehmen Ihnen Dienstleister ab, und die Einbindung ist nicht schwer zu meistern.

In diesem Kapitel stellen wir Ihnen die verschiedenen Möglichkeiten vor und zeigen an einem Beispiel, wie Sie einen richtigen *Webshop* einrichten. Der ist für Ihre Kunden praktisch genauso komfortabel wie Amazon & Co., und Sie müssen dank der Dienstleister nicht einmal den Zahlungsverkehr abwickeln.

12.1 Welche Möglichkeiten gibt es?

Für die meisten Projekte bieten sich folgende Möglichkeiten zum Geldverdienen an:

▶ Abrechnung über den Anbieter eines Shopsystems

- Abrechnung über Bezahlsysteme wie PayPal
- direkte Spenden oder Abrechnung über Flattr

Theoretisch könnten Sie auch gegen Vorüberweisung der Kunden auf Ihr Bankkonto liefern, aber das ist vielen Kunden zu unsicher, vor allem wenn Sie relativ unbekannt sind. Eine weitere Möglichkeit ist prinzipiell das Lastschriftverfahren. Aber für kleine Firmen und Selbstständige lohnt sich der hohe Aufwand nicht, sich bei den Banken zu registrieren, um per Lastschrift Geld von den Kreditkarten oder Konten ihrer Kunden einziehen zu können. Praktischer ist es, andere mit der Zahlungsabwicklung zu beauftragen – und bei geringen Umsätzen ist das auch günstiger.

12.1.1 Der Webshop

Das Nutzererlebnis in einem Webshop kennen Sie: Sie sind auf der Site eines Onlinehändlers wie *Amazon* oder *Otto.de*. Dort stöbern Sie in den Produktkategorien, schauen sich Digitalkameras an, Lego-Spielzeug oder Sonnenbrillen.

Wenn Ihnen etwas gefällt, sehen Sie sich die Produktinformationen genauer an. Wie viele Seiten hat dieses Buch, in welchen Größen ist diese Jacke lieferbar? Wenn alles stimmt, legen Sie Ihre Auswahl in den virtuellen Warenkorb und bezahlen.

Solche Webshops gehören bei der Umsetzung zu den technisch komplexesten Websites. Sie erfordern vor allem sehr viel Skriptprogrammierung – und die Programmierung des sogenannten Backends, also des Teils, der im Hintergrund die Kundendaten entgegennimmt und speichert, den Lagerbestand verwaltet und die Zahlungen organisiert. Glücklicherweise gibt es vorgefertigte Lösungen, die für Sie so einfach zu bedienen sind wie etwa das Blogsystem aus Kapitel 3, »Ein besserer Webauftritt in drei Stunden«: Sie legen ein Konto bei dem Dienst an, wählen ein Layout aus und befüllen den Webshop mit Inhalt – mit Seiten und Produkten. Das Schöne dabei ist: Indem Sie das Layout an das Aussehen Ihrer bereits vorhandenen Website anpassen, wirkt der Shop wie ein weiterer Bereich Ihrer Site, auch wenn er bei einem Dienstleister gehostet ist.

Einige Beispiele für solche Shopsysteme sind:

- **Rakuten** (*www.rakuten.de*)

  Rakuten hieß früher *Tradoria* und ist nicht nur Anbieter eines Shopsystems, sondern hat auch eine Website, die alle Shops bündelt – die Nutzer können in allen Angeboten gleichzeitig stöbern.

- **1&1 E-Shops** (*bnfr.de/ql1201*)

  1&1 E-Shops ist ein Webshopsystem mit der Möglichkeit, die Artikel gleichzeitig auch bei eBay einzustellen.

- **WordPress-Plug-ins** (eine Übersicht unter *bnfr.de/ql1202*)

  Wenn Sie eine WordPress-Site haben, können Sie mit Plug-ins Webshop-Funktionalität auf Ihre Site bringen. Die Plug-ins sind meist in einer kostenlosen Grundvariante und in einer kostenpflichtigen Version mit erweiterten Funktionen verfügbar.

- **Spreadshirt** (*www.spreadshirt.de*)

  Hier können Sie Textilien wie T-Shirts und Pullover, aber auch Tassen und andere Gegenstände selbst gestalten und verkaufen.

12.1.2 Produktunabhängige Zahlsysteme

Wenn Sie auf Ihrer Site nur ein paar wenige Produkte verkaufen wollen oder nur digitale Güter anbieten, die der Kunde nur herunterladen muss, dann brauchen Sie nicht die leistungsfähige Technik eines Webshops. Für solche Fälle reicht es, wenn Sie eine zuverlässige Lösung für die Zahlungsabwicklung finden.

Auch wenn Sie auf Ihrer Website gar nichts verkaufen wollen, sondern etwa als gemeinnütziger Verein, freischaffender Künstler oder politischer Autor um Unterstützung für Ihre Arbeit bitten, kommen diese Lösungen für Sie infrage.

Bekannte Dienste zur Zahlungsabwicklung sind:

- **PayPal** (*www.paypal.com/de*)

  PayPal ist ein weit verbreitetes Bezahlsystem, mit dem man auf zwei Arten zahlen kann: Entweder lädt der Nutzer sein PayPal-Guthaben vorher auf, indem er per Überweisung oder Kreditkarte Geld bei PayPal einzahlt. Wenn er dann im Internet auf einer Website mit PayPal bezahlt, braucht er nur seine Anmeldedaten für diesen Dienst. Der Betrag wird dann von seinem Guthaben abgezogen. Oder der Nutzer hinterlegt seine Daten bei Paypal, und der Dienst bucht dann direkt von seinem Konto ab, wenn er im Internet etwas bezahlt. In jedem Fall hat ein solches Zahlsystem für Nutzer den Vorteil, dass sie nicht immer wieder auf verschiedenen Sites ihre Kreditkarten- oder Bankdaten angeben müssen. Und sie müssen diese Daten nur Paypal anvertrauen, nicht einem Shopbetreiber, den sie eventuell noch gar nicht kennen.

  Für Käufer ist PayPal kostenlos, für Händler fällt je nach monatlichem Gesamtumsatz eine Gebühr von 1,5 bis 2 % des Warenwerts an, plus aktuell 0,35 EUR je Transaktion.

- **Kagi** (*www.kagi.com*)

  Kagi ist vor allem bei kleinen Herstellern von Software im Einsatz. Allerdings eignet es sich für alle Arten von Produkten, die sich per Download vertreiben lassen. Es funktioniert ähnlich wie PayPal, bietet aber einige auf digitale Güter zugeschnittene

Funktionen wie die Verwaltung von zeitbegrenzten Testversionen einer Software. Das System gibt es aber leider nur auf Englisch. Es bietet sich daher nur an, wenn Sie eine internationale Zielgruppe ansprechen.

- **Tinypass** (*www.tinypass.com*)

    Tinypass ist vor allem für Abonnement-Modelle praktisch: Sie veröffentlichen regelmäßig Texte, Bilder oder andere eigene Werke auf Ihrer Site und wollen den Zugang dazu für einen monatlichen Geldbetrag verkaufen (*Paywall*). Nach der Einrichtung des Dienstes können Sie einstellen, ob Nutzer zum Beispiel zwei Artikel pro Monat kostenlos lesen dürfen, bevor sie bezahlen müssen. Bei zu bezahlenden Inhalten erscheint automatisch ein Fenster von Tinypass, das Nutzer über Konditionen und Bezahlmöglichkeiten informiert und die Anmeldung entgegennimmt. Dafür bekommt der Dienstleister zwischen 10 und 15 % Ihrer Einnahmen, je nach Gesamtumsatz – plus 0,30 USD für jede Transaktion.

12.1.3 Direkte Spenden und Abrechnung über Flattr

Wenn Sie beispielsweise für einen gemeinnützigen Verein zu Spenden aufrufen, dann geben Sie ganz klassisch eine Bankverbindung mit Kontonummer an. Dabei gibt es ein paar Dinge zu beachten: Erstens sollten Sie den Nutzern das Spenden so einfach wie möglich machen. Also positionieren Sie die Informationen prominent auf der Site und sorgen Sie dafür, dass alle Angaben gut lesbar und natürlich vollständig sind. Weisen Sie die Nutzer darauf hin, dass Sie eine Spendenquittung ausstellen und dass Spenden bis zu einem bestimmten Betrag auch ohne Quittung steuerlich geltend gemacht werden können.

Wenn Sie digitale Güter wie Texte, Musik oder Bilder anbieten, aber Sie Ihre Besucher und Fans nicht mit einer Paywall dazu zwingen wollen, für die Inhalte zu bezahlen, können Sie mithilfe von Flattr (*www.flattr.com*) kleine Spenden von denen annehmen, die Sie trotzdem finanziell unterstützen wollen.

Ein Autor eines bekannten Blogs zum Beispiel steckt jeden Tag ein paar Stunden Arbeit in seine Site, schreibt Artikel und moderiert Kommentare. Er stellt die Inhalte kostenlos bereit, denkt sich aber, wenn jemand seine Arbeit trotzdem honorieren will, will er diesem Leser zumindest die Möglichkeit einer Spende anbieten. In einer ähnlichen Situation ist ein Künstler, der auf seiner Website seine Bilder oder Plakate, seine Videos oder Musikstücke kostenlos zur Verfügung stellt. Auch er will denen, die ihm trotzdem für seine Werke Geld geben wollen, einen Weg bieten, das zu tun.

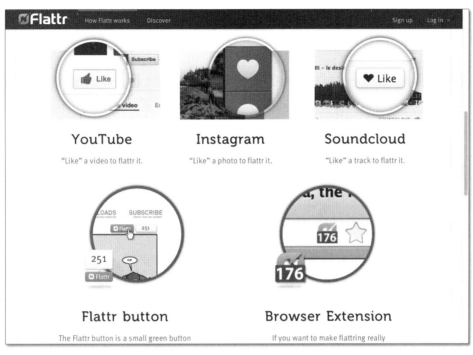

Abbildung 12.1 Mit »Flattr« schaffen Sie die Möglichkeit, für Ihre Werke bezahlt zu werden – zwingen aber niemanden dazu.

Für den Nutzer funktioniert Flattr zunächst ähnlich wie PayPal: Er lädt ein Guthaben bei Flattr auf, mit dem er dann im Internet bezahlen kann. Allerdings zahlt er nicht für bestimmte Produkte, sondern für alles, was ihm gefällt: Websites, Blogs, einzelne Artikel, ein Video, ein Foto, ein Musikstück – wenn der Anbieter seine Inhalte mit einem Flattr-Button versehen hat, können ihm Flattr-Nutzer dafür per Klick Geld zukommen lassen. Wie viel, das entscheidet sich am Ende jeden Monats: Das Guthaben des Nutzers wird durch die Anzahl der Buttons geteilt, auf die er in diesem Monat geklickt hat, und jeder Anbieter bekommt seinen Anteil des Gesamtbetrags, den der Nutzer dafür vorgesehen hat.

Sie können mit Flattr also nicht kalkulieren, wie viel Sie monatlich verdienen, aber für so etwas ist der Dienst auch nicht gedacht.

Flattr bekommt für seine Dienste übrigens 10 % Ihrer Einnahmen. Die Auszahlung kostet je nach gewählter Methode zusätzlich eine Gebühr.

12.2 Ein Beispielwebshop – Aro Argentinos DVD-Verkauf

Wenn Sie einen reinen Bezahldienst wie Paypal oder Flattr nutzen, ist die Einrichtung relativ einfach. Sie registrieren ein Nutzerkonto, nehmen Einstellungen vor und binden die für den Bestellvorgang notwendigen Buttons per HTML in Ihre Seiten ein.

Die Einrichtung eines Webshops ist aufwendiger, weil Sie nach der Registrierung das Aussehen des Shops anpassen müssen, Produkte anlegen und viele zusätzliche Einstellungen (z. B. zum Versand) vornehmen müssen. Und dann sollten Sie nach Möglichkeit auf Ihrer eigentlichen Website einen Link zu dem Shop einbauen, den Sie beim Dienstleister hosten lassen.

Deshalb zeigen wir Ihnen an einem letzten Beispielprojekt, wie Sie einen solchen Webshop aufbauen. Um einen kurzen Einblick in das Thema zu bekommen, lohnt sich das Lesen für alle. Aber da die Anmeldung beim Dienstleister Geld kostet, sollten Sie das natürlich nur nachvollziehen, wenn Sie selbst einen Shop einrichten wollen.

12.2.1 Die Situation

In Kapitel 3, »Ein besserer Webauftritt in drei Stunden«, haben wir für eine fiktive Tanzschule eine schöne Website mit Blog erstellt. Nehmen wir an, die Schule organisiert immer wieder kleine Wettbewerbe und präsentiert Vorführungen professioneller Tanzgruppen. Diese Veranstaltungen werden auch gefilmt, und die Videos kommen immer sehr gut an. Also liegt die Idee nahe, die Filme auf DVD zu verkaufen. Es sind bereits einige Filme produziert, und da fast jeden Monat ein größeres Event ansteht, das gefilmt wird, werden es bald über ein Dutzend DVDs sein. Damit die Nutzer der Site im Angebot stöbern können und weil die Inhaber der Tanzschule bereits jetzt die technische Grundlage für ein wachsendes Produktangebot legen wollen, heißt es also: Ein Webshop muss her.

12.2.2 Die Lösung

Für dieses Beispielprojekt erstellen wir mit dem Dienst *Rakuten* einen solchen Shop. Rakuten ist ein großes Portal, bei dem es Tausende Webshops zu jedem Thema gibt – manche verkaufen Tierzubehör, andere Produkte für das Gedächtnistraining und wieder andere bieten Kosmetikartikel an. Mit der Oberfläche sollten Sie sich schnell zurechtfinden, für Fragen bietet der Dienst Support per E-Mail und Telefon.

Für die Tanzschule ist es ein großer Vorteil, dass der Dienst die komplette Zahlungsabwicklung übernimmt: Bei ihr geht nur die Bestellnachricht ein, dann verschickt sie die

DVDs an die angegebene Adresse. Der Dienst kümmert sich darum, dass die Kunden auch zahlen. Dafür und für die Plattform verlangt er einen monatlichen Festbetrag sowie je nach Gesamtumsatz einen Anteil am Bestellwert. Die Tanzschule spart sich dafür den Mehraufwand in der Buchhaltung und etwaige Inkassostreitigkeiten – vor allem aber den Stress, die Zahlungsabwicklung mit den Banken zu erledigen.

12.2.3 Die Umsetzung

Wie beim Erstellen eines Weblogs beginnt auch das Erstellen des Shops mit der Registrierung beim Anbieter.

Schritt 1 | Gehen Sie auf *bnfr.de/ql1203*, und registrieren Sie Ihren neuen Webshop.

Im Unterschied zur Einrichtung des kostenlosen Blogs schließen Sie hier aber einen Vertrag ab, denn der Dienst kostet Geld. Aktuell sind das rund 40 Euro pro Monat bei einer Vertragslaufzeit von einem Jahr, zusätzlich bekommt Rakuten je nach Produktkategorie zwischen 5 und 9 % des Bruttowerts jeder Bestellung.

Damit die Investition sich lohnt, müssen Sie also pro Monat so viel verkaufen, dass Sie mehr als 40 Euro Gewinn machen – je nach Gewinnspanne Ihrer Produkte brauchen Sie dafür unterschiedlich viel Umsatz. Die Tanzschule würde diesen Gewinn schon mit vier verkauften DVDs pro Monat schaffen. Das bisherige Interesse liegt höher, sodass der Schritt für die Schule sinnvoll ist.

> **Demofunktion nutzen, günstigen Zeitpunkt abwarten**
>
> Rakuten bietet auch eine Shopdemo an: Sie geben Ihre Kontaktdaten an, und machen dann einen Termin mit einem Mitarbeiter aus. Der zeigt Ihnen im Browser die Shopoberfläche und beantwortet Fragen dazu, wie Sie die Plattform für Ihre Zwecke anpassen. So bekommen Sie einen guten Einblick, bevor Sie sich für oder gegen den Vertragsabschluss entscheiden.
>
> Auch bieten Shopdienste wie Rakuten immer wieder Gutscheine und Rabatte an, mit denen sich die monatlichen Kosten reduzieren. Wenn Sie nicht sofort loslegen müssen, können Sie mit dem Vertragsabschluss auf einen günstigen Zeitpunkt warten.

Schritt 2 | Nachdem Sie die Zugangsdaten per Bestätigungs-E-Mail bekommen haben, melden Sie sich unter *bnfr.de/ql1204* an.

Sie können bereits alle Einstellungen vornehmen, das Layout anpassen und Ihre Produkte einstellen. Noch ist der Shop aber nicht online, denn zuerst werden Ihre Angaben geprüft, die Sie bei der Anmeldung gemacht haben. Wenn Sie etwa den Shop für ein

Gewerbe einrichten wollen, wird Rakuten noch einen Nachweis über die Gewerbeanmeldung verlangen. Wenn Sie selbstständig sind, müssen Sie Ihre Umsatzsteuernummer angeben. In jedem Fall kontaktiert der Anbieter Sie aber zu diesen Details.

> **Auf Nummer sicher gehen**
>
> In Deutschland sind Sie grundsätzlich zur Anmeldung eines Gewerbes verpflichtet, wenn Sie einer selbstständigen Tätigkeit nachgehen. Davon ausgenommen sind die sogenannten freien Berufe, etwa Künstler, Rechtsanwälte oder Journalisten.
>
> Wenn Sie sich nicht sicher sind, wie Ihr rechtlicher Status ist, fragen Sie Ihr Finanzamt oder einen Steuerberater, bevor Sie im Internet etwas verkaufen.

Schritt 3 | Wählen Sie eine Layoutvorlage aus, und passen Sie diese so an, dass der Shop von der Gestaltung her so aussieht wie Ihre Website.

Dazu gehören vor allem Farben und Schriftart. Hilfreich: Die Einträge im entsprechenden Menü der Shopoberfläche sind teilweise sehr passend benannt, etwa »Farbe des durchgehenden Balkens oben im Hintergrund«. So erkennen Sie schnell, welches Element Sie gerade bearbeiten.

Neben der Anpassung der Farben an das Farbschema Ihrer Website empfiehlt es sich, Ihr Firmenlogo als Hintergrundgrafik für den Kopfbereich der Shopseiten zu benutzen. Wie zum Beispiel auch bei Produktbildern müssen Sie dazu zuerst im Dashboard den Reiter EIGENE DATEIEN auswählen und die Bilder hochladen.

Eine völlig identische Gestaltung von Shop und Site werden Sie vielleicht nicht erreichen, aber die Optionen sind auf jeden Fall dafür ausreichend, dass die Nutzer den Shop als Teil Ihres Webauftritts erkennen.

> **Vorsicht bei der Anpassung**
>
> Wenn Sie direkt das HTML der Seiten verändern und nicht nur die vordefinierten Faktoren wie Farben und Anordnung der Elemente, dann übernimmt Rakuten nicht mehr die Haftung für Ihre Umsätze. Denn nur bei unverändertem HTML kann der Dienstleister automatisch alle gesetzlichen Vorgaben an Webshops auf den Seiten umsetzen, sodass Sie sich nicht darum kümmern müssen.

Schritt 4 | Passen Sie Navigation und Sitestruktur an Ihre Vorlieben an.

Sie können zahllose Parameter Ihren Wünschen entsprechend anpassen: von der Anzahl der Kategorien bis zur Anzahl der Produkte, die gleichzeitig auf einer Seite angezeigt werden sollen. Schauen Sie sich nach Änderungen die Shopseite erneut im

Vorschaumodus an, und überlegen Sie, ob Ihre Kunden damit zufrieden wären. Machen Sie nicht den Fehler, Ihren Shop mit zu vielen Elementen zu überladen. Starten Sie lieber mit weniger Produkten.

Wichtige Seiten wie das Impressum, die AGB, die Versandbedingungen oder der Kontakt zum Anbieter sind in den Vorlagen bereits enthalten – diese müssen Sie also nicht selbst erstellen.

Neben der Shopoberfläche müssen Sie auch den Kaufvorgang anpassen. Welche Versandoptionen wollen Sie anbieten? Sie können etwa für den Versand nach Österreich andere Versandkosten einstellen als für den Versand innerhalb Deutschlands. Und ab welchem Warenwert sollen die Versandkosten entfallen?

Welche Zahlungsweise Sie akzeptieren, also etwa per Vorkasse oder Kreditkarte, darüber müssen Sie sich zum Glück nicht den Kopf zerbrechen – die Abwicklung übernimmt ja der Anbieter für Sie.

Schritt 5 | Erstellen Sie Ihre Produkte mit Namen, Beschreibung, Kategorien, Preis und Produktfoto.

Jedes Produkt bekommt einen Namen, unter dem es gefunden werden kann, ein Bild, eine Beschreibung mit allen relevanten Informationen für den Kunden, eine oder mehrere Kategorien, unter der das Produkt im Shop gelistet wird, und natürlich einen Preis. Eventuell müssen Sie das Produkt noch manuell auf »im Shop anzeigen« stellen.

Nehmen Sie sich etwas Zeit, um sich mit den vielen Optionen für die Produkteinstellung vertraut zu machen. Je mehr Produkte Ihr Shop bietet, umso wichtiger ist es, dass diese mithilfe von Kategorien usw. übersichtlich angeordnet sind. Wenn Ihre Besucher den Überblick verlieren, kaufen sie nichts.

Schritt 6 | Überprüfen Sie in der Vorschau, ob der Shop so aussieht, wie Sie sich das vorstellen, und ob alle Produkte vorhanden sind.

Die Anbieter der Shopsysteme bieten Ihnen nicht nur die Technik, sondern meist auch einen Support. Wenn Sie etwa das Design noch weiter ändern wollen und nicht wissen, wie, oder wenn Ihre Kunden von Problemen mit der Seite berichten, können Sie immer probieren, ob der Anbieter Ihnen weiterhelfen kann. Dieser hat ein Interesse daran, dass Sie mit Ihrem Shop zufrieden sind und dieser erfolgreich ist – schließlich verdient der Anbieter an Ihrem Umsatz mit.

Schritt 7 | Setzen Sie den Status des Shops auf AKTIV.

Der fertige Webshop für die Tanzschule *Aro Argentino* sieht jetzt so aus wie in Abbildung 12.2.

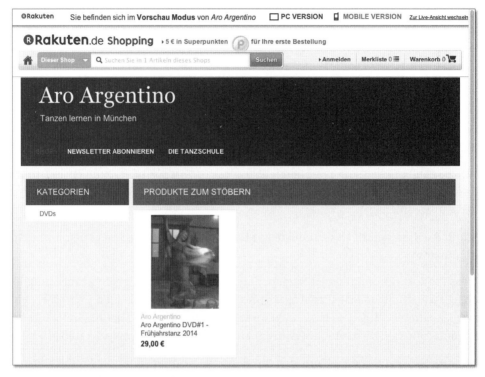

Abbildung 12.2 Der neu eingerichtete Webshop in der Vorschauansicht. Je mehr Zeit Sie sich für die Anpassung nehmen, umso mehr wird der Shop als Teil Ihres Webauftritts erkannt, obwohl am oberen Bildschirmrand immer die Rakuten-Leiste steht.

Das Design entspricht nun grundsätzlich dem Design des Blogs, und die Betreiber können jetzt damit beginnen, die anderen DVDs einzustellen.

Nach der Live-Schaltung ist der Shop über Suchmaschinen und das Rakuten-Portal erreichbar. Ihre Hauptquelle für Kunden ist aber natürlich die eigene Website, deshalb müssen Sie jetzt noch auf der Site einen prominenten Link zum Shop einbauen.

Schritt 8 | Setzen Sie auf Ihrer Website einen Link zum Shop.

Für unser Beispielprojekt legen wir dazu einen neuen Eintrag in der Navigationsleiste an. Die Leiste enthält ja bislang Links zu Unterseiten der Site, aber im Menü für die Seiten in *Blogger* können Sie auch einen Link zu anderen Sites erstellen, der in die Navigationsleiste kommt (siehe Abbildung 12.3).

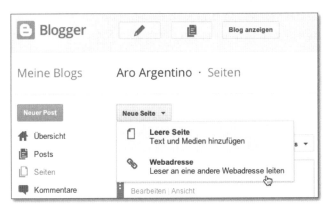

Abbildung 12.3 Etwas unintuitiv: Um einen Link in der Navigation zu platzieren, gehen Sie ins Seitenmenü von Blogger und wählen bei »Neue Seite« die Option »Webadresse«.

Normalerweise würden wir einen Link auf eine externe Website mithilfe des `target`-Attributs so einstellen, dass die verlinkte Seite in einem neuen Browserfenster geöffnet wird. Aber wir wollen den Kunden das Kaufen ja so einfach wie möglich machen, deshalb soll dieser Link im aktuellen Browserfenster geöffnet werden.

Die aktualisierte Navigationsleiste des *Aro Argentino*-Blogs (online unter *bnfr.de/ql1205*) sieht jetzt so aus wie in Abbildung 12.4.

Abbildung 12.4 Ganz rechts in der Navigationsleiste erscheint nun der neue Link zum Webshop.

Schritt 9 | Nach der Eröffnung des Webshops empfiehlt es sich noch mehr als sonst, Marketing und Werbung für Ihre Site zu betreiben, um potenzielle Kunden darauf aufmerksam zu machen. ∎

Wie Sie das am besten machen, haben wir in Kapitel 11, »Marketing und Werbung – Gutes tun und darüber reden«, gezeigt. Zusätzlich zu den dort beschriebenen Möglichkeiten bietet es sich bei einem Dienst wie Rakuten an, die plattforminternen Kanäle zur Kundengewinnung zu nutzen. Sorgen Sie dafür, dass Ihr Shop im Händlerverzeichnis von Rakuten angezeigt wird und so weitere Nutzer auf ihn aufmerksam werden.

12.3 Fazit

Sie haben jetzt einen mit der Site verlinkten Webshop oder andere Bezahlsysteme in Ihre Site integriert, sodass Sie mit Ihren Produkten, Ideen oder einfach mit Ihrer Arbeit Geld verdienen können. Das führt aber auch zu mehr Verantwortung: Spätestens jetzt ist Ihre Site kein Hobby mehr, und Sie sollten sich regelmäßig um die inhaltliche und technische Optimierung kümmern.

Kapitel 13
Starke Werkzeuge – so nutzen Sie Ihr neues Wissen für noch bessere Websites

Ihre Kenntnisse in HTML, CSS und JavaScript sind der Schlüssel zu mächtigen Werkzeugen, die Ihre Websites schnell und kostenlos um grafische Effekte, interaktive Funktionen und professionelle Designs erweitern.

Die Erfinder von HTML, CSS und JavaScript haben das Internet als offene Infrastruktur konzipiert, an dem jeder teilhaben kann. Das World Wide Web Consortium (W3C) und viele andere dokumentieren für alle einsehbar, wie man die Sprachen benutzt.

In diesem offenen Ökosystem sind mittlerweile Hunderttausende weitere Entwickler und Organisationen tätig, die Werkzeuge entwickeln, mit denen das Erstellen und Betreiben von Websites noch einfacher und schneller geht. Die meisten dieser Werkzeuge stehen jedem kostenlos zur Verfügung – sogar für kommerzielle Projekte.

13.1 Was Ihnen Ihr neues Wissen ermöglicht

Alles, was Sie brauchen, um diese mächtigen Werkzeuge zu benutzen, sind die HTML-, CSS- und JavaScript-Grundkenntnisse, die Sie in diesem Buch erworben haben.

Häufig muss man nur ein paar Zeilen Code auf der eigenen Website einfügen, um die Funktionen nutzen zu können. Komplexere Werkzeuge bestehen wiederum aus ganzen Dateien, die man in das Verzeichnis seiner Website kopieren und in die HTML-Dateien einbinden muss. Das sind Dinge, die Sie mittlerweile beherrschen.

In diesem Kapitel werden wir Ihnen etliche der unserer Meinung nach besten Werkzeuge vorstellen, die auch für kommerzielle Projekte völlig kostenlos sind. Für jedes davon erklären wir kurz, wie man es benutzt. Die vorgestellten Hilfsmittel sind aber nur eine Auswahl, im Netz warten Hunderte mehr auf Sie.

Damit Sie in der Praxis die besten Ergebnisse erzielen, sollten Sie den zusätzlichen Umfang der komplexeren Werkzeuge einkalkulieren: Jedes weitere Stylesheet und jede zusätzliche JavaScript-Datei bedeutet ein Dokument mehr, das der Browser komplett einlesen und auswerten muss, bevor er eine Seite darstellen kann – Ihre Benutzer müssen länger warten, bevor sie loslegen können. Und meistens bieten die Werkzeuge viel mehr, als Sie für ein bestimmtes Projekt benötigen. Ein Teil der zusätzlichen Ladezeit ist also unnötig. Um das zu minimieren, sollten Sie, wann immer es geht, nur die Funktionen einbinden, die Sie tatsächlich auf den Seiten einsetzen.

> **Auftragsarbeiten und Experimente trennen**
>
> Es ist natürlich toll, dass die Werkzeuge so einfach zu benutzen sind – aber das kann auch mal dazu führen, dass man für ein Projekt irgendetwas benutzt, nur weil es so einfach geht, und nicht, weil es Sinn macht. Erstellen Sie immer zuerst ein stimmiges Konzept für eine Site, und schauen Sie sich erst dann nach Werkzeugen um, die Sie zur Umsetzung wirklich brauchen.
>
> Wir Autoren dieses Buchs fahren mit folgender Vorgehensweise ganz gut: Für Auftragswebsites nutzen wir nur die Mittel, die wir bereits kennen. So verliert man sich nicht in den vielen Funktionen eines neu entdeckten Werkzeugs und kann den Aufwand besser kalkulieren. Aber nebenher erstellen wir auf unseren Webserver immer wieder eigene Projekte, mit denen wir eine neue Idee oder eben auch ein neu entdecktes Werkzeug ausprobieren. Auf so einer Site, die zunächst kein Kunde und kein Publikum sieht, können Sie Ihrer Neugier freien Lauf lassen und müssen nicht darauf achten, wie lange eine Seite zum Laden braucht.

Die vielen verfügbaren Hilfsmittel unterscheiden sich stark, was das nötige Vorwissen betrifft. Deshalb haben wir sie in drei Kategorien unterteilt, die sich danach richten, wie viel Websites Sie vorher schon erstellt haben. Die *Werkzeuge für Einsteiger* können Sie direkt für das erste Projekt benutzen, das Sie nach diesem Buch beginnen – oder um die Beispielprojekte weiter zu verschönern.

Die *Werkzeuge für Fortgeschrittene* würden wir Ihnen erst dann empfehlen, wenn Sie zumindest eine Website ganz allein fertiggestellt haben. Und bei den *Werkzeugen für Profis* schließlich empfehlen wir, dass Sie zumindest zwei oder drei Websites selbst gebaut haben, sodass Standardaufgaben zur Routine geworden sind und Sie die Anleitungen schneller verstehen.

Das ist aber natürlich nur unsere Empfehlung, mit der wir Ihnen den Einstieg so leicht wie möglich machen wollen. Wenn Sie sich sofort auch mit den komplexeren Werkzeugen wohlfühlen – umso besser!

13.2 Werkzeuge für Einsteiger

Die Werkzeuge für Einsteiger funktionieren so wie die bereits bekannten Websites *HTML Color Codes* und *Can I use...*, die wir zur Erstellung unseres Beispielprojekts *Dr. Bloemkamp* benutzt haben. Es sind also einfach Websites, auf denen Sie komfortabel Informationen oder CSS-Schnipsel bekommen und für Ihre Website einsetzen können. Weil Sie weder Ihre Seitenstruktur verändern noch irgendetwas herunterladen müssen, sind die Werkzeuge schon für die allererste Website sinnvoll, die Sie nach den Beispielprojekten dieses Buchs beginnen. Damit Sie alle Werkzeuge übersichtlich an einem Platz finden, führen wir hier auch die beiden bekannten Sites noch einmal mit auf.

13.2.1 Can I use...

▶ Website (*www.caniuse.com*)

▶ Infos zu Browserunterschieden

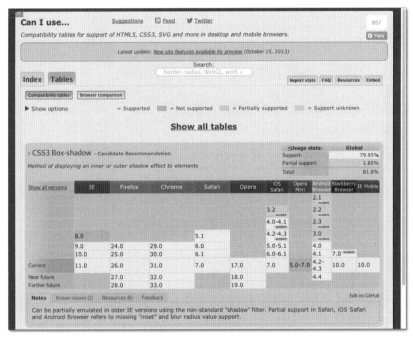

Abbildung 13.1 Für jedes Element und jede Eigenschaft können Sie herausfinden, welche Versionen der meistverwendeten Desktop- und Mobilbrowser damit umgehen können.

Die Website *Can I use...* sammelt Informationen dazu, von welchen Browserversionen einzelne HTML-Elemente und CSS-Eigenschaften unterstützt werden. Suchen Sie auf den Übersichtslisten ein Thema aus, oder geben Sie ein Element oder eine Eigenschaft in die Suche ein. *Can I use...* zeigt Ihnen dann in einer ausführlichen Tabelle, welche Browser in welcher Version die Funktion problemlos, mit Präfix oder anderen Tricks oder gar nicht unterstützen.

So können Sie besser abschätzen, ob ein bestimmtes Seitendesign bei allen Benutzern reibungslos funktioniert.

13.2.2 HTML5 Please

- Website (*www.html5please.com*)
- Infos zu Browserunterschieden, Lösungsmöglichkeiten

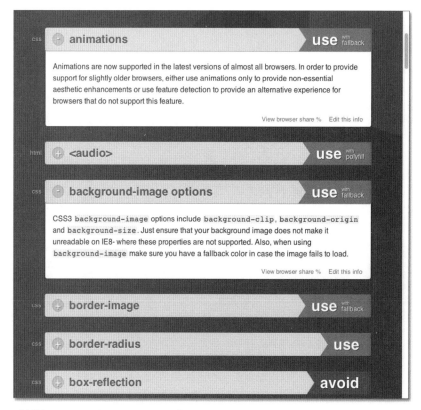

Abbildung 13.2 Die Seite zeigt wichtige HTML5- und CSS3-Funktionen und informiert darüber, wie gut die Browserabdeckung aktuell ist. Für die meisten Funktionen wird auf Lösungsmöglichkeiten hingewiesen.

Für etwas erfahrenere Webdesigner: Die Site zeigt die Browserkompatibilität nicht so detailliert wie zum Beispiel *Can I use...*, nennt dafür häufiger Lösungsmöglichkeiten. Das weist Ihnen die Richtung, wenn Sie eine bestimmte Funktionalität oder Darstellung auch in inkompatiblen Browsern erreichen wollen. Geben Sie die angedeutete Lösung in eine Suchmaschine ein, um mehr zu erfahren.

13.2.3 HTML Color Codes

▶ Website (*bnfr.de/ql1301*)
▶ Hexcodes für Farbtöne

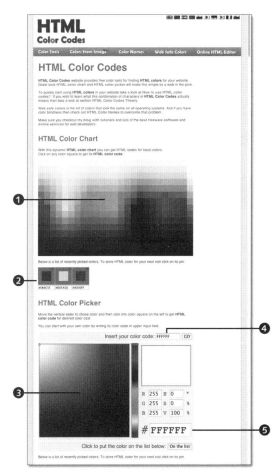

Abbildung 13.3 Wählen Sie in einem groben ❶ oder einem feinen ❸ Farbspektrum den gewünschten Farbton, dessen Hexcode dann angezeigt wird – ❷ oder ❺. Oder Sie geben einen Hexcode ein ❹. Im feinen Farbspektrum wird dann der zugehörige Farbton angezeigt.

13 Starke Werkzeuge – so nutzen Sie Ihr neues Wissen für noch bessere Websites

Nehmen wir an, Sie haben sich entschieden, einen Elementhintergrund oder eine Schriftfarbe in dunklem Rot darzustellen. *HTML Color Codes* übernimmt die schnelle Übersetzung von Farbton zu Hexcode und umgekehrt. Den richtigen Farbton wählen Sie in einem komfortablen Farbspektrum mit der Maus aus, wie Sie es vielleicht auch von Bildbearbeitungsprogrammen kennen. Den Hexcode kopieren Sie dann einfach in Ihre CSS-Dateien.

13.2.4 ColorZilla Farbpipette

▶ Add-on für Firefox und Chrome (*bnfr.de/ql1302*)

▶ Hexcodes für die Farben im Browserfenster

Um den exakten Hexcode einer Farbe auf einer Webseite zu bekommen, zum Beispiel die Hintergrundfarbe Ihrer Lieblingswebsite, installieren Sie das für die Browser Firefox und Chrome verfügbare Add-on *ColorZilla*. Wählen Sie nach der Installation einfach im Menü das *Pipette* genannte Werkzeug aus, und bewegen Sie die Maus an die Stelle auf der aktuellen Seite, deren Hexcode Sie sehen wollen – siehe Abbildung 13.4.

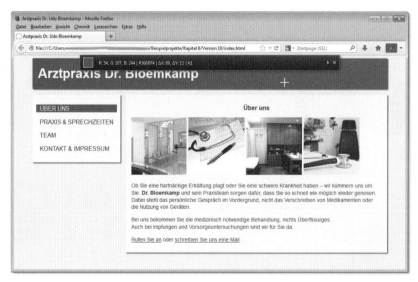

Abbildung 13.4 Wenn Sie die Pipette aktivieren, wird der Mauszeiger zu einem Fadenkreuz und Sie können genau den Pixel im Browserfenster auswählen, dessen Farbcode Sie interessiert.

Während Sie die Maus bewegen, zeigt das Add-on in der schwarzen Leiste am oberen Bildschirmrand die Farbe des aktuell im Fadenkreuz sichtbaren Punkts an. Nach einem

Klick wird der Hexcode in die Zwischenablage kopiert, und Sie können ihn in Ihre CSS-Dateien einfügen.

13.2.5 Adobe Kuler

- Website (*kuler.adobe.com*)
- Visuell harmonische Farbpaletten

Abbildung 13.5 Wählen Sie aus vordefinierten Farbpaletten aus ...

Wenn man noch nicht so viele Sachen gestaltet hat, ist man sich beim Design einer neuen Website häufig nicht sicher, welche Farben gut zueinander passen. Hier schafft Adobe Kuler Abhilfe: Entweder Sie wählen eine der vielen vordefinierten Farbpaletten (siehe Abbildung 13.5), oder Sie bestimmen selbst eine Hauptfarbe (siehe Abbildung 13.6).

Die Site wählt dann vier dazu passende Farben aus. Je nach Option handelt es sich eher um Komplementärfarben oder um Tonabstufungen derselben Farbe. Mit dieser Palette haben Sie genug Farben, um Hintergründe, Rahmen, hervorgehobene Texte usw. zu gestalten. Für die ausgewählten Farben zeigt die Site die jeweiligen Hexcodes und RGB-Werte an, die Sie einfach in Ihre CSS-Datei kopieren können.

13 Starke Werkzeuge – so nutzen Sie Ihr neues Wissen für noch bessere Websites

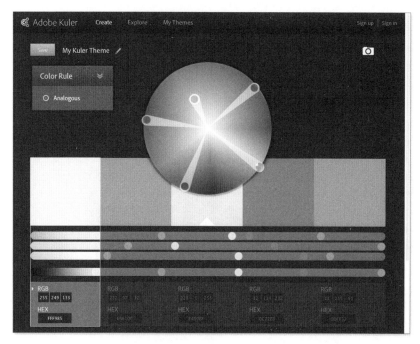

Abbildung 13.6 … oder stellen Sie eine eigene Palette zusammen.

13.2.6 ColorZilla Gradient Generator

- Website (*bnfr.de/ql13O3*)
- CSS für Farbverläufe

CSS3 hat mit `background: gradient();` eine nützliche Funktion eingeführt, die als grafischen Effekt einen Farbverlauf zeichnet. Ohne Hilfe ist es aber mühsam, den richtigen Farbverlauf zu erreichen – Sie ändern ständig einen der Eigenschaftswerte in der CSS-Datei und müssen jedes Mal speichern und im Browser neu laden, um zu sehen, was genau sich geändert hat.

Mit dem *ColorZilla Gradient Generator* können Sie einfach mit der Maus einen Farbverlauf zusammenstellen, den Sie direkt im Browser sehen. Sie verschieben so lange die Regler, bis Sie mit dem Aussehen zufrieden sind, und erst dann kopieren Sie das fertige CSS in Ihr Stylesheet.

Schauen Sie sich die Vorlagen ❶ an, um zu sehen, welche Arten von Verläufen möglich sind. Nach einem Klick auf einen der Regler unter dem Verlauf ❷ wird die jeweilige Farbe im Feld unten ❸ angezeigt. Ein Klick auf das Feld öffnet schließlich im neuen, kleinen Fenster den Farbraum zur Auswahl einer anderen Farbe. Rechts unten ❹ kopieren Sie das CSS für den aktuell zusammengestellten Verlauf.

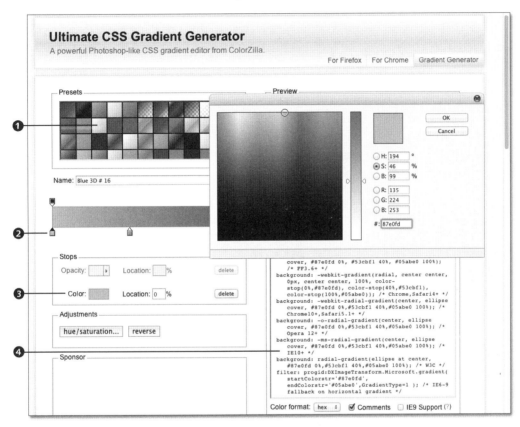

Abbildung 13.7 Der »ColorZilla Gradient Generator«

Die Site ist besonders nützlich, weil damit nicht nur einfache, lineare Verläufe möglich sind, sondern auch Verläufe mit Transparenz oder Glaseffekten. Schauen Sie sich die unterschiedlichen Vorlagen an, und spielen Sie mit den Einstellungen, dann sehen Sie schnell, was alles möglich ist.

13.2.7 CSSmatic

- Website (*www.cssmatic.com*)
- CSS für grafische Effekte und simple Texturen

Auch *CSSmatic* kann CSS für Farbverläufe generieren, die Sie direkt auf der Site erstellen und verändern. Darüber hinaus erstellen Sie auf der Site noch mehr grafische Effekte:

etwa Elemente mit durch border-radius abgerundeten Ecken oder einen Schlagschatten mit box-shadow. Das ist beides praktisch, obwohl Sie die CSS-Eigenschaften schon kennen: Wie bei den Verläufen spart es einfach Zeit, wenn man zuerst die richtige Gestaltung mit der Maus zusammenstellen kann und erst dann das fertige CSS in das Stylesheet kopiert.

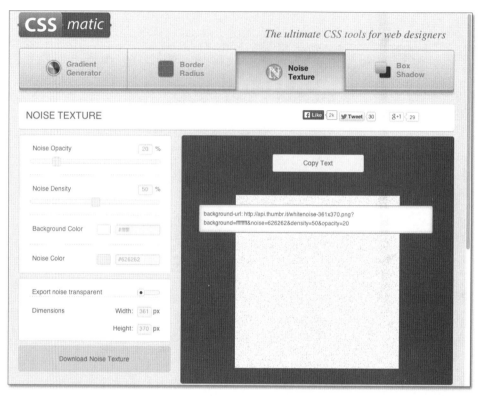

Abbildung 13.8 Wie in einem Bildbearbeitungsprogramm erstellen Sie mit einfachen Reglern sogenanntes Rauschen, also unregelmäßige Punkte. Das ergibt einfache Hintergrundtexturen für Ihre Website.

Richtig interessant ist aber ein weiterer Effekt, den die Site für Sie generiert: Texturen mit unregelmäßigem Rauschen, also kleinen, zufällig verteilten Punkten. Spielen Sie ein wenig mit den Einstellungen, und wenn Sie fertig sind, können Sie die Textur als Bilddatei herunterladen. Einmal auf Ihren Webserver kopiert, verwenden Sie die Textur mithilfe von background-image und background-repeat als sich wiederholendes Hintergrundbild. Mehr zum Thema Texturen finden Sie auch in Abschnitt 6.2.2, »Die Unterschiede in der Darstellung ausgleichen«.

13.2.8 CSS3, please!

▶ Website (*www.css3please.com*)

▶ CSS für grafische Effekte

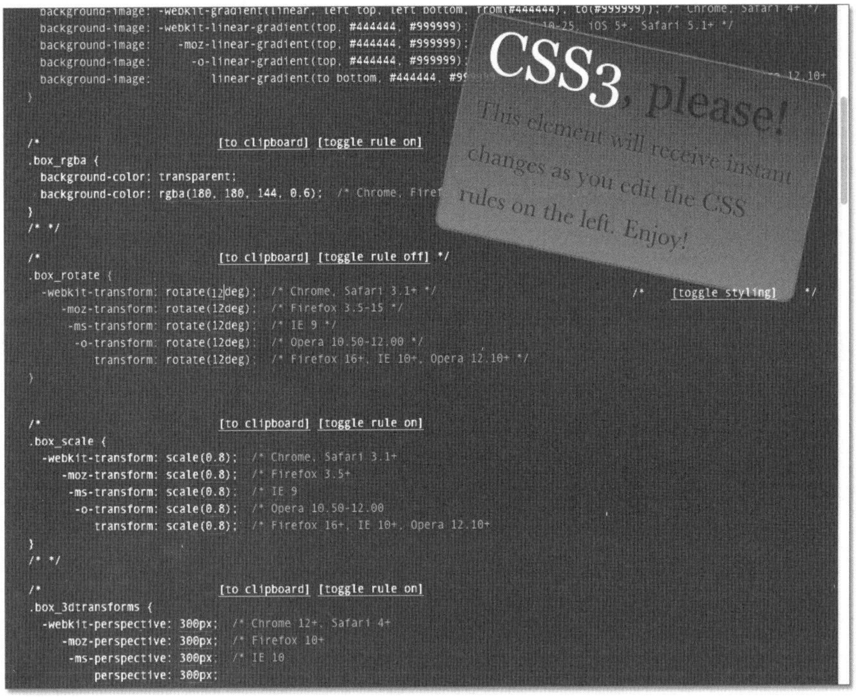

Abbildung 13.9 Mit den CSS-Eigenschaften links gestalten Sie das rechteckige Element rechts oben – Sie sehen sofort, was Ihre Einstellungen bewirken.

Auf den ersten Blick wirkt die Website *CSS3, please!* etwas altmodisch mit ihrem düsteren Hintergrund und schier endlosen Textmengen. Aber mit der Site können Sie ebenfalls die neuesten grafischen CSS-Effekte erstellen und anpassen und dann das fertige CSS in Ihre Stylesheets kopieren. Sie deckt noch mehr Effekte ab als zum Beispiel *CSSmatic*, deshalb ist die Site trotz der weniger eingängigen Bedienung einen Blick wert.

Auf der linken Seite wählen Sie mithilfe von TOGGLE RULE ON und TOGGLE RULE OFF die CSS-Eigenschaften aus, die auf das Element rechts oben angewendet werden sollen – Farbverläufe, abgerundete Ecken, Rotation, Textschatten und vieles mehr. Werte wie 2px können Sie im Text einfach anklicken und mit der Tastatur editieren. Bei Farbwerten erscheint nach dem Klick ein kleines Fenster mit grafischem Farbraum zur Auswahl des gewünschten Farbtons. Neben den CSS-Eigenschaften stehen auf der Seite Kommentare, die Ihnen sagen, welche Browser die jeweilige Eigenschaft unterstützen.

13.3 Werkzeuge für Fortgeschrittene

Die Werkzeuge für Fortgeschrittene erfordern etwas mehr Vorwissen und Übung. Hier reicht es nicht mehr, nur eine einzelne CSS-Eigenschaft in sein Stylesheet zu kopieren. Stattdessen müssen Sie ganze Dateien in Ihr Webprojekt übernehmen und Ihr HTML und CSS ein wenig anpassen, damit die Werkzeuge funktionieren. Zum Beispiel geben Sie einem HTML-Element eine bestimmte Klasse, damit die Formate einer neuen CSS-Datei berücksichtigt werden.

Auf den Websites zu jedem Werkzeug gibt es Anleitungen und Beispiele, die zeigen, wie Sie die Funktionen nutzen.

13.3.1 normalize.css

▶ Download (*bnfr.de/ql1304*)

▶ Stylesheet für konsistente Browserdarstellung

```
/*! normalize.css v2.1.3 | MIT License | git.io/normalize */
/* ==========================================================
   HTML5 display definitions
   ========================================================== */
/**
 * Correct `block` display not defined in IE 8/9.
 */
article,
aside,
details,
figcaption,
figure,
footer,
header,
hgroup,
main,
nav,
section,
summary {
    display: block;
}

/**
 * Correct `inline-block` display not defined in IE 8/9.
 */
audio,
canvas,
video {
    display: inline-block;
}

/**
 * Prevent modern browsers from displaying `audio` without controls.
 * Remove excess height in iOS 5 devices.
 */
audio:not([controls]) {
    display: none;
    height: 0;
}

/**
 * Address `[hidden]` styling not present in IE 8/9.
 * Hide the `template` element in IE, Safari, and Firefox < 22.
 */
[hidden],
template {
    display: none;
```

Abbildung 13.10 Die Formate gleichen Browserunterschiede aus und verbessern die HTML5-Unterstützung in einigen älteren Versionen. Dank der Kommentare wissen Sie, was jedes Format bewirkt.

Dieses praktische Stylesheet können Sie einfach zusätzlich zu Ihren anderen CSS-Dateien verwenden, oder Sie nehmen *normalize.css* als Ausgangsbasis und erweitern das Stylesheet mit Ihren eigenen Formaten.

Mit der CSS-Datei verschwinden sehr viele Unterschiede in der Darstellung zwischen den Browsern oder werden zumindest minimiert. Als Bonus sorgen Sie mit dem Stylesheet dafür, dass auch einige ältere Browser HTML5-Elemente mit den richtigen Abmessungen darstellen. Die Formate sind kommentiert, sodass Sie nachvollziehen können, was sie im Einzelnen bewirken.

13.3.2 Individuelle Schriftarten mit @font-face

Um Schriftarten auf Ihren Websites zu nutzen, die über die Standards wie Arial, Helvetica oder Times hinausgehen, brauchen Sie nur einen einzigen CSS-Befehl. Aber diese Schriftarten müssen Sie von einem Server laden, daher finden Sie die Technik hier bei den Werkzeugen.

Grundsätzlich legen Sie die Schriftart Ihrer Elemente mit der CSS-Eigenschaft `font-family` fest. Damit Browser die darin angegebenen Schriftarten darstellen können, müssen sie auf dem Gerät des Besuchers installiert sein. Das Problem ist, dass die installierten Schriftarten von Gerät zu Gerät stark variieren: Windows und Mac OS X haben gerade mal ein Dutzend Schriftarten gemeinsam; manche werden von Programmen wie *Microsoft Office* installiert, andere haben die Benutzer vielleicht extra gekauft.

Solange Sie nur die Standardschriften benutzen, die auf 99 % der Geräte verfügbar sind, wird der Text auf Ihrer Website bei jedem Besucher gleich angezeigt. Aber weil eben auch Millionen andere Websites diese problemlos verwendbaren Schriften benutzen, können Sie Ihrer Site damit keinen individuellen gestalterischen Charakter geben.

Um spezielle Schriftarten einsetzen zu können, die nicht auf dem Gerät des Besuchers installiert sind, muss die Schriftart als Font-Datei auf einem Webserver bereitstehen und in die CSS-Datei eingebunden werden.

Das Einbinden ist simpel und geschieht mit dem Befehl `@font-face`, den Sie ganz oben in Ihre CSS-Datei schreiben:

```
@font-face {
   font-family: "Meine Schrift";
   src: url(dateiname.endung);
}
```

Den Befehl verstehen fast alle Browser. Jetzt können Sie jedes Textelement mit der neuen Schriftart darstellen lassen, indem Sie den Namen als zusätzlichen Wert der Eigenschaft `font-family` benutzen:

`font-family: "Meine Schrift", Helvetica, Arial, "sans serif";`

Die wenigen Browser, die `@font-face` nicht verstehen, nehmen eine der im Folgenden angegebenen Schriftarten.

Aufwendiger als die Einbindung in die CSS-Datei ist es, überhaupt an eine Schriftart zu kommen. Wie Bilder oder andere künstlerische Werke unterliegen Schriftarten grundsätzlich dem Urheberrecht. Sie dürfen also nicht einfach eine Schrift, die Ihnen gefällt, kopieren und selbst benutzen.

Sie haben zwei Möglichkeiten: Entweder Sie nutzen einen Dienst, der Font-Dateien für Ihre Sites auf seinem Server bereitstellt, oder Sie schauen sich auf Sites um, die Schriftarten zum Kauf anbieten – die haben meistens auch ein paar kostenlose im Programm, und diese laden Sie herunter und stellen sie auf Ihren eigenen Server.

Informieren Sie sich aber genau über die jeweilige Lizenz, bevor Sie eine Schriftart in Ihr Projekt einbinden. Nicht alle Schriften sind auch für kommerzielle Zwecke kostenlos, und manche kostenlosen Schriftarten erfordern eine Erwähnung des Urhebers auf Ihrer Website.

Die Schriften werden in unterschiedlichen Dateiformaten wie zum Beispiel *.ttf*, *.otf* oder *.eot* angeboten. Denken Sie daran, dass nicht alle Browser alle Dateitypen unterstützen. Mit *.ttf* und *.otf* decken Sie moderne Browser ab, für Internet Explorer 9 und älter brauchen Sie zum Beispiel *.eot*. Sie können mit mehreren `@font-face`-Befehlen dieselbe Schriftart in unterschiedlichen Formaten einbinden, die Browser nehmen dann das, was sie verstehen. Mit Diensten wie *Font Squirrel* (*www.fontsquirrel.com*) können Sie Schriftarten in andere Formate konvertieren.

Wenn Sie eine passende Schriftart gefunden haben, geben Sie entweder den auf der Site angezeigten Link als Quelle (`src`) im `@font-face`-Befehl Ihrer CSS-Datei an, oder Sie laden die Font-Datei herunter. In dem Fall kopieren Sie die Datei auf Ihren Webserver und geben den Speicherort als Quelle in `@font-face` ein – schon können Sie Ihre Website gestalterisch viel besser individualisieren.

> **Quellen für kostenlose Schriftarten**
> Auf der Website zum Buch finden Sie unter *bnfr.de/ql1305* für beide Varianten einige Quellen, also sowohl für das Einbinden der Schrift von einem externen Server als auch für den Download.

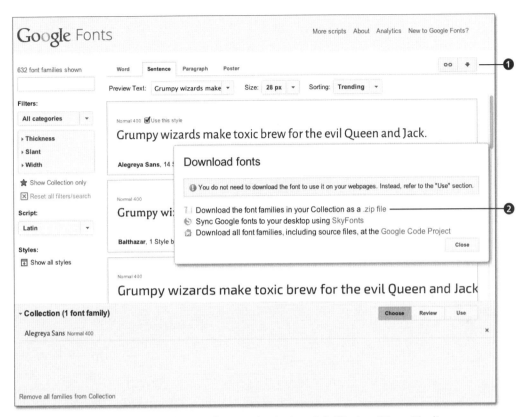

Abbildung 13.11 »Google Fonts« bietet über 600 kostenlose Schriftarten. Wenn Sie die passende Schrift gefunden haben, klicken Sie rechts oben ❶ entweder auf das Kettensymbol oder auf den nach unten zeigenden Pfeil, um entweder einen Link zur Einbindung auf Ihrer Website oder eine Datei zum Download zu bekommen. Für den Download müssen Sie im kleinen Fenster dann noch auf den Link zip file ❷ klicken.

13.3.3 Glyphicons FREE

- Download (*www.glyphicons.com*)
- Icons für Buttons, Menüs etc.

Icons sind ein effektives gestalterisches Element. Sie drücken auf kleinstem Raum aus, was man mit vielen Worten beschreiben müsste. Symbole für *Vor, Zurück, Download* usw. werden von Besuchern schnell erkannt. Von Glyphicons gibt es eine kostenlose Variante namens FREE, die 470 saubere, dunkelgraue Icons im PNG-Format enthält. Sie dürfen die Grafiken auch für kommerzielle Websites benutzen, müssen aber immer irgendwo auf der Site einen Link zu Glyphicons setzen.

13   Starke Werkzeuge – so nutzen Sie Ihr neues Wissen für noch bessere Websites

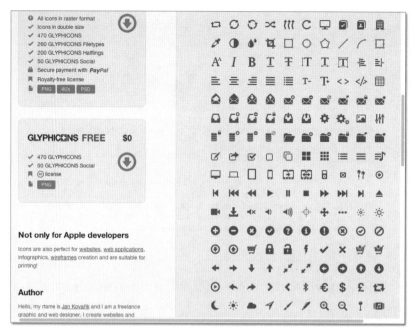

Abbildung 13.12 Glyphicons bietet auch ein kostenloses Paket mit 470 Icons im PNG-Format an.

Wenn Ihnen das nichts ausmacht, laden Sie das Icon-Paket herunter und kopieren Sie die PNGs auf Ihren Webserver. Sie bauen die Icons einfach per `img`-Element in Ihre Seiten ein, der Wert des `src`-Attributs zeigt zur jeweiligen Icon-Datei auf dem Webserver.

13.3.4   Font Awesome

▶ Download (*www.fontawesome.io*)

▶ Icons für Buttons, Menüs etc.

Font Awesome ist komplett kostenlos, und auch bei kommerziellen Projekten verlangt der Urheber nicht einmal einen Link auf seine Site. Außerdem bestehen die Icons aus Vektorgrafiken, die im Gegensatz zu normalen Bildern ohne Qualitätsverlust beliebig vergrößerbar sind. Die Symbole sind mit einer Breite von 100 Pixeln immer noch so scharf wie mit einer Breite von 10 Pixeln.

Noch besser ist, dass die Icons nicht nur ein Haufen Bilddateien sind, sondern dass jedes Symbol ein Zeichen der eigenen Schriftart von Font Awesome ist. Das bedeutet, Sie können die Icons genauso mit CSS gestalten wie Text: `color`, `font-size` und `text-shadow` sind problemlos anwendbar.

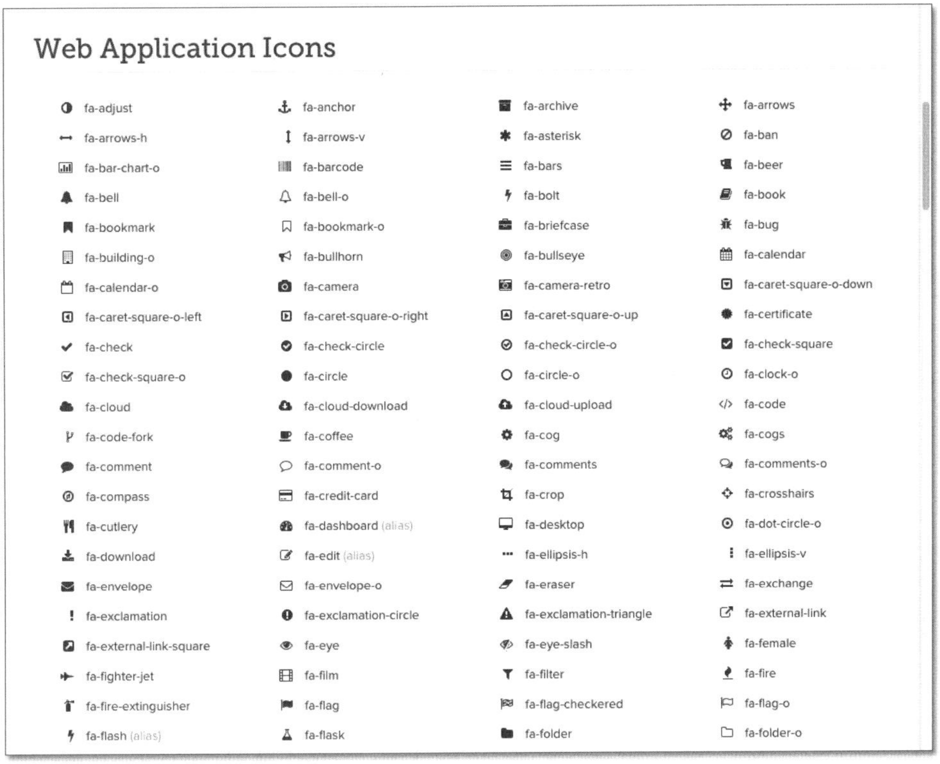

Abbildung 13.13 Die Icons bestehen aus skalierbaren Vektorgrafiken, die mit CSS gestaltbar sind.

Dafür ist die Einbindung nicht ganz so simpel wie zum Beispiel bei den *Glyphicons*. Zuerst müssen Sie ein Paket aus Schriftart und Stylesheet herunterladen und auf Ihren Webserver kopieren. Dann binden Sie das Stylesheet in Ihre HTML-Seiten ein. Um schließlich ein Icon auf einer Seite einzubauen, schreiben Sie Folgendes in den Quelltext:

```
<i class="fa fa-camera"></i>
```

Das ist ein leeres `i`-Element, das zwei Klassen enthält. Die erste markiert das Element als ein *Font Awesome*-Icon, die zweite besagt, welches der 396 Icons gemeint ist.

13.3.5 Adobe Topcoat

- Download (*www.topcoat.io*)
- Stylesheet für interaktive Elemente, z. B. Buttons

13   Starke Werkzeuge – so nutzen Sie Ihr neues Wissen für noch bessere Websites

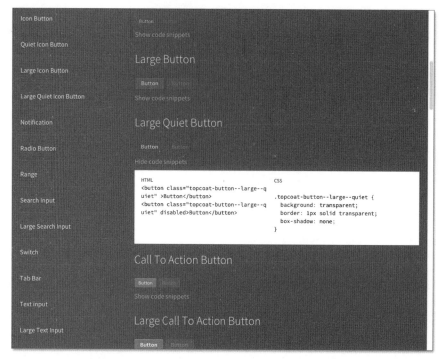

Abbildung 13.14 Auf der Website ist dokumentiert, wie Sie das HTML ändern müssen, damit es vom Topcoat-Stylesheet gestaltet werden kann und welche CSS-Eigenschaften jeweils angewendet werden.

Wenn Sie interaktive Elemente wie Tabs, Buttons, markierbare Kästchen oder Felder zur Texteingabe auf Ihren Seiten benutzen, lassen sich diese mit Topcoat schlicht und sauber gestalten. Sie können aus sechs Stylesheets wählen (z. B. für große und kleine Bildschirme, dunkleres oder helleres Design usw.). Fügen Sie die CSS-Dateien zu Ihren Website-Dateien hinzu, und verknüpfen Sie die Stylesheets im HTML jeder Seite. Wenn Sie dann Ihren Elementen spezifische Klassen wie `topcoat-button` geben, werden sie mit den Formaten der neuen Stylesheets dargestellt.

Das macht aber nur Sinn, wenn die restliche Gestaltung Ihrer Seiten zum Topcoat-Stylesheet passt. Um nachzuhelfen, reicht es manchmal schon aus, im Topcoat-Stylesheet die Hauptfarben zu ändern.

13.3.6   JSLint

- Website (*www.jslint.com*)
- Validator für JavaScript

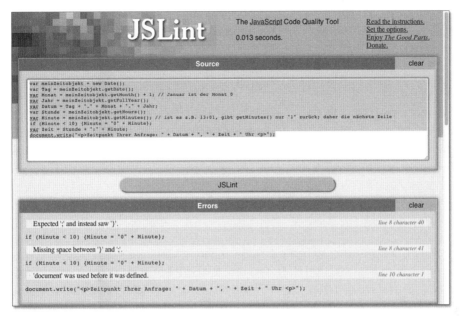

Abbildung 13.15 Wenn JSLint Fehler in Ihrem JavaScript-Code findet, zeigt es unter dem Codefenster an, an welcher Stelle der Fehler auftritt und was genau das Problem ist.

Was der *Validator* des W3C für HTML ist, ist *JSLint* für JavaScript: Sie kopieren Ihren Code in das große Fenster auf der Website und klicken auf den Button JSLINT. Wenn in Ihrem Skript irgendwelche Fehler sind, zum Beispiel Syntaxfehler (wie ein vergessenes Semikolon oder eine Klammer zu wenig), sagt die Site Ihnen, an welcher Stelle im Code der Fehler auftritt. Aber auch komplexere Probleme, wie nicht definierte Variablen werden gefunden – die Site sagt Ihnen jeweils, was genau falsch ist.

Manche Fehler in JavaScript können Sie erst finden, wenn Sie den Code direkt auf der Webseite ausführen, zu der er gehört. Aber um das Skript vorher schnell auf grobe Schnitzer abzuklopfen, ist dieses Werkzeug sehr praktisch.

13.3.7 HTML5Shiv

- Download (*bnfr.de/ql1306*)
- JavaScript-Datei für HTML5-Elemente auch in alten Internet Explorern

Wenn Sie auf Ihren Seiten Layoutelemente wie section benutzen, die in HTML5 neu sind, führt das in einigen alten Browsern zu Problemen: Diese Browser sehen das Element zwar im Quelltext, können aber nichts damit anfangen und stellen es auf der Seite nicht dar. Wenn sie es aber doch tun, greifen Ihre CSS-Formate für die Gestaltung nicht.

Das können Sie mit *HTML5Shiv* beheben. Laden Sie einfach die JavaScript-Datei von der Website herunter, kopieren Sie sie in Ihr Webprojekt, und verknüpfen Sie die Datei in allen HTML-Dateien.

Damit erkennen auch einige der alten Browser HTML5-Elemente in Ihrem Quelltext, und die Elemente werden mit CSS gestaltbar. Das heißt aber natürlich nicht, dass die Browser plötzlich HTML5-exklusive Funktionen beherrschen, wie z. B. das Abspielen von Videos, die Sie mithilfe des `video`-Elements eingebunden haben. Aber neue Layoutelemente wie `section` werden eben korrekt angezeigt, sodass Sie mit einem entsprechenden Layout mehr Browser abdecken.

13.4 Werkzeuge für Profis

Die Werkzeuge für Profis bestehen meist aus mehreren Dateien. Für die Verwendung der Funktionen müssen Sie Ihr HTML, CSS und JavaScript teilweise ganz anders konzipieren. Die zusätzlichen Dateien sind relativ komplex, sodass es etwas Erfahrung braucht, um ihren Aufbau zu verstehen. Das ist aber unerlässlich, wenn Sie die Funktionen und Gestaltung der Werkzeuge an Ihre Bedürfnisse anpassen wollen, um die Ladezeiten zu senken und Ihre Seiten individuell zu gestalten.

Auch kann es im Einzelfall passieren, dass beim gleichzeitigen Einsatz mehrerer Werkzeuge auf einer Site Fehler auftreten. Die Entwickler sorgen zwar meistens für größtmögliche Kompatibilität, aber informieren Sie sich davor am besten auf den Websites der Anbieter über den aktuellen Stand, und testen Sie die Seiten ausführlich.

13.4.1 HTML5 Boilerplate

- Download (*www.html5boilerplate.com*)
- HTML-Grundgerüst, optional mit Stylesheet zum Ausgleich der Browserunterschiede und direkt eingebundenen JavaScript-Werkzeugen

Wir haben im Laufe des Buchs ein Grundgerüst mit allen für eine funktionierende HTML-Seite nötigen Elementen erstellt, das Sie unter *bnfr.de/ql610* herunterladen und für Ihre Webprojekte benutzen können. Auch die Website *HTML5 Boilerplate* bietet ein solches Grundgerüst an, erweitert es aber um zusätzliche Elemente. Wir empfehlen auch deshalb einen Blick darauf, weil dieses Grundgerüst ständig aktualisiert und an neue Standards angepasst wird. Wem das nicht reicht, der kann auf der Website ein ganzes Paket aus Grundgerüst, dem schon bekannten *normalize.css* zum Ausgleich vieler Browserunterschiede, einer vorkonfigurierten `.htaccess`-Datei und häufig benutzten JavaScript-Werkzeugen zusammenstellen.

```
<!DOCTYPE html>
<!--[if lt IE 7]>      <html class="no-js lt-ie9 lt-ie8 lt-ie7"> <![endif]-->
<!--[if IE 7]>         <html class="no-js lt-ie9 lt-ie8"> <![endif]-->
<!--[if IE 8]>         <html class="no-js lt-ie9"> <![endif]-->
<!--[if gt IE 8]><!--> <html class="no-js"> <!--<![endif]-->
    <head>
        <meta charset="utf-8">
        <meta http-equiv="X-UA-Compatible" content="IE=edge">
        <title></title>
        <meta name="description" content="">
        <meta name="viewport" content="width=device-width, initial-scale=1">

        <!-- Place favicon.ico and apple-touch-icon.png in the root directory -->

        <link rel="stylesheet" href="css/normalize.css">
        <link rel="stylesheet" href="css/main.css">
        <script src="js/vendor/modernizr-2.6.2.min.js"></script>
    </head>
    <body>
        <!--[if lt IE 7]>
            <p class="browsehappy">You are using an <strong>outdated</strong> browser. Please <a href="http://browsehappy.com/">
            upgrade your browser</a> to improve your experience.</p>
        <![endif]-->

        <!-- Add your site or application content here -->
        <p>Hello world! This is HTML5 Boilerplate.</p>

        <script src="//ajax.googleapis.com/ajax/libs/jquery/1.10.2/jquery.min.js"></script>
        <script>window.jQuery || document.write('<script src="js/vendor/jquery-1.10.2.min.js"><\/script>')</script>
        <script src="js/plugins.js"></script>
        <script src="js/main.js"></script>

        <!-- Google Analytics: change UA-XXXXX-X to be your site's ID. -->
        <script>
            (function(b,o,i,l,e,r){b.GoogleAnalyticsObject=l;b[l]||(b[l]=
            function(){(b[l].q=b[l].q||[]).push(arguments)});b[l].l=+new Date;
            e=o.createElement(i);r=o.getElementsByTagName(i)[0];
            e.src='//www.google-analytics.com/analytics.js';
            r.parentNode.insertBefore(e,r)}(window,document,'script','ga'));
            ga('create','UA-XXXXX-X');ga('send','pageview');
        </script>
    </body>
</html>
```

Abbildung 13.16 In den ersten Zeilen wird mit bedingten Kommentaren dafür gesorgt, dass je nach Browser der Start-Tag des `html`-Elements andere Klassen bekommt.

404.html	10.09.2013 13:33
apple-touch-icon-precomposed.png	10.09.2013 13:33
CHANGELOG.md	10.09.2013 13:33
CONTRIBUTING.md	10.09.2013 13:33
crossdomain.xml	10.09.2013 13:33
css	10.09.2013 13:33
doc	10.09.2013 13:33
favicon.ico	10.09.2013 13:33
humans.txt	10.09.2013 13:33
img	10.09.2013 13:33
index.html	10.09.2013 13:33
js	10.09.2013 13:33
LICENSE.md	10.09.2013 13:33
README.md	10.09.2013 13:33
robots.txt	10.09.2013 13:33

Abbildung 13.17 Die Dateien (404, favicon, touch-icon, robots.txt usw.) haben schon die standardmäßigen Namen, sodass sie vom Browser korrekt erkannt werden. Den Inhalt passen Sie Ihren Wünschen an.

Wenn Sie eine neue Website beginnen, kopieren Sie die heruntergeladenen Dateien auf Ihren Webserver und erstellen für jede HTML-Datei eine Kopie des Grundgerüsts, das bereits mit allen Stylesheets und JavaScript-Dateien verknüpft ist. Sie brauchen dann nur noch den Inhalt des `body`-Elements anzulegen bzw. zu verändern und zusätzliche Formate für die Gestaltung zu erstellen.

13.4.2 CSS3 PIE

▶ Download (*www.css3pie.com*)

▶ Skript für die Darstellung von CSS3-Effekten in Internet Explorer 9 und älteren Versionen

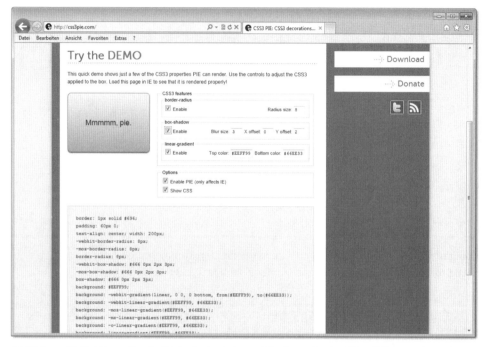

Abbildung 13.18 Wenn Sie die Website im Internet Explorer 9 oder älter öffnen, sehen Sie direkt, zu welchen Effekten der Browser dank des Werkzeugs fähig ist.

Ältere Browserversionen machen immer wieder Ärger, aber selbst der vergleichsweise junge Internet Explorer 9 kann einige CSS3-Effekte wie `text-shadow` oder `background: gradient();` nicht darstellen. *CSS3 PIE* schafft da Abhilfe. Sie laden die Dateien herunter und kopieren sie auf Ihren Webserver. Jetzt müssen Sie nur in Formaten mit CSS3-Effekten ein bis zwei zusätzliche Eigenschaften einfügen, damit Internet Explorer der Versionen 6 bis 9 die Effekte ebenfalls anzeigen – zum Beispiel so:

```
background: linear-gradient(#EEFF99, #66EE33);
-pie-background: linear-gradient(#EEFF99, #66EE33);
behavior: url(/pie/PIE.htc);
```

Die erste Eigenschaft ist normales CSS, die beiden anderen Eigenschaften sind speziell für CSS3 PIE. Die URL im Wert der letzten Eigenschaft zeigt auf eine der im Download enthaltenen Dateien und versteht sich im Gegensatz zu anderen URLs in Stylesheets nicht relativ zur CSS-Datei, sondern relativ zum HTML-Dokument, in dem das Element steht, das hier formatiert wird.

Die so generierten Effekte kosten aber mehr Leistung als in Browsern mit CSS3-Unterstützung. Testen Sie also, ob es spürbar länger dauert, bis die Seiten im Browser vollständig aufgebaut sind. Wenn Sie oder ein Auftraggeber unbedingt einen bestimmten Effekt auch in den betroffenen IE-Versionen umsetzen wollen, ist das Werkzeug jedenfalls sehr nützlich.

13.4.3 Modernizr

- Download (*www.modernizr.com*)
- JavaScript-Datei, die überprüft, welche HTML5- und CSS3-Komponenten der Browser eines Besuchers beherrscht

Modernizr ist eine JavaScript-Datei, die Sie in Ihre Webseiten einbinden. Wenn ein Benutzer die Seite lädt, prüft das Skript, welche HTML5-Elemente und CSS3-Eigenschaften der Browser des Benutzers beherrscht. Je nach Ergebnis fügt es Ihrem HTML dann automatisch bestimmte Klassen hinzu und erstellt JavaScript-Objekte. Indem Sie Formate mit CSS-Selektoren schreiben, die sich nach diesen Klassen richten, und JavaScript-Funktionen, die diese Objekte abfragen, können Sie Ihre Gestaltung und JavaScript-Funktionen besser an unterschiedliche Browser anpassen.

Zuerst müssen Sie die Datei herunterladen, auf Ihren Webserver kopieren und in Ihren HTML-Dokumenten einbinden.

Die Klassen, die das Prüfungsergebnis festhalten, fügt *Modernizr* dem `html`-Element der Seite hinzu – zum Beispiel die Klasse `cssgradients`, wenn der Browser Farbverläufe unterstützt, und `no-cssgradients`, wenn er das nicht tut. Jetzt können Sie etwa für `div`-Elemente zwei unterschiedliche Formate bestimmen, eines mit Hintergrundbildern und eines mit CSS-Farbverläufen:

```
.no-cssgradients div {
   background: url("images/glossybutton.png");
}
.cssgradients div {
   background-image: linear-gradient(top, #555, #333);
}
```

Bedenken Sie aber, dass es für viele CSS-Eigenschaften auch ausreicht, einfach zwei Eigenschaften in dasselbe Format zu schreiben, und zwar die modernere unter die weniger moderne. Der Browser schaut sich beide Eigenschaften an, und wenn er die moderne nicht versteht, nimmt er einfach die weniger moderne.

Für JavaScript-Aufgaben ist *Modernizr* noch wichtiger: Nach der Prüfung beim Laden der Seite erstellt er für jede positiv getestete Komponente ein JavaScript-Objekt, auf das Sie zugreifen können, zum Beispiel das Objekt `Modernizr.localstorage`, wenn der Browser die Lokalspeicherfunktion von HTML5 beherrscht. Mit einer `if`-Abfrage können Sie prüfen, ob das Objekt vorhanden ist:

```
if (Modernizr.localstorage) {
    // Skript, das ausgeführt werden soll, wenn der Browser localStorage
beherrscht;
} else {
    // Skript, das ausgeführt werden soll, wenn der Browser localStorage NICHT
beherrscht;
}
```

Je nach Browserunterstützung wird dann anderes JavaScript ausgeführt.

Noch praktischer wird *Modernizr* bei Seiten mit richtig viel Code. Hier kann es sich nämlich lohnen, für Browser je nach Unterstützung nicht nur ein paar andere Befehle zu schreiben, sondern ganz andere JS-Dateien einzubinden. Um je nach Prüfungsergebnis eine andere Datei zu laden, rufen Sie beim Laden der Seite folgende Funktion auf:

```
Modernizr.load({
    test: Modernizr.geolocation,
    yep : 'geo.js',
    nope: 'geo-polyfill.js'
});
```

Diese Funktion beispielsweise überprüft, ob der aktuelle Browser die Geolokalisierungskomponente von HTML5 beherrscht. Je nach Ergebnis der Prüfung lädt die Funktion dann eine andere JavaScript-Datei, die Sie für die Benutzung mit und ohne diese Komponente optimiert haben.

So können Sie Ihr JavaScript viel effizienter auf beide Szenarien (Unterstützung oder keine Unterstützung) zuschneiden. Und der Browser lädt nur den Teil, den er auch versteht, verschwendet also keine wertvollen Sekundenbruchteile mit dem Laden von Code, der für ihn unnütz ist.

13.4.4 jQuery

- Download (*www.jquery.com*)
- JavaScript-Bibliothek für einfachere, schneller zu verstehende Befehle. Sehr wichtig, weil viele andere Werkzeuge darauf aufbauen!

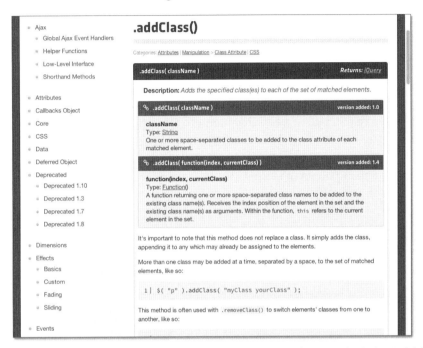

Abbildung 13.19 Auf der Website von jQuery wird die Funktionsweise jedes Befehls mit Beispielen beschrieben.

Wer in seinen Webprojekten mehr als nur ein paar Zeilen JavaScript benutzt, sollte sich *jQuery* unbedingt anschauen. Es besteht aus einer großen JavaScript-Datei, die Sie herunterladen, auf den Webserver kopieren und mit Ihren HTML-Dateien verknüpfen.

Mit jQuery werden JavaScript-Befehle für Ihre Websites viel einfacher zu schreiben, und Funktionen sind schneller umzusetzen. Als Bonus müssen Sie nicht mehr bei einigen Details unterschiedliche Befehle für unterschiedliche Browser benutzen, jQuery übersetzt Anweisungen automatisch in den richtigen Code für jeden Browser.

Ein sehr einfacher jQuery-Befehl zum Beispiel geht so:

```
$("#kopfleiste").addClass("neueklasse");
```

Damit geben Sie dem Element mit der id kopfleiste die Klasse neueklasse.

Um dasselbe ohne jQuery zu bewerkstelligen, müsste Ihr JavaScript deutlich länger sein:

```
var element = document.getElementById("kopfleiste");
element.className = element.className + " neueklasse";
```

Je komplexer das JavaScript einer Website ist, umso mehr lohnt sich die Verwendung von jQuery. Wenn Sie andererseits nur ein oder zwei simple Funktionen auf der gesamten Site einsetzen, macht die Einbindung weniger Sinn, weil die Bibliothek viel mehr Speicherplatz verbraucht als Ihr eigenes JavaScript.

Aber jQuery macht nicht nur Ihre Arbeit mit JavaScript einfacher. Weil das Werkzeug für komplexe Aufgaben so hilfreich ist, bauen Hunderte anderer Hilfsmittel auf jQuery auf. Es gibt unzählige Plug-ins, also Erweiterungen für jQuery, und viele andere große Werkzeuge nutzen jQuery, um ihre eigenen JavaScript-Befehle auszuführen. Deshalb lohnt es sich auf jeden Fall, sich mit dieser Bibliothek vertraut zu machen.

13.4.5 FitText

- Download (*www.fittextjs.com*)
- jQuery-Plug-in, das Überschriften an die Bildschirmgröße anpasst

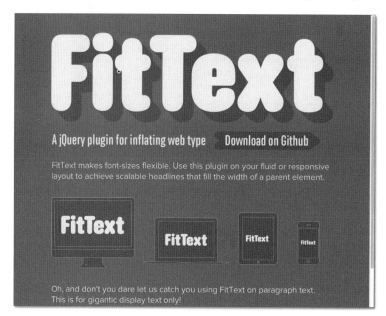

Abbildung 13.20 Die Website zeigt sofort, was das Plug-in macht: große Überschriftentexte an die Bildschirmgröße anpassen.

Mit *FitText* sehen Sie gleich ein Beispiel für eines der unzähligen Plug-ins für *jQuery*. Es umfasst gerade einmal 44 Zeilen JavaScript und hat nur einen einzigen Zweck: Erinnern Sie sich an das separate Stylesheet für schmale Bildschirme aus Kapitel 6, »Die eigene Website im Internet«? Dort ändern wir die Schriftgröße und Zeilenhöhe der Überschrift in der Kopfleiste und verbessern damit die Darstellung auf kleineren Bildschirmen.

Wenn wir aber mit JavaScript arbeiten, geht mehr. Laden Sie jQuery und das Plug-in Fit-Text herunter, kopieren Sie beide JavaSscript-Dateien auf Ihren Webspace, und binden Sie die Dateien in Ihre HTML-Dokumente ein. Dank des Plug-ins funktioniert dann zum Beispiel Folgendes:

```
jQuery("#kopfleiste").fitText(1.2, { minFontSize: '20px', maxFontSize: '40px' })
```

Wenn Sie diesen Befehl in einer Funktion ausführen, die beim Laden der Seite gestartet wird, wird die Schriftgröße des Elements mit der `id kopfleiste` an die aktuelle Bildschirmgröße angepasst (beim Ändern der Fenstergröße verändert sie sich also nicht mehr, erst beim Neuladen der Seite). Die zusätzlichen Parameter geben an, wie stark angepasst werden soll und ob es eine Mindest- und Maximalgröße gibt, die nicht unter- bzw. überschritten werden darf.

Sie müssen nur beachten, dass das Elternelement der Überschrift mit `display: block` oder `display:inline-block` formatiert sein und eine `width` haben muss. Diese darf aber auch relativ sein (z. B. 100 %). Laut den Autoren des Plug-ins soll FitText aber nicht für Fließtext benutzt werden, nur für Überschriften.

13.4.6 Nivo Slider

- Download (*bnfr.de/ql1307*)
- jQuery-Plug-in für Bildergalerien (Karussell)

Auf vielen Websites finden sich Bildergalerien, bei der Sie mit einem Klick auf die Pfeile nach links oder nach rechts das vorige oder das nächste Bild anzeigen lassen – so wie in Abbildung 13.21.

Genau das bauen Sie schnell und einfach auf Ihrer Site ein, wenn Sie den *Nivo Slider* benutzen. Das ist auch ein jQuery-Plug-in, Sie laden es also gemeinsam mit der neuesten Version von jQuery herunter, kopieren alle Dateien in Ihr Webprojekt und binden sie im HTML ein.

13 Starke Werkzeuge – so nutzen Sie Ihr neues Wissen für noch bessere Websites

Abbildung 13.21 Eine Bildergalerie im sogenannten Karussell-Stil: Mit den Pfeilen wechseln Sie das Bild.

Dann reicht schon ein simpler Befehl, den Sie in eine Funktion packen, die beim Laden der Seite ausgeführt wird:

```
$('#slider').nivoSlider();
```

Das Verhalten und Aussehen der Bildergalerie können Sie mit zusätzlichen Parametern leicht konfigurieren. Sie wählen zum Beispiel die Animation aus, mit der von einem Bild zum nächsten gewechselt wird, oder eine Zeitspanne, nach der automatisch das nächste Bild erscheint.

13.4.7 jQuery UI

- Download (*www.jqueryui.com*)
- JS- und CSS-Dateien für gut benutzbare und hübsche interaktive Seitenelemente

Nachdem Sie die im Download enthaltenen Dateien (inklusive jQuery) auf Ihren Webserver kopiert und in alle HTML-Dokumente eingebunden haben, können Sie Dutzende sogenannte Widgets auf Ihren Seiten nutzen. Die Auswahl reicht von Buttons, Menüs und Tabs über Dialoge und Tooltips bis hin zu Slidern, Kalendern und Autocomplete-Listen. Abgedeckt werden also vor allem interaktive Elemente.

So einfach machen Sie zum Beispiel aus einem leeren `div` mit der `id element` einen Slider, also einen Regler den der Nutzer mit der Maus anfassen und verschieben kann:

```
$( "#element" ).slider();
```

Diese Funktion rufen Sie einfach beim Laden der Seite auf.

Das ist natürlich nur eine ganz einfache Anwendung. Alle Widgets von *jQuery UI* können Sie über zusätzliche Parameter detailliert konfigurieren und gestalten, sodass der Slider zum Beispiel so aussieht wie in Abbildung 13.22.

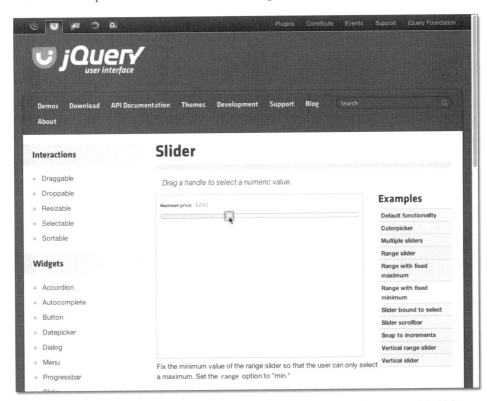

Abbildung 13.22 Mit einigen Parametern passen Sie jedes Widget für die unterschiedlichen Einsatzzwecke an, hier einen Slider.

Hier unterstützt die leichte farbliche Hervorhebung links die Verständlichkeit, und dank einfacher JavaScript-Befehle verändert das Ziehen am Regler den darüber sichtbaren Geldbetrag.

13 Starke Werkzeuge – so nutzen Sie Ihr neues Wissen für noch bessere Websites

Neben den interaktiven Elementen bietet jQuery UI auch Animationen. Zum Beispiel kann ein Element von der Seite ins Bild fahren, und das alles nur mit ein paar Zeichen JavaScript:

```
$( "#element" ).effect("slide");
```

Das sieht dann so aus wie in Abbildung 13.23.

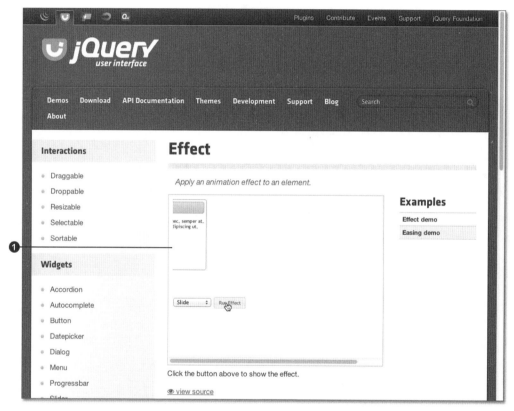

Abbildung 13.23 Das Element schiebt sich dank einer Animation von links ins Bild ❶.

Auf der Website von jQuery UI können Sie den Download anpassen, sodass er nur die Funktionen enthält, die Sie für ein Projekt brauchen.

13.4.8 jQuery Mobile

▶ Download (*www.jquerymobile.com*)
▶ JavaScript- und CSS-Bibliothek, mit der Sie Seiten für Mobilgeräte erstellen

Auf den ersten Blick bekommen Sie mit jQuery Mobile ein Stylesheet, mit dem Seiten auf schmalen Bildschirmen übersichtlich und ansehnlich dargestellt werden: Die Elemente sind nie zu breit, Buttons und Listen zum Beispiel erinnern an die Benutzeroberfläche von iPhone, Android und Co.

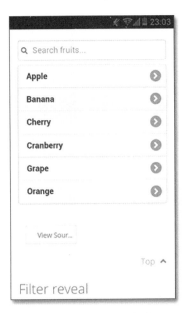

Abbildung 13.24 Das Stylesheet gestaltet die Elemente so, dass die Benutzung mit Mobilgeräten sehr einfach ist – hier eine Liste.

Hinter den Kulissen arbeitet bei *jQuery Mobile* aber zusätzlich etwas, das sehr schwierig selbst zu erstellen ist: Die bei Touchbedienung entstehenden Ereignisse (Berühren, Wischen etc.) werden für den Browser übersetzt und für Sie nutzbar gemacht: Ihre Besucher können zum Beispiel per Wisch durch Bildergalerien scrollen – ohne jQuery Mobile oder ein ähnliches Werkzeug wäre das sehr mühsam umzusetzen.

Sites, die für kleine Bildschirme von Mobilgeräten angelegt sind, verteilen den Inhalt meist auf viele einzelne Seiten, zwischen denen die Besucher hin- und hernavigieren. jQuery Mobile animiert die dadurch häufigeren Seitenwechsel ähnlich wie bei Smartphone-Apps: Die neue Seite rutscht oder dreht beispielsweise ins Bild, während die alte weggeschoben wird.

Das Werkzeug ist also für Seiten gedacht, die speziell für Besucher entworfen werden, die ein Smartphone oder Tablet nutzen. Wenn Sie mal mit Ihrem eigenen Mobilgerät die Beispiele auf der Website von jQuery Mobile anschauen, werden Sie schnell merken, dass sich die Seiten beim Benutzen ein bisschen wie eine »echte« Smartphone-App anfühlen. Für Sie komfortabel: Bei jedem Beispiel können Sie sich den für die Funktion nötigen Quelltext anzeigen lassen und sich davon überzeugen, dass die Verwendung von jQuery Mobile nicht kompliziert ist (siehe Abbildung 13.25).

Abbildung 13.25 Das HTML für die Liste ist nicht sehr kompliziert. Schon mit wenigen zusätzlichen Klassen greift das neue Stylesheet.

Damit das alles funktioniert, müssen Sie nach dem Kopieren der Dateien auf Ihren Webserver und der Einbindung in Ihre HTML-Dokumente den Inhalt des body-Elements so strukturieren:

```
<div data-role="page">
   <div data-role="header">...</div>
   <div role="main" class="ui-content">...</div>
</div>
```

Der eigentliche Seiteninhalt kommt dann in das div mit der Klasse ui-content. Das div darüber ist eine Kopfleiste, wie sie praktisch jede Smartphone-App hat.

Dank des mitgelieferten Stylesheets sehen Buttons, Listen, Tabs usw. bereits standardmäßig richtig gut aus, und durch Änderung der Formate können Sie Ihre eigenen Farbwünsche etc. schnell umsetzen.

Die kompletten JavaScript- und CSS-Bibliotheken (inklusive des zwingend benötigten jQuery) sind relativ groß. Bis der Browser auf Mobilgeräten mit schwächerem Prozessor sie alle geladen und durchsucht hat, vergehen schon mal ein oder zwei Sekunden. Nutzen Sie also nach den ersten Tests unbedingt die Funktion auf der Website (*Download Builder*), mit der Sie nur die Funktionen zusammenstellen, die Sie für ein Projekt brauchen.

13.4.9 Bootstrap

- Download (*www.getbootstrap.com*)
- Komplettpaket: vordefinierte Elemente, JavaScript-Funktionen für Interaktivität, hübsche Stylesheets mit Responsive Design

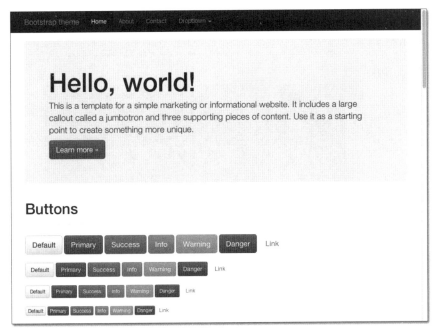

Abbildung 13.26 Die klassische Bootstrap-Gestaltung: hübsch, modern, aber auch auf vielen Websites im Einsatz

Mit Bootstrap erstellen Sie sehr schnell eine extrem professionell gestaltete und toll funktionierende Website. Es gibt vordefinierte Elemente für jeden Zweck, von Navigationsmenüs über Kopf- und Fußleisten bis hin zu Icons und kleinen Pop-up-Fenstern über der eigentlichen Seite. Text sieht gut aus und ist je nach typografischer Aufgabe passend gestaltet.

Ein professionelles Seitenlayout hat ein sogenanntes Raster (engl. *grid*), an dem der Inhalt ausgerichtet wird, damit die Seite visuell klar strukturiert ist. Bootstrap hat hierfür ein Grid-System, mit dem Sie einfach pro Spalte ein `div`-Element mit vordefinierten Klassen erstellen, und schon steht das Rasterlayout. Auch das Responsive Design nimmt Bootstrap Ihnen ab; je nach Bildschirmgröße verwendet es ein passendes Layout. Komplexere Designs – zum Beispiel mit einem seitlichen Menü, das je nachdem, an welcher Stelle des Inhalts der Nutzer gerade ist, mitscrollt oder fest am Browserfenster fixiert ist – sind mit nur etwas mehr Aufwand ebenso möglich. Und dank der jQuery-Basis sind alle dynamischen Elemente sehr einfach zu steuern.

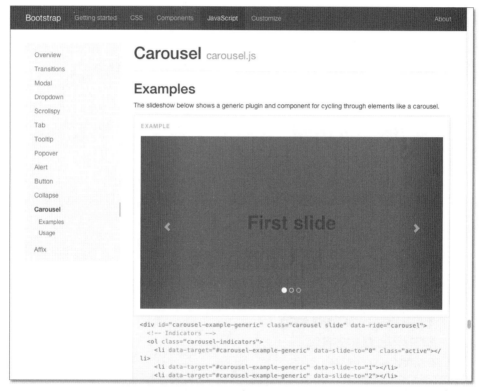

Abbildung 13.27 Auch Bootstrap ermöglicht es Ihnen, aus wenigen Zeilen HTML und JavaScript eine Bildergalerie im Karussell-Stil zu erstellen.

Eben weil das Werkzeug so gut ist, benutzen es mittlerweile Tausende Websites. Und nicht alle passen das Standarddesign individuell an – wenn Sie das also ebenfalls nicht tun, sieht Ihre Site aus wie viele andere auch. Nehmen Sie sich also am besten genügend Zeit, um einen eigenen Stil zu definieren und die Gestaltung zu individualisieren.

Auch Bootstrap bietet die Möglichkeit, den Download anzupassen und nur die Funktionen einzubinden, die Sie für ein Projekt brauchen.

13.5 Fazit

Probieren Sie jetzt ein paar Werkzeuge aus, wenn Sie das nicht sowieso schon getan haben: Dann sehen Sie selbst, wie viel Sie mit ein paar zusätzlichen CSS-Formaten und eingebundenen JavaScript-Dateien aus einer Site herausholen können. Die Nützlichkeit Ihrer Grundkenntnisse in HTML, CSS und JavaScript hat sich dadurch, dass Sie jetzt diese Werkzeuge kennen, in kurzer Zeit noch einmal vervielfacht.

Und wie gesagt: Das, was wir vorgestellt haben, war nur eine Auswahl. Es gibt noch Hunderte weitere Werkzeuge im Internet, die für Ihre Projekte vielleicht genau das Richtige sind. Bleiben Sie neugierig!

Noch mehr Werkzeuge

Wenn wir im Internet auf neue wertvolle Werkzeuge stoßen, stellen wir Ihnen diese auf der Website zum Buch unter *bnfr.de/ql1308* kurz vor.

Anhang A
Übersicht der wichtigsten HTML5-Elemente, CSS3-Eigenschaften und -Selektoren

A.1 HTML5-Elemente

Im Folgenden finden Sie die wichtigsten Elemente von HTML5.

Ein * hinter dem Elementnamen bedeutet, dass das Element in HTML5 neu hinzugekommen ist und von älteren Browsern eventuell falsch oder gar nicht angezeigt wird. Sites mit allen Elementen haben wir für Sie auf der Website zum Buch zusammengetragen: *bnfr.de/qla001*

A.1.1 Hauptelement und Metadaten

Elementname	Funktion
`<html>`	Das Hauptelement. Jedes Dokument braucht es.
`<head>`	Enthält Anweisungen für den Browser, z. B. Metadaten und Verknüpfungen mit Stylesheets oder Skriptdateien.
`<title>`	Enthält den Titel der Seite.
`<link>`	Verknüpft Stylesheets und Skriptdateien mit dem Dokument.
`<meta>`	Enthält Metadaten des Dokuments.
`<style>`	Enthält CSS-Formate.

A.1.2 JavaScript

Elementname	Funktion
`<script>`	Enthält JavaScript-Funktionen.
`<noscript>`	Der Inhalt wird nur angezeigt, wenn JavaScript im Browser deaktiviert ist.

A.1.3 Seitenabschnitte und Layoutstrukturierung

Elementname	Funktion
`<body>`	Jedes Dokument braucht ein `<body>`-Element. Es enthält den Inhalt der Seite.
`<address>`	Kennzeichnet eine Postadresse des Dokumenten-Autors.
`<header>`*	Die Kopfleiste, z. B. mit Logo und Navigation
`<footer>`*	Die Fußzeile, z. B. mit Copyright- und Kontaktinformationen
`<nav>`*	Ein Navigationsbereich mit Links zu anderen Unterseiten
`<main>`*	Definiert den Hauptinhalt eines Dokuments; nur einmal pro Dokument erlaubt.
`<section>`*	Definiert einen Abschnitt.
`<article>`*	Ein eigenständiger Inhaltsblock des Dokuments
`<aside>`*	Zusatzinformationen, ohne die das Dokument genauso funktionieren würde
`<hr>`	Trenner zwischen zwei (Text-)Abschnitten, meist durch einen vertikalen Strich umgesetzt
`<div>`	Definiert einen Seitenabschnitt, keine inhaltliche Strukturierung
`<menu>`*	Gruppe von Elementen (z. B. Buttons), die auf der *aktuellen* Seite etwas bewirken (im Gegensatz zu `<nav>`, die zu einer anderen Seite springen)
`<menuitem>`*	Ein Element (z. B. Button), das auf der aktuellen Seite etwas bewirkt (z. B. einen Kartenausschnitt vergrößert)

A.1.4 Textelemente

Elementname	Funktion
`<h1>`,`<h2>`,`<h3>`, `<h4>`,`<h5>`,`<h6>`	Überschriften, mit abnehmender Gliederungsebene
`<p>`	Textabsatz

Elementname	Funktion
`<a>`	Hyperlink
`<blockquote>`	Zitat (erzeugt eigenen Absatz)
`<q>`	Zitat (kein eigener Absatz)
`<em>`	Betonter Text, oft kursiv dargestellt
`<strong>`	Wichtiger Text, oft fett dargestellt
`<small>`	Weniger wichtiger Text, für das Verständnis des Dokuments nachrangig
`<i>`	Text in abweichendem Kontext oder mit besonderer »Stimme«, meistens kursiv dargestellt
`<b>`	Auffallend gestalteter Text, ohne besondere Bedeutung, meistens fett dargestellt
`<u>`	Auffallend gestalteter Text, ohne besondere Bedeutung, meistens unterstrichen dargestellt
`<time>*`	Zeitangabe
`<code>`	Computercode, zum Beispiel JavaScript-Schnipsel, die dem Leser gezeigt werden sollen
`<math>*`	Mathematische Formel
` `	Zeilenumbruch
`<wbr>*`	Bedingter Zeilenumbruch (Ein Umbruch entsteht hier nur, wenn der Platz in der Zeile nicht ausreicht.)
`<pre>`	Der Inhalt ist vorformatiert und soll nicht anders formatiert werden (z. B. hinsichtlich Umbrüchen).
`<span>`	Umfasst beliebige Teile des Dokuments (ohne inhaltliche Bedeutung). Die so markierten Elemente lassen sich auf diese Weise per CSS oder JavaScript ansprechen.

A.1.5 Listen

Elementname	Funktion
`<ul>`	Eine Liste ohne bestimmte Reihenfolge
`<ol>`	Eine Liste mit bestimmter Reihenfolge
`<li>`	Ein Listeneintrag
`<dl>`	Eine Liste von Definitionen (z. B. Wörterbuch)
`<dt>`	Ein Ausdruck in einer dl-Liste (z. B. Schlagwort)
`<dd>`	Eine Definition in einer dl-Liste (z. B. mögliche Erklärungen des Schlagworts)

A.1.6 Tabellen

Elementname	Funktion
`<table>`	Eine Tabelle
`<caption>`	Beschreibung der Tabelle, außerhalb der Zellen
`<thead>`	Enthält die Kopfzeilen
`<tbody>`	Enthält die Zeilen mit den eigentlichen Daten
`<tfoot>`	Enthält Ergebnis- oder zusammenfassende Zeilen
`<colgroup>`	Gruppiert inhaltlich zusammengehörende Spalten
`<col>`	Eine Spalte
`<tr>`	Eine Zeile
`<th>`	Eine Zelle der Kopfzeile
`<td>`	Eine normale Zelle

A.1.7 Eingebettete Medien

Elementname	Funktion
`<img>`	Ein Bild
`<svg>*`	Eine Vektorgrafik
`<audio>*`	Sound oder Musik
`<video>*`	Ein Video
`<source>*`	Die Quelle für ein audio- oder video-Element
`<canvas>*`	Bereich, in dem per Skript dynamisch Grafiken erstellt werden können (wie bei einem Malprogramm)
`<embed>*`	Enthält eingebettete, interaktive Elemente.
`<iframe>`	Enthält Ausschnitte einer anderen Seite.
`<object>`	Enthält eingebettete Medien wie Video, die von einem Plug-in verarbeitet werden.
`<param>`	Enthält Parameter für die Verarbeitung eines object-Elements.

A.1.8 Formulare

Elementname	Funktion
`<form>`	Ein Formular
`<fieldset>`	Gruppiert Eingabeelemente wie Buttons.
`<legend>`	Die Beschriftung für ein fieldset
`<label>`	Die Beschriftung für ein einzelnes Eingabeelement wie input
`<input>`	Feld zur Texteingabe
`<textarea>`	Mehrzeiliges Feld zur Texteingabe
`<button>`	Ein Button
`<datalist>*`	Gruppiert vordefinierte Auswahlmöglichkeiten für andere Elemente. (Diese erscheinen bei einem Texteingabefeld als Liste mit Vorschlägen.)

A Übersicht der wichtigsten HTML5-Elemente, CSS3-Eigenschaften und -Selektoren

Elementname	Funktion
`<optgroup>`	Gruppiert Elemente, mit denen man aus Optionen wählen kann.
`<select>`	Ein Listen-Element, mit dem der Nutzer aus verschiedenen Optionen wählen kann (Dropdown-Liste)
`<option>`	Eine der mit select oder datalist gruppierten Optionen
`<progress>`*	Zeigt den Fortschritt beim Erledigen einer Aufgabe.

A.2 CSS3-Eigenschaften

Im Folgenden finden Sie die wichtigsten Eigenschaften von CSS3.

Ein * hinter dem Namen bedeutet, dass die Eigenschaft in CSS3 neu hinzugekommen ist und von älteren Browsern eventuell falsch oder gar nicht angezeigt wird. Sites mit allen Eigenschaften haben wir auf der Website zum Buch zusammengetragen: *bnfr.de/qla002*

A.2.1 Position und Sichtbarkeit

Eigenschaft	Funktion
display	Positionierung im Dokumentfluss als inline, inline-block oder block-Element. Im Fluss nicht berücksichtigt und nicht angezeigt mit none.
visibility	Element bleibt im Fluss, andere Elemente halten Abstand, aber wird mit hidden nicht angezeigt.
opacity*	Mit dem Wert 0.5 ist ein Element z. B. halb durchsichtig.
position	Position am Standardplatz im Dokumentfluss (static), Verschiebung in Bezug zum Platz im Fluss (relative), in Bezug zur Seite (absolute), zum Browserfenster (fixed)
top	Abstand vom oberen Rand (in Bezug zu dem, was die Angabe der position ergibt)
right	Abstand vom rechten Rand
bottom	Abstand vom unteren Rand

Eigenschaft	Funktion
left	Abstand vom linken Rand
z-index	Das Element mit dem höchsten Wert wird auf der Z-Achse über anderen Elementen angezeigt – es verdeckt diese also.
float	Positionierung außerhalb des Dokumentflusses am rechten (right) oder linken (left) Rand des Elternelements. Der Inhalt der Geschwisterelemente umfließt das Element aber.
clear	Aufhebung des float-Verhaltens

A.2.2 Abmessungen und Rand

Eigenschaft	Funktion
width	Breite des Elements
min-width	Mindestbreite des Elements
max-width	Höchstbreite des Elements
height	Höhe des Elements
min-height	Mindesthöhe des Elements
max-height	Höchsthöhe des Elements
margin	Abstand vom Rand zu anderen Elementen (4 Richtungen)
padding	Abstand vom Rand zum Inhalt (4 Richtungen)
overflow	visible zeigt übergroßen Elementinhalt, hidden versteckt ihn, scroll erzeugt Scrollbalken.
border	Ein Rahmen in Kurzform (z. B. 1px solid #000000;), für alle vier Seiten
border-width	Die Dicke des Rahmens (4 Seiten)
border-style	Die Art des Rahmens (4 Seiten)
border-color	Die Farbe des Rahmens (4 Seiten)
border-radius*	Abgerundete Kanten (4 Ecken)
box-shadow	Schlagschatten um den Elementrand

A.2.3 Hintergrund

Eigenschaft	Funktion
background	Hintergrund in Kurzform (z. B. red url(bilder/datei.png) no-repeat top left;)
background*	Für Verlauf z. B. als Wert: linear-gradient(red, blue);
background-color	Hintergrundfarbe
background-image	Hintergrundbild
background-position	Startposition eines Hintergrundbilds
background-repeat	Definiert, ob und wie ein Hintergrundbild wiederholt wird

A.2.4 Animation und Veränderung

Eigenschaft	Funktion
transition*	Kurzform für eine Veränderung des Elements. z. B. transition: width 0.5s linear 1s;, wenn der Browser animieren soll, dass die Breite des Elements sich verändert. Nach 0,5 Sekunden soll die Veränderung abgeschlossen sein, sie soll zeitlich linear erfolgen, und nach einer Sekunde Verzögerung beginnen. Die Animation wird gestartet, sobald sich die Eigenschaft width des Elements ändert, zum Beispiel weil mit JavaScript eine neue Klasse angefügt wird.
transform*	Kurzform für eine Veränderung des Elements, z. B. transform: rotate(50deg); für eine Drehung um 50 Grad
animation*	Kurzform für eine Animation, z. B. slidein 3s 1;. Per CSS-Befehl müssen Keyframes definiert werden; die Animation kann mit JavaScript pausiert und gestartet werden.

A.2.5 Text

Eigenschaft	Funktion
font	Kurzform (z. B. bold 1.5em/2 Arial, Helvetica, sans-serif;)
font-family	Mehrere Schriftarten. Der Browser nimmt die erste, die installiert ist.
font-size	Schriftgröße (z. B. in 12px, 1.0em, 80 %, medium)
font-weight	Dicke (z. B. normal, bold, 400, 800)
font-style	Stil (normal, italic oder oblique)
font-variant	small-caps für Kapitälchen
line-height	Zeilenabstand
letter-spacing	Horizontaler Abstand zwischen Buchstaben
word-spacing	Horizontaler Abstand zwischen Wörtern
text-align	Horizontale Ausrichtung
text-decoration	underline, line-through und overline
text-indent	Einrückung
text-transform	capitalize schreibt den ersten Buchstaben jedes Worts groß; uppercase schreibt alles groß, lowercase alles klein.
vertical-align	Vertikale Ausrichtung an anderen inline-Elementen
white-space	Umbruchverhalten
column-count*	In wie viele Spalten soll Text unterteilt werden?
column-width*	Wie breit soll eine Spalte sein?
column-gap*	Wie viel horizontaler Abstand soll zwischen Spalten sein?

A.2.6 Listen

Eigenschaft	Funktion
list-style	Kurzform (z. B. square inside;)

Eigenschaft	Funktion
list-style-type	Ohne (none) Aufzählungszeichen oder mit (square, circle, decimal, ...)
list-style-image	Definiert eine eigene Bilddatei für Aufzählungszeichen (z. B. url(icon.png);)
list-style-position	Mit inside beginnen Aufzählungszeichen dort, wo auch Text beginnen würde. Mit outside stehen sie weiter links, und die Listeneinträge beginnen dort, wo auch Text beginnen würde.

A.2.7 Tabellen

Eigenschaft	Funktion
table-layout	Mit auto ist die Tabelle so breit wie der Inhalt, mit fixed so breit wie der festgelegte Wert.
border-collapse	Mit separate hat jede Zelle ihren eigenen Rahmen, mit collapse teilen sich benachbarte Zellen den Rahmen.
border-spacing	Definiert den Abstand zwischen den Zellen, wenn border-collapse mit separate angegeben ist.
empty-cells	Mit hide oder show werden leere Zellen verborgen oder dargestellt.
caption-side	Mit top, right, bottom und left wird die caption positioniert.

A.3 CSS3-Selektoren

Im Folgenden finden Sie die wichtigsten Selektoren in CSS3.

Ein * hinter dem Namen bedeutet, dass der Selektor in CSS3 neu hinzugekommen ist und von älteren Browsern eventuell falsch oder gar nicht berücksichtigt wird. Sites mit allen Selektoren haben wir auf der Website zum Buch zusammengetragen: *bnfr.de/qla003*

A.3 CSS3-Selektoren

Selektor	Gilt in allen verknüpften Dokumenten für diese Elemente:
*	Alle Elemente
p	Alle p-Elemente
.neu	Alle Elemente mit der Klasse neu
p.neu	Alle p-Elemente mit der Klasse neu
#individuell	Alle Elemente mit der id individuell
p#individuell	Alle p-Elemente mit der id individuell
p[attribut]	Alle p-Elemente, die dieses Attribut haben
p[attribut="wert"]	Alle p-Elemente, die dieses Attribut mit genau diesem Wert haben
(Selektor):first-child	Das erste Kindelement eines Elements, auf das der Selektor zutrifft
(Selektor):last-child*	Das letzte Kindelement eines Elements, auf das der Selektor zutrifft
(Selektor):nth-child(x)*	Das x-te Kindelement eines Elements, auf das der Selektor zutrifft
(Selektor):link, visited, active, hover, focus, checked (*), enabled (*), disabled (*)	Alle Elemente, auf die der Selektor zutrifft und die einen bestimmten Status haben
(Selektor1) (Selektor2)	Alle Elemente, auf die Selektor 2 zutrifft und die sich innerhalb eines Elements befinden, auf das Selektor 1 zutrifft
(Selektor1) > (Selektor2)	Alle Elemente, auf die Selektor 2 zutrifft und die direkte Kinder eines Elements sind, auf das Selektor 1 zutrifft

Glossar

Ajax **A**synchronous JavaScript **A**nd **X**ML. Eine Technik für Websites, die HTML, → XML und → JavaScript nutzt. Mit ihr lässt sich erreichen, dass nicht bei jeder Änderung eine ganze HTML-Seite neu geladen wird, um neue Inhalte anzuzeigen. So lassen sich dynamische Seiten realisieren, die wie Desktop-Programme wirken.

Anbieterkennzeichnung → Webimpressum

Barrierefreiheit, Accessibility Die uneingeschränkte Zugangsmöglichkeit zu Anwendungen für alle Menschen, vor allem für solche mit Behinderungen.

Benutzerfreundlichkeit → Usability

Blog, Weblog Website, auf der die Inhaltsbeiträge einfach nacheinander so angezeigt werden, dass die neuesten zuoberst stehen. Ursprünglich war ein Blog ein Webtagebuch, in dem eine Person subjektive Beobachtungen, Kommentare und Informationshappen bereitstellte. Mittlerweile haben auch viele Firmensites ein Blog.

Bookmark → Lesezeichen

Button, Schaltfläche Wörtlich übersetzt »Knopf«. Element auf dem Bildschirm, das angeklickt bzw. bei einem Touchscreen angetippt werden kann und eine Aktion auslöst. → Mouseover

Cache Pufferspeicher. Zum Beispiel werden bei einem Browser meist die zuletzt besuchten Seiten zusammen mit den darauf eingebundenen Medien kurzzeitig auf der Festplatte gespeichert, damit sie bei erneutem Zugriff nicht nochmals vom Server geladen werden müssen.

CGI (Common Gateway Interface) Standard für die Ausführung von Programmen und Skripten auf einem Webserver. Diese ermöglichen es zum Beispiel, Daten von Benutzern entgegenzunehmen und per Mail weiterzuverschicken. Heute kommt statt CGI meist → PHP zum Einsatz.

CMS → Content-Management-System

Content Inhalt – also Texte, Fotos, Videos, Grafiken usw.

Content-Management-System (CMS) Programm, mit dem die Inhalte einer Website verwaltet werden. Es kann automatisch Webseiten aktualisieren und auf den Server stellen. Zusatzfunktionen wie Suche, Freigabe durch Redakteure usw. machen solche Systeme flexibel, aber komplex.

Cookie Kleine Textdatei, in der Browser Informationen speichern können. Cookies werden meist verwendet, um Benutzerdaten wie Voreinstellungen lokal abzulegen und damit dem Benutzer erneutes Eingeben zu ersparen. Cookies werden von einigen Benutzern abgelehnt, da sich bei jedem Besuch der Site, die das Cookie abgelegt hat, feststellen lässt, wie oft sie schon dort waren und was sie auf dieser Site angesehen haben. Das Speichern von Cookies lässt sich in jedem Browser deaktivieren.

Crawler, Robot, Spider »Krabbler« – Programm, das den Index einer Suchmaschine erstellt. Es durchsucht regelmäßig meist das gesamte Web und indiziert die gefundenen Seiten. Dieser Index wird dann bei Suchanfragen durchgesehen.

Glossar

CSS (Cascading Style Sheets) System zur Formatierung von HTML-Seiten. Damit lassen sich Inhalt und Formatierung gut trennen.

Deep Link Link auf Seiten unterhalb der Startseite einer fremden Site, etwa *www.beispiel.de/unterseite*. Solche Links sind urheber- und wettbewerbsrechtlich zulässig. Voraussetzung: Es wird nur auf allgemein zugängliche Bereiche verlinkt.

Domain korrekter eigentlich »Domain Name«, deutsch »Domänenname«. So nennt man die Teile des DNS, des Domain Name Systems. Vereinfacht gesagt dienen Domains dazu, Webserver mit Namen statt mit nur in Zahlen codierten IP-Adressen auffindbar zu machen. *.de*, *.com*, *.info* sind sogenannte Top-Level-Domains.

Spricht man von der Domain einer Website, dann ist für gewöhnlich die Second-Level-Domain wie *www.ihresite.de* gemeint.

Flash Programm von Adobe, mit dem Animationen und interaktive Inhalte in HTML-Seiten eingebunden werden. Zur Wiedergabe ist das Flash-Plug-in notwendig, das bei vielen Browsern von Anfang an installiert ist – nicht aber z. B. auf dem iPhone und dem iPad, die es nicht unterstützen.

Font Schriftart, Zeichensatz

Frame HTML-Seiten lassen sich aus Frames aufbauen. Sie bestehen dann aus mehreren Seiten, die in einem gemeinsamen Browserfenster angezeigt werden. Diese Technik ist veraltet und sollte nicht mehr benutzt werden. Ausnahme sind iFrames, die kleine Elemente in eine Seite einbinden, meist von einem anderen Server.

FTP (File Transfer Protocol) Das Protokoll, mit dem größere Datenmengen im Internet am einfachsten übertragen werden. Es wird üblicherweise genutzt, um HTML-Seiten auf den Internetserver zu stellen.

Homepage → Startseite

Host Hat eine Vielzahl von Bedeutungen. Ein Host ist der Computer, auf dem der → Server läuft. Auf einem Host liegen auch die Daten zum Zugriff auf das Internet bereit – Anbieter von Webspace sind demnach Hoster. Ebenso ist ein Host ein zentraler Computer, an dem Arbeitsstationen (Clients) angeschlossen sind.

HTML (HyperText Markup Language) Sprache für die Seiten, die im Web dargestellt werden. Diese bestehen aus reinem Text, den der Browser so interpretiert, dass die gewünschte Darstellung erreicht wird.

HTML-Seite → Seite

HTTP (HyperText Transfer Protocol) Datenformat zum Transport von Dokumenten im Web

HTTPS (HyperText Transfer Protocol Secure) Verschlüsseltes → HTTP-Format für die sichere Kommunikation über das Internet

iframe, Inline-Frame → Frame

Impressum → Webimpressum

Informationsarchitektur Die Struktur der Inhalte einer Website, also die Aufteilung der Informationen auf die einzelnen HTML-Seiten.

Internetauftritt → Site

IP-Adresse (Internet Protocol Address) Jeder Computer, der im Internet als Server angesprochen werden kann, hat eine eigene, einmalige IP-Adresse. Auch im lokalen Netzwerk wird dieses System oft verwendet, sodass dort jeder Computer eine IP-Adresse hat, über die er aber normalerweise nicht via Internet erreichbar ist. Die Adresse wird übrigens automatisch aufgerufen, wenn Sie eine URL eingeben. Die Übersetzung von URLs in IP-Adressen erledigen sogenannte Nameserver.

Java Programmiersprache, mit der sich plattformübergreifende Anwendungen erstellen lassen. Die meisten Browser können kleine Java-Programme, sogenannte Java-Applets, direkt anzeigen.

JavaScript Skriptsprache, mit der beispielsweise → Mouseover-Effekte bei den Menüs auf Webseiten realisiert werden. Mit → Java hat diese Skriptsprache nur einen Namensteil gemeinsam, ansonsten sind sie vollkommen unterschiedlich in Struktur und Anwendungsmöglichkeiten.

Keywords, Schlagwörter, Suchwörter → Metadaten, die den Inhalt einer HTML-Seite beschreiben. Die meisten Suchmaschinen werten die Keywords nicht mehr aus. Der Grund ist, dass viele Sitebetreiber versucht haben, möglichst weit oben auf den Trefferlisten zu erscheinen, indem sie die Suchwörter an die Auswertungsschemata der Suchmaschinen anpassen. Die Suchmaschinen erstellen daher aus dem Inhalt der Seiten ihre eigenen Schlagwörter.

Launch Der Moment, in dem die Site online geht und für die Nutzer erreichbar wird.

Lesezeichen, Favorit Adresse einer Website, die der Benutzer in seinem Browser abgespeichert hat, um später wieder leicht darauf zugreifen zu können, ohne sich die URL merken zu müssen.

Logfile Protokolldatei, die z. B. aufzeichnet, wann welche Benutzer auf welche Seiten einer Website zugegriffen haben.

Metadaten Informationen über eine HTML-Seite. Der Seitentitel gehört beispielsweise zu den Metadaten. Ebenso eine Zusammenfassung, die den Inhalt beschreibt. Sogar die Überschriften im Text kann man zu den Metadaten zählen.

Meta-Element Element, mit dem → Metadaten in HTML-Dokumente eingebunden werden. Wichtigstes Attribut des Meta-Elements ist die Kurzbeschreibung. Auch Informationen (wie die Sprache der Seiteninhalte) werden mit dem Meta-Element eingebunden.

Mouseover, Rollover Englisch für »Maus darüber« bzw. »Darüberrollen«. Wird der Cursor z. B. über einen Button bewegt, ist das ein Mouseover. Der Button sollte darauf reagieren, indem er etwa die Farbe wechselt und dadurch klarmacht, dass man ihn anklicken kann.

Navigation Bewegung des Benutzers durch eine Website. Geschieht normalerweise durch Mausklicks auf Links.

Navigationsarchitektur Die Grundlage für die Bewegung der Benutzer auf einer Website (Benutzerführung). Sie beschreibt, wie die Menüs funktionieren, wie dem Benutzer klargemacht wird, wo er sich gerade befindet, und welche Möglichkeiten er dort hat.

PDF (Portable Document Format) Dateiformat für Dokumente, das den Vorteil hat, dass man beim Erstellen exakt festlegen kann, wie Text und Grafik beim Anzeigen und Drucken aussehen werden.

Glossar

Performance Darstellungs- oder Übertragungsgeschwindigkeit eines Programms oder einer Website.

PHP Skriptsprache, die speziell für Webseiten entwickelt wurde. Sie läuft im Gegensatz zu → JavaScript nur auf dem Server. Wird heute meist PHP statt → CGI verwendet.

Plattform Damit ist meist das Betriebssystem oder der Browser gemeint, auf dem eine Anwendung laufen soll. Gelegentlich wird auch die Hardware damit bezeichnet (z. B. Desktop-Computer, Handy).

Plug-in Erweiterung für Programme wie etwa Browser, die die Wiedergabe von Flash und anderen Sonderformaten erlaubt. Die Plug-ins heißen beim Microsoft Internet Explorer »Active-X-Steuerung«.

Podcast »Radio zum Mitnehmen«. Audiodateien, die via Internet vertrieben werden und über ein Programm wie iTunes abonniert werden können. Es gibt auch Video-Podcast, manchmal Vodcast genannt.

Pop-up-Fenster Browserfenster, in dem sich eine neue HTML-Seite öffnet. Wird oft für Werbung verwendet, daher haben einige Benutzer über eine Zusatzsoftware oder über ihren Browser das Öffnen von Pop-up-Fenstern blockiert.

Pop-up-Menü, Pull-down-Menü Auswahlmenü, das erst aufklappt, wenn der Benutzer den Mauszeiger darüber bewegt oder darauf klickt. So belegt das Menü nur Platz auf dem Bildschirm, wenn es tatsächlich gebraucht wird.

Provider, Internet (Service) Provider, ISP Dienstleister, der den Zugang zum Internet anbietet (z. B. T-Online, Freenet).

Pull-down-Menü → Pop-up-Menü

Relaunch, Redesign Überarbeitung einer Website

Robot → Crawler

Rollover → Mouseover

Schaltfläche → Button

Screen, Bildschirmseite Alles, was von einer Anwendung oder Website in einem bestimmten Moment auf dem Bildschirm zu sehen ist, also alle Grafik-, Text-, Video- und anderen Medienelemente, die in dem Moment erscheinen.

Second-Level-Domain → Domain

Seite, HTML-Seite Einzelnes HTML-Dokument, das in einem Browser angezeigt bzw. das mit einem HTML-Editor bearbeitet wird.

Server Zentraler Computer in einem Netzwerk, der z. B. Daten bereithält, Druckdienste verwaltet oder E-Mails verschickt und empfängt. Als Server wird auch ein Programm bezeichnet, das eine dieser Funktionen erfüllt.

Site, Internetauftritt, Webpräsenz, Website Eine Sammlung von HTML-Seiten und anderen Dateien, die unter einer → Domain wie *www.ihre-site.de* erreichbar ist. »Homepage« dagegen bezeichnet nur die Einstiegsseite einer Site (normalerweise *index.html*).

Sitemap Grafische Darstellung aller Seiten einer Site. Die Sitemap wird gelegentlich auch als »Flussdiagramm« oder »Flowchart« bezeichnet.

Skript Datei oder Teile einer Datei, die Befehle in einer Skriptsprache enthalten. Diese können einfache Dinge bewirken wie den Austausch eines angezeigten Bildes, die Überprüfung einer Benutzereingabe oder auch komplexe Dateioperationen.

Glossar

Soziale Netzwerke Sites, die den Schwerpunkt auf die Interaktion von Menschen miteinander legen. Das sind Dienste wie Studenten- oder Business-Netzwerke, in denen die Mitglieder miteinander diskutieren und Kontakte austauschen bzw. knüpfen. Auch Sites, die den Benutzern viele Mitgestaltungsmöglichkeiten geben, zählen zum sozialen Netz (Benutzerrezensionen, Vergeben von → Tags für Inhalte etc.).

Spider → Crawler

Startseite, Homepage Die erste HTML-Seite einer Site. Gerade der Begriff »Homepage« wird oft fälschlicherweise anstelle von »Site« verwendet. »Auf die Homepage stellen« heißt also eigentlich, etwas auf die erste Seite einer Site zu platzieren.

Tag Etikett oder Schlagwort, das einem Bild, einer Seite oder einem anderen Informationselement zugewiesen wird, um seinen Inhalt zu beschreiben.

Teaser Kurzer Text, der neugierig auf Inhalte von Unterseiten machen soll und diese mit wenigen Sätzen beschreibt.

Template Vorlage

Top-Level-Domain → Domain

Touchscreen Berührungsempfindlicher Bildschirm

Traffic Wörtlich »Verkehr« – Summe der durch Seitenaufrufe zustande gekommenen Datenübertragung einer Site

URL (Unique Resource Locator) Die Adresse, unter der ein Dokument im Internet erreichbar ist. Beispiel: *http://webseiten.benutzerfreun.de/index.html*

Usability, Benutzerfreundlichkeit Anwendungen müssen für die Bedürfnisse und Erwartungen der Benutzer gestaltet sein, damit sie richtig funktionieren und Erfolg haben. Ist das der Fall, sind sie benutzerfreundlich oder »usable«.

Usability-Test Test, bei dem Benutzer die Site so benutzen, wie sie es auch im echten Leben tun würden. Dabei werden sie beobachtet, und aus den Problemen, die man dabei beobachtet, kann man Verbesserungsvorschläge ableiten.

Video-Podcast, Vodcast → Podcast

Web, World Wide Web (WWW) Der Teil des Internets, in dem Inhalte als HTML-Seiten mit eingebetteten Bildern, Videos und anderen Medien ausgetauscht werden.

Web 2.0 2004 geprägtes Schlagwort, unter dem einige technische und konzeptionelle Ansätze zusammengefasst werden, u. a. → Ajax, → Soziale Netzwerke, → Blogs und → Podcasts.

Webimpressum Das Telemediengesetz (TMG) sieht vor, dass fast jede Website Angaben zu ihren Betreibern machen muss. Das Webimpressum wird auch »Anbieterkennzeichnung« genannt.

Weblog → Blog

Webpräsenz → Site

Website → Site

XHTML (eXtensible Hypertext Markup Language) Erweiterung der Seitenbeschreibungssprache → HTML, sodass sie den → XML-Regeln entspricht. Damit wird die strikte Trennung von Inhalt und Layout bei gleichzeitiger voller Kontrolle über die Gestaltung möglich. Für die Gestaltung wird meist → CSS verwendet.

XML (eXtensible Markup Language) Format zur Strukturierung von beliebigen Inhalten in Textform. Damit können diese Inhalte von unterschiedlichen Programmen (etwa Browsern) gelesen und weiterverarbeitet werden.

Index

.htaccess	206, 327, 334
@font-face	405
@media-Befehl	241

A

a:link, a:visited, a:hover, a:active	185
about.me	18
Accessibility	338
Adaptive Design	233
Adobe Kuler	399
Adobe Topcoat	409
AdWords	360
a-Element	132
Ajax	275
alert	277
alt-Text	332
Anbieter, Webhoster auswählen	18
Anfahrtsbeschreibung	341
Anführungszeichen bei JavaScript	278
Anzeigen	
auf Facebook	367
formulieren	363
Arrays	287

B

background-color	148
background-image	222
background-repeat	223
Barrierefreiheit	338
Baustellenseite	17
Bedingter Kommentar	220
Bekanntmachen der Site	38
b-Element	180
Benutzerfreundlichkeit	335
Berechtigungen	205
Bilder korrekt formatieren	332
Bing	312
Bing, Werbung auf	361
Black-Hat	314
Blog	41
Bloganbieter	42
blur	291

bnfr.de, Erklärung Quicklinks	19
body	300
body-Element	99
Bootstrap	425
border	218
border-collapse	193
border-radius	223
box-shadow	195, 217
Breakpoint	235
Browser	
Browserweiche	220
Darstellungsunterschiede	210
Inspektor	211

C

Can I use...	395
Card Sorting	337
charset	119
class	189
color	179
ColorZilla	
Farbpipette	398
Gradient Generator	400
console	308
Crawler	313
CSS	106, 155, 223
-Datei	106
display	158
Formate	104
-Präfix	216
Selektor	104
Selektor für id	147
Selektor für Klassen	189
CSS3 PIE	414
CSS3, please!	403
CSSmatic	401
Cursor versetzen	289

D

Dashboard	48
date()	299
Debugging	111, 304

Index

description	323
Diaschau	347
display	158
div-Element	130
Dmoz	369
doctype	119
document	300
Document Object Model	300
DOM	300
Domain	27, 207
duplicate content	326

E

E-Commerce-Gesetz	35
else	294
Elternelement	100
em	180
E-Mail-Adresse	
prüfen	295
verschleiern	261
End-Tag	97
Ereignisse	288
Events	288

F

Facebook	351, 371
-Anzeigen	367
-Buttons	351
Datenschutz	353
Gemeinschaftsseite	371
Gruppe	371
-Konto	351
-Marketing	370
Orte	371
-Seite	351
Favicon	208
Fehlersuche	304
fieldset	267
File Transfer Protocol (FTP)	202
Firebug	304
FitText	418
Flattr	384
Flickr	347
float	163
focus	290
Follower	372

Font Awesome	408
font-family	174
font-size	102
font-style	105
font-weight	105, 182
form	263
Formulare	
prüfen	291
und JavaScript	289
Foursquare	378
FTP	202
Funktion	280

G

Gestaltungskonzept	38
getDate	299
getMonth	299
Glyphicons Free	407
Google	312
Google AdWords	360
Google Maps	341, 377
Google Places	377
Google Toolbar	315

H

h2-Element	135
Haltepunkt	306
head-Element	99, 300
height	154
h-Element	98
Hello world (Programm)	276
Hexadezimalcode	149
Hintergrundbilder	221
Homepage	26
Hoster	24
HTML	88, 300
Bilder	136
Box-Modell	165
br-Element	137
Color Codes	397
div-Element	130
Elemente	97
img-Element	136
Kommentare	122
Links	132
Listen	131

HTML (Forts.)
- *Listen-Element* 131
- *Metainformationen* 118
- *Tabelle* 140
- *table-Element* 140

HTML5 Boilerplate 412
HTML5 Please 396
HTML5Shiv 411
HTML-Editoren 110
HTML-Elemente 99
- *Attribute* 101

HTTP 25
Hyperlinks 132
HyperText 133

I

id-Attribut 130
i-Element 180
if 291
img-Element 136
Impressum 35, 71
Inhalte planen 33
Inhaltskonzept 38
initial-scale 245
input 264
Internetadresse 24, 207
IP-Adresse 27

J

Java 275
JavaScript 275
jQuery 417
jQuery Mobile 422
jQuery UI 420
JSLint 410

K

Kagi 383
Karten 341
Kartenlegen 337
Keywords 321, 361
Kindelement 100
Kommentare 81
Kommentare in Blogs/Foren 374

Kontaktformular 259
- *vs. E-Mail-Adresse* 259

Konzept 29
Kurztext 323

L

label 268
Ladezeit 335
Landing Page 364
Layout 57
Layout-Philosophie 232
li-Element 132
line-height 176
Links korrekt formatieren 331
Linktausch 369
Liquid Design 233
list-style-type 187

M

mailto: 22, 260
Maps 377
margin 167
Marketing 368
- *Unterschied zu Werbung* 357

Markup 94
max-width 171
media-Attribut 235
Mehrdimensionale Arrays 288
Metainformationen 116
Microblogging 372
Modernizr 415

N

new 299
Nivo Slider 419
Nodes 302
nofollow 328
normalize.css 404

O

ol-Element 132
onclick 277
onload 290
Open Directory Project 369

Index

Optimierung für Mobilgeräte 234
Optimierung für Touchbedienung 249
Organische Links 368
Organische Suchergebnisse 318
overflow 165, 225

P

padding 167
PageRank 314
PageRank Status 315
Pay Per Click 360
PayPal 383
p-Element 99
Permissions 205
Picasa 347
Planung 29
Platzhalter 17
Podcasts 375
position 159
Präsentationen 350
Pressemitteilungen 378
PR-Portale 378

Q

Quelltext 89
Quicklinks, Erklärung 19

R

Rakuten 387
Redirect 334
Reflow 241
Reguläre Ausdrücke 296
Responsive Design 233
RewriteEngine 328
Robots 313

S

Scribble 127
script 279
Seite 26
Seitenübersicht 36
SEO 311
Server 24
Site 26

Sitemap 36, 329
sitemap.xml 329
Skript zum E-Mail-Verschicken 269
Slideshare 350
Snippet 323
Soziale Netzwerke 351
span 180
Speicherplatz 200
Spenden 384
Spider 313
Spreadshirt 383
Stadtpläne 341
Startseite 26
start-Tag 97
strong 180
style-Attribut 101
style-Element 103
Suchmaschinenoptimierung 311
Suchwörter 361

T

table-Element 140
Tag 97
Telemediengesetz 35
Text mit JavaScript ändern 300
text-align 182
textarea 264
text-decoration 184
Tinypass 384
title-Element 320
Top-Level-Domain 27
Traffic 200
Tweet 372
Twitter 351, 354, 372

U

Überschriften korrekt verwenden 332
Überwachungsausdruck 306
ul-Element 132
Umsetzung in Grafik, HTML/CSS 38
unterschiedliche Bildschirmgrößen 224
URL 24
Usability 335
Usability Review 337
Usability-Test 337
UX (User Experience) 336

V

Validatoren	319
Valides HTML	117
Validierungsdienst	123
var	285
Variablen	284
überwachen	306
vertical-align	158, 182
Verzeichnisse	
Marketing	369
Video	344
einbinden	345
hochladen	346
Vier W zur Planung der Site	32
Vimeo.com	347

W

Web 2.0	275, 341
Webhoster	24
auswählen	18
Web-Impressum	35
Webserver	24, 326
Webshop	381
Beispiel	386
Gewerbe	388
Website	26
-Konzeption	32
Webspace	199
Web-Visitenkarte	17
Werbung	358
auf Bing/Yahoo!	361
auf Facebook	367
auf Yahoo!	361
bei Google	360
für die Site	38
Unterschied zu Marketing	357
width	154
width=device-width	245
Wikipedia	378
window	300
WordPress Webshop-Plug-ins	383

X

XING	375

Y

YouTube	344
rechtliche Hinweise	345

Z

Zahlsysteme	383
Zeitplan	37
Ziele der Site	31

- Starten ohne Vorwissen

- Schritt für Schritt zur eigenen Website

- Eigene Layouts, neue Funktionalitäten, mobiler Auftritt

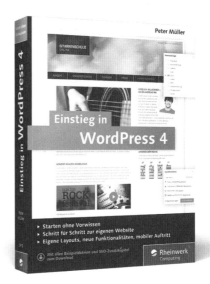

Peter Müller

Einstieg in WordPress 4

Peter Müller zeigt Ihnen, wie Sie mit WordPress eine eigene Webseite erstellen und veröffentlichen können – auch ohne Vorkenntnisse. In einfachen Kapiteln lernen Sie WordPress als Redaktionssystem kennen und bauen Schritt für Schritt eine Onlinepräsenz auf. Sie erfahren, Sie eine Domain und Webspace einrichten und WordPress intallieren, mit Texten Bildern und Videos arbeiten und das grafische Design mit Themes ändern oder die Funktionalität mit Plugins erweitern.

468 Seiten, broschiert, 24,90 Euro
ISBN 978-3-8362-2913-5
erschienen Juli 2015
www.rheinwerk-verlag.de/3627

- Das Video-Training für Einsteiger – Kein Vorwissen nötig!

- Lassen Sie sich zeigen, wie Sie blitzschnell Webseiten erstellen – und machen Sie live mit!

- Filme und Bilder einbinden, Texte und Schriften gestalten, Navigation erstellen

Ricarda Kiel

Meine eigene Website
Schritt für Schritt zum gelungenen Webauftritt

Der Weg zur guten Website muss nicht schwer sein! Mit dieser Anleitung meistern Sie die ersten Schritte spielend. Webexpertin Ricarda Kiel zeigt, wie Sie eine Website Klick für Klick erstellen, und Sie machen alles direkt am Rechner nach. Sie erstellen die Navigation, gestalten Text und Schrift, binden Bilder und Filme ein und erzeugen Kontaktformulare – alles einsteigergerecht und gut verständlich. Dabei lernen Sie viele Werkzeuge kennen, die das Website-Basteln zum Vergnügen machen. Und obendrein lernen Sie noch eine Menge über HTML und CSS!

DVD oder Download, Windows und Mac, 8 Stunden Spielzeit, 39,90 Euro
ISBN 978-3-8362-3845-8
erschienen Juni 2015
www.rheinwerk-verlag.de/3902

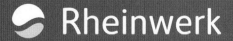

- Webseiten gestalten und programmieren

- Alle HTML5-APIs im Überblick

- Video, Audio, lokaler Speicher und dynamische 2D- und 3D-Grafiken, Canvas, Geolocation, Responsive Webdesign

Jürgen Wolf

HTML5 und CSS3

Das umfassende Handbuch

Wollen Sie faszinierende Websites mit HTML5 und CSS3 gestalten? Jürgen Wolf gibt Ihnen eine grundlegende und umfangreiche Einführung in die Arbeit mit HTML5, CSS3 und JavaScript. Das Buch ist ein praxisnahes Lern- und Nachschlagewerk für jeden, der HTML und CSS unter Betonung der neuen Features von HTML5 und CSS3 erlernen möchte.

1.237 Seiten, gebunden, 39,90 Euro
ISBN 978-3-8362-2885-5
erschienen Mai 2015
www.rheinwerk-verlag.de/3612

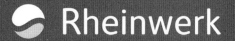

- Alle wichtigen HTML5-Elemente und CSS3-Eigenschaften einsetzen

- Grundlagen und Konzepte für Responsive Webdesign

- Mobile Navigation, Media Queries und Gridlayouts

Peter Müller

Flexible Boxes
Eine Einführung in moderne Websites

Wie entwickelt man heute moderne Websites? Peter Müller zeigt Ihnen in seiner Einführung von Grund auf, was Sie für die Erstellung von flexiblen Webseiten für die verschiedensten Endgeräte beachten müssen. Egal, ob es sich dabei um HTML5, CSS3, Adaptive und Responsive Webdesign, Mobile First oder Grid-Frameworks handelt.

503 Seiten, broschiert, 29,90 Euro
ISBN 978-3-8362-3499-3
2. Auflage 2015
www.rheinwerk-verlag.de/3767

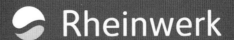